A COMPREHENSIVE LEGAL GUIDE FOR
THE ENTIRE LABOR EMPLOYMENT PROCESS

劳动用工全流程法律指导一本通

周航 著

法律出版社 | LAW PRESS

北京

图书在版编目（CIP）数据

劳动用工全流程法律指导一本通 / 周航著. -- 北京：法律出版社，2025. -- ISBN 978-7-5244-0474-3

Ⅰ. D922.504

中国国家版本馆 CIP 数据核字第 20252FT614 号

劳动用工全流程法律指导一本通
LAODONG YONGGONG QUANLIUCHENG
FALÜ ZHIDAO YIBENTONG

周　航著

责任编辑　王　曦
装帧设计　鲍龙卉

出版发行　法律出版社	开本　710 毫米×1000 毫米　1/16
编辑统筹　司法实务出版分社	印张　27.5　　　字数　405 千
责任校对　张翼羽	版本　2025 年 8 月第 1 版
责任印制　胡晓雅	印次　2025 年 8 月第 1 次印刷
经　　销　新华书店	印刷　三河市兴达印务有限公司

地址：北京市丰台区莲花池西里 7 号（100073）
网址：www.lawpress.com.cn　　　　　　销售电话：010-83938349
投稿邮箱：info@lawpress.com.cn　　　　客服电话：010-83938350
举报盗版邮箱：jbwq@lawpress.com.cn　　咨询电话：010-63939796
版权所有·侵权必究

书号：ISBN 978-7-5244-0474-3　　　　　　定价：88.00 元
凡购买本社图书，如有印装错误，我社负责退换。电话：010-83938349

序言

近年来，全国的劳动争议案件数量逐年上涨。笔者作为长期从事民商事案件审判的法官，近十年来办理劳动争议案件一万余件，也由此发现不少劳动争议纠纷实际上是源于劳动者或者用人单位对劳动法律条文的理解误区。部分劳动者在职场中遭遇了各种创伤、无奈，或因"不懂法"而隐忍退让、低效维权；或因"不甚懂法"而片面激进、过度维权。部分用人单位对劳动法规的理解错误，导致其在劳动用工管理中不合规的问题时有发生，一些违反劳动法规的"土政策"大行其道，引发一系列劳动争议。一来一往之间，加深了劳资双方的矛盾，影响了劳动关系的和谐，劳动争议纠纷的数量自然居高不下。

秉持帮助劳动者维护合法权益和助力中小微企业健康发展的初心，以及从源头上减少劳动纠纷的目的，笔者想以最便捷的形式普及劳动法规，用最通俗的语言讲解劳动法规。因此，笔者决心利用办案之余的时间写作一套"大家都看得懂"的劳动用工类普法书籍。笔者的计划是写两本：一本是写给职场员工的劳动权益保护实务用书——《在职场，你得学点劳动法》；另一本是写给中小微企业经营者和管理者的用工管理实务用书——《劳动用工全流程法律指导一本通》。

笔者在办案中发现，中小微企业在起步、成长过程中，由于缺乏专业的人力资源管理部门或者法务部门，在劳动用工管理方面普遍存在对劳动法规理解偏差、企业规章制度缺失、合规管理能力薄弱、劳动争议易发、用工成本增加的问题。笔者深知，中小微企业经营者们创业艰难，技术、成本、市场、销售、管理等一系列问题都需要企业经营者们去面对、去解决。也许经营有盈有亏，也许创业有成有败，但笔者希望中小微企业都不会亏在因劳动用工方面的认识误区造成的损失上，不会败在因违法用工导致的大量劳动争议上，更希望每家中小微企业都能经营有盈、创业有成。

在法治化高度发展的今天，劳动者的维权意识更强，中小微企业管理者面临的劳动用工管理规范化的难度也更大。不能苛责每一位中小微企业经营者或管理人员都能精通劳动法规或有足够的时间去钻研劳动法规。所以，笔者结合自身从事劳动争议案件审判工作的经验，想以本书让中小微企业的经营者、管理者在劳动用工问题上，少形成一些认识误区，多懂一点劳动用工实务，让企业在和谐的用工氛围中平稳发展、成长壮大。

笔者期望所写作的劳动实务用书，能让任何一个中小微企业经营者、管理者，每一位 HR 或企业法务人员都能看得懂、学得会。本着用最通俗的语言把劳动用工实务中常见的劳动法条文本意"说明白"，把常见的劳动争议问题"讲清楚"的目的，笔者在写作时尽量不使用"法言法语"，尽量使用通俗、直白的表述。对于难以理解之处坚持以"张三"为例进行举例说明。对于在实务中经常出现的问题，笔者在书中的讲解虽然在专业人士面前显得有些啰唆，但笔者在办案中发现，坚持"重要的事情说三遍"确实是很有用的，因此坚持如此行文表达。

劳动法规体系中除了全国通行的《劳动法》《劳动合同法》《劳动合同法实施条例》等法律、行政法规，以及最高人民法院的一系列关于劳动争议方面的司法解释外，还涉及部门规章以及各地的地方性法规，故劳动法规有一定的地域性。加之一些劳动争议问题在实务中本身就存在一定的争议，也导致部分劳动争议事项存在各地裁判尺度不统一的问题。对于此类问题，笔者一般采取在介绍主流裁判观点及理由的基础上，也将其他裁判观点及理由进行简要介绍。未来如有劳动法规进行修改或发布了新的劳动法规，笔者将适时进行版本更新，力求做成一本与当前最新的劳动法规和裁判观点保持一致的劳动实务用书。

由于笔者主业是办案，写作并非专长，用词造句不足之处，还请读者谅解。

2025 年 6 月自作序于成都

目录

第一章 招聘录用及员工入职的办理

第一节　拟录用员工的情况调查　001
　一、拟录用员工是否已达到合法用工年龄或法定退休年龄　001
　二、拟录用员工是否与上一用人单位解除或终止了劳动关系　008
　三、拟录用员工是否属于企业停薪留职人员、内退人员、企业停产待岗人员　009
　四、拟录用员工是否系已取得外国国籍的人员　013

第二节　拟录用员工的入职手续办理　014
　一、建立员工档案　014
　二、确认薪酬待遇　015
　三、签订劳动合同　016
　四、告知规章制度　017
　五、缴纳社会保险费　019

第三节　试用期的考察与管理　025
　一、试用期的基本要求　026
　二、试用期的薪酬规定　028
　三、违法约定试用期的赔偿标准　029

四、试用期内解除劳动合同情形　　030

五、试用期的常见实务问题及应对　　033

第四节　用人单位在办理入职阶段的几种常见误区　　037

一、签订书面劳动合同对用人单位没有好处，所以能不签就不签　　037

二、在劳动合同中约定一个较低的、虚假的工资金额　　038

三、不签订劳动合同，而是签订"劳务合同、合作协议"来规避劳动关系　　040

四、让新入职员工签署"奋斗者协议"等放弃权利的承诺书　　044

五、以保证金、风险金、押金等名义让劳动者交纳财物　　044

六、扣押新员工的证件、证书　　045

第二章

书面劳动合同的签订

第一节　签订书面劳动合同的基础知识　　047

一、签订书面劳动合同的重要性　　047

二、书面劳动合同的分类　　050

三、书面劳动合同的无效情形　　051

四、劳动合同文本的交付责任　　053

第二节　用人单位在签订劳动合同事宜上的常见误区　　054

一、劳动合同最好一年一签，短期的劳动合同更利于到期终止　　054

二、因劳动者的原因不与用人单位签订书面劳动合同的，用人单位不承担支付未签订书面劳动合同二倍工资的责任　　059

三、双方签订了固定期限劳动合同，劳动合同到期后只是没有及时续签劳动合同，但双方还是按原劳

动合同约定的标准履行,所以不用支付未签订书
　　　面劳动合同二倍工资　　　　　　　　　　　062
　四、未在法定期限内签订劳动合同,但之后只要"倒
　　　签"劳动合同了就不用承担支付二倍工资的责任　064
　五、书面劳动合同只能是纸质文本　　　　　　　066
第三节　实用劳动合同条款的撰写参考　　　　　　067
　一、撰写劳动合同条款的原则　　　　　　　　　067
　二、劳动合同必备条款的拟订　　　　　　　　　068
　三、劳动合同实用条款的拟订　　　　　　　　　070
第四节　签订劳动合同的注意事项及未签订劳动
　　　　合同时的补救抗辩　　　　　　　　　　　084
　一、办理签订书面劳动合同时应注意的事项　　　084
　二、用人单位未签订书面劳动合同情况下的仲裁时效
　　　抗辩　　　　　　　　　　　　　　　　　　086
　三、用人单位未签订书面劳动合同情形下的免责抗辩　091

第三章　规章制度的制定与运用

第一节　规章制度的制定流程与合规要点　　　　　098
　一、制定规章制度时民主程序的实现方式及存证要点　099
　二、公示告知规章制度的方法及存证要点　　　　102
　三、防止规章制度条文违法、无效的要点　　　　106
　四、涉及规章制度制定的几个常见问题　　　　　109
第二节　规章制度的撰写技巧　　　　　　　　　　111
　一、规章制度条文内容的常见问题　　　　　　　111
　二、撰写规章制度的实操技巧　　　　　　　　　115
　三、做好规章制度简化与集成　　　　　　　　　117
第三节　用人单位运用规章制度的实务问题　　　　118

一、如何有效固定员工的严重违反规章制度的事实　　118

　　二、用人单位以严重违反规章制度辞退员工的注意
　　　　事项　　119

　　三、用人单位在适用规章制度上的常见认识误区　　123

第四章 劳动报酬的规范管理

第一节　约定劳动报酬的要求　　126

第二节　发放劳动报酬的要求　　131

　　一、用人单位应掌握最低工资标准的概念　　133

　　二、用人单位发放工资时应承担的"附随义务"　　134

　　三、用人单位发放工资的"刚性期限"　　134

　　四、用人单位缓发薪酬的合规要求　　136

第三节　用人单位欠薪的法律后果　　138

　　一、劳动者对用人单位的欠薪行为享有投诉权　　138

　　二、劳动者享有以欠薪为由解除劳动合同并主张经济
　　　　补偿的权利　　139

　　三、用人单位的高管可能面临刑事责任　　140

第五章 加班及加班费的规范管理

第一节　加班的概念与工时制度　　144

第二节　安排劳动者加班的三种分类　　153

第三节　认定加班事实的常见争议　　156

　　一、员工滞留办公场所"蹭"加班的情形　　156

　　二、为获得更多的提成或绩效而自愿加班的情形　　157

　　三、"值班"是否认定为加班　　157

第四节　用人单位实行"加班审批制"的注意事项　　158
第五节　涉及加班费的实务争议及重点案例　　160
　一、加班费是否适用关于劳动报酬的特殊仲裁时效　　160
　二、劳动者与用人单位签署自愿加班的"奋斗者协议"后是否还可以要求用人单位支付加班费　　162
　三、劳动者利用社交媒体"隐形加班"是否应认定为加班　　163

第六章　福利待遇的规范管理

第一节　企业职工带薪年休假的管理　　166
　一、职工享受带薪年休假的条件　　169
　二、职工享受带薪年休假的天数　　169
　三、职工在哪些情况下不享受带薪年休假　　170
　四、哪些情况不计入带薪年休假　　170
　五、带薪年休假的统筹安排原则　　171
　六、年休假天数以及未休年休假工资如何计算　　174
　七、年休假争议中常见的几个注意事项　　177
第二节　出差、公务费用的借支与报销　　180
第三节　关于年终奖金的管理　　182
　一、有明确约定名目和金额的年终奖(约定奖励)　　183
　二、有明确约定名目但无具体金额的年终奖(酌定奖励)　　184
　三、无任何约定但之前年度发放过的年终奖(临时福利奖励)　　186
　四、每月扣发一部分月薪到年底考核后以年终奖形式发放(累计扣发奖励)　　186
　五、有明确约定名目和金额但约定离职员工不享受的年终奖(忠诚奖励)　　187

第四节　员工患病医疗期的管理　188

一、医疗期本质上是对劳动者的"解雇保护期"　190

二、医疗期的长短与劳动者累计工作年限以及在本单位工作年限相关　191

三、员工享受的"医疗期满"如何计算　192

四、医疗期内的病假工资如何计算　193

五、冷门的"医疗补助费"　194

第五节　"三期"女职工的保护　196

第七章　劳动合同的变更、续订与履行

第一节　劳动合同的变更　201

一、用人单位单方面调岗的合规认定及实务　202

二、用人单位单方面调薪的合规认定及实务　207

第二节　劳动合同的续订　213

一、第一次固定期限劳动合同到期后继续用工但不办理劳动合同续签的风险　214

二、第二次固定期限劳动合同到期后是否可以期满终止的争议　216

第三节　劳动者履行劳动合同中的不当行为及责任追究　217

一、劳动者因本人重大过失行为导致用人单位损失的赔偿责任　218

二、劳动者因违法解除劳动合同造成用人单位损失的赔偿责任　221

三、劳动者因拒绝办理工作交接造成用人单位损失的赔偿责任　222

四、劳动者违反保密义务造成用人单位损失的赔偿
　　责任　　　　　　　　　　　　　　　　　　　222

第八章　竞业限制与培训服务期

第一节　竞业限制，一把"双刃剑"　　　　　　　224
　　一、用人单位应知晓的竞业限制知识点　　　　226
　　二、竞业限制纠纷中常见的几点争议　　　　　229
第二节　培训服务期，一场"双赢"局　　　　　　238
　　一、用人单位与劳动者约定培训服务期的条件　239
　　二、劳动者违反培训服务期约定的责任承担规则　240
　　三、用人单位在培训服务期争议中的注意事项　242

第九章　非常规用工情形的规范管理

第一节　关于非全日制用工的规范管理　　　　　244
　　一、非全日制用工的用工形式　　　　　　　　244
　　二、非全日制用工独有的特征　　　　　　　　245
第二节　即将毕业大学生用工的规范管理　　　　247
第三节　劳动派遣用工的规范管理　　　　　　　249
　　一、劳务派遣的合规标准　　　　　　　　　　252
　　二、劳务派遣公司的法律责任　　　　　　　　253
　　三、用工单位的法定义务　　　　　　　　　　253
　　四、实行劳务派遣的注意事项　　　　　　　　254
第四节　关联公司混同用工应承担连带责任　　　255
　　一、关联公司的认定标准　　　　　　　　　　255
　　二、混同用工的认定标准　　　　　　　　　　256

三、关联公司混同用工的劳动关系认定及责任承担　257

第五节　用人单位停工停产的实务处理　259

一、"一个工资支付周期"的正确理解　259

二、用人单位停工停产的认定标准并不要求全体停工停产　260

三、停工停产后的劳动报酬发放标准　261

第六节　员工发生工伤后的正确应对　264

一、用人单位在员工发生工伤后的应对流程　267

二、各项工伤赔偿项目的计算　270

三、用人单位在工伤赔偿争议中的注意事项　275

第十章　劳动合同的解除与终止

第一节　关于解除或终止劳动合同的基本概念　281

一、经济补偿金的概念　281

二、赔偿金的概念　282

三、人事管理中关于"N、N+1、2N"的简称　283

四、解除、终止劳动合同的概念　285

第二节　用人单位可以单方面解除劳动合同的情形　286

一、用人单位无须支付解除劳动合同经济补偿金的情形　286

二、用人单位应当支付解除劳动合同经济补偿金的情形　293

三、用人单位应当支付解除劳动合同经济补偿金以及代通知金的情形　304

第三节　劳动者可以单方面解除劳动合同的情形　306

一、用人单位无须支付解除劳动合同经济补偿金的情形　306

二、用人单位应当支付解除劳动合同经济补偿金的
　　　　情形　　　　　　　　　　　　　　　　　　310

第四节　最常用的协商解除劳动合同的情形　　　326
第五节　劳动者与用人单位终止劳动合同的情形　　331
　　一、用人单位无须支付劳动者经济补偿金的情形　　333
　　二、用人单位应当支付劳动者经济补偿金的情形　　336
第六节　用人单位易被认定为违法解除劳动合同的程
　　　　序问题和认识误区　　　　　　　　　　337
　　一、程序问题：提前将解除劳动合同的理由通知工会，
　　　　没那么重要　　　　　　　　　　　　　　337
　　二、认识误区：坚持不出具书面解除劳动合同的通知　340
第七节　经济补偿金与赔偿金的计算方法和注意事项　342
　　一、经济补偿金的计算基数　　　　　　　　　344
　　二、经济补偿金的计算方式　　　　　　　　　347
　　三、赔偿金的计算方式　　　　　　　　　　　350
　　四、经济补偿金与赔偿金于仲裁、诉讼中的变更规则　351
　　五、违法解除劳动合同的另一法律后果：继续履行劳
　　　　动合同　　　　　　　　　　　　　　　　356
第八节　解除劳动合同后的附随义务　　　　　　359
　　一、用人单位在解除或终止劳动合同后应承担的附随
　　　　义务及法律责任　　　　　　　　　　　　360
　　二、劳动者在解除或终止劳动合同后应承担的附随义
　　　　务及法律责任　　　　　　　　　　　　　363

第十一章
劳动仲裁的应对与处理

第一节　劳动仲裁的受理范围　　　　　　　　　368

一、用人单位未缴或少缴社会保险费，劳动者是否可以
申请劳动仲裁或提起劳动争议诉讼要求裁判用人
单位补缴　　　　　　　　　　　　　　　　370

二、用人单位是否可以预先提起"确认与劳动者不
存在劳动关系"的消极确认之诉　　　　　　372

三、确认劳动关系纠纷的具体范围　　　　　　　373

第二节　劳动仲裁的申请与管辖　　　　　　　　　374
一、申请劳动仲裁的管辖原则　　　　　　　　　375
二、劳动仲裁的仲裁时效问题　　　　　　　　　378
三、劳动仲裁时效是否应当主动适用　　　　　　379
四、用人单位主动提起劳动仲裁的常见情形　　　382

第三节　劳动仲裁阶段的调解　　　　　　　　　　383
一、发生劳动争议后，可以通过哪些调解组织进行调解　385
二、调解组织调解后达成的协议有什么效力？如何防止
双方反悔或不执行协议　　　　　　　　　　385

第四节　应对劳动仲裁的举证责任　　　　　　　　388
一、劳动争议案件的举证责任分配原则　　　　　389
二、用人单位承担举证责任的主要内容及不能举证的
后果　　　　　　　　　　　　　　　　　　389
三、如何整理劳动争议案件的证据目录　　　　　391
四、提交证据及证据目录的注意事项　　　　　　392

第五节　用人单位对劳动仲裁一裁终局的正确应对　393

第六节　用人单位面对不同仲裁处理结果的正确应对　396
一、劳动仲裁机构决定不予受理或逾期未作出受理
决定　　　　　　　　　　　　　　　　　　397
二、劳动仲裁机构作出仲裁裁决书　　　　　　　398
三、劳动仲裁机构逾期未作出仲裁裁决　　　　　399

第七节　劳动仲裁阶段的其他注意事项　　　　　　403

第十二章 劳动争议诉讼的应对与处理

第一节　诉讼程序的启动与管辖　　405

第二节　劳动争议诉讼阶段的权利行使　　408

　一、依法委托诉讼代理人的权利　　408

　二、依法增加诉讼请求的权利　　410

　三、依法申请调查取证的权利　　411

　四、依法申请财产保全的权利　　412

第三节　劳动争议诉讼阶段的证据提交　　413

第四节　劳动争议诉讼的特殊情形　　415

　一、双方均不服仲裁裁决提起诉讼的情形　　415

　二、起诉至人民法院后又撤诉或被按撤诉处理的情形　　421

　三、起诉至人民法院后被裁定不予受理或驳回起诉的情形　　423

　四、中级人民法院依用人单位的申请裁定撤销终局仲裁裁决的情形　　424

第五节　劳动争议案件的庭前准备和庭审流程　　424

第一章 招聘录用及员工入职的办理

招聘录用以及办理员工入职，是双方建立劳动关系的第一步，也是筑牢劳动用工合规管理基础的第一步。一个完整的招聘入职流程，看似只有发出招聘公告、组织面试筛选、发出录用通知、实际到岗入职这几步，但每一步的细节处理，都关系着用人单位与该员工在整个劳动关系存续期间全流程用工管理的基础。

第一节 拟录用员工的情况调查

通过简历筛选、材料审查、面试考察等方式寻找合适的员工，是用人单位招聘员工的常见流程。不同的企业有不同的招聘面试流程，有的用人单位甚至要求对求职者进行多轮面试才决定是否录用。不同的岗位需求，有不同的录用标准。用人单位拟录用员工时，对于以下几类关乎入职风险的共性问题，有必要在入职前核实清楚。

一、拟录用员工是否已达到合法用工年龄或法定退休年龄

关键法条

1.《劳动法》

第十五条 禁止用人单位招用未满十六周岁的未成年人。

文艺、体育和特种工艺单位招用未满十六周岁的未成年人，必须遵守国家有关规定，并保障其接受义务教育的权利。

第九十四条 用人单位非法招用未满十六周岁的未成年人的,由劳动行政部门责令改正,处以罚款;情节严重的,由市场监督管理部门吊销营业执照。

2.《劳动合同法》

第四十四条 有下列情形之一的,劳动合同终止:

……

(二)劳动者开始依法享受基本养老保险待遇的;

……

(六)法律、行政法规规定的其他情形。

3.《劳动合同法实施条例》

第二十一条 劳动者达到法定退休年龄的,劳动合同终止。

4.最高人民法院《关于审理劳动争议案件适用法律问题的解释(一)》

第三十二条第一款 用人单位与其招用的已经依法享受养老保险待遇或者领取退休金的人员发生用工争议而提起诉讼的,人民法院应当按劳务关系处理。

5.原劳动和社会保障部《关于制止和纠正违反国家规定办理企业职工提前退休有关问题的通知》

一、要严格执行国家关于退休年龄的规定,坚决制止违反规定提前退休的行为

国家法定的企业职工退休年龄是:男年满60周岁,女工人年满50周岁,女干部年满55周岁。……

关于法定最低工作年龄的法律条文十分明确,即年满16周岁。除文艺、体育和特种工艺单位外,一般企业招用的员工必须年满16周岁,否则属于"雇用童工"。在实践中很少有企业会出现"雇用童工"的违法行为,因为最低工作年龄是相当明确的。相较于法定最低工作年龄,围绕法定退休年龄的争议就大了。

关于"男满60岁、女工人满50岁、女干部满55岁"的三档式退休年龄的来源,是1978年发布的两份文件。一份是国务院《关于工人退休、退职的暂行办

法》(部分失效),该文件规定了男、女工人的退休年龄分别为60岁、50岁。另一份是国务院《关于安置老弱病残干部的暂行办法》(部分失效),该文件规定了男、女干部的退休年龄分别为60岁、55岁。

在前述两个文件的基础上,原劳动和社会保障部于1999年发布的《关于制止和纠正违反国家规定办理企业职工提前退休有关问题的通知》(劳社部发〔1999〕8号)明确规定"国家法定的企业职工退休年龄是:男年满60周岁,女工人年满50周岁,女干部年满55周岁"。该文件实际上就是为了适应当时的新形势,明确了企业职工法定退休年龄的概念。至此,"三档式"划分的法定退休年龄就此规范。

那么,围绕法定退休年龄,劳动用工管理中的争议点在何处?

1. 女职工退休年龄的认定问题

在民营企业中,早已没有了文件中工人、干部的区分,因此也导致在民营企业女职工的退休年龄认定上出现争议。笔者经历的真实案件:一名女职工年满50周岁后,公司以达到退休年龄为由,要求终止双方的劳动合同。但女职工认为,其系公司财务经理,从事管理岗位,应按女干部对待,其还未达到法定退休年龄,要求双方继续履行劳动合同,公司强行要求终止劳动合同,属于违法终止劳动合同,应支付违法终止劳动合同的赔偿金。公司则认为,其系民营企业,公司内并无国家干部身份的员工,故不应按女干部的退休年龄办理退休。

笔者认为,《关于贯彻执行〈中华人民共和国劳动法〉若干问题的意见》(劳部发〔1995〕309号)第46条规定:劳动法规定用人单位内的全体职工统称为劳动者,在同一用人单位内,各种不同身份界限随之打破。应按照劳动法的规定,通过签订劳动合同来明确劳动者的工作内容、岗位等。前述规定可见,随着《劳动法》《劳动合同法》的颁布实施,在民营企业内,"干部"和"工人"之间的身份界限已经模糊。由于推行劳动合同制度,对于人员管理也由过去**身份管理**变为**岗位管理**。一般而言,在管理、专业技术岗位上的女性劳动者即为管理人员,参照原干部对应的退休年龄;在生产、服务岗位上的女性劳动者则参照原工人的退休年龄。当然,随着之后国家逐步推行延迟退休政策,可能会在退休年龄上有一定的变化,但认定方式还是前述观点。所以,企业在认定女职工退休年龄时应结合其工作岗位的性质来认定。

2. 拟招用员工达到法定退休年龄但未享受养老保险待遇是否构成劳动关系的问题

对于用人单位招用达到法定退休年龄但未享受养老保险待遇的人员,两者是否建立了劳动关系?实务中也存在过一定的争议。

主流观点认为,依据《劳动合同法实施条例》第21条:劳动者达到法定退休年龄的,劳动合同终止。故不管劳动者是否享受养老保险待遇,只要达到了法定退休年龄的,双方劳动合同关系即行终止。因此,用人单位拟录用已达到法定退休年龄的人员时,只能与其建立劳务关系,而不能建立劳动关系。

部分观点认为,《劳动合同法》第44条规定:"有下列情形之一的,劳动合同终止:……(二)劳动者开始依法享受基本养老保险待遇的;……(六)法律、行政法规规定的其他情形。"由于前述法律条文明确了劳动合同终止的条件是"劳动者开始依法享受基本养老保险待遇的",故仅是达到法定退休年龄而未享受到基本养老保险待遇,不符合终止劳动关系的情形,也应认定双方建立了劳动关系。因此,"享受基本养老保险待遇"与"达到法定退休年龄"究竟哪一个才是劳动关系终止的硬标准,哪一个才是认定双方建立的是劳务关系而非劳动关系的标准,一直争议不休。

对于上述争议,笔者认为,《劳动合同法》第44条第2项确实规定了劳动合同终止的情形是"劳动者**开始依法享受基本养老保险待遇的**"。但是,《劳动合同法》第44条第6项又规定了一个"**授权性**"的**兜底情形**,即规定"法律、行政法规规定的其他情形"。《劳动合同法实施条例》是国务院颁布的行政法规,《劳动合同法实施条例》第21条明确规定:劳动者达到法定退休年龄的,劳动合同终止。换言之,《劳动合同法》第44条第2项规定的"劳动者**开始依法享受基本养老保险待遇**"是劳动合同的法定终止情形,《劳动合同法》第44条第6项的"兜底"规定又指向了"法律、行政法规规定的其他情形",而《劳动合同法实施条例》作为行政法规又规定了"劳动者达到法定退休年龄"也是劳动合同的法定终止情形。故前述两种情形均应可以作为终止劳动合同的法定情形。

再直白点说,如果用人单位拟录用的人员达到了法定退休年龄,即使尚未享受基本养老保险待遇,用人单位招用后也可以与其签订劳务合同,建立劳务关系。当然,如果用人单位拟录用的人员不仅达到了法定退休年龄,而且还享受了基本养老保险待遇,那么用人单位与其建立用工关系后,该用工关系将毫无争议地被认定为劳务关系。

最高人民法院于2023年12月12日发布了《〈最高人民法院关于审理劳动争议案件适用法律问题的解释(二)(征求意见稿)〉向社会公开征求意见》,该司法解释征求意见稿的第6条"达到法定退休年龄但是尚未享受基本养老保险待遇的劳动者的权益保护"规定:达到法定退休年龄但是尚未享受基本养老保险待遇的劳动者为用人单位提供劳动,劳动者**请求参照适用**劳动法律法规处理**劳动报酬**、**工作时间**、**休息休假**、**劳动保护**、**职业危害防护**以及**工伤保险待遇**等争议的,人民法院应予支持。前述司法解释条文规定了"达到法定退休年龄但是尚未享受基本养老保险待遇的劳动者"可以请求参照适用劳动法律法规,如果最高人民法院的观点是认为"达到法定退休年龄但是尚未享受基本养老保险待遇的劳动者"可以与用人单位建立劳动关系,那么该部分劳动者与用人单位发生劳动争议本就应该适用劳动法规,何来"参照适用"一说? 由此可见,最高人民法院于新拟订的司法解释也倾向于认定"达到法定退休年龄但是尚未享受基本养老保险待遇的劳动者"与用人单位之间建立的用工关系不应认定为劳动关系,但基于对该部分实际向用人单位提供劳动但又因达到法定退休年龄不宜直接认定为存在劳动关系的群体,允许其在**劳动报酬**、**工作时间**、**休息休假**、**劳动保护**、**职业危害防护**、**工伤待遇**等部分劳动权益事项上"参照适用"劳动法规。这种模式其实可以视为一种"不完全劳动关系"。通俗点讲就是,基于超龄劳动者达到法定退休年龄的情形不认为双方建立了劳动关系,但基于超龄劳动者未享受养老保险待遇且实际提供劳动的情形又支持其提出的参照劳动法规处理基本劳动权益的主张。

3. 入职时未达到法定退休年龄,但在达到法定退休年龄时因用人单位未为其缴纳社会保险等原因导致其未享受到基本养老保险待遇,用人单位是否可以以劳动者达到法定退休年龄而终止劳动合同的问题

按最新的权威案例,如果劳动者因用人单位的原因(过错)不能享受基本

养老保险待遇，即使劳动者达到法定退休年龄也不能终止劳动合同，双方依然系劳动关系，劳动者享受基本养老保险待遇才是劳动合同终止的条件。

举例说明：张三系男性，于 55 周岁时入职 A 公司，入职时张三已累计缴纳了 11 年养老保险，但入职 A 公司后该公司未为张三缴纳社会保险费。张三在 A 公司工作 5 年后年满 60 周岁，达到法定退休年龄，但由于 A 公司未为张三缴纳社会保险费，张三无法享受基本养老保险待遇。如果 A 公司于张三在职期间依法为张三缴纳了社会保险费，那么张三在 60 岁时的养老保险就累计缴纳了 16 年，其可以办理退休手续并享受基本养老保险待遇，但 A 公司未依法缴纳社会保险费导致张三在达到法定退休年龄时仍不能享受基本养老保险待遇。由于张三不能享受基本养老保险待遇系 A 公司的原因，故 A 公司对张三不能适用《劳动合同法实施条例》第 21 条之规定按"达到法定退休年龄"而终止劳动合同关系。

风险提示

部分用人单位出于减少用工成本的考虑，认为招聘达到退休年龄的劳动者，可以协商更低的薪酬，还可以省去缴纳社会保险费的成本，所以更乐于招聘已超过退休年龄的员工。特别是餐饮、酒店、宾馆、物业等企业的轻体力劳动岗位，更是大量招用超过退休年龄的员工。企业招聘达到退休年龄的劳动者要注意以下风险点：

1. 招用已达到退休年龄但未享受养老保险待遇的劳动者，虽然用人单位认为系劳务关系，但面临最终可能认定为劳动关系或参照劳动法规处理争议的风险。

2. 招用已达到退休年龄的劳动者，未为该超龄劳动者缴纳工伤保险，但该超龄劳动者发生工伤后，用人单位将面临承担全部工伤赔偿的风险。

最高人民法院行政审判庭在《关于超过法定退休年龄的进城务工农民工因工伤亡的，应否适用〈工伤保险条例〉请示的答复》（〔2010〕行他字第 10 号）以及最高人民法院《关于超过法定退休年龄的进城务工农民在工作时间内因公伤亡的，能否认定工伤的答复》（〔2022〕行他字第 13 号）中，均答复"用人单位聘用的超过法定退休年龄的务工农民,在工作时间内、因工作原因伤亡的,应当适用《工伤保险条例》的有关规定进行工伤认定"。所以,超龄劳动者即使与用人单位不存在劳动关系,但其在工作时间内、因工作原因伤亡的,仍能认定为工伤。在实践中,超龄劳动者因工受伤后被认定为工伤,但因用人单位未缴纳工伤保险或是因劳动者超龄而无法缴纳工伤保险,工伤保险基金无法分散用人单位的工伤赔偿风险,导致用人单位全部承担应赔偿的工伤待遇。

实操建议

1. 对于女职工,用人单位在办理退休手续时,要注意判断其工作的岗位属于管理技术岗位还是生产服务岗位。如果是生产服务岗位,则在50周岁时办理退休;如果是管理技术岗位,则应在55周岁时再办理退休。

2. 在招聘面试时,通过查看身份证、社保缴纳记录及面试询问的方式了解人员的年龄、社保缴纳情况或是否领取养老保险待遇的情况。如果拟聘用的人员属于已达到法定退休年龄或已享受基本养老保险待遇的情形,则可以与该人员签订劳务合同,并可以在劳务合同中明确"鉴于乙方已达到法定退休年龄/已享受养老保险待遇,不具备建立劳动关系的主体资格。经协商一致,双方就甲方雇用乙方的事宜达成以下协议:……"。

3. 若招聘的员工属于已达到法定退休年龄但未享受基本养老保险待遇的情况,也可以签订劳务合同,但要注意为其缴纳工伤保险,若不能缴纳工伤保险又要坚持用工,建议通过办理商业保险中的"雇主责任险"来分散用工风险。建筑施工类企业在有政策的地区,可以办理建筑业团体工伤保险,以分散工伤赔偿的风险。

典型案例

乌鲁木齐某物业服务有限公司诉马某某劳动合同纠纷案 [1]

裁判要旨:对于已达到法定退休年龄但未享受养老保险待遇或领取退休金

---

[1] 人民法院案例库案例,入库编号:2023-16-2-186-001。

的人员与用人单位之间的法律关系,不应仅对劳动者年龄标准作形式审查,而应具体审查劳动者不能享受基本养老保险待遇的原因是否与用人单位有关,具体应区分两种情形:其一,如果劳动者非因用人单位原因不能享受基本养老保险待遇,用人单位依据《劳动合同法实施条例》第21条的规定享有劳动关系终止的权利,此时劳动者与用人单位形成的是劳务关系。其二,劳动者因用人单位原因不能享受基本养老保险待遇的,就不能适用《劳动合同法实施条例》第21条的规定,以劳动者享受基本养老保险待遇为劳动合同终止的条件,此时,劳动者与用人单位形成的是劳动关系。

二、拟录用员工是否与上一用人单位解除或终止了劳动关系

关键法条

1.《劳动合同法》

第九十一条 用人单位招用与其他用人单位尚未解除或者终止劳动合同的劳动者,给其他用人单位造成损失的,应当承担连带赔偿责任。

2.最高人民法院《关于审理劳动争议案件适用法律问题的解释(一)》

第二十七条 用人单位招用尚未解除劳动合同的劳动者,原用人单位与劳动者发生的劳动争议,可以列新的用人单位为第三人。

原用人单位以新的用人单位侵权为由提起诉讼的,可以列劳动者为第三人。

原用人单位以**新的用人单位和劳动者共同侵权**为由提起诉讼的,**新的用人单位和劳动者列为共同被告**。

劳动者在职期间,对用人单位负有一定的忠实义务。用人单位在招聘员工时,不能在明知该员工还在其他用人单位实际任职的情况下,又录用该员工为其工作,此举必然损害原用人单位的利益。

最常见的情况是该员工将现用人单位的一些商业秘密、客户信息等一旦泄露就可能给其造成损失的信息带入其他用人单位。因此,要求用人单位在拟录

用新员工时,审查该员工是否与上一用人单位解除或终止了劳动关系。

实操建议

在拟招录员工时,应要求拟录用员工提交与上一用人单位《解除或终止劳动关系的证明》,俗称"离职证明"。当然,如果拟招录员工能够出具领取失业保险的证明材料、人民法院或劳动人事争议仲裁委员会出具的生效法律文书,能够证明员工与上一用人单位已解除或终止了劳动关系的,也可以将前述法律文书视为员工与上一用人单位解除或终止了劳动关系的证明。

三、拟录用员工是否属于企业停薪留职人员、内退人员、企业停产待岗人员

关键法条

最高人民法院《关于审理劳动争议案件适用法律问题的解释(一)》

第三十二条第二款　企业停薪留职人员、未达到法定退休年龄的内退人员、下岗待岗人员以及企业经营性停产放长假人员,因与新的用人单位发生用工争议而提起诉讼的,人民法院应当按劳动关系处理。

以上情况中比较常见的是企业停薪留职人员、因企业停工停产放长假的人员出来找工作,新用人单位招聘了该部分人员后,是否按劳动关系处理?这实际上涉及劳动法理论上的小争议,即我国劳动法是否承认"双重劳动关系"?由于本书是给中小微企业作为劳动用工管理的实务用书,想通过通俗的语言讲解劳动用工方面的合规管理与风险防范,尽量不涉及理论方面的争议问题。但关于"双重劳动关系"的问题,因好几处实务问题都要涉及,还是有必要在此进行一定的讲解。

双重劳动关系是指同一个劳动者同时与两个以上的用人单位建立或形成均符合劳动关系构成要件的劳动关系。这种劳动关系可能是劳动合同关系(双方签订有明确的劳动合同并履行),也可能是事实劳动关系(未签订劳动合

同但双方的行为实际上符合认定为劳动关系的标准)。

《劳动合同法》第69条第2款规定:从事非全日制用工的劳动者可以与一个或者一个以上用人单位订立劳动合同;但是,后订立的劳动合同不得影响先订立的劳动合同的履行。由此可见,劳动法规允许"双重的非全日制劳动关系"。所以,劳动者与多个用人单位建立"非全日制劳动关系(俗称兼职)"是相当正常的,也是合法的。最常见的情形有:A公司、B公司、C公司都是中小微企业,其业务量不需要聘请一个专职的财务人员,所以财务人员张三同时在A公司、B公司、C公司做兼职财务,每周视情况去前述公司1至2天,完成相关的财务工作。这种一名劳动者与多个用人单位建立非全日制劳动关系的情形并不鲜见。

在实务中争论双重劳动关系,是针对全日制劳动关系,即一名劳动者与用人单位建立了全日制劳动关系的情况下,是否可以与另一用人单位建立全日制劳动关系?笔者认为,从部分法条的规定以及实务裁判尺度来看,目前对于全日制双重劳动关系问题,是一种"不否认双重劳动关系但不支持,一定条件下允许建立双重劳动关系"的处理方式。

所谓"不否认双重劳动关系但不支持"。《劳动合同法》第39条规定:"劳动者有下列情形之一的,用人单位可以解除劳动合同:……(四)劳动者同时与其他用人单位建立劳动关系,对完成本单位的工作任务造成严重影响,或者经用人单位提出,拒不改正的;……"依照该条之规定,已与用人单位建立了全日制劳动关系的劳动者同时与其他用人单位建立劳动关系,如果出现对完成本单位的工作任务造成严重影响的情形,用人单位可以直接予以解除劳动关系。即使该劳动者与其他用人单位建立劳动关系后对完成本单位的工作任务未造成严重影响,但用人单位要求其改正而不改正的,用人单位仍然可以直接予以解除劳动关系。换言之,已与用人单位建立了全日制劳动关系的劳动者同时与其他用人单位建立劳动关系,视为劳动者的一种应予改正的错误,而非合法的行为。《劳动合同法》第91条规定:用人单位招用与其他用人单位尚未解除或者终止劳动合同的劳动者,给其他用人单位造成损失的,应当承担连带赔偿责任。依照该条之规定,如果用人单位招用了其他用人单位的在职员工,给其他用人单位造成损失的,应当承担连带赔偿责任。以上法条均体现出"不支持双重全日制劳动关系"的态度。

所谓"一定条件下允许建立双重劳动关系",即出现了最高人民法院《关于审理劳动争议案件适用法律问题的解释(一)》第32条第2款所规定的"企业停薪留职人员、未达到法定退休年龄的内退人员、下岗待岗人员以及企业经营性停产放长假人员"等情形的,该部分人员可以与新的用人单位建立劳动关系。其道理也很简单,一方面,"企业停薪留职人员、内退人员、企业停产待岗人员"虽然劳动关系还保留在原用人单位,但该部分人员已经因为停薪留职、内退或企业停工停产等原因未实际向原用人单位提供劳动。换言之,该部分人员即使与新的用人单位建立劳动关系并提供劳动,也不会影响原用人单位的工作任务。另一方面,无论是停薪留职还是因企业停工停产放长假,该部分劳动者的收入会很低,以至于难以维持生计,所以允许处于这种情况下的劳动者另谋一份职业也是出于对劳动者生存权的保障。

综上,用人单位如果拟招用的员工属于"企业停薪留职人员、内退人员、企业停工停产待岗人员"等情形的,用人单位可以与其建立劳动关系,而且所建立的就是劳动关系,而非劳务关系。

实操建议

企业拟招用的员工属于上述"企业停薪留职人员、内退人员、企业停工停产待岗人员"等情形的,要注意以下3点。

(1)**要注意识别拟录用员工是否属于前述情形**。如果拟录用员工无法提供与上一用人单位解除或终止劳动关系的证明,就需要问清楚劳动者为什么无法提供前述证明。劳动者陈述其属于"企业停薪留职人员、内退人员、企业停工停产待岗人员"等情形的,建议让劳动者提供相应的印证材料。比如,停薪留职的证明、内退文件、企业停工停产通知等文件材料。防止出现提交不了"解除或终止劳动关系证明"的拟录用员工并非前述情形而是其他用人单位的在职员工,从而避免因录用其他用人单位的在职员工给其他用人单位造成损失的赔偿风险。

(2) 要注意社会保险费的缴纳问题。既然在前述情形下认可建立双重劳动关系，那么就涉及这种双重劳动关系下的社保缴纳问题。因为存在劳动关系，一般情况下就存在缴纳社会保险费的义务。在实践中，招用"企业停薪留职人员、内退人员、企业停工停产待岗人员"时要查明其原用人单位是否已经为劳动者缴纳了社会保险费或者仍在继续缴纳社会保险费。即使该员工的原停工停产或停薪留职单位仍在继续为其缴纳社会保险费，也建议拟与其建立新的劳动关系的用人单位为该劳动者缴纳社会保险费。在此类允许的双重劳动关系情形下，即使劳动者的原用人单位已为劳动者缴纳社会保险费也不能免除新用人单位缴纳社会保险费的义务。

(3) 要注意工伤事故造成的赔偿风险。如果企业录用了"企业停薪留职人员、内退人员、企业停工停产待岗人员"，但发现该员工的前一用人单位仍在为其缴纳社会保险费，企业可以让拟录用员工提交前一用人单位缴纳社会保险费的记录，然后仍然以新的用人单位身份向社保部门办理该员工的社会保险费缴纳。如果按政策不能办理缴纳，应留存相关印证材料，证明不能缴纳社会保险费的原因并非企业作为新的用人单位不缴纳，而是该员工已有前一用人单位缴纳且当地的社保缴纳政策不支持重复办理社会保险费的缴纳。在劳动合同中也要注意与员工约定，当原用人单位停止缴纳社会保险费时，员工应及时通知新用人单位，由新用人单位办理社会保险费的缴纳。这样，可以防止员工以新用人单位未为其缴纳社会保险费为由提出解除劳动关系并主张经济补偿金。

但这种原用人单位缴纳了社会保险费导致新用人单位无法缴纳社会保险费的情形，会给新用人单位带来一项很大的风险，就是工伤赔偿的风险。不管基于什么原因，若新用人单位未为职工缴纳工伤保险费，劳动者在新用人单位工作期间发生工伤事故，应当由新用人单位支付工伤待遇。而由于新用人单位没有为该员工缴纳工伤保险费，该员工全部工伤赔偿项目均应由新用人单位承担。可能新用人单位会认为，该员工的原用人单位为其缴纳了工伤保险费的，该员工在新用人单位发生工伤，工伤保险基金也应该拨付相关赔偿。其实是不行的，因为工伤保险的参保单位与发生工伤的用人单位一致时才能通过工伤保险基金支付应由工伤保险基金承担的赔偿项目，否则工伤保险基金不会报销工伤赔偿项目。所以，作为新用人单位，如果因原用人单位仍在缴纳社保而导致无法为招录的新员工缴纳社会保险费，在实践中很可能会因未缴纳工伤保险而承担全部工伤赔偿。

四、拟录用员工是否系已取得外国国籍的人员

关键法条

1. 最高人民法院《关于审理劳动争议案件适用法律问题的解释（一）》

第三十三条第一款 外国人、无国籍人未依法取得就业证件即与中华人民共和国境内的用人单位签订劳动合同，当事人请求确认与用人单位存在劳动关系的，人民法院不予支持。

2.《外国人在中国就业管理规定》

第五条 用人单位聘用外国人须为该外国人**申请就业许可**，经获准并取得《中华人民共和国外国人**就业许可证书**》（以下简称许可证书）后**方可聘用**。

第九条 凡符合下列条件之一的外国人可免办就业许可和就业证：

（一）由我国**政府直接出资聘请**的外籍专业技术和管理人员，或由**国家机关和事业单位出资聘请**，具有本国或国际权威技术管理部门或行业协会确认的**高级技术职称**或**特殊技能资格证书**的外籍专业技术和管理人员，并持有**外国专家局**签发的《**外国专家证**》的外国人；

（二）持有《外国人在中华人民共和国从事海上石油作业工作准证》从事海上石油作业、不需登陆、有特殊技能的外籍劳务人员；

（三）经文化部批准持《临时营业演出许可证》进行营业性文艺演出的外国人。

这个情况较为少见，即用人单位聘用外国人需要为该外国人申请就业许可。在实践中，用人单位要注意的是，所谓"外国人"不能通过外貌、语言来判断。有些人出生在中国，说着一口流利的普通话，之后取得外国国籍，但用人单

位没有在招录时审核其是否属于外国国籍,导致用人单位出现聘用外国人但未依法申请就业许可的违法行为。

第二节　拟录用员工的入职手续办理

一、建立员工档案

 关键法条

> 《劳动合同法》
> 　　第七条　用人单位自用工之日起即与劳动者建立劳动关系。用人单位应当建立职工名册备查。
> 　　第九条　用人单位招用劳动者,不得扣押劳动者的居民身份证和其他证件,不得要求劳动者**提供担保**或者以其他名义向劳动者**收取财物**。

用人单位在办理入职时,出于建立员工档案的需要,可能会向拟招录员工收取个人简历以及证件、证书的复印件等材料。

关于建立员工档案,依照《劳动合同法》第 7 条之规定,应当自用工之日起建立"职工名册"备查。简言之,作为一个中小微企业,没有专业的人事部门或人事专员,没有条件建立完整的员工管理档案,至少也要建立职工名册以备查。笔者建议,用人单位还是要尽量在用工之日起为每个员工建立"用工档案",注意将员工求职的简历、面试核查的证书复印件、入职填写的登记表、双方签订的劳动合同以及在劳动用工期间签署的薪酬变更协议等一系列与劳动用工相关的材料整理成用工档案,此举可以保存相当完备的全流程用工管理证据。

风险提示

在收取入职材料时,要注意不可对劳动者的证件或证书原件进行扣押,也不可以任何理由向劳动者收取财物。在实践中,扣押劳动者身份证的情形很少见,但扣押劳动者资格证书的情形却是不少。比如,医院扣押护士的护士执业证,建设工程公司扣押工程师的建造师资格证等。还有诸如保险公司收取从业人员的"押金",建设工程公司收取"项目保证金"等。切记,这些向劳动者收取财物或扣押证件的行为是违反法律规定的。

 实操建议

1.用人单位出于建立人事档案的需要或者防止劳动者提供虚假证书的情形,可以向劳动者收取证书、证件的复印件,并让劳动者在该复印件上注明"本人于×年×月×日向公司提供该证书复印件"后签名或摁手印。之后如果发现劳动者存在伪造或提供虚假技能证书、职业资格证书的行为,用人单位可以以此为由单方面解除与该劳动者的劳动合同,且不会被认定为违法解除。同时,如果劳动者提交的技能证书是虚假的,其提交的有本人签名并摁手印的"虚假证书"复印件可以作为证明力很强的证据。但用人单位要切记,不可以对劳动者的证书证件原件进行扣押。

2.如果用人单位担心不收取员工相关技能证书原件,员工在与本单位建立劳动关系的情况下,又将其技能证书挂靠到其他单位。用人单位可以在劳动合同中明确约定双方劳动关系存续期间,不得将履行本岗位职责相关的技能证书对外注册或挂靠,如有此类行为,用人单位有权单方面解除劳动合同。

二、确认薪酬待遇

关键法条

1.《劳动法》

第四十七条 用人单位根据本单位的生产经营特点和经济效益,依法自主确定本单位的工资分配方式和工资水平。

2.《劳动合同法》

第八条　用人单位招用劳动者时,**应当如实告知**劳动者工作内容、工作条件、工作地点、职业危害、安全生产状况、**劳动报酬**,以及劳动者要求了解的其他情况;用人单位有权了解劳动者与劳动合同直接相关的基本情况,劳动者应当如实说明。

如果在劳动关系中评出一项最重要、最核心的事项,非劳动报酬莫属。正如马云所说,员工离职的原因,只有两种,一是钱没给到位,二是心受委屈了。再深层次一点,即使心受委屈了,工资给到位还是可以部分弥补的。笔者在争议处理实践中发现,职场氛围、用工风险、员工关系等一切因素的基础还是劳动报酬问题。在劳动关系中,劳动报酬作为劳动者最关注的事项,也是用人单位最不能违法的事项,劳动关系下的各种争议事项中,保护最严格的就是劳动报酬。

从上述法条可见,用人单位依法自主决定本单位的工资水平,但应当**如实告知劳动者**。所谓依法自主决定,是指用人单位在不违反国家规定的最低工资标准和工资发放方式的情况下,自行决定其工作岗位的工资标准,但该工资标准应如实告知劳动者,并在劳动合同中明确约定。至于如何对薪酬待遇进行明确的约定,本书后面有专门章节讲解。

三、签订劳动合同

 关键法条

《劳动合同法》

第八十一条　用人单位提供的劳动合同文本未载明本法规定的劳动合同必备条款或者用人单位未将劳动合同文本交付劳动者的,由劳动行政部门责令改正;给劳动者造成损害的,应当承担赔偿责任。

第八十二条　用人单位自用工之日起**超过一个月不满一年**未与劳动者订立书面劳动合同的,应当向劳动者每月支付二倍的工资。

> 用人单位违反本法规定不与劳动者订立无固定期限劳动合同的,自应当订立无固定期限劳动合同之日起向劳动者每月支付二倍的工资。

该部分法条是对用人单位不依法签订书面劳动合同相关法律责任的规定。其中劳动合同不具备必备条款、劳动合同文本没有交付劳动者的法律责任较轻,不签订书面劳动合同的责任较重。

《劳动合同法》第81条规定了劳动合同不具备必备条款、劳动合同文本没有交付劳动者的,由劳动行政部门责令改正;给劳动者造成损害的,应当承担赔偿责任。但实际上,即使出现前述情况,劳动者也很难举证证明其损失,导致劳动者很难要求用人单位承担赔偿损失的责任。而实务中最常见的是用人单位未与劳动者签订书面劳动合同,此时,用人单位应承担《劳动合同法》第82条规定的支付2倍工资的法律责任。

对于用人单位如何撰写劳动合同条款,如何避免签订劳动合同事宜上的风险,后面也有专章进行讲解。

四、告知规章制度

关键法条

1.《劳动合同法》

第四条 用人单位应当依法建立和完善劳动规章制度,保障劳动者享有劳动权利、履行劳动义务。

用人单位在制定、修改或者决定有关**劳动报酬、工作时间、休息休假、劳动安全卫生、保险福利、职工培训、劳动纪律以及劳动定额管理**等直接涉及劳动者切身利益的规章制度或者重大事项时,应当经职工代表大会或者全体职工讨论,提出方案和意见,与工会或者职工代表平等协商确定。

在规章制度和重大事项决定实施过程中,工会或者职工认为不适当的,有权向用人单位提出,通过协商予以修改完善。

用人单位应当将直接涉及劳动者切身利益的规章制度和重大事项决定公示,或者告知劳动者。

2. 最高人民法院《关于审理劳动争议案件适用法律问题的解释(一)》

第五十条　用人单位根据劳动合同法第四条规定,通过民主程序制定的规章制度,不违反国家法律、行政法规及政策规定,并已向劳动者公示的,可以作为确定双方权利义务的依据。

用人单位制定的内部规章制度与集体合同或者劳动合同约定的内容不一致,劳动者请求优先适用合同约定的,人民法院应予支持。

《劳动法》《劳动合同法》虽然对劳动者有一定的倾斜保护,实际上也赋予了用人单位很大的用工自主管理权,但部分企业不知道如何有效行使自己的用工自主权。在仲裁或诉讼中败诉后,企业管理人员容易产生"劳动法规对用人单位过于严苛"的认识。其实,企业实现用工自主管理权的两大抓手之一,就是规章制度。然而,部分中小微企业,基于缺乏专业的人事管理人员,且出于节约经营成本等各方面原因,并没有制定出一套适宜企业自身情况、体现企业管理目标的规章制度,造成在劳动用工管理中的被动。

《劳动合同法》第4条明确了用人单位制定规章制度的合规流程以及生效条件。最高人民法院发布的司法解释则明确了用人单位的规章制度在**制定流程合规**以及**生效要件具备**的情况下,该规章制度可以作为**确定用人单位与劳动者之间权利义务的依据**。直白一点说,合规生效的规章制度就是企业自己的"立法"。企业可以依据法律规定的流程及方式将企业主在纪律要求、薪酬分配、日常管理、考勤休假等各方面的经营管理意志通过规章制度予以固定,发生争议后还可以作为审理劳动争议案件的依据,实质上是对用人单位自主进行劳动用工管理很大的"赋权"。

法律虽然赋予了用人单位制定规章制度的权利,但也为规章制度设立了边界,即用人单位的规章制度不得违反法律法规的规定,否则应当由劳动行政部门责令改正,造成劳动者损害的,应当进行赔偿。比如,法律规定裁员应支付的经济补偿金计算基数为包括计时工资或者计件工资以及奖金、津贴和补贴等货币性收入在内的月平均应得工资。但某公司的规章制度规定公司裁员应支付的经济补偿金计算基数仅为月基本工资。因该公司的该部分规章制度违反法律规定,应予改正,且该公司按其规章制度的规定发放的经济补偿金少于法定标准的部分,即为员工的损失,该公司应予补足经济补偿金的差额部分。

中小微企业要注意结合自己公司的特点以及经营管理要求,制定出一份便于劳动用工管理的规章制度。通过规章制度进行劳动用工管理,能让用工管理更为严谨,更有依据,从制度上减少用工风险。

五、缴纳社会保险费

关键法条

《社会保险法》

第五十七条第一款 用人单位应当自成立之日起三十日内凭营业执照、登记证书或者单位印章,向当地社会保险经办机构申请办理社会保险登记。社会保险经办机构应当自收到申请之日起十五日内予以审核,发给社会保险登记证件。

第八十二条第一款 任何组织或者个人有权对违反社会保险法律、法规的行为进行举报、投诉。

第八十四条 用人单位不办理社会保险登记的,由社会保险行政部门责令限期改正;逾期不改正的,对用人单位处应缴社会保险费数额一倍以上三倍以下的罚款,对其直接负责的主管人员和其他直接责任人员处五百元以上三千元以下的罚款。

第八十六条 用人单位未按时足额缴纳社会保险费的,由社会保险费征收机构责令限期缴纳或者补足,并自欠缴之日起,按日加收万分之五的滞纳金;逾期仍不缴纳的,由有关行政部门处欠缴数额一倍以上三倍以下的罚款。

为劳动者办理社会保险登记，及时足额缴纳社会保险费是用人单位的法定义务。用人单位如果不为劳动者办理社会保险费的缴纳将面临整改或罚款；如果未及时足额缴纳社会保险费，将面临补缴并加付滞纳金。

在实践中，不少用人单位出于节省用工成本的目的，会以自己制定的一些"土政策"为依据，晚缴、少缴社会保险费，更有一些用人单位直接不缴纳社会保险费。这些错误做法，将给用人单位带来更多的罚金或滞纳金方面的损失。

随着劳动者权益意识的觉醒，更多的劳动者掌握了面对不缴、少缴社会保险费情形的维权方法，用人单位因不缴社会保险费导致支付经济补偿金的情形增多，用人单位因少缴社会保险费导致劳动者投诉后补缴社会保险费并支付滞纳金的情形也在增多。

🎯 风险提示

部分用人单位在社会保险费的缴纳方面存在一些认识误区，在实务中引发了不少劳动争议和用工风险，笔者结合近年来涉及社会保险的案件，梳理常见的认识误区及风险点如下：

1. 试用期满才为员工缴纳社会保险费

这是部分用人单位常见的"土政策"。

《社会保险法》第58条第1款规定：用人单位应当自用工之日起30日内为其职工向社会保险经办机构申请办理社会保险登记。也就是说，员工入职后，用人单位应在1个月期限内为新入职员工办理社保缴纳登记，且社会保险费应自用工之日起缴纳。

举例说明：A公司于2024年8月10日录用了张三，双方约定试用期为3个月，那么A公司最迟于2024年9月10日前为张三办理社会保险登记，而不是等试用期结束（2024年11月10日）之后再为其办理社会保险费的缴纳。而且办理社保登记后，其缴纳时间是从2024年8月10日入职之日起计算的。

当然，实践中如果用人单位在试用期满后缴纳社保时为员工补缴了试用期期间的社会保险费，并未造成员工损失的，大部分员工不会较真。但用人单位面临着以下两点风险：

一是如果劳动者在试用期遭受工伤，由于用人单位没有及时为其缴纳工伤保险费，因此用人单位面临承担更多工伤赔偿责任的风险。

二是劳动者在用人单位超过30日未为其办理社会保险费的缴纳时，可以向社保行政部门进行投诉或以此为由提出解除劳动关系。

所以，对于用人单位而言，办理新入职员工的社会保险费缴纳事宜，越快越好。反正即使员工同意在试用期后缴纳，也要对自用工之日起至试用期满期间的社保费用进行补缴，不能省下该笔支出，而且晚缴还面临承担更多工伤赔偿的风险。

2. 社会保险费按员工的基本工资或当地的最低缴纳限额缴纳

社会保险费的缴费基数有其法定要求，一般要按员工的真实工资标准计算。但在实践中，确实有部分企业没有足额缴纳社会保险费。在之前，劳动者对此种情形的投诉率并不高，但随着劳动者在社保足额缴纳问题上的维权意识明显增强，越来越多的劳动者选择在离职后投诉用人单位未足额缴纳社会保险费，要求社保行政部门责令用人单位补缴。这种情形还导致用人单位出现了关于社会保险费补缴后的"反向维权"现象。

用人单位"反向维权"，即劳动者在职期间，由于用人单位未足额为其缴纳社会保险费，劳动者离职后向社保征缴部门投诉，社保征缴部门责令用人单位补缴劳动者在职期间未足额缴纳的社会保险费及滞纳金。由于补缴社保的费用中包含了用人单位应缴纳的部分以及劳动者个人应缴纳的部分，而劳动者个人缴纳部分一般是由用人单位向劳动者发放工资时扣缴。此时劳动者已离职，用人单位已无法在劳动者的月工资中扣减应由劳动者承担的个人缴纳部分，但用人单位如果因无法从劳动者的月工资中扣减个人缴纳部分而迟迟不向社保征缴机构补缴社保，又面临更多的滞纳金。因此，用人单位只能将包含有"单位应缴部分"与"个人应缴部分"的社保补缴金额都给补缴了，相当于用人单位为离职员工垫付了社保补缴金额中的个人缴纳部分。在此种情况下，用人单位需要向离职员工追讨应由其承担的个人缴纳部分。大部分离职员工会在收到通知后向用人单位支付应由其承担的补缴社保的个人缴纳部分，但也有一部分离职员工因手头现金不充裕或其他原因,拒不向用人单位支付在补缴社保时已由用人单位垫付的个人缴纳部分。

在前述情况下,用人单位只能通过仲裁或诉讼的方式,向离职员工追讨由其垫付的应由离职员工自行承担的社保个人缴纳部分。本来是劳动者就社保未足额缴纳的情形进行维权,最后"攻守易形",用人单位还得"反向"找离职员工维权。

用人单位要重新认识并评估足额缴纳社会保险费的重要性。随着社会保险费的征缴越来越严格,劳动者在社保方面的维权意识越来越强,少缴社保不但不能给用人单位节约用工成本,反而会带来补缴时增加的滞纳金成本以及追讨社保个人缴纳部分时增加的时间成本与人力成本,有得不偿失之风险。此外,由于社会保险费的补缴不受1年的劳动仲裁时效的限制,员工虽然在职期间不便于投诉未足额缴纳社保的问题,但在离职后以"秋后算账"的方式投诉在职期间未足额缴纳社保,要求补缴在职期间未足额缴纳的社保,不仅不会耽误离职员工补缴社保的期限,还增加用人单位更多的滞纳金成本。

举例说明:张三在A公司工作了11年,其月工资标准一直是1万多元,但张三在职期间,A公司一直按当地最低的社保缴纳基数为张三缴纳社会保险费。张三于2024年12月31日离职,向社保行政部门投诉,要求补缴在职11年期间的社会保险费,由于社保的征缴并不适用1年的劳动仲裁时效,故社保行政部门会责令A公司补缴张三在职11年期间少缴的社会保险费。

用人单位要牢记:少缴社保一时爽,秋后算账金额涨。

实操建议

用人单位在补缴社保后向离职员工追讨已垫付的个人缴纳部分时要注意两点。

一是注意证据的提交。用人单位补缴社保时,要注意保存好社保行政部门责令其补缴的核定文件或通知书,此类文件一般写明了用人单位应补缴的总金额,且写明了其中应由单位承担的金额以及个人应承担的金额。前述文件载明的应由个人缴纳部分,属于用人单位垫付的部分,即用人单位可以要求离职员工支付的部分。

二是注意追讨的程序。在实践中,对用人单位向离职员工追讨已垫付的社保个人缴纳部分是否属于劳动争议存在一定的争议。笔者认为,这个纠纷属于劳动争议纠纷,应先申请劳动争议仲裁,劳动争议仲裁不予受理或对仲裁裁决不服的,可以按劳动争议向人民法院起诉。

将此争议认定为劳动争议的理由在于,虽然员工已离职,双方劳动关系已解除,但该项争议实际上是双方在劳动关系存续期间因社会保险的缴纳而产生的纠纷,故应作为劳动争议案件处理。例如,深圳地区、成都地区的法院判决都持该观点。值得用人单位注意的是,有可能当地的劳动人事争议仲裁委员会认为这种用人单位要求离职员工支付垫付的社保个人缴纳部分的案件不属于劳动争议案件,会在用人单位申请劳动仲裁时向用人单位出具"不予受理通知书",用人单位在收到不予受理通知书时,不要急,持该通知书向人民法院起诉即可。如果人民法院认为属于劳动争议,按劳动争议受理即可。如果人民法院认为不属于劳动争议,按其他案由受理也行。那么,如果此种争议不属于劳动争议又属于什么争议呢?有小部分观点认为,由于劳动者已离职,用人单位主张离职员工支付个人缴纳部分,不宜按劳动争议处理。而离职员工拒不支付应由其承担的社保个人缴纳部分,属于没有法律根据而取得不当利益的得利人,垫付该社保个人缴纳部分的用人单位为补缴社保而为其垫付款项系受损失的一方。依据《民法典》第985条关于"得利人没有法律根据取得不当利益的,受损失的人可以请求得利人返还取得的利益"之规定,用人单位与离职员工的前述纠纷应属于"不当得利"纠纷。所以,如果法院认为此种争议不属于劳动争议,一般会以不当得利案件予以受理。

以劳动争议案件受理和以不当得利案件受理,区别在于案件受理费的多少,劳动争议案件无论用人单位追讨的金额是多少,都是10元/件。但不当得利作为普通民事案件,需要按用人单位要求离职员工支付的金额来计算案件受理费。当然,这个案件受理费一般都是由败诉方承担。

3.让新入职员工签署放弃缴纳社会保险费的声明或不缴纳社会保险费的协议

关键法条

《劳动合同法》

第二十六条 下列劳动合同无效或者部分无效：

（一）以欺诈、胁迫的手段或者乘人之危，使对方在违背真实意思的情况下订立或者变更劳动合同的；

（二）用人单位**免除自己的法定责任、排除劳动者权利**的；

（三）**违反法律、行政法规强制性规定**的。

对劳动合同的无效或者部分无效有争议的，由劳动争议仲裁机构或者人民法院确认。

就用人单位的用工成本而言，足额为劳动者缴纳社会保险费确实是较大的人力成本之一。部分用人单位出于减少用工成本的目的，会在不缴或少缴社会保险费的问题上"动脑筋"。常见的情形是，让劳动者入职时签署"自愿"不缴纳社会保险费的声明或者承诺书，甚至双方专门签署一份不缴纳社会保险费的协议，以达到不缴纳社会保险费的目的。

用人单位要注意，社会保险费的缴纳具有强制性。按现行法律规定及司法裁判尺度，此类协议签了也不能免除用人单位缴纳社会保险费的义务，如果员工到社会保险行政部门投诉，用人单位仍会被社保部门责令补缴。换言之，签了也白签。

除了"签了也白签"之外，还有其他方面给用人单位带来损失的"副作用"。这个"副作用"就是劳动者签署了"自愿"不缴纳社会保险费的声明或承诺后，是否可依据《劳动合同法》第38条规定的"（三）未依法为劳动者缴纳社会保险费的"情形提出解除劳动合同并主张经济补偿金？

在此问题上，司法实务中已形成统一的观点，即关于不缴纳社会保险费的约定或劳动者放弃缴纳社会保险费的承诺应认定为无效。即使双方约定了不缴纳社会保险费，劳动者也有权以用人单位"未依法缴纳社会保险费"为由提出解除劳动合同并要求用人单位支付解除劳动合同的经济补偿。

例如，2023年12月12日发布的最高人民法院《关于审理劳动争议案件适用法律问题的解释（二）（征求意见稿）》第23条规定：用人单位与劳动者有关不缴纳社会保险费的**约定无效**。

劳动者与用人单位约定不缴纳社会保险费，劳动者以用人单位**未依法缴纳社会保险费**为由请求支付经济补偿的，人民法院应予支持。

用人单位补缴社会保险费后，请求劳动者返还已给付的社会保险补偿的，人民法院应予支持。

虽然上述司法解释在笔者写本书之时还是"征求意见稿"，但可以看出最高人民法院对于劳资双方约定不缴纳社会保险费的态度。即明确规定此类约定无效，且即使双方约定不缴纳社会保险费，劳动者也可以用人单位"未依法缴纳社会保险费"为由要求用人单位支付经济补偿。笔者赞同此种观点。

一方面，从日常工作经验可见，所谓劳动者"自愿"不缴纳社会保险费，绝大部分是"被自愿"，并非其真实的意思表示。另一方面，如果允许劳动者与用人单位通过协议或作出承诺的方式不依法缴纳社会保险费，将会对我国的社会保险制度形成冲击，导致劳动者年老、患病需要社会保障时缺乏保障，引发新的社会问题和矛盾。

所以，对于此种以"承诺、协议"架空国家社会保险制度的行为，以简单明了的态度进行否定性处理，最为妥当。毕竟提高违法成本是制止违法行为的不二法门。所以，用人单位不要再让新入职员工签署此类协议或声明了，对用人单位是百害而无一利的。

第三节 试用期的考察与管理

劳动者入职后，用人单位一般会安排一定期限的试用期。用人单位要掌握关于试用期的管理要求与合规要点。

一、试用期的基本要求

> **关键法条**

> **1.《劳动法》**
> 第二十一条　劳动合同可以约定试用期。试用期最长不得超过六个月。
>
> **2.《劳动合同法》**
> 第十九条　劳动合同期限三个月以上不满一年的,试用期不得超过一个月;劳动合同期限一年以上不满三年的,试用期不得超过二个月;三年以上固定期限和无固定期限的劳动合同,试用期不得超过六个月。
> 同一用人单位与同一劳动者只能约定一次试用期。
> 以完成一定工作任务为期限的劳动合同或者劳动合同期限不满三个月的,不得约定试用期。
> 试用期包含在劳动合同期限内。劳动合同仅约定试用期的,试用期不成立,该期限为劳动合同期限。

1.试用期约定不得超过法定上限

关于在劳动合同中约定试用期,《劳动法》较为宽泛地规定"不得超过六个月",那意味着只签订1年的劳动合同也可约定6个月试用期。试用期占到整个劳动合同期限的一半或以上,显然不太合理。《劳动合同法》则更为细化,将用人单位与劳动者签订的劳动合同期限长短与可以约定的试用期长短挂钩。

简单记忆口诀为:3月以下,不得试用;不足1年,不超1月;

1至3年,不超2月;3年以上,6月封顶。

再精简,就是记住"1·2·6"三个期限标准。

用人单位要切记,在劳动合同中约定的试用期不得超出上述标准。

2.试用期不得二次约定或延长

法律明确规定"同一用人单位与同一劳动者只能约定一次试用期"。但有的用人单位觉得,既然只能约定一次,不能第二次约定试用期,那我可以在法定的试用期上限内延长试用期。人民法院案例库中的入库案例明确:用人单位与劳动者约定试用期后,即使双方在试用期法定上限内协商延长试用期,也是属于"二次约定试用期"的行为,用人单位应依法支付违法约定试用期的赔偿金。

例如,用人单位与劳动者签订了3年期劳动合同,双方可约定试用期的上限为6个月,但只约定了3个月试用期。之后,用人单位与劳动者协商再延长3个月试用期,虽然延长之后的试用期也刚好是6个月(试用期上限),即在期限上并未超过3年期劳动合同的试用期法定上限。但这种延长试用期的行为仍应被认定为违反了"同一用人单位与同一劳动者只能约定一次试用期"的规定。所以,试用期一旦约定,就不能再延长,更不能再约定一次试用期。否则,劳动者可以要求用人单位支付违法约定试用期的赔偿金。

实操建议

对于用人单位而言,如果新招录的员工试用满意,用人单位可以为其提前转正,提前转正是完全合法合规的,是用人单位自主可控的。所以,如果用人单位需要在试用期内对新录用员工进行全面的考察试用,那么试用期的约定可以"就长不就短",即将试用期按法定上限月数进行约定。

比如,签订3年以上期限(包括3年期限)的劳动合同,约定试用期为6个月。如果员工在前3个月就通过了试用,可以提前3个月为员工转正。这样,就不会出现试用3个月后需要再延长试用3个月的问题。

典型案例

某教育公司诉王某劳动争议案[①]

裁判要旨:用人单位与劳动者**协商顺延试用期**因违反同一用人单位与同一劳动者只能约定一次试用期的法律规定,**属于二次约定试用期**,用人单位应当

[①] 人民法院案例库案例,入库编号:2024-07-2-490-002。

按照《劳动合同法》第83条的规定向劳动者支付**违法约定试用期赔偿金**。

二、试用期的薪酬规定

📑 关键法条

1.《劳动合同法》

第二十条　劳动者在试用期的工资不得低于本单位相同岗位最低档工资或者劳动合同约定工资的百分之八十，并不得低于用人单位所在地的最低工资标准。

2.《劳动合同法实施条例》

第十五条　劳动者在试用期的工资不得低于本单位相同岗位最低档工资的80%或者不得低于**劳动合同约定工资的80%**，并不得低于用人单位所在地的最低工资标准。

　　试用期工资可以少于转正后的工资，是试用期区别于转正后的显著特征之一。但可以少多少工资的比例是有强制性规定的，即不得少于劳动合同约定工资的80%，且不得低于当地的最低工资标准。

　　这里需要提醒注意的是，此处所称"劳动合同约定工资的80%"不一定是指书面劳动合同上载明的月薪标准。部分用人单位在劳动合同中约定一个虚假的月薪金额，但实际双方谈妥并实际发放的工资标准又是更高的月薪金额。比如，双方面试谈妥的月薪为10,000元/月，但用人单位出于种种考虑，在双方的劳动合同文本上写的月薪为3500元/月，由于劳动合同文件上所载之工资并非真实的月薪标准，故劳动者试用期工资的参照标准还是应按真实的月薪10,000元/月计算，即劳动者的试用期工资不得少于8000元/月。

三、违法约定试用期的赔偿标准

> **关键法条**
>
> 《劳动合同法》
>
> 第八十三条　用人单位违反本法规定与劳动者约定试用期的,由劳动行政部门责令改正;违法约定的试用期已经履行的,由用人单位以**劳动者试用期满月工资**为标准,按已经履行的超过法定试用期的期间向劳动者支付赔偿金。

前述法条是规定违法约定试用期的法律后果,即用人单位如果出现违法约定试用期,分两种情况来承担后果。

1. 双方违法约定了试用期,但尚未实际履行,由劳动行政部门责令改正

举例说明:张三与 A 公司签订了固定期限自 2023 年 1 月 1 日至 2024 年 12 月 31 日的劳动合同,约定其中试用期为 4 个月(自 2023 年 1 月 1 日至 4 月 30 日)。还约定转正后月工资标准为 10,000 元/月,试用期工资为 8000 元/月。合同签订后,张三于 2023 年 2 月 1 日发现劳动合同中约定的试用期违反了《劳动合同法》第 19 条关于"劳动合同期限一年以上不满三年的,试用期不得超过二个月"的规定,便向 A 公司提出异议,A 公司不予理会,张三向当地劳动监察部门投诉,劳动监察部门责令 A 公司予以改正。如果 A 公司及时改正了,则因张三未实际履行违法约定的试用期期间,A 公司不用予以赔偿。

2. 双方违法约定了试用期,劳动者已经履行了违法约定的试用期期间,则用人单位应按劳动者转正后的工资标准,按已履行的期间向劳动者支付赔偿金

举例说明:张三与 A 公司签订了固定期限自 2024 年 1 月 1 日至 2025 年 12 月 31 日的劳动合同,约定其中试用期为 4 个月(自 2024 年 1 月 1 日至 4 月 30 日)。还约定转正后月工资标准为 10,000 元/月,试用期工资为 8000 元/月。合同签订后,张三于 2024 年 10 月的国庆节期间学习了劳动合同法,发现 A 公司与其签订的劳动合同约定的期限为 2 年。依据法律规定,劳动合同期限不足

3年,试用期不得超过2个月。但A公司与其约定了4个月的试用期,超出2个月法定试用期上限的违法约定试用期间有2个月。同时,张三查看自己的工资发放记录,发现A公司于2024年1月至4月向自己发放的工资确实是按试用期工资标准8000元/月发放的。这种情况下,张三可以申请劳动争议仲裁,要求A公司按试用期满转正后的工资标准10,000元/月向其支付已经履行的超过法定试用期上限的2个月期间对应的赔偿金20,000元(试用期满转正后的工资标准10,000元/月×已履行且超过法定试用期的2个月)。

所以,用人单位要注意试用期期间不要超出法定上限,试用期工资不要低于法定下限。如果劳动者已履行的试用期长度超出了法定上限,用人单位则要面临按转正后的工资标准向劳动者计付赔偿金的责任。

四、试用期内解除劳动合同情形

> **关键法条**

《劳动合同法》

第二十一条 在试用期中,除劳动者有本法第三十九条和第四十条第一项、第二项规定的情形外,用人单位不得解除劳动合同。用人单位在试用期解除劳动合同的,应当向劳动者说明理由。

第三十七条 劳动者提前三十日以**书面形式通知用人单位**,可以解除劳动合同。劳动者在**试用期内提前三日通知用人单位**,可以解除劳动合同。

第三十九条 劳动者有下列情形之一的,用人单位可以解除劳动合同:
(一)**在试用期间被证明不符合录用条件的**;
……

第四十条 有下列情形之一的,用人单位提前三十日以书面形式通知劳动者本人或者额外支付劳动者一个月工资后,可以解除劳动合同:
(一)劳动者患病或者非因工负伤,在规定的医疗期满后不能从事原工作,也不能从事由用人单位另行安排的工作的;

（二）劳动者不能胜任工作，经过培训或者调整工作岗位，仍不能胜任工作的；
　　……

　　前述法条明确了用人单位可以单方面解除试用期员工劳动合同的情形以及试用期员工单方面要求解除劳动合同的情形。

　　相较于非试用期的员工，用人单位在可解雇的情形上有"一多、一少"。一多是指多了"在试用期间被证明不符合录用条件的"的情形。一少是指少了《劳动合同法》第40条第3项规定的"劳动合同订立时所依据的客观情况发生重大变化，致使劳动合同无法履行，经用人单位与劳动者协商，未能就变更劳动合同内容达成协议的"情形以及《劳动合同法》第41条规定的裁员情形。

　　试用期，本质上是用人单位与员工之间为了相互增进了解，为之后形成长期选择而在劳动合同期间内约定的一个考察期。但在实务中，基于用人单位的强势地位，更多体现在用人单位对员工的考察试用。用人单位可以解雇"在试用期间被证明不符合录用条件"的员工，是试用期与非试用期员工的显著特征之一，也是用人单位在员工试用期内的"尚方宝剑"。

　　在实践中，大多数用人单位并不会使用"在试用期间被证明不符合录用条件"这把"尚方宝剑"。不少用人单位在试用期内对试用期员工不满意而作出解雇决定后，被劳动仲裁机构或人民法院认定为违法解除并支付违法解除劳动合同的赔偿金。究其原因，还是在于用人单位无法证明试用期员工属于"不符合录用条件"的情形。其实，问题出在用人单位没有对"在试用期间**被证明不符合录用条件**"这一法条作出正确的解读和运用。前述法律条文中有两个关键词：一是"被证明"，二是"不符合录用条件"。

　　什么叫不符合录用条件？用人单位的HR曾问笔者：我想问法庭什么情形才算是"不符合录用条件"？笔者的回答是：不是法庭告诉你什么情形属于不符合录用条件，而是你要**用证据**告诉法庭**什么情形是不符合公司的录用条件**。

　　法条之所以没有统一规定何种情形不符合录用条件，就是考虑到不同行业、不同规模、不同岗位的录用条件是不一样的。法律无法规定一个全国通行的录用条件。所以，不强行统一规定"录用条件"的标准，实际上是尊重用人单位的用工自主权，让用人单位自行结合自己的行业特点、公司规模与所招用员工的岗位性质来**规定**或**约定录用条件**。用人单位可以通过劳动合同中的**"试用期条款"**约定好录用条件，或在员工入职时让员工签字确认**"岗位录用条件确认书"**。用人单位通过前述方式均可以自行规定清楚符合本公司特点和管理要求的录用条件，并按此录用条件进行试用。如果发现并有证据能证明试用期员工不符合双方于入职时事先确认的录用条件，用人单位就可以按试用期员工在"试用期间被证明不符合录用条件"为由解除与试用期员工的劳动合同。而用人单位往往"有权不用、过期作废"，即经常忽略通过书面证据固定好自己公司认为的"不符合录用条件"的情形，又在辞退试用期员工后开始"找补"各种理由来主张自己辞退试用期员工系合法解除。这种情形往往会被认定为违法解除劳动合同。

比如，对于一个服务业的客服岗位，需要按时到岗，对考勤的要求严格；需要在接听电话中保证使用礼貌用语等。对于该客服岗位的"不符合录用条件"情形可以约定为：(1)试用期内累计出现迟到或早退达5次以上的；(2)试用期内累计旷工达2日以上的；(3)因未使用礼貌用语被客户投诉3次以上且经查证属实的；(4)学历、技能证书存在弄虚作假的……

又如，对于一个软件业的技术岗位，上班时间自由灵活，但对技术产出及保密事项要求高。对于该岗位的"不符合录用条件"情形可以约定为：(1)违反公司保密规定的；(2)在职期间存在为其他用人单位提供劳动或存在兼职行为的；(3)将涉密文件、项目代码、工作电脑带离工作场所的……

实操建议

用人单位要牢记，"在试用期间被证明不符合录用条件"中的"证明"：一是要求用人单位证明其在员工入职时向员工确认的"录用条件"是什么？或者说双方约定好的"不符合录用条件"的情形有哪些？二是证明试用期员工确实在试用期出现了双方已书面确认或约定的"不符合录用条件"的情形，才能在试用期内解雇不符合录用条件的员工。

用人单位要注意，约定以上"不符合录用条件"的情形时要注意以客观的语句以及可量化的标准进行表述，尽量不要用主观评价来表述"不符合录用条件"的情形。比如，前述的迟到多少次、被投诉多少次，都是可以量化的标准。前述"将涉密文件带离工作场所""为其他用人单位提供劳动或存在兼职行为"都属于能够以证据证明的客观情形。但如果用人单位与员工约定的"不符合录用条件"是"工作不够勤奋、工作灵活度不强、处事不够成熟"之类的主观评价，对用人单位而言是相当不利的。

比如，公司认为试用期员工在试用期内存在"工作不积极、领悟力不够且不够勤勉"等不符合录用条件的情形，并据此为由解除双方的劳动合同。公司如何向仲裁庭或法庭证明该员工工作不够积极？员工抗辩，难道每天加班才是积极，难道走路要跑起来才是积极？所以，工作是否积极，每个人都有不同的标准，不同的立场会有不同的看法，除非员工存在较为明显的消极怠工，导致裁判者通过常理判断可以认定，但一般情况下难以通过客观的证据来证明工作积极的程度。实践中，还有公司提出，试用期员工没有完成多少业绩就是不积极。员工则抗辩说，那是公司"太卷"，凭什么把不可能完成的任务作为其是否积极的标准，作为员工，感觉自己已经很积极了。

用人单位要想发挥好试用期的作用，建议在劳动合同中约定好"试用期录用标准条款"，对"不符合录用条件"的情形进行明确且可以量化的约定。有了双方对不符合录用条件的约定，才能在发现试用期员工达不到录用条件时依法解除劳动关系，真正发挥好试用期的试用考察作用。

五、试用期的常见实务问题及应对

在对涉及试用期的法律条文进行解读之后，笔者就试用期内经常出现的争议及用人单位的正确应对方式进行说明。

（一）用人单位与劳动者约定的试用期间超出法定的试用期上限

作为用人单位，如果发现双方约定的试用期超出了法定上限，要赶紧予以纠正。可以通过修改劳动合同的试用期期限来纠正，也可以通过提前为员工办理转正手续使员工实际不再履行超出法定上限的试用期,以避免员工实际履行了超出期限的试用期后向用人单位要求赔偿。在办理提前转正时,用人单位要注意形成书面且有员工签字确认的转正材料,以印证双方实际办理转正的时间以及员工实际履行的试用期在法定期限内的事实。

(二)用人单位与劳动者约定的试用期间合法,但用人单位在试用期满后迟迟不为劳动者办理转正手续,或试用期满后依然按试用期的工资标准向劳动者发放工资,导致劳动者实际履行的试用期超出法定的标准

这种情形主要出现在用人单位的人事管理人员工作马虎或办事拖延。主流观点认为,即使约定的试用期在法定期限内,但劳动者实际履行的试用期超出法定期限的,应以实际履行的试用期为准。其理由在于:如果认定是否违法约定试用期仅看劳动合同文本上约定的试用期,就有可能导致用人单位出现故意约定合规的试用期,但实际上却出于少发工资的目的,久久不按转正后的工资待遇执行,实质上损害劳动者的权益。需要注意的是,劳动者实际履行的试用期如何判断?一般而言,用人单位与员工之间的试用期结束有两个标志:一是办理转正手续,如让员工填写转正审批表,然后完成审批,审批完成之日或载明的结束试用之日,即为转正之日。二是工资标准按转正后的标准发放的日期。

在司法实务中,笔者认为,以按转正后工资标准发放工资的日期判断试用期结束之日更为稳妥。其理由在于:一方面,看用人单位是按试用期工资还是转正后工资标准发放工资,对判断试用期具有最直观、最易取证的特点。此外,对于劳动者而言,法定试用期结束后,仍按试用期工资标准发放工资是对其最直接的权益损害,故以此作为判断标准,清楚明了。另一方面,法律法规并未强制规定员工转正时必须办理何种转正手续,或是必须以什么方式办理转正手续。对于用人单位而言,口头通知员工从明天起你试用期结束转正了,并按转正后的工资标准发放工资,也是结束试用期的方式。甚至不用通知,自双方约定的试用期到期后自动结束试用期,自次日起,按转正后工资标准发放工资,也可视为双方的试用期结束。

如果用人单位在劳动合同中约定的试用期内工资标准与转正后工资标准一致,从实际发放工资标准上看不出试用期结束时间,双方也没有办理书面的转正审批手续,如何认定实际履行的试用期?笔者认为,在这种情况下,除非用人单位承认其超过法定试用期限或有证据证明用人单位作出过延长试用期决定,或通知过劳动者延长试用期并导致员工履行的试用期超过期限。否则,应认定为双方约定的试用期届满之日为试用期结束之日。当然,即使试用期工资标准与转正后工资标准一致,如果劳动者有证据证明其实际履行的试用期超出法定期限,劳动者仍然可以要求用人单位支付违法约定试用期的赔偿金。同时,对于用人单位而言,在试用期结束后,也不能再以"不符合录用条件"为由解除劳动合同。所以,建议用人单位在试用期结束后及时办理书面的转正手续,并在人事档案材料中留存"转正审批表"或"转正通知书"之类的书面印证材料。

(三)用人单位在试用期满后,对劳动者的试用期表现既不是很满意也不是很不满意,决定再延长一定期间的试用期

如前所述,《劳动合同法》第19条明确规定"同一用人单位与同一劳动者只能约定一次试用期"。在此规定下,用人单位在约定的试用期基础上再延长试用期,参照人民法院案例库的入库案例,应认定为用人单位二次约定试用期。延长的试用期已实际履行的,劳动者有权要求用人单位支付违法约定试用期的赔偿金。所以,用人单位要注意,试用期宁可在签订劳动合同时约定长一点也不要第二次去延长。

(四)用人单位与劳动者签订"试用期劳动合同",只约定试用期。经过试用期后再决定是否与员工签订正式的劳动合同

实践中,部分用人单位自己定的这种"土政策",要求新入职员工先签试用期劳动合同,通过了试用期后再签正式的劳动合同。殊不知此举对用人单位百害而无一利。用人单位在此种"土政策"下是否吃亏,吃多大的亏,完全取决于劳动者是否懂得《劳动合同法》的相关规定。《劳动合同法》第19条明确规定

"试用期包含在劳动合同期限内。劳动合同仅约定试用期的,试用期不成立,该期限为劳动合同期限"。因此,如果公司只与新入职员工签订一份3个月的试用期合同,那么该试用期不成立,视为公司与员工签订了一份固定期限为3个月的劳动合同。此种情形为用人单位之后的"被动"埋下了"伏笔"。展开来讲,这种情形对用人单位而言,有3点不利之处。

1. 用人单位在签订的试用期劳动合同期间,不能按试用期"不符合录用条件"为由解雇员工

其理由在于,因为这种仅约定试用期的劳动合同,依法应认定为试用期不成立,该期间就是劳动合同期限。因为试用期都不成立了,用人单位自然不能以新入职员工存在"试用期内被证明不符合录用条件"为由单方面解除劳动合同了。

2. 用人单位因此浪费了一次签订固定期限劳动合同的宝贵机会

其原因在于,一般而言,按用人单位的这种"土政策",此类试用期劳动合同到期后,用人单位会与员工签订正式的劳动合同。但是,一旦用人单位在前述试用期劳动合同到期后再与员工签订正式的劳动合同将被视为签订第二次固定期限劳动合同。而第二次固定期限劳动合同到期后,如果劳动者坚持要续订无固定期限劳动合同,用人单位将无法按固定期限劳动合同期满而终止劳动合同(后面的专章详解为什么第二次固定期限劳动合同会无法到期终止)。如果在劳动者要求续订的情况下,用人单位单方面强行终止第二次固定期限劳动合同,则应认定为违法终止劳动合同,劳动者可以要求判决继续履行劳动合同或要求用人单位支付相当于2倍经济补偿金的违法终止劳动合同赔偿金。

换言之,用人单位实质上只有一次与劳动者签订真正意义上的固定期限劳动合同的机会。也就是说,只有双方第一次签订的固定期限劳动合同在期满后,不论劳动者是否想继续在用人单位工作,用人单位均可以按劳动合同期满而终止劳动合同,且只需支付经济补偿金。在实务中,多少大中型公司的HR都在想方设法不浪费第一次固定期限劳动合同的机会,甚至通过关联公司轮流签订等各种方式变着花样地规避第二次签订的固定期限劳动合同被认定为第二次固定期限劳动合同。而一些中小微企业本来经营资金就不雄厚,却因为对劳动法规的理解错误,实行自己规定的"土政策",浪费了一次签订固定期限劳动合同的机会。试用期满之后所签订的固定期限劳动合同本来应该是第一次固定期限劳动合同,却因试用期已被视为一次固定期限劳动合同而被认定为第二次固定期限劳动合同。

3. 此类试用期劳动合同期满终止的,用人单位应支付经济补偿金

其理由在于,如果3个月的试用期劳动合同期满后,用人单位不与员工续签劳动合同而导致劳动合同终止,则触发《劳动合同法》第44条关于"有下列情形之一的,劳动合同终止:(一)劳动合同期满的;……"以及《劳动合同法》第46条关于"有下列情形之一的,用人单位应当向劳动者支付经济补偿……(五)除用人单位维持或者提高劳动合同约定条件续订劳动合同,劳动者不同意续订的情形外,依照本法第四十四条第一项规定终止固定期限劳动合同的……"的规定,即公司作为用人单位应当向员工支付终止劳动合同的经济补偿金。

第四节　用人单位在办理入职阶段的几种常见误区

一、签订书面劳动合同对用人单位没有好处,所以能不签就不签

关键法条

> 《劳动合同法》
>
> 　　第十条　建立劳动关系,应当订立书面劳动合同。
>
> 　　已建立劳动关系,未同时订立书面劳动合同的,应当自用工之日起一个月内订立书面劳动合同。
>
> 　　用人单位与劳动者在用工前订立劳动合同的,劳动关系自用工之日起建立。
>
> 　　第八十二条第一款　用人单位自用工之日起超过一个月不满一年未与劳动者订立书面劳动合同的,应当向劳动者每月支付二倍的工资。

部分用人单位存在一种认识误区，似乎觉得与员工签订劳动合同就约束了自己，不签订劳动合同就能躲避劳动关系。

诚然，劳动合同的主要目的之一就是明确双方的劳动关系。但在当前的信息化社会环境下，证明双方存在劳动关系的证据太丰富了、太容易取得了。以至于只要员工上班一段时间，就可以形成很多能证明双方存在劳动关系的证据。比如，发放工资的记录（如银行转账记录、微信转账记录、支付宝转账记录，包括用公司股东、财务的个人名义转账发工资的记录等）、缴纳社会保险费的记录、钉钉打卡的记录、门禁卡、工作服、微信聊天记录（如微信工作群聊天记录、与老板的微信聊天记录）、与公司管理人员的录音、同事的证人证言，等等。所以，想以不签订书面劳动合同来逃避劳动关系几乎是无法实现的。

风险提示

所以，各位老板、HR要切记：
即使不签订劳动合同也无法规避双方形成了事实劳动关系。
用人单位一定要在员工入职1个月内签订书面劳动合同。
不签订劳动合同将面临向员工支付2倍工资的惩罚。
如果贵公司想通过2倍工资的方式向员工多发点钱，请忽略上述3点。

二、在劳动合同中约定一个较低的、虚假的工资金额

关键法条

《劳动合同法》

第八条 用人单位招用劳动者时，应当如实告知劳动者工作内容、工作条件、工作地点、职业危害、安全生产状况、**劳动报酬**，以及劳动者要求了解的其他情况；用人单位有权了解劳动者与劳动合同直接相关的基本情况，劳动者应当如实说明。

> **第十七条** 劳动合同应当具备以下条款：
> （一）用人单位的名称、住所和法定代表人或者主要负责人；
> （二）劳动者的姓名、住址和居民身份证或者其他有效身份证件号码；
> （三）劳动合同期限；
> （四）工作内容和工作地点；
> （五）工作时间和休息休假；
> （六）**劳动报酬**；
> ……

笔者在实务中发现，"高薪低约"已成为用人单位签订劳动合同时的一种普遍现象。在签订劳动合同时，部分用人单位倾向于在劳动合同中约定一个比双方面谈确定的薪酬金额更低的薪酬金额。用人单位说服劳动者的常用理由是：避税、薪酬保密。

笔者见过这样一家公司，从总经理到财务、前台，全公司人员的劳动合同约定的月工资标准都是一样的 2800 元，但实际发放的工资从每月几千元至几万元不等。也就是说，全公司员工的劳动合同，没有一份约定了真实的劳动报酬标准。究其原因，无非是部分企业老板和管理层陷入认识误区，认为劳动合同中将劳动报酬金额写少可以带来"安全感"。这种"安全感"来自以下两方面的错误认知：

一方面，有的企业经营者认为，在劳动合同中将工资写少点，便于以后单方面对劳动者降薪。比如：劳动合同约定月工资为 3500 元/月，虽然平时都是按 10,000 元/月的真实薪酬发放工资，但用人单位觉得毕竟书面劳动合同上约定的是 3500 元/月，用人单位随时可以将工资降回书面劳动合同约定的工资，不算降薪。

另一方面，也有企业经营者认为，在劳动合同将工资写少点，之后解除劳动关系需要支付经济补偿金时，可以按书面劳动合同约定的月薪标准支付经济补偿金，又可以节约一大笔用工成本。

其实，这些都是错误的认识。笔者在后面关于"劳动报酬"的专章中对此进行详细讲解。

三、不签订劳动合同，而是签订"劳务合同、合作协议"来规避劳动关系

关键法条

> **1.《劳动合同法》**
> 第十条第一款　建立劳动关系，应当订立书面劳动合同。
> **2. 原劳动和社会保障部《关于确立劳动关系有关事项的通知》**
> 一、用人单位招用劳动者未订立书面劳动合同，但同时具备下列情形的，劳动关系成立。
> （一）用人单位和劳动者**符合法律**、**法规规定的主体资格**；
> （二）用人单位依法制定的各项劳动规章制度适用于劳动者，劳动者受**用人单位的劳动管理**，**从事用人单位安排的有报酬的劳动**；
> （三）劳动者**提供的劳动**是用人单位**业务的组成部分**。

笔者在审理劳动争议案件时发现，部分中小微企业在劳动合同、规章制度文本方面是"百度派"。通过网络搜索、下载一个劳动合同模板、规章制度模板，改改公司名称，将就着用。其实也能理解，中小微企业没有那么多经费聘请专业的法律顾问，有的中小微企业连专职的 HR 都没有，就是一个行政人员兼着人事专员的事务，或者老板自己就是经理兼财务兼人事，能在网上找一些劳动合同模板、规章制度模板凑合用也算尽到用工管理职责了。当然，使用一些千篇一律、不太符合公司实际的文本模板，虽然对劳动用工管理的作用不明显，但至少不会造成支付未签订劳动合同时的 2 倍工资的风险，也不失为中小微企业在劳动用工方面的节省之道。

相对于在劳动合同文本上成为"百度派"，在劳动用工管理方法上成为"短视频派"就面临更大的用工风险了。一段时间以来，笔者不止一次在各种短视频 App 上发现类似这样的"普法"视频：当老板你还不知道这个诀窍，你就亏大了！各位老板别划走，请耐心听完。现在还在与员工签订劳动合同，还在缴纳

社保？告诉你，最新的方法可以为你省很多钱，只需与员工签订劳务合同，这一字之差就导致公司与员工不再是劳动关系，公司就不用缴社保，不用支付经济补偿和赔偿了……

作为一名处理劳动争议的法官，笔者看到这种短视频都惊了，要是中小微企业的老板们都听信了，这得整出多少劳动纠纷。这种方式明显是不可取的，只要公司与录用的员工符合建立劳动关系的特征，双方无论签署了何种名称的合同或协议，均不改变双方存在劳动关系的事实。

在我国的雇佣关系中，确实存在劳动关系与劳务关系的区别。

劳动关系受劳动法规的调整，劳动者受到的保护力度更大，享受的法定权益更多。劳动者在劳动报酬、加班工资、带薪休假、工伤赔偿、社会保险费、解雇保护等方面明显优于劳务关系下的雇员。有权利的享有者，必然有责任的承担者。劳动关系中的用人单位承担着更多的责任。在劳动关系下，用人单位必须为劳动者缴纳社会保险费、必须签订书面劳动合同、必须安排带薪年休假，等等，否则就要支付相应的补偿或赔偿。特别是劳动关系下的解雇保护，在劳动合同期限内，用人单位无合法事由不得解除劳动合同，否则面临被认定为违法解除而承担继续履行劳动合同或支付赔偿金的责任。

反观劳务关系，没有那么多约束。没有要求必须签订书面劳动合同，口头约定也行。劳务关系下的雇主也不会面临支付经济补偿金、赔偿金的问题。更不用安排雇员带薪年休假，也不用缴纳社会保险费。这种比较之下，不少企业老板从节约用工成本的角度，多么期望自己公司与员工建立的是劳务关系，光是不用缴纳社会保险费，就可以为公司省下不少用工成本。

可是，梦想可以有，法律也得守。劳动关系不可能靠一纸"劳务合同"就可以规避。劳动关系变成劳务关系也不是改一个字就可以做到的。

老板和企业管理人员可以想想，有人告诉你，你把劳动合同改一个字就可以不缴社会保险费了，那中国还有企业去缴纳社会保险费吗？你在随手刷出的一个短视频中就能学到如此牛的"绝招"，其他老板会看不到吗？这么简单就规避了劳动关系，那这社会上还有劳动关系吗？

其实，劳务关系一般存在于"个人雇用个人"的情形下。比如，老板雇用一个保姆在家带娃或做饭。又如，老板个人雇用一个保洁阿姨为家庭打扫卫生等。这些都是典型的劳务关系。这里需要注意一个区别，如老板个人雇用一个保洁人员长期为家庭打扫卫生是劳务关系，而老板的公司聘用一个保洁人员负责打扫公司的卫生则是劳动关系。都是被雇用，都是从事有报酬的工作，为什么公司聘用的为劳动关系。注意看前述原劳动和社会保障部《关于确立劳动关系有关事项的通知》第1条所明确的成立劳动关系的条件之一是"用人单位和劳动者符合法律、法规规定的主体资格"。由于老板个人是一个自然人，不具备用人单位的主体资格，老板个人雇用的人只能作为雇员与雇主建立劳务关系，不能建立劳动关系。公司则不同，公司是具备建立劳动关系的用人单位主体资格的，所以公司聘用的保洁人员是可以与公司建立劳动关系的。

有的老板会想，既然个人雇用个人是劳务关系，那能不能我作为公司老板，以个人名义雇用员工，先让员工与自己形成劳务关系，再安排员工到自己的公司工作，岂不规避了劳动关系？还是那句话提醒用人单位，这种想法相当于一个人突发奇想认为自己发明了"永动机"。即使你以个人名义雇用了员工，只要又安排员工到公司工作，那么老板个人与员工之间的劳务关系是并未实际履行的，员工实际上还是为公司提供劳动，公司与员工之间还是符合认定为劳动关系的特征，所以最终也会认定员工与公司之间自实际用工之日起建立了劳动关系。

实务中，各种规避劳动关系的方式被一些企业"玩"出了花样。比如，让外卖员签订"承揽协议"，制造出双方属于承揽关系的假象。还有的企业让员工先去注册个体工商户，然后让员工注册的个体工商户与企业签订"合作协议"，把公司要做的工作以"合作"的方式交给员工注册的个体工商户做。这种模式看似绕了几层法律关系，中间还隔了一层个体工商户这个主体，但实际上还是员工为公司提供实际劳动。虽然公司想通过这种方式来规避劳动关系，但在实践中，该模式下的员工与用人单位之间的关系依然被劳动仲裁机构或人民法院裁判确认为劳动关系。

实操建议

1. 开公司，当老板，招用员工后依法与员工签订书面劳动合同。不要相信那些所谓可以规避劳动关系的"偏方"。

各位企业经营者，在规避劳动关系的冲动前要保持这样一个理性的思考逻辑：如果真有一种模式可以在用人单位与劳动者符合劳动关系特征的情况下成功规避劳动关系，不用缴社保费用了，不用给加班费了，可以随时解雇了……这种模式很快就会被其他企业争先效仿，还会使我国的劳动法规被架空，社保制度被架空……作为老板，你想想有这种可能吗？行政机关与人民法院会放任这种架空国家法律、侵害劳动者权益的手段大行其道吗？所以，所谓能够规避劳动关系的模式，如同声称发明了"永动机"，不可能也不可信。

2. 如果本身就不是劳动关系，那也不需要用什么模式去规避，但需要双方签订好相应的合同，明确清楚权利义务。比如，一些娱乐公司与网络主播之间进行合作演艺，娱乐公司对主播不进行劳动管理，也不发放薪酬，只是一个项目一次合作，共同盈利分成。这种情况下，就大大方方地将合作协议签订好。

典型案例

某服务外包有限公司诉徐某确认劳动关系纠纷案——平台骑手与所服务企业是否存在劳动关系应根据双方的实际权利义务内容审查认定[①]

裁判要旨：外卖骑手与所服务企业之间的法律关系应根据双方之间的实际权利义务内容予以认定。骑手与所服务企业签署了合作、承揽协议，但主张双方存在劳动关系的，应以劳动关系从属性作为内在核心评判基准。可结合平台新经济形态特点，根据个案中所涉企业对骑手的工作管理要求、骑手劳动报酬组成、绩效评估奖惩机制、平台经营模式等具体情况进行综合评判。骑手与所服务企业均具备劳动关系主体资格，且实际履行的权利义务内容符合劳动关系从属性本质特征的，可认定双方存在劳动关系。

---

① 人民法院案例库案例，入库编号：2023-07-2-186-010。

四、让新入职员工签署"奋斗者协议"等放弃权利的承诺书

关键法条

> 《劳动合同法》
> 第二十六条 下列劳动合同**无效**或者部分无效：
> (一)以欺诈、胁迫的手段或者乘人之危,使对方在违背真实意思的情况下订立或者变更劳动合同的;
> (二)用人单位**免除自己的法定责任、排除劳动者权利**的;
> (三)**违反法律、行政法规强制性规定**的。
> 对劳动合同的无效或者部分无效有争议的,由劳动争议仲裁机构或者人民法院确认。

有一段时间网络上热议的"奋斗者协议",就是此类。具体内容有让员工放弃休年休假的、放弃加班费、放弃解除劳动合同经济补偿的。笔者见过最恐怖的一个情形是,某初创公司让员工承诺入职一年内放弃劳动报酬,待公司发展壮大后授予股权,而员工竟然也签了。发生劳动争议后,这种"协议"或"承诺"大概率会被认定为无效。其理由在于,用人单位让劳动者签署书面放弃权利的协议,大多数属于"免除自己的法定责任、排除劳动者权利"的范围,应属无效。换句话说,属于"签了也白签"。

五、以保证金、风险金、押金等名义让劳动者交纳财物

关键法条

> 《劳动合同法》
> 第八十四条第二款 用人单位违反本法规定,**以担保**或者其他名义**向劳动者收取财物**,由劳动行政部门责令限期退还劳动者本人,并以每人五百元以上二千元以下的标准处以罚款;给劳动者造成损害的,应当承担赔偿责任。

在实践中,个别用人单位在入职时会以各种名义向劳动者收取财物。比较常见的情况主要集中在几类行业中。比如,保险公司收取保险从业人员的"押金",建设工程类公司收取项目管理人员的"项目保证金",房屋中介公司收取经纪人员的"保证金",物业公司向员工收取"服装费"等。用人单位要注意,向劳动者收取财物的行为是违法的,劳动者是可以随时要求退还的。

六、扣押新员工的证件、证书

关键法条

《劳动合同法》

第九条 用人单位招用劳动者,不得扣押劳动者的**居民身份证**和其他证件,不得要求劳动者**提供担保**或者以其他名义向劳动者收取财物。

第八十四条 用人单位违反本法规定,扣押劳动者居民身份证等证件的,由劳动行政部门**责令限期退还**劳动者本人,并依照有关法律规定给予处罚。

……

劳动者依法解除或者终止劳动合同,用人单位扣押劳动者档案或者其他物品的,依照前款规定处罚。

在实践中,扣押劳动者身份证的情形很少见。但在一些行业内,对劳动者的资格证书进行扣押的情形屡见不鲜。比如,医院扣押护士的护士执业证,建设工程类公司扣押工程师的建造师资格证,等等。

风险提示

用人单位要清楚,不得扣押劳动者的身份证件(包括身份证、居住证、户口本等),也不得扣押劳动者的执业证件或资格证件。如果公司已经收取了员工的证件、证书原件,应当尽快予以返还并保存好返还证件证书原件的收条;如果公司因扣押员工的证件证书造成了员工的损失,员工是可以要求赔偿的。

当然，如果用人单位需要建立员工的人事档案，这是正当的管理需要，可以向员工收取证件、证书的复印件，并让员工在相关的证件、证书复印件上签字确认该复印件于何时向用人单位提交。此举一方面可以建立完整的员工档案，另一方面可以规制员工违反诚信原则，提供虚假学历证书或个人履历等基本情况的行为。人力资源社会保障部、最高人民法院《关于劳动人事争议仲裁与诉讼衔接有关问题的意见（一）》第19条规定：用人单位因劳动者违反诚信原则，提供虚假学历证书、个人履历等与订立劳动合同直接相关的基本情况构成欺诈解除劳动合同，劳动者主张解除劳动合同经济补偿或者赔偿金的，劳动人事争议仲裁委员会、人民法院不予支持。也就是说，如果用人单位在建立档案时保存了新入职劳动者提交的证件证书复印件，之后发现该劳动者提供的学历证书、资格证书、技能证书等涉及员工基本情况的证书是虚假的，用人单位可以按劳动者构成欺诈而单方面解除劳动合同，且不用支付解除劳动合同的经济补偿金或赔偿金。

第二章

书面劳动合同的签订

《劳动合同法》已经实施十多年了,但劳资双方对劳动合同的重要性仍重视不足。劳动争议案件,涉及未签订书面劳动合同支付2倍工资的案件仍然不少,劳动合同条款也是千篇一律,没有发挥出劳动合同应有的明确双方权利义务的作用。第一章中虽然也介绍了用人单位在员工入职时签订劳动合同时的注意事项,但只是对入职时办理签订劳动合同事宜的程序性问题的简单介绍。由于劳动合同的重要性,故本章就签订书面劳动合同的实体问题进行更为详细的讲解。

第一节 签订书面劳动合同的基础知识

一、签订书面劳动合同的重要性

关键法条

《劳动合同法》
第十条 建立劳动关系,应当订立书面劳动合同。
已建立劳动关系,未同时订立书面劳动合同的,应当自用工之日起一个月内订立书面劳动合同。
用人单位与劳动者在用工前订立劳动合同的,劳动关系自用工之日起建立。

> **第十六条** 劳动合同由用人单位与劳动者**协商一致**，并经用人单位与劳动者在劳动合同文本上**签字或者盖章生效**。
>
> 劳动合同文本由用人单位和劳动者**各执一份**。

1.用人单位不与劳动者签订劳动合同面临惩罚后果

有些用人单位总是不愿意与员工签订书面劳动合同，认为签订了劳动合同就明确双方的劳动关系了，明确了劳动关系了就要承担用人单位的责任了。但现实是，不签书面劳动合同也不能避免劳动关系。

在现实中，能够证明劳动关系的证据有很多，员工也比较好收集，公司只要实际用工了，总会有诸多的"蛛丝马迹"。比如，公司通过公司账户或公司股东、财务人员个人账户向员工发放工资的银行转账记录、微信转账记录、支付宝转账记录，缴纳社会保险费的记录，以及钉钉打卡的记录、门禁卡、工作服、涉及安排入职和安排工作的微信聊天记录、对公司管理人员的录音、同事的证人证言，等等，此类可以用于证明劳动关系的证据有很多。员工实际工作时间越长，能收集证明劳动关系的证据越多。用人单位要切记，不签订书面劳动合同，根本无法逃避劳动关系的认定，反而会给自己留下支付2倍工资的隐患。

2.签订劳动合同有利于用人单位，可以明确企业的管理意志

有些用人单位至今没有认识到，对于用人单位来讲，劳动者入职签订书面劳动合同之时，是用人单位理顺劳动用工管理模式的"窗口期"。在入职时签订劳动合同，用人单位有更多的主导权。很多可以体现企业管理意志、明确企业管理红线的要求，可以约束劳动者违规行为的规定都能通过劳动合同条款的约定来实现。

可以说，劳动法规确实明确了劳动者较多权益，相应的需要用人单位承担较多义务。但在法定的权利义务之外，双方还可以在不违反法律和行政法规强制性规定的情况下，自行约定相应的权利义务。换言之，法定权利义务是基本，约定权利义务是补充。而通过劳动合同对双方的权利义务进行补充约定，是用人单位很好的一次平衡双方权利义务的机会。

3. 劳动合同可以与规章制度配合实现劳动管理正规化

在实务中,总能听到一些用人单位经营者或 HR 的抱怨劳动法规对用人单位太严格了。其实在笔者眼中,劳动法规赋予用人单位一方的权利也不少。之所以部分用人单位有抱怨,是因为劳动法规在规定劳资双方的权利义务时,对于劳动者权利的规定是**显性且直接**的,而对于用人单位权利的规定则是**非显性且需要通过用人单位实施一定管理方式**来实现的。

比如,《劳动合同法》第 3 条明确规定"依法订立的劳动合同具有约束力,用人单位与劳动者应当履行劳动合同约定的义务"。公司作为用人单位,本来在双方建立劳动关系之初签订劳动合同时有主导地位,但公司不签订劳动合同,或在网上下载一个劳动合同的通用模板来用,自然没有约定清楚符合公司管理风格和企业文化的劳动合同条款。换言之,给了用人单位主导约定权利义务的机会,用人单位自己不用,然后又来抱怨法定的权利义务不利于用人单位,这能怪谁?

又如,最高人民法院《关于审理劳动争议案件适用法律问题的解释(一)》第 50 条规定:用人单位根据《劳动合同法》第 4 条规定,通过民主程序制定的规章制度,不违反国家法律、行政法规及政策规定,并已向劳动者公示的,可以作为确定双方权利义务的依据。企业老板知道这条司法解释对企业用工管理规范化的重要性吗?企业按《劳动合同法》第 4 条规定的民主程序制定的规章制度,只要不违反国家法律、行政法规及政策规定并已送达或告知了员工的,可以作为确认双方权利义务的依据。再直白点说,这是法律赋予企业的内部"立法权",只要不违反国家法律法规及政策规定且经过了民主程序,企业如何管理,双方具体有哪些权利义务,都是企业可以自行确定的内容,同时可以作为人民法院审理劳动争议案件的依据。

笔者认为,劳动法规为劳动者直接开了一扇"窗",一扇无须劳动者去推就一直开着的"窗",毕竟劳动者相对处于弱势的地位。但劳动法规同时也为用人单位开了一扇"窗",只不过这扇"窗"需要用人单位自己去推开,这扇"窗"有两片,左边一片叫"劳动合同",右边一片叫"规章制度"。部分企业在劳动用工管理中,劳动合同不签订,规章制度不制定,因用工管理不主动、不规范而败诉后又埋怨劳动法规对企业用工自主权保护不足。这就好比自己懒得去推开那扇"窗",然后又抱怨房间内光线不足一样。

二、书面劳动合同的分类

关键法条

《劳动合同法》

第十二条 劳动合同分为**固定期限**劳动合同、**无固定期限**劳动合同和**以完成一定工作任务为期限**的劳动合同。

第十三条 固定期限劳动合同,是指用人单位与劳动者约定合同终止时间的劳动合同。

用人单位与劳动者协商一致,可以订立固定期限劳动合同。

第十四条 无固定期限劳动合同,是指用人单位与劳动者约定**无确定终止时间**的劳动合同。

……

(三)连续订立二次固定期限劳动合同,且劳动者没有本法第三十九条和第四十条第一项、第二项规定的情形,续订劳动合同的。

用人单位自用工之日起满一年不与劳动者订立书面劳动合同的,视为用人单位与劳动者已订立无固定期限劳动合同。

《劳动合同法》第 12 条、第 13 条、第 14 条定义了劳动合同的分类及各类型劳动合同的特点,即分为"固定期限"劳动合同、"无固定期限劳动合同"和"以完成一定工作任务为期限"的劳动合同。

其中需要重点注意且容易形成理解误区的是第 14 条。一方面,第 14 条中关于连续订立两次固定期限劳动合同后,第二份固定期限劳动合同到期后是否可以因期满而终止,需要用人单位注意。另一方面,上述第 14 条中关于"用人单位自用工之日起满一年不与劳动者订立书面劳动合同的,视为用人单位与劳动者已订立无固定期限劳动合同"的规定,此规定直接影响了劳动者要求用人单位支付未签订劳动合同2倍工资的期限。

三、书面劳动合同的无效情形

> **关键法条**
>
> **1.《劳动合同法》**
>
> 第二十六条 下列劳动合同无效或者部分无效：
>
> (一)以**欺诈**、**胁迫**的手段或者乘人之危，使对方在违背真实意思的情况下订立或者变更劳动合同的；
>
> (二)**用人单位免除自己的法定责任、排除劳动者权利的**；
>
> (三)违反法律、行政法规**强制性规定**的。
>
> 对劳动合同的无效或者部分无效有争议的，由劳动争议仲裁机构或者人民法院确认。
>
> 第二十七条 劳动合同**部分无效**，不影响其他部分效力的，其他部分仍然有效。
>
> 第二十八条 劳动合同被确认无效，劳动者已付出劳动的，用人单位应当向劳动者支付劳动报酬。劳动报酬的数额，参照本单位相同或者相近岗位劳动者的劳动报酬确定。
>
> **2.最高人民法院《关于审理劳动争议案件适用法律问题的解释(一)》**
>
> 第四十一条 劳动合同被确认为无效，劳动者已付出劳动的，用人单位应当按照劳动合同法第二十八条、第四十六条、第四十七条的规定向劳动者支付劳动报酬和经济补偿。
>
> 由于用人单位原因订立无效劳动合同，给劳动者造成损害的，用人单位应当赔偿劳动者因合同无效所造成的经济损失。

在实践中，"用人单位免除自己的法定责任、排除劳动者权利的"是最容易导致劳动合同条款被劳动仲裁机构或人民法院认定为无效的情形。也可以说，此项规定是悬在用人单位头上的利剑。劳动者在应聘求职之时以及入职试用期间,是劳动者处于弱势地位最明显的时刻。在实践中,当劳动者应聘成功后,劳动合同文本基本上由用人单位制作并提供,普通劳动者很难按自己的意愿改动其中的条款。不排除劳动者为了获得工作机会,即使面对用人单位提供的明显存在"用人单位免除自己的法定责任、排除劳动者权利"条款的劳动合同,也只能签署。如果在劳动合同的签订事宜中,仅以不违反国家法律或行政法规的强制性规定来约束,显然还不能达到确保劳动合同条款所约定的权利义务保持大致公平的目的。

比如,用人单位约定其可以在之后的劳动关系存续期间,单方面变更员工的工资标准,员工必须服从。此举实际上是免除了用人单位变更劳动报酬须与劳动者协商一致的责任,排除了劳动者在变更劳动报酬时应与其协商同意的权利。

又如,网络上热议的各种"奋斗者协议",让员工"自愿"加班不要加班费的、"同意"用人单位不为其缴纳社会保险费的、"同意"任何情况下解除劳动关系都不向用人单位主张经济补偿的,均是此种情形。

在此,要提醒用人单位注意"劳动合同"与"离职协议"在效力认定上的区别:

最高人民法院《关于审理劳动争议案件适用法律问题的解释(一)》第35条规定:劳动者与用人单位就解除或者终止劳动合同办理相关手续、支付工资报酬、加班费、经济补偿或者赔偿金等达成的协议,不违反法律、行政法规的强制性规定,且不存在欺诈、胁迫或者乘人之危情形的,应当认定有效。前款协议存在**重大误解**或者**显失公平**情形,当事人**请求撤销**的,人民法院**应予支持**。该条规定可见,劳动者在离职时所签订的离职协议,即使存在重大误解或显失公平(类似于"用人单位免除自己的法定责任或排除劳动者权利"的情形)的,该离职协议并非直接无效,而是属于可撤销的范围。

同样的劳动者与用人单位之间签订的协议性质的文件,劳动者入职时签订的劳动合同显失公平的,属于应认定为无效的情形;而劳动者离职时签订的离职协议显失公平的,则属于可撤销的情形。为什么会有如此区别?

原因很简单,劳动者入职时,为了得到工作岗位需要隐忍,需要接受用人单位的管理。而劳动者离职后,不再接受用人单位的管理,也不再因为求职而

"受制于人",故将欺诈、胁迫或者乘人之危导致显失公平的离职协议规定为可撤销的情形,也不会影响劳动者维护自己的合法权益。

🎯 风险提示

用人单位在拟定劳动合同条款时既要注意结合自己的企业管理要求将双方的权利义务进行细化规定,也要注意不要违反法律和行政法律的强制性规定,不要出现明显免除自己的法定责任或排除劳动者权利的情形。

如果出现了劳动合同无效的情形,分以下两种情况:

1. 因劳动者提供虚假的学历证书、个人履历等与订立劳动合同直接相关的基本情况构成欺诈的,用人单位可以单方面解除劳动合同。要注意的是,在这种情况下,虽然用人单位单方面解除劳动合同无须支付任何经济补偿或赔偿,但劳动者实际提供了劳动的,还是要按其实际工作天数并参照本单位相同或者相近岗位劳动者的工资标准向劳动者支付工资。

2. 如果用人单位的过错导致劳动合同被确认为无效,劳动者有权单方提出解除劳动合同,除了要求用人单位支付劳动报酬外,还有权要求用人单位向其支付解除劳动合同的经济补偿金。造成劳动者损失的,用人单位还应赔偿劳动者的损失。

四、劳动合同文本的交付责任

📋 关键法条

> 《劳动合同法》
> 第八十一条 用人单位提供的劳动合同文本未载明本法规定的劳动合同必备条款或者用人单位未将劳动合同文本交付劳动者的,由劳动行政部门责令改正;给劳动者造成损害的,应当承担赔偿责任。

《劳动合同法》第81条规定了劳动合同不具备必备条款、劳动合同文本没有交付劳动者的,由劳动行政部门责令改正;给劳动者造成损害的,应当承担赔偿责任。所以,用人单位还是要履行好将劳动合同文本交付给劳动者的法定义务的。

🎯 风险提示

有的用人单位将双方签订好的劳动合同文本原件均保管在用人单位,不交付劳动者一份。此举的目的无非是让劳动者手里没有劳动合同文本,无法证明劳动关系。如前所述,证明劳动关系的证据很多,但凡劳动者工作了一段时间,就能收集到证明劳动关系的证据,想通过扣留劳动合同文本的方法否认劳动关系是达不到目的的,是一种自欺欺人的想法。

有的用人单位将空白劳动合同交由劳动者签字,用人单位也不签字盖章,也不给劳动者劳动合同文本,将只有劳动者一方签字的空白劳动合同文本保管起来。此举的目的无非是既让劳动者手中没有劳动合同文本,又让用人单位能够在需要的时候随意填上劳动合同期限、劳动报酬标准等内容。对于前述情况,劳动者可以选择向当地劳动行政部门投诉,要求用人单位交付劳动合同文本。或在诉讼中申请对笔迹形成时间进行鉴定,从而造成用人单位一定的赔偿风险。

📄 实操建议

用人单位正规的做法是完成双方劳动合同的签订后,向劳动者交付一份劳动合同文本,并让劳动者签署"劳动合同文本签收确认单",确认收到一份劳动合同文本。

第二节 用人单位在签订劳动合同事宜上的常见误区

一、劳动合同最好一年一签,短期的劳动合同更利于到期终止

🎯 风险提示

其实,用人单位与劳动者签订的劳动合同期限不是越短越好,而是要结合

经营现状评估招用该劳动者的期间需要有多长。用人单位要注意,按当前确定的裁判尺度,虽然固定期限劳动合同到期后,用人单位不愿意再续签的,可以因固定期限劳动合同期满而终止,但这种用人单位可单方决定因期满而终止的固定期限劳动合同仅限于<u>第一次签订的固定期限劳动合同</u>。第二次固定期限劳动合同也是固定期限,难道第二次签订的固定期限劳动合同的期限到了之后还不能期满终止?

<u>是的,当前的裁判观点已统一认为:</u>用人单位与劳动者连续订立两次固定期限劳动合同的,双方签订的第二次固定期限劳动合同期满,劳动者在没有《劳动合同法》第29条和第40条第1项、第2项规定的情形下(没有违规违纪违法以及没有患病负伤和不能胜任工作等情形),提出要续订无固定期限劳动合同的,用人单位必须与劳动者签订无固定期限劳动合同。如果用人单位在劳动者提出续订劳动合同的情况下将第二次固定期限劳动合同按劳动合同期满终止与劳动者解除劳动关系,则属于违法终止劳动合同,劳动者可以主张违法终止劳动合同的赔偿金(2N)。这种观点的核心是:在劳动者要求续订劳动合同的情况下,用人单位无权以劳动合同期满为由终止第二次固定期限劳动合同。

用人单位要清楚,在第二次固定期限劳动合同到期后的处理问题,当前统一的裁判尺度是有利于劳动者的。该观点实际上赋予了劳动者在第二次固定期限劳动合同到期时的选择权。由于用人单位不能单方面决定第二次固定期限劳动合同于期满时终止,故用人单位实际上真正可以与劳动者签订固定期限劳动合同的机会只有一次。这就是如前所述的为什么劳动合同不是签订的期限越短越好。比如,公司需要招聘一名员工在公司工作3年,公司的想法是先签1年期的固定期限劳动合同,再签2年期的固定期限劳动合同,结果第二次的2年期劳动合同快到期时,员工要求续订无固定期限劳动合同,此种情况下,如果公司还是坚持按固定期限劳动合同到期终止,则属于违法终止,员工可以主张赔偿金。因员工工作了3年,公司面临支付相当于该员工6个月工资(月工资×3个月×2倍)的违法终止劳动合同的赔偿金。但如果公司与员工在入职时签订的是一份3年期的固定期限劳动合同,则该第一次签订的固定期限劳动合同到期终止后,公司只需支付相当于3个月工资的终止劳动合同的经济补

偿金(月工资×3个月)。

实操建议

用人单位在处理第二次固定期限劳动合同的实务时,要注意以下几点:

1.第二次固定期限劳动合同到期前的一段时间,用人单位要书面征求劳动者关于是否续订劳动合同的意见

用人单位与劳动者签订的第一次固定期限劳动合同期满的,用人单位可以单方面决定是否在维持或提高原劳动合同约定的情况下与劳动者续签。如果用人单位不愿意续订劳动合同,则双方办理劳动合同终止手续即可,但此种情况下用人单位应向劳动者支付终止劳动合同的经济补偿金。如果用人单位同意续订,办理续订劳动合同的手续即可,如果在用人单位愿意维持或提高劳动合同约定条件的情况下劳动者一方不愿意续订,则双方办理劳动合同终止手续即可,且此种情况下用人单位无须支付经济补偿金。

但第二次固定期限劳动合同到期后,由于是否续订劳动合同,续订的劳动合同是否要求是无固定期限劳动合同,决定权在劳动者一方,故用人单位需在第二次固定期限劳动合同到期之前的一段时间(一般为期限届满前1个月)书面征求劳动者关于续订的意见。具体方式可以向劳动者发送"关于劳动合同续订事宜征求意向书",该征求意见书可以采用如下格式:

第一种:用人单位本意是不愿意再续订劳动合同,可以按如下内容征求意见:

《关于劳动合同续订事宜征求意向书》

本公司与您的第二次固定期限劳动合同将于××××年××月××日到期,现提前征求您关于是否续订劳动合同的意见:

A.同意双方劳动合同期满终止,由公司支付终止劳动合同的经济补偿

B.要求续订固定期限劳动合同

C.要求续订无固定期限劳动合同

请您勾选相应的选项,并在下方签名处签名确认。

之所以按这个格式征求是否续订劳动合同的意见,是因为用人单位本意是不愿意再续订劳动合同,所以在A选项中载明劳动者同意劳动合同期满终止

(不再续订),且由用人单位支付经济补偿金。其理由在于:《劳动合同法》第46条规定:"有下列情形之一的,用人单位应当向劳动者支付经济补偿:……(五)除用人单位维持或者提高劳动合同约定条件续订劳动合同,劳动者不同意续订的情形外,依照本法第四十四条第一项规定终止固定期限劳动合同的……"按前述法条之规定,一方面,由于公司本意是想终止该份第二次签订的固定期限劳动合同,故如果劳动者也选择同意不再续订而是以固定期限劳动合同期满而终止,则用人单位依法应当支付经济补偿金。另一方面,如果连经济补偿金都不明确要支付,那大多数的劳动者肯定选择"续订无固定期限劳动合同"的选项。而正因为有了可以按工作年限获得经济补偿金的选项,劳动者才有可能选择终止固定期限劳动合同而获得经济补偿金。

第二种:用人单位本意是愿意续订劳动合同,可以按如下内容征求意见:

> **《关于劳动合同续订事宜征求意向书》**
> 　　本公司与您的第二次固定期限劳动合同将于××××年××月××日到期,本公司愿意以维持或者提高劳动合同约定条件与您续订劳动合同,现提前征求您关于是否续订劳动合同的意见:
> 　　A.本人决定不再与公司续订劳动合同,该固定期限劳动合同期满终止
> 　　B.要求续订固定期限劳动合同
> 　　C.要求续订无固定期限劳动合同
> 　　请您勾选相应的选项,并在下方签名处签名确认。

之所以按这个格式征求劳动者是否续订劳动合同的意见,是因为用人单位本意是愿意按原劳动合同约定条件继续与劳动者续订劳动合同,所以在A选项中不再写明由用人单位支付经济补偿金。

其理由在于:按《劳动合同法》第46条之规定,用人单位愿意维持或者提高劳动合同约定条件续订劳动合同,劳动者不同意续订而导致固定期限劳动合同因期满而终止的,用人单位无须支付经济补偿金。因此,如果公司还要继续与员工续订劳动合同,只需先明确公司在维持或者提高劳动合同约定条件的情况下愿意续订劳动合同,再由劳动者选择是否续订;如续订,是要求续订何种形式的劳动合同。如果劳动者作出了续订的选择,则用人单位继续续订劳动合同即可。如果劳动者选择不续订劳动合同,用人单位因已向劳动者作出了"愿意

维持或者提高劳动合同约定条件续订劳动合同"的意思表示而劳动者不愿意续订导致劳动合同期满终止,则用人单位无须支付经济补偿金。

2. 第二次固定期限劳动合同到期后,用人单位与劳动者继续签订的是固定期限劳动合同的,劳动者事后以"未签订无固定期限劳动合同"要求用人单位支付2倍工资的,一般不会得到支持

其理由在于:2倍工资是为了惩罚不签订书面劳动合同的行为,虽然第二次固定期限劳动合同期满之后,劳动者提出要续签无固定期限劳动合同的,用人单位必须与劳动者续签订无固定期限劳动合同,但劳动者在第三次固定期限劳动合同上签字确认的行为,可以认定为劳动者同意续签第三次固定期限劳动合同。而在双方签订了劳动合同的情况下,用人单位无须向劳动者支付未签订劳动合同期间的2倍工资。

需要注意的是,如果劳动者提出了要续订无固定期限劳动合同,而用人单位坚持要求签订固定期限劳动合同但劳动者拒签,此种情况下,用人单位在第二次固定期限劳动合同期满后继续用工的,则应向劳动者支付未签订无固定期限劳动合同的2倍工资。如果用人单位在第二次固定期限劳动合同期满后强行终止第二次固定期限劳动合同,则属于违法终止劳动合同,劳动者可以要求用人单位支付违法终止劳动合同的赔偿金。

总结起来就是,第二次固定期限劳动合同到期前,用人单位应当就是否续签劳动合同向员工征求意见,并按相应的意见作出正确的应对:

(1)用人单位愿意按原条件续订劳动合同,员工不愿意再续订劳动合同。

用人单位正确应对:及时办理离职手续,并不用支付经济补偿金。

(2)用人单位不愿意续订而提出期满时劳动合同终止,员工同意期满时劳动合同终止。

用人单位正确应对:及时办理离职手续并支付终止劳动合同的经济补偿金。

(3)用人单位愿意按原条件续签劳动合同但要求续订固定期限劳动合同,员工同意继续签订固定期限劳动合同。

用人单位正确应对:可以与员工续订第三次固定期限劳动合同。

(4)用人单位不愿意续订而提出期满时劳动合同终止,但员工要求签订无固定期限劳动合同。

用人单位正确应对:及时与员工续订无固定期限劳动合同。

用人单位错误应对之一:认为即使是第二次固定期限劳动合同,本质上还是固定期限劳动合同,到期就可以终止,所以在员工要求续订无固定期限合同的情况仍然终止了第二次固定期限劳动合同。此种情况下,员工有权通过仲裁或诉讼,要求双方继续履行劳动合同或支付违法解除劳动合同的赔偿金(2N)。

用人单位错误应对之二:虽然同意了员工要求续订劳动合同,但坚持只与员工续签订固定期限劳动合同。在员工坚持要求续订无固定期限劳动合同且拒签固定期限劳动合同文本的情况下,双方陷入既不续订书面劳动合同也不终止劳动关系的"僵持"局面。此种情况下,员工可以通过仲裁或者诉讼,要求用人单位支付未签订书面劳动合同期间的2倍工资。

二、因劳动者的原因不与用人单位签订书面劳动合同的,用人单位不承担支付未签订书面劳动合同二倍工资的责任

关键法条

1.《劳动合同法》

第八十二条 用人单位自用工之日起超过一个月不满一年未与劳动者订立书面劳动合同的,应当向劳动者每月支付二倍的工资。

用人单位违反本法规定不与劳动者订立无固定期限劳动合同的,自应当订立无固定期限劳动合同之日起向劳动者每月支付二倍的工资。

2.《劳动合同法实施条例》

第五条 自用工之日起一个月内,经用人单位书面通知后,劳动者不与用人单位订立书面劳动合同的,用人单位应当书面通知劳动者终止劳动关系,无需向劳动者支付经济补偿,但是应当依法向劳动者支付其实际工作时间的劳动报酬。

> 第六条　用人单位自用工之日起**超过一个月不满一年**未与劳动者订立书面劳动合同的,应当依照劳动合同法第八十二条的规定向劳动者每月支付两倍的工资,并与劳动者补订书面劳动合同;劳动者不与用人单位订立书面劳动合同的,用人单位应当书面通知劳动者终止劳动关系,并依照劳动合同法第四十七条的规定支付经济补偿。
>
> 前款规定的用人单位向劳动者每月支付两倍工资的起算时间为用工之日起满一个月的次日,截止时间为补订书面劳动合同的前一日。
>
> 第七条　用人单位自用工之日起满一年未与劳动者订立书面劳动合同的,自用工之日起满一个月的次日至满一年的前一日应当依照劳动合同法第八十二条的规定向劳动者每月支付两倍的工资,并视为自用工之日起满一年的当日已经与劳动者订立无固定期限劳动合同,应当立即与劳动者补订书面劳动合同。

目前,企业与员工之间因未签订书面劳动合同而引发的2倍工资争议还是居高不下。其中一个原因是企业存在一个认识误区,即认为有证据证明企业安排了劳动者签订书面劳动合同,而劳动者不愿意签订的,那企业就没有责任了,也不会承担未签订书面劳动合同2倍工资的责任。

还有部分企业认为,《劳动合同法》第82条规定的是"用人单位自用工之日起超过一个月不满一年未与劳动者订立书面劳动合同的",应当向劳动者每月支付2倍的工资。这个"未与"是指用人单位"未主动与"劳动者签订劳动合同,而用人单位主动与劳动者签订劳动合同但劳动者不愿意签订导致最终双方未签订书面劳动合同的,由于用人单位已履行了"主动与"劳动者签订劳动合同的义务,不存在"未与"的情形,故不应承担2倍工资责任。

其实,这种认识有相当大的风险。因为《劳动合同法实施条例》第5条、第6条明确规定了,用人单位与劳动者签订书面劳动合同,而劳动者不与用人单位签订劳动合同的,用人单位的正确做法是:应当书面通知劳动者终止劳动关系!

换言之,如果用人单位安排新入职的员工签订书面劳动合同,而员工表示不愿意签订,用人单位应当书面通知该员工,因该员工不与用人单位签订劳动合同,故双方劳动关系终止。同时,即使员工拒绝签订书面劳动合同,用人单位提出签订书面劳动合同的日期超出用工之日起 1 个月的,也会承担相应的后果,具体如下:

(1) 用人单位在员工入职 1 个月内要求签订劳动合同而员工不签订,用人单位书面通知终止劳动关系,终止后仅须支付按劳动者实际工作天数对应的工资。

(2) 用人单位在员工入职 1 个月后要求签订劳动合同而员工不签订,用人单位书面通知终止劳动关系,终止后须支付劳动者实际工作天数对应的工资、自用工满 1 个月起至用人单位提出要求补签劳动合同之前 1 日的 2 倍工资以及终止劳动关系的经济补偿金。

(3) 用人单位在员工入职 1 个月后要求签订劳动合同而员工不签订,用人单位继续保持劳动关系的,需向劳动者支付自用工满 1 个月起至用工满 1 年期间的 2 倍工资。因用工满 1 年不签订劳动合同视为已签订无固定期限劳动合同,因此在实践中,入职即未签订劳动合同的劳动者可主张的未签订劳动合同 2 倍工资的期限一般不超过 11 个月。

上述情形的认定逻辑是:《劳动合同法》规定了用人单位应自用工之日起 1 个月内与劳动者签订劳动合同,即用人单位完成书面劳动合同签订事宜的法定时限为自用工之日起 1 个月内。因用人单位超出 1 个月再提出签订书面劳动合同,已经超出了法律规定的时限,故即使因劳动者拒绝签订而终止劳动关系,用人单位也要支付自用工满 1 个月起至用人单位提出要求补签劳动合同之前 1 日的 2 倍工资以及终止劳动关系的经济补偿金作为惩罚。

因此,用人单位要牢记,签订书面劳动合同是用人单位的法定义务,不签订劳动合同不仅不能规避劳动关系,反而要面临支付 2 倍工资的赔偿。实务中,因用人单位陷入错误认识导致支付未签订书面劳动合同 2 倍工资的案例还是居高不下,应引起用人单位的高度重视。

当然,笔者注意到,最高人民法院《关于审理劳动争议案件适用法律问题的解释(二)(征求意见稿)》第 14 条规定:"因下列情形未订立书面劳动合同,劳动者请求用人单位支付未订立书面劳动合同第二倍工资的,人民法院不予支持：(一)因不可抗力导致未订立的；(二)因劳动者自身原因未订立的；……"截至笔者写作本书时,该司法解释仍未正式发布。但该司法解释将"因劳动者自身原因未订立"劳动合同作为用人单位不支付2倍工资的情形。

其实,"因劳动者自身原因"的认定还是很难的。比如,有劳动者拒绝签订书面劳动合同,其向法庭陈述的不签订劳动合同的原因是：用人单位提供的劳动合同文本中约定的工资是虚假的,与面试入职时双方协商确定的薪酬标准不一致,与实际发放的薪酬标准也不一致。这种拒绝签订的情况应认定为用人单位的原因还是劳动者的原因？由于实践中大量的用人单位存在**面谈时的薪资标准**与**劳动合同中约定的工资标准**不一致,如果用人单位提供的劳动合同文本写明的薪酬与双方实际谈好薪酬标准不一致,用人单位是不是存在提供虚假劳动合同文本或是拟签订虚假劳动合同条款的情形,这种情况下劳动者自然有权拒绝签署与事实不符的劳动合同。此种情况下劳动者拒绝签订劳动合同就不宜再归类为"因劳动者自身原因"造成劳动合同未签订。

三、双方签订了固定期限劳动合同,劳动合同到期后只是没有及时续签劳动合同,但双方还是按原劳动合同约定的标准履行,所以不用支付未签订书面劳动合同二倍工资

实践中,还有一种常见情形,劳动者与用人单位在第一次固定期限劳动合同到期后,可能因为用人单位忘记办理劳动合同续签等原因,双方没有及时办理续签书面劳动合同。但劳动者照常上班工作,用人单位照常发放工资。这种情况视为双方同意以原条件继续履行劳动合同。但在这种未续签又继续用工的状态下,用人单位是否应该支付2倍工资？用人单位过了几个月后突然想起来是否还能以双方劳动合同期满而终止？其实,要分为以下3种情况。

情况一：劳动合同期满后未续签但双方继续履行原劳动合同,虽然视为双方同意以原条件继续履行劳动合同,但用人单位仍应支付劳动者未签订书面劳动合同的2倍工资差额。

在实践中,部分用人单位总是以最高人民法院《关于审理劳动争议案件适用法律问题的解释(一)》第 34 条所规定的"视为双方同意以原条件继续履行劳动合同"来抗辩未签订劳动合同 2 倍工资的支付义务。其实,"视为双方同意以原条件继续履行劳动合同"是用于解决双方在这种情况下权利义务的确定问题,但未签订书面劳动合同的客观事实仍然存在,对应的未签订书面劳动合同应支付 2 倍工资的法律责任也当然存在。所以,用人单位在这种情况下还是要支付 2 倍工资的。

在计算未续订劳动合同的 2 倍工资时要注意,部分裁判尺度认为,虽然双方已签订过一次书面劳动合同,但续签第二次劳动合同时还是应该与新入职签订劳动合同一样给用人单位 1 个月的签订宽限期。也有部分地区认为 1 个月的宽限期是自用工之日起算,而续订劳动合同不是劳动者刚入职时办理劳动合同的签订,故不应再给予 1 个月的宽限期。比如,北京地区的裁判尺度是对于续签劳动合同的不再给予用人单位 1 个月宽限期。

情况二:劳动合同期满后未续签但双方继续履行原劳动合同,满 1 年之后视为双方已订立无固定期限劳动合同,用人单位无权再以劳动合同期满为由而终止。

《劳动合同法》第 14 条第 3 款规定"用人单位自用工之日起满一年不与劳动者订立书面劳动合同的,视为用人单位与劳动者已订立无固定期限劳动合同"。在实践中,自用工之日起满 1 年未签订劳动合同以及双方第一次固定期限劳动合同到期后又满 1 年未续签劳动合同,均视为双方已订立了无固定期限劳动合同。在这种视为已签订无固定期限劳动合同的情况下,已不存在劳动合同期满的情形,所以用人单位也无法再以劳动合同期满为由而终止。如果用人单位强行以劳动合同期满为由终止劳动关系,则要承担单方面违法终止劳动合同的法律后果。

情况三:用人单位与劳动者在劳动合同中约定劳动合同到期自动续订的,在劳动合同到期后劳动者继续工作,可视为双方订立一份与原劳动合同内容和期限相同的合同,劳动者不能向用人单位主张 2 倍工资。

北京市高级人民法院、北京市劳动人事争议仲裁委员会《关于审理劳动争议案件解答（一）》第 45 条规定，因用人单位与劳动者在劳动合同中已经约定劳动合同到期续延，但未约定续延期限，在劳动合同到期后，劳动者仍继续工作，双方均未提出解除或终止劳动合同时，属于双方意思表示一致续延劳动合同，可视为双方订立一份与原劳动合同内容和期限相同的合同，故劳动者主张未签订劳动合同的 2 倍工资不应支持。

该指导性文件体现了前述观点。要注意的是，此类自动续订也视为劳动者与用人单位签订了第二份固定期限劳动合同，用人单位要承受双方签订了第二次固定期限劳动合同的后果。也就是说，第二次固定期限劳动合同到期后，劳动者要求续订无固定期限劳动合同的，用人单位无权终止第二次固定期限劳动合同，而是应与劳动者续订无固定期限劳动合同。

四、未在法定期限内签订劳动合同，但之后只要"倒签"劳动合同了就不用承担支付二倍工资的责任

如之前章节所述，部分用人单位的"土政策"是先经过试用期，试用期满后再与劳动者签订书面劳动合同，且签订劳动合同中约定的劳动合同期限为入职之日。也就是说，劳动合同签订时间系入职之日起的几个月后，但劳动合同中约定的期限又从入职之日开始，签订劳动合同的落款时间也是入职之日起 1 个月内，其中入职之日到签订之日的几个月时间系"倒签且期限覆盖"的期间，此期间是否属于未签订劳动合同的期间？当前主流裁判观点是劳动者同意"倒签"的**书面劳动合同载明的期限**以及**倒签的落款时间**所回溯覆盖的期间，可以认定为已签订书面劳动合同的期间，不再支持该期间的 2 倍工资。

举例说明：张三于 2023 年 1 月 1 日入职 A 公司，A 公司入职时告知张三，公司的政策是先经过 3 个月的试用期，试用期月工资 8000 元，转正后月工资 10,000 元，试用期满后，再与张三签订书面劳动合同。2023 年 4 月 1 日，张三经过了 3 个月试用期后予以转正，A 公司于当日拿出劳动合同文本让张三签署，该劳动合同中载明的期限为 2023 年 1 月 1 日至 2026 年 12 月 31 日。此时，按张三的选择，用人单位将面临不同的后果。

(1)**张三同意"倒签"该劳动合同**。虽然 A 公司于 2023 年 4 月 1 日才与张三签订固定期限自 2023 年 1 月 1 日起至 2026 年 12 月 31 日止的劳动合同,但张三在前述劳动合同上签字且落款日期也倒签的实际行为系对劳动合同期限的确认,即确认双方自入职之日起 1 个月内签订了书面劳动合同,故张三不能再向 A 公司要求支付未签订书面劳动合同的 2 倍工资差额部分。

(2)**张三坚持将劳动合同期限更改为自签订之日起且用人单位同意**。双方最终签订自 2023 年 4 月 1 日至 2026 年 12 月 31 日的劳动合同。此种情况下,张三在 1 年的仲裁时效内可以向用人单位主张 2023 年 2 月 1 日(入职之日起满 1 个月之次日)至 2023 年 3 月 31 日期间(补订劳动合同的前 1 日)未签订书面劳动合同导致的 2 倍工资。

(3)**张三拒绝签订该劳动合同**。如果张三拒绝签订劳动合同,依据《劳动合同法实施条例》第 6 条第 1 款规定,用人单位**自用工之日起超过 1 个月不满 1 年未与劳动者订立书面劳动合同**的,应当依照《劳动合同法》第 82 条的规定向劳动者每月支付 2 倍的工资,并与劳动者补订书面劳动合同;**劳动者不与用人单位订立书面劳动合同的,用人单位应当书面通知劳动者终止劳动关系,并依照《劳动合同法》第 47 条的规定支付经济补偿**。依据前述规定,张三于 2023 年 1 月 1 日入职,A 公司于 2023 年 4 月 1 日才安排双方签订劳动合同,其中的 2023 年 2 月 1 日至 3 月 31 日属于"用人单位自用工之日起超过一个月不满一年未与劳动者订立书面劳动合同"的期间,A 公司依法应向张三支付该期间的 2 倍工资差额部分 16,000 元(试用期月工资 8000 元/月×2 个月)。如果张三作为劳动者拒绝与 A 公司补订书面劳动合同,A 公司应当书面通知张三终止劳动关系,并向张三支付经济补偿 4000 元(试用期月平均工资 8000 元/月×0.5 个月)。

从上述情形可见,用人单位应当在劳动者入职之日起 1 个月内与劳动者签订书面劳动合同,否则将面临较大的用工风险。一旦超过 1 个月未与劳动者签订书面劳动合同,劳动者一方将有一定的选择权,即主张 2 倍工资差额还是同意补签劳动合同后继续工作。

用人单位在这种情况下要注意的一个特别情形是:在劳动合同的期限是

"倒签覆盖"的,但劳动者在劳动合同文本签名下方的落款日期载明的却是实际补订日期的情况下,用人单位是否应支付2倍工资?

举例说明: 张三于2023年1月1日入职A公司,A公司入职时告知张三,公司的政策是先经过3个月的试用期,试用期月工资8000元,转正后月工资10,000元,试用期满后,再与张三签订书面劳动合同。2023年4月1日,张三经过了3个月试用期后予以转正,A公司于当日拿出劳动合同文本让张三签署,该劳动合同中载明的期限为2023年1月1日至2026年12月31日,张三签署了该劳动合同,但在签字下方的落款日期处填写的是2023年4月1日。

主流观点认为,依据《劳动合同法实施条例》第6条之规定,用人单位自用工之日起超过1个月未与劳动者订立书面劳动合同的,应按"劳动合同法第八十二条的规定向劳动者每月支付两倍的工资,并与劳动者补订书面劳动合同"。从这句话的理解来看,一旦用人单位自用工之日起超过1个月未与劳动者订立书面劳动合同,应承担的责任是"支付二倍工资"和"补订劳动合同",且前述责任是并列关系。也就是说,即使补订了劳动合同,也要依据《劳动合同法》第82条之规定支付未签订书面劳动合同的2倍工资。此外,该法条还明确了在补订劳动合同的情况下,用人单位向劳动者支付2倍工资的计算期间为**用工之日起满1个月的次日至补订书面劳动合同的前1日**。所以,参照该法条,在补签劳动合同时只约定了合同期限"覆盖"之前的应签未签的期间,但从签订落款日期能够看出明确的**实际补订日期**的,用人单位也应支付劳动者用工之日起满1个月的次日至**补订书面劳动合同**的前1日的2倍工资。

实操建议

用人单位如果要与劳动者补签劳动合同,在劳动者同意将合同期限与签订落款时间均载明为入职之日起1个月内的情形下,才能视为覆盖了之前的期间,才能视为劳动者同意在入职之日起1个月内签订劳动合同。

五、书面劳动合同只能是纸质文本

在实践中,有的用人单位规模较大,员工人数众多且分散各地,"一对一"

面签纸质劳动合同有所不便,而《劳动合同法》要求用人单位与劳动者签订书面劳动合同,那么用人单位与劳动者在线上签订的电子劳动合同是否属于书面劳动合同?用人单位通过线上方式与员工签署电子版劳动合同,是否会面临支付未签订书面劳动合同的 2 倍工资?

答案是电子劳动合同也视为书面劳动合同。用人单位与劳动者通过线上方式签订电子版的劳动合同也属于签订了书面劳动合同,不会承担未签订书面劳动合同的责任,这一点用人单位不用担心。其理由在于:

《民法典》第 469 条规定:当事人订立合同,可以采用**书面形式**、口头形式或者其他形式。书面形式是**合同书**、信件、电报、电传、传真等可以有形地表现所载内容的形式。以**电子数据交换**、**电子邮件**等方式能够有形地表现所载内容,并可以随时调取查用的**数据电文**,**视为书面形式**。

由前述法条可知,以数据电文形式在线上签订劳动合同也视为以书面形式签订了劳动合同。用人单位要注意的是:这类电子数据形式的劳动合同一定要在线上存储好,要能够随时调取查用。如果用人单位主张签订了电子劳动合同,劳动者主张没有签订过,双方在仲裁庭或法庭上无法调取电子劳动合同作为证据,就很可能被认定为双方没有签订劳动合同。

第三节　实用劳动合同条款的撰写参考

一、撰写劳动合同条款的原则

(一)合法原则(不违法性)

劳动合同的条款不可以违反法律和行政法规的强制性规定,也不能在权利义务上失衡,即出现"免除用人单位的法定责任、排除劳动者权利"的合同条款,这是约定劳动合同条款的基本原则。

(二)实用原则(可执行性)

劳动合同作为企业筑牢用工管理基础最有效的办法,必须做到劳动合同条款的实用性及可执行性。很多企业在网上下载一个劳动合同模板就用来签署，实际上是放弃了自己掌握主动权的时机与权利。

(三)适宜原则(符合企业自身需求)

不同行业的公司因管理模式不同,其劳动合同的整体架构也会差异很大,甚至同一用人单位不同岗位层级之间的劳动合同也会有一定的差异。劳动合同中除了针对共性问题的解决条款之外,还要针对不同行业、不同岗位具有相应的适宜性。比如,对于技术人员、销售人员,因为这部分员工要掌握企业秘密,必须要强调保密条款、竞业限制条款;对客服人员、行政人员,因为这部分员工一定要服务意识强,工作准时,故要强调劳动纪律条款、服务考核条款。

二、劳动合同必备条款的拟订

关键法条

《劳动合同法》

第十七条　劳动合同应当具备以下条款：

(一)用人单位的名称、住所和法定代表人或者主要负责人；

(二)劳动者的姓名、住址和居民身份证或者其他有效身份证件号码；

(三)劳动合同期限；

(四)工作内容和工作地点；

(五)工作时间和休息休假；

(六)劳动报酬；

(七)社会保险；

(八)劳动保护、劳动条件和职业危害防护；

……

以上是劳动合同的必备条款,这类条款具有通用性。其中第1项、第2项内容系双方的主体信息,认真填写不要写错即可。第 3~8 项内容可以使用当地人力资源社会保障部门推荐的劳动合同示范条款即可。为方便中小微企业对此类必备条款的拟定,笔者也罗列了以上必备条款的常见形式,供中小微企业的管理者参考。

"劳动合同期限"条款:

第×条　甲乙双方自用工之日起建立劳动关系,双方约定按下列第__种方式确定劳动合同期限:

1. 固定期限:自____年__月__日起至____年__月__日止,其中,试用期从用工之日起至____年__月__日止。

2. 无固定期限:自____年__月__日起至依法解除、终止劳动合同时止,其中,试用期从用工之日起至____年__月__日止。

3. 以完成一定工作任务为期限:自____年__月__日起至_____(项目)工作任务完成时止。甲方应当以书面形式通知乙方工作任务完成。

"工作内容和工作地点"条款:

第×条　乙方工作岗位为_____,岗位职责为_____。乙方的工作地点为_____。

乙方应爱岗敬业、诚实守信,保守甲方商业秘密,遵守甲方依法制定的劳动规章制度,认真履行岗位职责,按时保质完成工作任务。乙方违反劳动纪律,甲方可依据依法制定的劳动规章制度给予相应处理。

"工作时间和休息休假"条款:

第×条　根据乙方工作岗位的特点,甲方安排乙方执行以下第____种工时制度:

1. 标准工时工作制。每日工作时间不超过 8 小时,每周工作时间不超过 40 小时。由于生产经营需要,经依法协商后可以延长工作时间,一般每日不得超过 1 小时,特殊原因每日不得超过 3 小时,每月不得超过 36 小时。甲方不得强迫或者变相强迫乙方加班加点。

2. 依法实行以_____为周期的综合计算工时工作制。综合计算周期内的总实际工作时间不应超过总法定标准工作时间,超过部分应视为延长工作时间,延长工作时间的小时数平均每月不得超过36小时。甲方应采取适当方式保障乙方的休息休假权利。

3.依法实行不定时工作制。甲方应采取适当方式保障乙方的休息休假权利。

"社会保险"条款：

第×条　甲乙双方依法参加社会保险,甲方为乙方办理有关社会保险手续,并承担相应社会保险义务,乙方应当缴纳的社会保险费由甲方从乙方的工资中代扣代缴。

"劳动保护、劳动条件和职业危害防护"条款：

第×条　甲方应当严格执行劳动安全卫生相关法律法规规定,落实国家关于女职工、未成年工的特殊保护规定,建立健全劳动安全卫生制度,对乙方进行劳动安全卫生教育和操作规程培训,为乙方提供必要的安全防护设施和劳动保护用品,努力改善劳动条件,减少职业危害。乙方从事接触职业病危害作业的,甲方应依法告知乙方工作过程中可能产生的职业病危害及其后果,提供职业病防护措施,在乙方上岗前、在岗期间和离岗时对乙方进行职业健康检查。

第×条　乙方应当严格遵守安全操作规程,不违章作业。乙方对甲方管理人员违章指挥、强令冒险作业,有权拒绝执行。

对于劳动报酬条款,在之后的"实用条款拟定"中讲解。

三、劳动合同实用条款的拟订

笔者结合办理劳动争议案件的经验,觉得以下劳动合同条款在预防双方的劳动争议以及解决用人单位面临的劳动用工管理共性问题方面较为实用,现梳理如下,供中小微企业经营管理者参考。

（一）试用期录用条件条款

企业面临的问题：企业在新入职员工试用期间发现因新入职员工上一家用人单位社保问题而办不了社保,新入职员工提交的学历、履历等应聘资料作假,新入职员工与上一用人单位未解除劳动关系或解除劳动关系的手续不全等问题,在试用期内如何评价员工是否达到录用条件的问题。

解决问题的思路:可以将上述劳动者自身原因或不诚信行为导致的问题约定为"不符合录用条件"的情形。

可以参考的条款:

第×条 乙方在试用期内有下列情形之一的,视为乙方不符合录用条件:

1.乙方未通过体检的(体检合格标准参照录用公务员体检合格标准);

2.乙方未在入职之日起15日内提交与上一用人单位解除或终止劳动关系证明的;

3.乙方所提交的证书证件、个人简历、应聘资料、个人履历有弄虚作假情形的;

4.乙方在试用期内请事假天数累计达×天或1个月内有迟到、早退累计达×次的;

5.未完成与上一用人单位或个人的社会保险转移或停缴手续的;

6.违反甲方规章制度所规定的严重情形或有其他严重违反公序良俗或社会道德行为的;

7.……

(二)岗位调整条款

企业面临的问题:在合理范围内对员工进行岗位调整是企业的用工自主权,毕竟企业在经营过程中需要面对市场的变化、业务的调整,对企业的调岗权限制过严,不利于企业的经营与发展。但由于远距离、跨地区调整岗位会增加员工的通勤成本与生活成本,如果企业可以随意调岗也会损害员工的权益。在实践中,时常出现用人单位调岗,员工不服从,用人单位以旷工为由将员工辞退,最后被认定为违法解除劳动合同并支付赔偿金的情形。

解决问题的思路:通过劳动合同的约定对合理调岗的情形进行界定,明确公司因经营需要在合理调岗的情形下有单方面调整工作岗位的权力,对劳动者是否应该服从合理调岗以及若不服从合理调岗有何后果进行明确约定。

可以参考的条款:

第×条 经双方协商，乙方认可甲方有权根据市场变化或者公司经营需要，单方面在本合同约定的工作地点范围内调整乙方的工作岗位或具体工作点位。对于甲方单方面在约定工作地点范围内调整工作岗位及具体工作点位的行为，乙方承诺予以服从。若乙方拒不执行甲方按前述范围调整的工作岗位或具体工作点位工作，视为旷工；旷工达×日以上的，甲方有权单方面解除劳动合同，且无须支付任何补偿或赔偿。

(三) 劳动报酬条款

企业面临的问题：员工的劳动报酬由多个部分组成，且其中有不固定的绩效奖金等项目，而绩效奖金本就是按劳动者的当月考核结果可以上下浮动的薪酬构成项目。但由于约定不明确，在绩效奖金因绩效考核成绩的降低而降低时被认为是公司扣减工资。此外，在计算加班工资时，还要求把绩效奖金作为计算基数。

解决问题的思路：将劳动报酬组成部分约定清楚，将薪酬各组成部分的概念约定清楚，将作为加班费计算基数的范围明确清楚。

可以参考的条款：

第×条 乙方的劳动报酬执行结构制。乙方的工资标准为：基本工资（   ）+岗位工资（   ）+工龄工资（   ）+保密津贴（   ）+绩效奖金。

其中基本工资为乙方每月正常出勤并提供岗位劳动应得之固定工资。该部分固定工资不因乙方的岗位变动而发生变化。

其中岗位工资为所在岗位履行职务应得的工资。因乙方岗位发生变动的，岗位工资随之变动，即甲方按新岗位计付岗位工资。

其中工龄工资随乙方在本公司的工作年限的增长而增加。

其中绩效奖金的金额不固定，<u>绩效奖金由甲方按公司经营业绩及乙方的岗位贡献由甲方予以考核确定/绩效奖金按甲方的《绩效考核办法》执行</u>。绩效奖金的金额变化不构成劳动报酬变更的依据。

<u>上述基本工资、岗位工资、工龄工资之和作为加班工资的计算基数。</u>

甲方应按时足额向乙方发放工资。甲方应在每个自然月 10 日之前向乙方支付上一自然月的工资。

需要注意的事项：加班费的计算基数是否可以约定？

依照《劳动法》第 44 条之规定，加班费是按月工资来计算的。在实践中，大量的用人单位实行绩效的方式。不同的是，绩效类奖金的发放方式不同，有的按月发放，有的按季度发放，有的按年度发放。对于用人单位而言，在工资中加入绩效奖金作为构成部分可以达到激励工作积极性的目的。对于劳动者而言，绩效方式确定薪酬可以实现"多劳多得"。因为绩效考核的方式与传统的标准工时制下的固定工资相比，绩效工资的金额与员工的自发性工作产出相挂钩。

以销售类绩效提成为例，员工通过付出更多的劳动时间，完成更多的销售金额，对应按销售比例得到的绩效类报酬就更多。反之，员工能获得的绩效类工资就更少。换言之，员工为了更高的绩效工资，确实可能自愿投入更多的工作时间，而员工为了得到更高绩效工资而自愿加班的对价已在绩效类薪酬中得到了体现，如果再将体现了加班成果的绩效类薪酬作为计算加班工资的计算基数，相当于重复计薪。基于前述原因，将绩效类奖金排除在加班费的计算基数之外，有其合理性。

各地关于劳动争议的裁判规则指导意见中也体现了前述观点。

四川省高级人民法院民一庭《关于审理劳动争议案件若干疑难问题的解答》第 35 条规定：用人单位与劳动者在劳动合同中约定了加班费计算基数的，从其约定……依照前款确定的加班工资基数不得低于当地规定的最低工资标准。

南京市中级人民法院、南京市劳动争议仲裁委员会联合印发的《关于加班工资纠纷审理的若干法律适用意见》第 6 条规定：用人单位与劳动者约定加班费的计算基数，从其约定，但该约定的基数不得低于当地最低工资标准。

由上述各地涉及加班费的指导意见可见，部分地区是允许劳动者与用人单位约定加班费的计算基数的，但都要求约定的计算基数不得少于当地最低工资标准。当然，也有部分地区判例显示应将劳动者每月的应发工资作为加班费的计算基数。这种认定方式主要是因为部分用人单位在约定加班费基数时"太过分"了，本来允许用人单位与劳动者约定加班工资的计算基数，是为了将绩效、提成等已经与劳动者自发投入更多工作时间相挂钩的浮动薪酬部分不再作为加班费的计算基数，但部分用人单位却将劳动者月工资中的大量固定薪酬部分也排除在加班费的计算基数之外。

比如，从事行政工作的员工，其月薪为固定月薪，并无绩效浮动部分，其固定月薪为 10,000 元，其中基本工资 2500 元、岗位工资 5000 元、其他津(补)贴 2500 元，但劳动合同中将相当于最低工资标准的基本工资约定为加班费计算基数，此种方式明显是通过约定加班费基数的方式规避足额支付加班费的责任。试想按此计算，该员工加班工作得到的加班费，比正常工作时间内工作对应的劳动报酬还要少！在这种情况下，极容易导致裁判机关不予认可该约定，将该员工的月应发工资作为加班费的计算基数。

在实践中，为什么有些本来有利于用人单位规范管理的裁判尺度在适用一段时间后会收紧，就是因为部分用人单位总习惯于将对自己有利的条款或裁判尺度进行"扭曲本意式"理解、"内卷坑人式"适用，导致这样的裁判尺度再度收紧。希望用人单位在劳动合同的拟定时还是要理解条款的本意，才能达到"双赢"的目的。

(四)请休假制度条款

企业面临的问题：员工请假方式混乱，不容易管理的问题。春节期间安排了年休假，但员工不认可多放的春节假期是年休假。

解决问题的思路：明确请假方式及不按规定方式请假的后果。将春节等法定节假日多放的假期约定为统筹安排的年休假。

可以参考的条款：

第×条 甲方有严格的请休假制度。乙方需请假或休假的，应书面向甲方提交请、休假申请，并经甲方审批同意后方可请假或休假。未经甲方进行请休假审批而未到岗工作的系旷工行为。

乙方请事假应当向甲方书面说明请假事由，并提交相关的印证材料。乙方存在请假事由与实际请假期间的行为不一致等虚构请假事由的,或事假印证材料存在弄虚作假行为的,按本合同第×条第×项约定处理(违纪处罚条款)。

乙方请病假的,应提交公立医院的病历及全休证明。乙方提交虚假的病情证明的,所休病假按旷工处理。

鉴于甲方的生产经营需要,乙方同意其应休的年休假由甲方在春节、国庆等法定节假日前后统筹安排,并与法定节假日的假期相连。也就是甲方在春节、国庆等法定节假日前后统一安排的超出国家法定假期天数的放假日期为甲方统筹安排的带薪年休假。

需要注意的事项:年休假是否可以由用人单位统一安排?

《**职工带薪年休假条例**》第 5 条规定:**单位根据**生产、工作的具体情况,并**考虑**职工本人意愿,**统筹安排**职工年休假。年休假在 1 个年度内可以**集中安排**,也可以**分段安排**,**一般不跨**年度安排。从该法条的规定来看,带薪年休假的安排原则是"用人单位根据生产、工作的具体情况统筹安排,并考虑职工本人意愿"。也就是说,用人单位统筹安排的前提下"考虑"职工意愿,本质上何时安排职工休年休假的决定权还是在用人单位一方。**比如**,张三想要每年 4 月春暖花开之际休上 10 天年休假,公司又想在每年 11 月业务淡季时统筹安排员工休年休假。张三向用人单位提出想在每年 4 月休年休假。公司表示经"认真考虑"后,还是安排张三于每年 11 月休年休假。那公司考虑张三的意愿了吗?公司说考虑了。"考虑"职工的意愿,又不是一定要依照员工的意愿。员工提出了意愿,用人单位"考虑"了员工的意愿,但考虑之后用人单位还是可以"根据生产、工作的具体情况",坚持自己的统筹安排。

其实,这种规定不能怪法规起草者,更多的是体现了劳动法规的特色,因为将安排年休假的时间决定权完全交给劳动者或用人单位的哪一方,都是两难之局。如果完全按照劳动者提出的休年休假时间的意愿,完全有可能在用人单位业务最繁忙、人手最缺乏之时出现职工请休年休假,甚至是众多职工一起请休年休假。如果法条规定必须按劳动者的请休年休假意愿来批准年休假,用人单位的正常经营或业务运转必然受到一定的影响。所以年休假的安排规则是:以"**用人单位统筹安排**"为原则,适当"**考虑职工意愿**"。

实操建议

在有上述约定的情况下，需要提醒用人单位注意的是，法定节假日是要支付薪酬的，带薪年休假也是要支付薪酬的。所以，如果在春节、国庆放假期间一并安排了年休假，那么当月的工资是正常发放的，不能将安排员工休假的日期不计发工资，一旦不计发工资，一方面员工可以主张拖欠薪酬，另一方面用人单位关于超出法定天数的放假是安排年休假的说法也难以"自圆其说"。

在实践中，从笔者所审理的大量劳动争议案件中可见，大多数年休假都是由员工在钉钉等办公软件中提出年休假申请，用人单位经审批同意，然后休年休假，这种安排流程实际上是完全按员工请休年休假的意愿在安排年休假。所以，笔者也建议，用人单位即使约定了统一集中安排年休假，也要在员工有其他时间休年休假的需求时，尽量满足员工的意愿。这也是用人单位内部和谐劳动关系的表现，让员工能在春暖花开时去旅行，让员工能在寒暑假期间去亲子陪伴，这何尝不是增加用人单位凝聚力之举。

(五) 加班审批制度条款

企业面临的问题：加班费的争议一直较难处理，一方面是加班事实认定难，另一方面是加班费金额认定难。在实践中，确实存在部分员工下班后在公司滞留，从事与工作无关的事，超过下班时间后再打考勤，但事后拿考勤记录来主张加班工资。也有的用人单位的加班记录不齐全、不规范，导致加班费无法准确计算。

解决问题的思路：《劳动法》第44条规定，用人单位"安排"劳动者加班的才支付加班费。故劳动合同中明确约定加班需要书面审批，确保劳动者的加班系用人单位的安排。

可以参考的条款：

第×条 依据《劳动法》第44条之规定，甲方安排乙方加班的，应依法向乙方支付高于劳动者正常工作时间工资的加班费。为了规范加班工作制度，准确落实好乙方加班费的计算与发放，双方约定实行加班审批制度。

乙方因完成甲方安排的工作需要加班的,应以书面审批表的形式或通过内部 OA 系统、钉钉办公软件等可记录的方式向甲方提出加班申请,经其主管领导签署批准后予以加班。前述审批结果作为计发加班费的凭证,凡是未履行上述加班审批制度而于非工作时间在甲方工作场所的行为均视为乙方处理其个人事务的行为,并非从事甲方所安排工作的加班行为。

若甲方需要安排乙方加班,应向乙方出具有乙方主管领导签字批准的书面加班审批表或通过内部 OA 系统、钉钉办公软件向乙方发出加班通知,甲方未向乙方出具书面加班审批文件或加班通知的,乙方有权拒绝甲方任何管理人员通过口头方式安排的加班。

双方经协商一致确定,本合同关于劳动报酬条款中约定的基本工资、岗位工资、工龄工资之和作为乙方加班费的计算基数。

(六)规章制度确认条款

企业面临的问题:按法律规定,用人单位的规章制度必须经过民主程序制定,并告知劳动者。在"规章制度告知劳动者"的环节,用人单位时常出现存证不及时,举证不成功的问题。

解决问题的思路:将规章制度直接约定为劳动合同的附件,这样可以将规章制度上升为双方的约定条款,可以解决规章制度的告知送达问题。

可以参考的条款:

第×条 甲方通过民主程序所制定的本公司的《员工手册》(20××年版)已于签订本劳动合同前向乙方告知并送达。乙方在签订本劳动合同前已认真阅读并知晓本公司的《员工手册》(20××年版)。甲、乙双方经协商一致约定该《员工手册》(20××年版)作为本劳动合同的附件,与本劳动合同具有同等效力。以后若出现该《员工手册》通过民主程序修改的情况,在甲方向乙方履行了告知给乙方或公示的情况下,修改后的《员工手册》版本自甲方告知乙方或公示期满之日成为本劳动合同的附件。乙方承诺严格遵守甲方的《员工手册》(20××年版)及其他规章制度。

（七）重大过失赔偿条款

企业面临的问题：《工资支付暂行规定》第 16 条规定：因劳动者本人原因给用人单位造成经济损失的，用人单位可按照劳动合同的约定要求其赔偿经济损失。由于《劳动法》及《劳动合同法》并没有规定劳动者严重过失造成用人单位损失是否承担一定的赔偿责任，前述法条也是当前劳动法规体系中唯一规定劳动者因本人原因造成用人单位经济损失的，用人单位可以"按照劳动合同的约定"要求劳动者赔偿损失。在实践中，确实有个别员工工作很不负责，甚至出现严重失职的情形，最终给公司造成实际损失，如果在劳动合同上没有相关严重过失赔偿的约定，即使员工存在严重过错，公司也难以要求员工赔偿一定的损失。

解决问题的思路：由于前述规定明确了在双方劳动合同有约定的情况下，若劳动者存在重大过失等个人原因造成用人单位损失，用人单位可以要求劳动者承担赔偿责任，因此双方有必要在劳动合同中约定相关条款。

可以参考的条款：

第×条　乙方因故意或本人原因（包括乙方严重违反公司规章制度或严重违反工作流程以及工作严重失职等重大过失、过错行为）造成甲方经济损失的，甲方有权要求乙方赔偿直接经济损失。对前述直接经济损失的赔偿比例，经双方协商一致确定为：

乙方故意造成的甲方经济损失，乙方应承担全部的损失赔偿责任。

乙方重大过失、重大过错行为所导致的甲方经济损失，乙方应承担30%—50%的赔偿责任。

对于乙方应承担的赔偿金额，乙方继续在甲方工作的，甲方可以从乙方月工资中按20%的比例扣除，直至达到损失赔偿金额。乙方离职或甲方解除与乙方劳动关系的，甲方有权从乙方离职时经结算应得的全部金额中一次性扣除前述损失赔偿。仍不足损失赔偿金额的，甲方有权向乙方主张一次性赔偿。

（八）解除劳动合同提前通知条款

企业面临的问题：《劳动合同法》第 37 条规定，劳动者因其自身原因提出解除劳动合同,应提前一定时间向用人单位提出。该规定实际上是为了在保障劳动者任意解除权的情形下,规定劳动者在解除劳动合同时要提前通知,以便给用人单位留下重新招聘或安排顶岗人员的时间。如果劳动者"突袭"离职,让用人单位来不及招聘或调整人员来填补突然离职员工的岗位,必然对用人单位的经营造成一定的影响或损失。但在实践中,有的劳动者在离职时较为任性,在用人单位没有出现《劳动合同法》第 38 条所规定的情形时,也是"说走就走",不遵守法律规定的提前通知时限。同时,虽然法律也规定了此种情况下劳动者应赔偿用人单位损失,但用人单位在这种情况下其实很难证明具体的损失。

解决问题的思路:通过劳动合同的约定,对劳动者因个人原因解除劳动合同的提前通知义务、违法后果进行再强调,并约定好劳动者出现违法解除劳动合同时的损失计算规则,对劳动者违法解除劳动合同的行为形成有效的规制。

可以参考的条款:

第 × 条　乙方在合同期限内因个人原因提出解除劳动合同,应依照《劳动合同法》第 37 条之规定,提前 30 天通过书面形式向甲方提出。若乙方未按法律规定提前 30 天书面通知即离职,属于违法解除劳动合同,应依照《劳动合同法》第 90 条之规定赔偿甲方之损失。

若甲方因此造成的损失金额难以统计,则按乙方离职前两个月的月收入总和(包括但不限于基本工资、岗位工资、绩效工资、加班费、津补贴、奖金等)作为损失赔偿金额。

需要注意的事项:用人单位要注意,劳动者解除劳动合同需提前 30 天提出的情形是劳动者因个人原因要解除劳动合同,而非用人单位存在过错时的情形。换言之,如果用人单位存在拖欠工资、不缴纳社会保险费等违法行为时,因用人单位违法在先,劳动者以用人单位存在前述违法行为而被迫离职的,无须提前 30 天通知。只需告知用人单位因何原因而提出解除劳动合同即可离开,且还可以向用人单位要求支付解除劳动合同的经济补偿金。

(九) 离职工作交接条款

企业面临的问题:员工不辞而别或离职时拒不办理工作交接,造成用人单位的损失。

解决问题的思路：在劳动合同中明确约定员工应交接的内容以及不办理离职工作交接应承担的相应后果。

可以参考的条款：

第×条　乙方在离职时，应当依据《劳动合同法》第50条第2款的规定办理离职交接。离职交接内容包括：

1. 向甲方归还甲方发放的工作用品（以乙方领取时的书面记录为准）；
2. 向甲方完整提交正在进行或办理的工作成果、文件资料、软件数据；
3. 与财务部门结清所有差旅、借支、采购等各项款项；
4. _____；
5. _____。

乙方若未履行上述离职交接手续，应赔偿因此给甲方造成的全部损失。若前述损失难以确定，双方一致同意，按乙方离职前1个月的收入总和（包括但不限于基本工资、岗位工资、绩效工资、加班费、津补贴、奖金等）进行计算。

（十）劳动合同期满自动续期条款

企业面临的问题：用人单位与劳动者第一次签订的固定期限劳动合同到期后，可能会出现忘记续签。在此种情况下，劳动者可以向用人单位主张未续签书面劳动合同的2倍工资。

解决问题的思路：用人单位为了防止因固定期限劳动合同到期后没有及时续签书面劳动合同而导致承担2倍工资的责任，可以在固定期限劳动合同中加入"劳动合同期满自动续期条款"。通过自动续期条款，劳动合同到期后双方仍保持劳动关系的，可以视为自动续订相同内容和期限的劳动合同。

可以参考的条款：

第×条　本劳动合同期满后，甲乙双方继续保持劳动关系的，本劳动合同自动续延期限，即视为双方续订了一份与本劳动合同内容和期限相同的劳动合同。

需要注意的事项：此种视为自动续订一份与原劳动合同内容与期限一致的

劳动合同的情形,会被视为双方签订了第二次固定期限劳动合同。而第二次签订的固定期限劳动合同期满后,在劳动者不存在《劳动合同法》第 39 条、第 40 条第 1 项和第 2 项情况的前提下,劳动者要求续订无固定期限劳动合同的,用人单位无权拒绝。

(十一)送达地址确认条款

企业面临的问题:劳动者离职或不请假旷工时无法与其联系,无法送达相关的人事处理文件。

解决问题的思路:提前约定好送达地址确认条款,按双方的约定地址邮寄或发送电子邮件视为送达,产生相应的法律效力。

可以参考的条款:

第×条 为甲乙双方之书面文件的送达,双方明确送达地址如下:

甲方邮寄地址:_____。

甲方电子邮箱:_____。

乙方邮寄地址:_____。

乙方电子邮箱:_____。

任何一方的送达地址变更,应及时书面通知对方予以变更。未收到书面通知变更前,上述送达地址一直有效。甲乙双方按照上述地址邮寄(或电邮)的文件视为送达。送达一方因其提供的地址不准确,或不及时书面告知变更后的地址,使文书无法送达或未及时送达,将自行承担由此产生的法律后果。双方均同意,如因劳动争议进入仲裁或诉讼程序,上述送达地址作为劳动争议仲裁机构或人民法院进行送达的地址。

(十二)保密义务条款

企业面临的问题:《劳动合同法》第 23 条第 1 款规定:用人单位与劳动者可以在劳动合同中约定保守用人单位的商业秘密和与知识产权相关的保密事项。第 90 条规定:劳动者违反本法规定解除劳动合同,或者**违反劳动合同中约定的保密义务**或者竞业限制,给用人单位**造成损失**的,应当**承担赔偿责**

任。但在实践中,劳动者负有哪些保密义务,如果违反了怎样认定损失成为难题。

解决问题的思路:在劳动合同中加入保密义务条款,明确约定劳动者应承担的保密义务以及违反保密义务后的损失认定方式。

可以参考的条款:

第×条 乙方在职期间及离职之后均应保守甲方商业秘密,不得向任何组织或个人泄露甲方的商业秘密。商业秘密的范围(包括但不限于)有:

1. 乙方在甲方工作期间掌握的技术方法;
2. 乙方在甲方工作期间知晓的客户资料;
3. _____;
4. _____;
5. _____。

乙方若泄露上述商业秘密,应赔偿甲方因此造成的全部损失。若前述损失难以确定,双方一致同意按乙方在职期间所领取的全部保密津贴的10倍金额计算。

(十三)竞业限制条款

企业面临的问题:用人单位需要在劳动者入职时与其约定竞业限制,或者用人单位在劳动者离职时才能通过劳动者在职的工作年限、岗位性质来决定该劳动者是否属于需要约定竞业限制义务的情形。

解决问题的思路:在劳动合同中直接约定竞业限制条款,或者约定用人单位在双方解除或终止劳动合同时可以经评估后单方面决定是否需要劳动者履行竞业限制义务。

可以参考的条款:

第一种(双方直接约定竞业限制义务):

第×条 双方经协商一致,确定乙方于在职期间以及离职之日起____个月(最长不超过24个月)内应当履行竞业限制义务,甲方于乙方离职后的上述竞业限制期限内按每月____元向乙方支付竞业限制补偿金。

乙方于竞业限制期限内,不得直接或间接地以员工、咨询者、顾问、股东、董事、合作方、合伙方等方式进行与甲方所从事的业务和经营范围相竞争或冲突的企业建立或发展任何关系;乙方不得设立、筹建、经营与甲方所从事的业务和经营范围相竞争或冲突的企业。

乙方若违反竞业限制义务,应向甲方支付违约金。违约金标准为:违约金_____元(乙方离职前12个月的月平均工资的5倍)。甲方有证据证明其因乙方违反竞业限制义务所遭受的损失高于前述约定违约金的,则乙方应支付甲方因乙方违反竞业限制义务所遭受的全部损失金额相等的违约金。

第二种(由用人单位在员工离职时决定是否启动竞业限制义务):

第×条 甲方有权在乙方因任何原因与甲方解除或终止劳动合同时书面通知乙方自离职之日起_____个月(最长不超过24个月)内履行竞业限制义务,乙方收到通知后应当在此期间履行本协议项下的竞业禁止义务,甲方需就此于乙方离职后的上述竞业限制期限内按乙方离职前基本工资+岗位工资金额的30%向乙方支付竞业限制补偿金。

乙方竞业限制的内容为:在甲方于乙方离职时通知的期限内,不得直接或间接地以雇员、咨询者、顾问、股东、董事、合作方、合伙方等方式与甲方所从事的业务和经营范围相竞争或冲突的企业建立或发展任何关系;乙方不得设立、筹建、经营与甲方所从事的业务和经营范围相竞争或冲突的企业。

乙方若违反竞业限制义务,应向甲方支付违约金。违约金计算标准为:乙方离职前12月的月平均工资的5倍。甲方有证据证明其因乙方违反竞业限制义务所遭受的损失高于前述约定违约金的,则乙方应支付甲方因乙方违反竞业限制义务所遭受的全部损失金额相等的违约金。

需要注意的事项:用人单位要注意,竞业限制是一把"双刃剑",该条款一定要在有必要约定的情况下才写入双方的劳动合同中,否则不仅不能对用人单位的商业秘密起到保护作用,还会额外增加用人单位的经济成本。本书在之后关于竞业限制的章节会对此进一步讲解。

(十四)公序良俗条款

企业面临的问题:《民法典》第8条规定:民事主体从事民事活动,不得违反法律,不得违背公序良俗。在实际的用工管理中,规章制度制定得再细致,也无法穷尽员工可能出现的严重违规行为,造成用工管理上的困难。例如,曾在网络上热议的"菜盆洗内裤案",作为公司食堂工作人员的员工用菜盆洗经期的内裤,被公司发现后导致公司食堂10多天无员工用餐。但由于用人单位的规章制度里并没有将"用菜盆洗内裤"列为严重违反规章制度的行为,公司在解雇该员工后被仲裁裁决为违法解除,起诉至人民法院后经调解结案。用人单位的苦衷在于,无法将超出一般人认知的情形都规定到规章制度中,所以有必要将一些明显违反公序良俗的行为和严重违反职业要求的行为约定在"兜底"条款中。

解决问题的思路:将员工出现违背公序良俗或严重违反职业道德的行为作为用人单位可以解除劳动合同的情形。

可以参考的条款:

第×条 乙方在甲方工作期间,承诺遵守职业道德与公序良俗。若乙方存在违背公序良俗或严重违反职业道德的行为,甲方有权与乙方解除劳动合同。

第四节 签订劳动合同的注意事项及未签订劳动合同时的补救抗辩

一、办理签订书面劳动合同时应注意的事项

(一)尽量当面签署劳动合同

因为劳动合同是否签订涉及2倍工资的赔偿,所以个别劳动者可能出现人为安排"代签、冒签"的问题,其目的是到时候向用人单位要求支付未签订书面劳动合同的2倍工资。在实践中,已经出现了员工要求将劳动合同文本拿回家签署或拿回办公室签署后再上交,但该员工将劳动合同带走后找其他人代其签字,导致劳动合同文本上的本人签名并非员工所签。员工干满1年离职后起诉用人单位未签订书面劳动合同,用人单位拿出劳动合同文本,员工称该签字系

伪造,并非本人签字,结果经司法鉴定,确实不是员工本人签字,然后用人单位败诉,向员工支付未签订书面劳动合同的2倍工资。

所以,中小微企业的管理者要注意,签订书面劳动合同时一定要坚持让新入职员工当面签署,最好让签字员工在其签名下方空白处摁上右手大拇指指印。因为如果因是否为本人签署发生争议,指纹鉴定比笔迹鉴定更准确、更便捷、更经济。当然,如果员工提出要先将劳动合同拿回办公室阅读后再签署是可以的,其阅读认可后要拿回来当面签名摁印。如果是通过电子签,要注意在系统内保管好电子签名的过程或签字真实性的印证材料,如签字时的脸部识别照片、可信时间戳等记录。

(二)建议加盖骑缝章

如果劳动合同超过2页(一张A4纸不能通过正反面打印形成),就存在有的合同内容页与合同签字盖章页不在同一张A4纸上,为了避免双方对无签字盖章的内容页进行换页操作,建议对双方持有的劳动合同文本均加盖骑缝章。

(三)注意妥善保管劳动合同

在实践中,劳动者以未签订劳动合同为由要求用人单位支付2倍工资,用人单位提出最常见的抗辩理由就是"双方签订了书面劳动合同的,只是劳动合同文本不慎丢失了""劳动合同文本被员工以职务之便拿走了"。当然,用人单位的此类抗辩有真有假,也不排除有的用人单位确实对劳动合同文本保管不善,导致劳动合同文本丢失,劳动者知道用人单位拿不出已签署的劳动合同文本,坚称用人单位未与本人签订劳动合同,从而主张2倍工资。而用人单位一旦没有证据证明与劳动者签订了书面劳动合同,仅凭"劳动合同已丢失、被人拿走"之类的抗辩理由,很难被劳动仲裁机构、人民法院所采信。所以,用人单位一定要注意妥善保管劳动合同文本。

二、用人单位未签订书面劳动合同情形下的仲裁时效抗辩

> **关键法条**

《劳动争议调解仲裁法》

第二十七条 劳动争议申请仲裁的时效期间为一年。仲裁时效期间从当事人知道或者应当知道其权利被侵害之日起计算。

……

劳动关系存续期间因**拖欠劳动报酬**发生争议的,劳动者申请仲裁不受**本条第一款规定的仲裁时效期间的限制**;但是,劳动关系终止的,应当自劳动关系终止之日起一年内提出。

在掌握仲裁时效抗辩之前,需要明晰一个问题,即未签订书面劳动合同的2倍工资名为"工资",可以适用劳动报酬的特殊仲裁时效吗?

上述法条规定了劳动争议的仲裁时效为1年,且从知道或应当知道权利被侵害之日起算。对于劳动报酬则进行特殊保护,适用特殊仲裁时效,即从双方劳动关系终止时起算。从职场的常理上讲,劳动者在职期间,确实难以做到一边在用人单位上班,一边又与用人单位进行劳动仲裁或诉讼。边"打官司"边工作的情形虽然从理论上是可以的,但在实践中较为少见,因为这种情况下双方都很尴尬,甚至是怨恨。所以,绝大多数劳动争议的仲裁或诉讼都发生在双方解除或终止劳动关系之后,即劳动者离职之后。

换言之,劳动争议事项被认定为属于劳动报酬的范围,是有利于劳动者的。可以从离职之日起算仲裁时效,相当于允许劳动者离职后进行"秋后算账"。而不认定为劳动报酬的争议事项,则不利于劳动者,因为劳动者离职之时,很可能该争议事项的仲裁时效已过或部分已过,用人单位一旦提出仲裁时效的抗辩,则劳动者一方的主张不能得到支持或不能得到全部支持。

在劳动争议事项中,很多争议事项都有"工资"二字,如加班工资、未休年休假工资、工伤职工的停工留薪期工资、未签订书面劳动合同的2倍工资,等

等。但是，不是所有带有"工资"二字的事项都会被认定为劳动报酬，如未签订书面劳动合同的2倍工资，其本质是对用人单位的一种惩罚性赔偿，只不过以劳动者的月工资作为计算基数来计算该罚金的金额，故称之为"2倍工资"。所以在司法实践中，主流观点认为未签订书面劳动合同的2倍工资不属于劳动报酬的范围，也不适用特殊仲裁时效，即不能从劳动者离职之日才起算仲裁时效，而是从劳动者"知道或应当知道之日"起算2倍工资差额的仲裁时效。

举例说明：张三于2023年1月1日入职A公司，其实际发放的月薪标准为10,000元/月。A公司一直未与张三签订书面劳动合同。2024年4月30日，张三从A公司离职并向公司要求支付未签订劳动合同的2倍工资。张三经过1个月的准备，于2024年5月1日向当地劳动人事争议仲裁委员会申请了仲裁，要求裁决A公司向其支付2023年2月1日起至12月31日共计11个月的2倍工资差额部分110,000元（10,000元/月×11个月）。A公司在仲裁答辩意见或仲裁庭审中提出，张三关于2倍工资的主张已部分超过仲裁时效，即使A公司未及时与张三签订书面劳动合同，但张三自2023年2月1日起就知道或应当知道自己的权益受到侵害，其关于2倍工资差额的主张就应自2023年2月1日起算。而张三于2024年5月1日才申请仲裁，按其申请仲裁提出2倍工资主张的日期往前倒推1年，张三于2023年5月1日之前的关于2倍工资差额的主张已超过1年仲裁时效，应予驳回。最终，由于用人单位提出了1年仲裁时效的抗辩，仲裁与法院查明也未有中断或中止的情形，会裁决或判决A公司支付张三2023年5月1日至12月31日共计8个月的2倍工资差额部分80,000元（10,000元/月×8个月），相当于认定张三主张的2倍工资期间有一部分超过了1年仲裁时效而不予支持，有一部分未超过仲裁时效予以支持。

从上述举例可见，未签订劳动合同的2倍工资在实务争议中有两个奇特的点，一个利于劳动者，另一个利于用人单位。

"利于劳动者"之处在于：未签订书面劳动合同的2倍工资差额的计算基数没有上限"封顶"，对用人单位是相当恐怖的"惩罚"。

举例说明：张三于2022年5月1日入职成都市某公司，其年薪为60万元（月薪为50,000元/月），双方在劳动关系存续1年期满后，于2023年4月30

日因用人单位裁减人员而解除或终止了劳动关系，用人单位应支付经济补偿金。依据《劳动合同法》第47条第2款、第3款之规定：劳动者月工资高于用人单位所在直辖市、设区的市级人民政府公布的本地区上年度职工月平均工资3倍的，向其支付经济补偿的标准按职工月平均工资3倍的数额支付，向其支付经济补偿的年限最高不超过12年。本条所称月工资是指劳动者在劳动合同解除或者终止前12个月的平均工资。由于张三的月工资已超过2022年度（劳动合同解除之上一年度）成都市职工月平均工资8034.4元/月之3倍24,103.2元/月，故用人单位按张三的工作年限向张三支付的经济补偿金应为24,103.2元（2022年度成都市职工月平均工资的3倍24,103.2元/月×1个月）。但如果用人单位没有与张三签订劳动合同，而张三在工作满1年时离职，并于离职当日提出了用人单位向其支付未签订劳动合同的2倍工资的仲裁申请，用人单位将面临向张三支付2022年6月1日至2023年4月30日期间共计11个月的未签订劳动合同的2倍工资差额550,000元（50,000元/月×11个月）。

所以，未签订书面劳动合同的2倍工资对用人单位而言，其恐怖之处在于没有计算基数的上限规定，对于高薪的员工，如职业经理人、高级技术人员等，其在用人单位工作10年被裁员而得到经济补偿金往往不如工作1年因用人单位未与其签订书面劳动合同而得到的2倍工资差额赔偿。

"利于用人单位"之处在于：未签订劳动合同的2倍工资差额不视为劳动报酬，适用普通仲裁时效，不适用特殊仲裁时效。

继续以张三举例：张三于2023年1月1日入职A公司，其实际发放的月薪标准为10,000元/月。A公司一直未与张三签订书面劳动合同。2024年12月31日，张三从A公司离职并向公司要求支付未签订劳动合同的2倍工资。张三连夜写好仲裁申请书，于2025年1月1日向当地劳动人事争议仲裁委员会申请了仲裁，要求A公司支付2倍工资，但由于张三于2023年1月1日入职，依据《劳动合同法》第14条第3款关于"用人单位自用工之日起满一年不与劳动者订立书面劳动合同的，视为用人单位与劳动者已订立无固定期限劳动合同"之规定，双方于2024年1月1日已视为订立了无固定期限劳动合同，故张三只能要求A公司支付2023年2月1日至12月31日的2倍工资差额部分。

又因为 A 公司提出了仲裁时效的抗辩,按张三申请仲裁之日,即 2025 年 1 月 1 日往前倒推 1 年,即张三关于 2024 年 1 月 1 日之前的 2 倍工资差额主张已超过 1 年仲裁时效,故张三关于 2 倍工资的仲裁请求已全部超过仲裁时效,仲裁因此不予支持,驳回了张三关于未签订劳动合同 2 倍工资差额的主张。

看完此例,用人单位可能发现这样的一个情形。在实践中,一般而言,如果用人单位自劳动者入职时一直未与劳动者签订书面劳动合同,确实会面临很"恐怖"的 2 倍工资的赔偿风险。但这种 2 倍工资的赔偿风险自双方劳动关系**存续满 1 年之后逐渐减少**,直至双方劳动关系**存续满 2 年**时,2 倍工资的赔偿风险**基本归零**。换言之,一般而言,在用人单位自劳动者入职就没有签订书面劳动合同的情况下,劳动者可以要求用人单位支付 2 倍工资赔偿的期间为**自入职之日起满 1 个月往后起算的 11 个月以及申请仲裁之日往前倒推 1 年时的**"中间重合的期间"。一旦劳动者在用人单位工作满 2 年,劳动者再申请仲裁 2 倍工资时,其仲裁申请时间倒推 1 年的时间已不能与劳动者入职之日起满 1 个月之次日至入职之日起满 1 年的期间重合。

为什么说是赔偿风险"基本"归零,因为不排除用人单位再次**出现应对错误(未提出仲裁时效抗辩)**或**劳动者存在引发仲裁时效中断**的行为,导致虽然劳动者工作满 2 年后离职,但是仍然成功地要求用人单位支付未签订劳动合同的 2 倍工资。劳动者能获得这样的维权成功,在实践中主要有以下两种情形:

一是用人单位没有提出仲裁时效抗辩。

最高人民法院《关于审理劳动争议案件适用法律问题的解释(二)(征求意见稿)》**第 2 条规定**:当事人未提出仲裁时效抗辩,人民法院不应对仲裁时效问题进行释明。**第 3 条规定**:当事人在仲裁期间未提出仲裁时效抗辩,在一审期间提出仲裁时效抗辩的,人民法院不予支持,但其基于新的证据能够证明对方当事人的请求权已超过仲裁时效期间的情形除外。当事人未按照前款规定提出仲裁时效抗辩,以仲裁时效期间届满为由申请再审或者提出再审抗辩的,人民法院不予支持。

按前述解释的表述,人民法院对仲裁时效是不主动释明、不主动适用的。用人单位享有提出仲裁时效抗辩但不提出时,仲裁与法院不主动适用仲裁时效,如前例,虽然张三主张的2倍工资期间已超过1年的仲裁时效,但如果A公司未提出仲裁抗辩,仍然可能被裁判为向张三支付2倍工资。

值得注意的是,前述司法解释并未正式发布,虽能代表最高人民法院的裁判观点,但正式发布之前尚无法律效力。部分地方的劳动仲裁机构与法院还是坚持将仲裁时效与诉讼时效区别对待,即诉讼时效有法律明文规定需对方当事人提出时效抗辩才能适用,而仲裁时效因《劳动争议调解仲裁法》并未规定需要对方当事人提出抗辩才能适用,故劳动仲裁机构与人民法院可主动适用。所以,用人单位在面临劳动者主张2倍工资时需要及时提出仲裁时效抗辩,即在员工申请仲裁时向仲裁庭提出:申请人关于2倍工资的主张已超过1年仲裁时效。

有的用人单位在面对员工申请劳动仲裁时,总是一味躲避,而不是积极应对。比如,仲裁开庭时不参加,导致没有在劳动仲裁阶段提出仲裁时效抗辩。本来员工的2倍工资主张是超过了1年仲裁时效的,结果因用人单位"躲起来"不应诉,结果导致劳动仲裁机构因缺少用人单位一方的仲裁时效抗辩而未适用仲裁时效,用人单位被裁决向员工支付2倍工资。特别提醒用人单位注意的是,仲裁时效的抗辩一般要求在劳动仲裁阶段提出,如果在仲裁阶段未提出仲裁时效抗辩,起诉到法院后再提出仲裁时效抗辩,一般不再予以采纳,所以用人单位要积极应对劳动仲裁。当然,如果劳动仲裁对劳动者的仲裁申请不予受理,即劳动者的仲裁申请未在仲裁阶段进行实体审理裁决,劳动者起诉至法院的,这种情况下,用人单位是可以在一审法院诉讼阶段提出仲裁时效抗辩的。

二是劳动者一方向用人单位主张权利而引发仲裁时效的中断。

依据《劳动争议调解仲裁法》第27条第2款的规定,仲裁时效可以因为"当事人一方向对方当事人主张权利""当事人向有关部门请求权利救济""对方当事人同意履行义务"而中断,从中断时起,仲裁时效期间重新计算。在实践中,用人单位主动同意履行支付未签订劳动合同2倍工资差额的义务很难出现。劳动者一般是通过"向对方当事人主张权利、向有关部门请求权利救济"等方式将涉及2倍工资差额的仲裁时效中断,中断之后将重新计算仲裁时效。

三、用人单位未签订书面劳动合同情形下的免责抗辩

规定未签订书面劳动合同的 2 倍工资主要是为了督促用人单位及时与劳动者签订书面劳动合同。但在劳动用工实际情况中,确实出现了一些偏离立法目的的情况,有必要通过具体的司法裁判予以纠偏。

比如,二倍工资制度成为个别劳动者进行"劳动碰瓷"的主要手段。个别劳动者在用人单位没有过错的情况下,坚持不签订书面劳动合同,或者以"将劳动合同带回家签""带回办公室签好再上交"等借口,却实际上请人代签,最后一口咬定用人单位未与其签订书面劳动合同,最终司法鉴定劳动合同上的签字确非劳动者本人所签写,导致用人单位向劳动者支付未签订劳动合同的 2 倍工资。

又如,人事经理给全公司员工办理了劳动合同的签订,但却故意不办理自己的劳动合同签订事宜,或者借人事部门保管全公司劳动合同的权力,在离职时将自己那份劳动合同文本带走或销毁,导致公司面对人事管理人员以未签订书面劳动合同为由要求用人单位支付 2 倍工资时无法提交由公司保管的那份劳动合同文本。

个别劳动者通过以上种种方法,让用人单位无法证明其与劳动者签订了书面劳动合同,从而通过仲裁、诉讼向用人单位索赔未签订劳动合同的 2 倍工资差额。在以上这些情形下,用人单位还要承担支付 2 倍工资的责任,也确实有失公平。从各级人民法院的案例以及各地方出台的关于劳动争议裁判尺度的指导性文件来看,主要明确了两种在未签订书面劳动合同时用人单位也可以免责的情形。

免责情形一:书面入职文件(如录用通知书、录用审批表等)在一定条件下可以视为书面劳动合同。

其理由在于:首先,劳动合同是用人单位与劳动者之间确立劳动关系,明确双方权利义务的协议。法律规定建立劳动关系应当签订书面劳动合同,旨在更好地保护当事人的合法权益,使当事人的权利与义务固定下来,稳定劳动关系。

其次，对书面劳动合同的形式认定可以适当放宽，可将具有劳动合同主要条款的非劳动合同书形式的文件认定为书面劳动合同，从而公平保护用人单位与劳动者的合法权益。

典型案例

北京泛太物流有限公司诉单某晶劳动争议纠纷案[①]

该案的"裁判要旨"指出：《劳动合同法》第82条关于用人单位未与劳动者订立书面劳动合同的，应当向劳动者每月支付2倍工资的规定，是对用人单位违反法律规定的惩戒。如用人单位与劳动者未订立书面劳动合同，但双方之间签署的其他有效书面文件的内容已经具备了劳动合同的各项要件，明确了双方的劳动关系和权利义务，具有了书面劳动合同的性质，则该文件应视为双方的书面劳动合同，对于劳动者提出因未订立书面劳动合同而要求2倍工资的诉讼请求不应予以支持。

该案例判决说理部分载明：结合单某晶持有的员工录用审批表分析，该表已基本实现了书面劳动合同的功能。表中明确约定了单某晶**工作部门**、**工作地点**、**聘用期限**、**试用期**、**工资待遇**等，并**附有泛太物流公司法定代表人苏某的签字**，该审批表内容已经具备劳动合同的要件，能够既明确双方的劳动关系又固定了双方的权利义务，实现了书面劳动合同的功能。

由该公报案例可见，在员工录用文件中载明的**工作部门**、**工作地点**、**聘用期限**、**试用期**、**工资待遇**等劳动合同主要条款的情况下，可视为双方签订了书面劳动合同。

但在实践中，用人单位在理解前述最高人民法院的案例时，总是容易忽略前述案例中的两个关键点：一是该案例的说理部分载明的"结合**单某晶持有的员工录用审批表分析**……并**附有泛太物流公司法定代表人苏某的签字**"。也就是说，入职时形成的各种文件除了具备以上必备的核心要素外，还必须将**文本原件交付一份由劳动者持有**且有用人单位法定代表人的签字或加盖的公章。

[①] 最高人民法院公报案例，2013年第12期。

二是入职文件中有对案例中的**工作部门**、**工作地点**、**聘用期限**、**试用期**、**工资待遇**5 项核心要素。

忽略前述案例中的这些关键点是不对的，其理由在于：这种将具有劳动合同主要条款的非劳动合同书形式的文件认定为书面劳动合同的做法，本身就是一种对劳动合同形式的扩大解释，显然不能将"具有劳动合同主要条款"的认定要求不断放宽，必须从严控制，才能确保用人单位与劳动者的合法权益均得到公平的保护。也就是说，从参照权威案例的角度来看，将入职录用文件视为劳动合同至少应具备两个条件：**一是入职录用文件具备前述核心条款；二是该文件必须送达给劳动者持有且有用人单位管理人员的签字或用人单位盖章**。笔者认为其中第二点更为重要。

其理由在于：所谓劳动合同，本质上是由双方当事人各持一份，用于证明双方各自的权利义务的合同，且劳动合同在劳动纠纷中还发挥了迅速证明劳动关系的作用。虽然用人单位提交的入职录用文件具备了上述条款，但没有送达给劳动者，劳动者无法持有前述书面文件的原件时，一旦发生纠纷，劳动者还是无法像拥有劳动合同文本一样迅速证明双方的劳动关系，更无法证明其应享有的劳动权利及薪酬待遇。《劳动合同法》第 16 条也规定了劳动合同文本应双方"各执一份"。如果允许将未送达给劳动者或劳动者无法持有的入职录用文件视为劳动合同，或者将无用人单位签字或盖章确认的文件也认定为可以视为劳动合同，会实质上曲解《劳动合同法》关于签订书面劳动合同的立法本意。让更多的用人单位学会不签订书面劳动合同，而是通过先让劳动者填写入职文件，而后又将劳动者填写的入职文件收归用人单位一方保管而不交付给劳动者。当劳动者要举证证明劳动关系或劳动权益时不便举证，当劳动者主张未签订书面劳动合同 2 倍工资时又将这些入职文件拿出来要求"视为劳动合同"，这种情形岂不荒谬。

📜 实操建议

笔者提醒用人单位：符合一定条件的入职文件确实是可以视为劳动合同。但前提是"符合一定条件"，这个"一定条件"参照最高人民法院的案例有 3 个方面的要件：一是具备<u>工作部门、工作地点、聘用期限、试用期、工资待遇5大核心内容</u>；二是<u>有用人单位盖章或法定代表人、高级管理人员的签字确认</u>；三是<u>将文件的原件交付给了劳动者一份</u>。

在司法实践中，当劳动者以用人单位未签订书面劳动合同而主张2倍工资差额时，用人单位一方会努力寻找可以视为劳动合同的入职文件并提交给法庭，以免除支付2倍工资的责任，用人单位提交的文件中最常见的是入职登记表、录用通知书、转正审批表等文件。这3类文件的特点如下：

对于用人单位提交的常见的入职登记表。大多是让新入职的员工填写诸如个人信息、学历学位、家庭信息、工作履历等内容，根本不具备前述劳动合同的核心条款。甚至有的用人单位为了逃避2倍工资的责任，在双方产生关于未签订劳动合同的2倍工资纠纷后，私自在"入职登记表"的空白处填上员工的<u>工作部门、工作地点、聘用期限、试用期、工资待遇</u>等内容，以此手段想在仲裁或诉讼中"蒙混过关"，以达到将"入职登记表"视为劳动合同的目的。但是，从日常经验可知，入职登记表是用人单位为采集新入职员工个人信息而让员工填写的信息采集表，此类表格填好后均作为人事材料由用人单位保管，并不交由劳动者保管。由用人单位单方面保管入职登记表，而用人单位在双方发生纠纷后，以其单方面保管的便利而于事后私自添加的内容，不会视为书面劳动合同。

对于用人单位提交的录用通知书。因录用通知书按常理推断可知，确实是由用人单位发送给员工的入职文件，所以天然就具备了"交付给劳动者一份"的条件。所以，对于"录用通知类"入职文件的审核，主要是审查是否具备了必备的条款、是否有管理者的签字或盖章等能证明系用人单位发出的要素。如果已具备前述两点，录用通知书是最常见的可以视为劳动合同的入职文件。

对于用人单位提交的转正审批类文件。在办理员工转正时，一般会在审批表上明确工资待遇、工作部门、工作地点等核心要素，且有各层级管理人员的签字。此类文件的特点是核心要素较为齐全，用人单位一方签字要素也较为齐全。但此类文件最大的问题是一般不会将审批原件交给劳动者，所以按视为劳动合同的入职文件必须交付给劳动者一份的要求，也难以视为劳动合同。

综合而言，用人单位发出的录用通知书是最容易成为"可以视为劳动合同"的入职文件,用人单位在录用通知书中尽量写明拟聘用人员的工作部门、工作地点、聘用期限、试用期、工资待遇等内容,参照前述公报案例是可以视为劳动合同的。部分地区的劳动人事争议仲裁委员会、法院在审理此类案件时,对必备要素的要求进行了进一步的简化,有些地区的司法性文件甚至规定入职文件具备聘用期限、劳动报酬的内容即可视为劳动合同。同时,随着信息技术的运用,用人单位对入职文件的确认并不局限于加盖公章或法定代表人签字。比如,通过公司邮箱发送的录用通知,通过公司人力资源部门的邮箱发送的录用通知,通过公司高级管理人员微信发送的录用通知等,只要从证据上可以认定入职文件系用人单位制作形成或发出的,均能达到印证双方劳动关系的目的,也可以认定为经用人单位确认的入职文件。

> **免责情形二:劳动者的职位是法定代表人或负责办理劳动合同订立事宜的人事管理人员时,以未订立书面劳动合同为由主张 2 倍工资的,一般不予支持。**

此项免责情形的核心要义是:<u>负有签订劳动合同职责的管理人员,不能因自己的过错而获利</u>。用人单位的高管,特别是人事管理部门的管理人员,如其职责范围包括管理订立劳动合同,其以未签订劳动合同而要求用人单位支付 2 倍工资,一般不予支持。其理由在于:劳动者自身作为管理人员的职责范围就包括了负责劳动合同签订、保管这方面的工作,劳动者不履行自己的职责,还能让用人单位对其进行赔偿,那公平性在何处?人事管理人员把全公司签订劳动合同的事宜都办理了,就是不办理自己的劳动合同事宜,或者全公司的劳动合同都保管得好,就自己那份劳动合同丢失了,然后还可以找公司索赔一笔未签订劳动合同的 2 倍工资差额,那岂不是"监守自盗"。所以,这类负有特定职责的管理人员一般不能主张 2 倍工资。

为什么说"一般"呢?因为该特殊情况之内还可能有特殊情况,反转之后再有反转,那就是如果<u>负有签订劳动合同职责的管理人员有证据证明其向用人单位提出了办理本人劳动合同的签订事宜,而公司的更高管理层拒绝</u>。

举例说明:张三是负责办理劳动合同签订事宜的人事经理,但老板就是不让张三办理自己的劳动合同，或者老板非要规定全公司员工包括张三在内，都要过了试用期再签订劳动合同。那么在张三多次通过电子邮件、微信向老板提出要在1个月内签订劳动合同，但老板仍不同意的情况下，张三即使是人事经理还是可以向公司要求支付未签订劳动合同的2倍工资。以上裁判尺度，在全国各地关于劳动争议的指导性文件中都有相应的规定。

第三章
规章制度的制定与运用

《劳动法》《劳动合同法》虽然对劳动者有一定的倾斜保护,但实际上也赋予了用人单位很大的用工自主管理权。但很多用人单位不知道如何有效行使自己的用工自主权。在仲裁或诉讼中败诉后,就认为劳动法规对用人单位过于严苛。

其实,企业实现用工自主管理权的两大抓手,一个是入职时签订的劳动合同,另一个是企业依法制定的规章制度。然而,部分企业,特别是中小微企业,基于缺乏专业的人事管理人员,且从节约经营成本等各方面原因,并没有制定出一套适宜企业自身情况,体现企业管理目标的规章制度,造成在劳动用工管理中的被动。

规章制度是用人单位用工自主权的体现,也是用人单位行使惩戒权和解雇权的重要依据。最高人民法院发布的司法解释明确了企业规章制度的制定流程合规以及生效要件具备之时,可以作为确定用人单位与劳动者之间权利义务的依据。直白点说,合规生效的规章制度就是用人单位内部的"立法",用人单位可以依据法律规定的流程及方式将企业经营者在纪律要求、薪酬分配、日常管理、考勤休假等各方面的经营管理意志予以固定,并切实落实到企业的劳动用工管理中。一份好的规章制度就是用人单位的"尚方宝剑",但在实务中较多的用人单位根本不会做实规章制度、用好规章制度,导致用人单位在用工管理中显得较为"被动"。本章就用人单位如何制定与运用规章制度进行讲解。

第一节　规章制度的制定流程与合规要点

📋 关键法条

1.《劳动合同法》

第四条　用人单位应当依法建立和完善劳动规章制度,保障劳动者享有劳动权利、履行劳动义务。

用人单位在**制定**、**修改**或者决定有关**劳动报酬**、**工作时间**、**休息休假**、**劳动安全卫生**、**保险福利**、**职工培训**、**劳动纪律**以及**劳动定额管理**等直接涉及**劳动者切身利益的规章制度**或者重大事项时,应当经职工代表大会或者全体职工讨论,提出方案和意见,与工会或者职工代表平等协商确定。

在规章制度和重大事项决定实施过程中,工会或者职工认为不适当的,有权向用人单位提出,通过协商予以修改完善。

用人单位应当将直接涉及劳动者切身利益的规章制度和重大事项决定公示,或者告知劳动者。

2. 最高人民法院《关于审理劳动争议案件适用法律问题的解释(一)》

第五十条　用人单位根据劳动合同法第四条规定,通过民主程序制定的规章制度,不违反国家法律、行政法规及政策规定,并已向劳动者公示的,可以作为确定双方权利义务的依据。

用人单位制定的内部规章制度与集体合同或者劳动合同约定的内容不一致,劳动者请求优先适用合同约定的,人民法院应予支持。

上述《劳动合同法》第 4 条的规定,细化了用人单位制定规章制度的合规流程以及生效条件。这些合规流程与生效要件总结起来有以下 3 条:

(1)用人单位制定、修改规章制度时要经过民主程序。

(2)规章制度不得违反国家法律、行政法规及政策规定。

(3)规章制度要向劳动者公示或告知劳动者。

中小微企业要确保规章制度合法有效,在制定规章制度时要落实好上述3条。

一、制定规章制度时民主程序的实现方式及存证要点

实操建议

有的企业管理者一听到制定规章制度要通过民主程序就觉得好复杂。还有的公司老板觉得我的公司我说了算,我说的话、我定的规矩就是规章制度,根本不用管什么民主程序。是的,作为霸道总裁,是可以自己关起门来制定规章制度,但这样的规章制度效力有问题。制定规章制度的关键是让规章制度在劳动用工管理中发挥作用,产生相应的法律效力,如果规章制度不能作为确定双方权利义务的依据,制定规章制度的意义何在?所以,企业管理者要切记,制定、修改规章制度时要依法通过民主程序制定。此外,民主程序并不复杂,按以下程序办理即可。

1. 员工人数较少的中小微企业制定规章制度可参考的民主程序流程

第一步,拟订规章制度初稿。由公司管理层拟订出规章制度文本的征求意见稿,如《××公司员工手册(征求意见稿)》。该步骤要注意所拟订的规章制度初稿不要出现违反法律、行政法规的条文内容。

第二步,提交员工大会讨论。召开公司全体员工会议,向全体员工介绍一下该规章制度的大致内容,并将规章制度征求意见稿的文本发给全体员工阅读,请员工提出修改完善的意见。该步骤要注意形成可以证明召开员工大会进行民主讨论的书面证据。可以通过"会议纪要""会议签到表"等书面形式固定该民主程序关键步骤的证据。如下例:

《关于民主讨论××公司员工手册(征求意见稿)的会议纪要》

会议时间:××××年××月××日

参会人员:××、××、××、××、××、××、××、××。

会议议题:民主讨论本公司拟制定的规章制度——《××公司员工手册

(征求意见稿)》

会议内容：

(1) 由××介绍《××公司员工手册(征求意见稿)》；

(2) 向全体员工征求意见；

(3) 经讨论，全体员工一致同意通过《××公司员工手册》/经讨论，收集到相关修改、完善规章制度的建议×条，以上建议经充分考虑后再制定正式的《××公司员工手册》，该规章制度经公示告知后予以执行。

参会人员签名：

××、××、××、××、××、××、××、××、××。

会议签到表	
会议内容	对拟制定的规章制度——《××公司员工手册(征求意见稿)》进行讨论并征求意见
会议时间	××××年××月××日
会议地点	公司会议室
参会人员签名	××、××、××、××、××、××、××、××

以上两种书面材料均可以作为公司在制定规章制度时通过了民主程序讨论。

第三步，听取职工意见后进行修改完善并形成规章制度的正式版本。在征求了员工对规章制度文本的修改或完善意见后，公司可以对拟制定的规章制度进一步修改完善，并发布最终定版，如《××公司员工手册(20××版)》。

这里要注意，有的用人单位提出，员工提出的修改意见是否都必须采纳，都必须写入规章制度？其实不是的，通过民主程序征求意见是法定流程，但法律并不要求用人单位对员工关于规章制度的所有修改意见都必须采纳。试想，有员工如果提出，规章制度应该规定员工每迟到一次由公司奖励迟到员工1000元，那公司也必须要采纳？那不如直接关门算了。所以，法律并未规定用人单位必然全盘接受修改意见。民主程序的目的是让规章制度的制定过程更加透明,是让用人单位在制定规章制度时考虑到员工的一些合理诉求。所以,员工对规章制度的修改意见,用人单位经考虑后可以采纳,也可以不采纳。在实践中,有的用人单位所制定的规章制度初版本身就很科学合理,在征求意见时员工并无意见,或者有少量意见也最终没有采纳修改,但并不影响最终规章制度的效力。再直白点说,制定规章制度的最终决定权还是在用人单位一方。

看到这,是不是有老板动起了脑筋,既然最终都是由用人单位制定,那企业是不是可以"为所欲为"地规定一些苛刻的条款?其实不是的,规章制度如果违反了国家法律、行政法规及政策规定或免除用人单位的义务或排除了劳动者的合法权益,依然会面临被认定为无效的问题。所以,规章制度经讨论后未修改的前提是规章制度相对合法合理,不存在无效的条款。

2. 员工人数较多的中型企业制定规章制度可参考的民主程序流程

如果用人单位属于员工人数较多或办公区域分散的大中型企业,将全体员工集中起来开会难以做到或者是实现成本巨大。在这种情况下,也可以采取以下几种方式来实现制定规章制度的民主程序:

方式一:通过电子邮件、OA 办公系统、钉钉、企业微信等信息化办公方式对拟制定的规章制度进行讨论并征求意见。

以电子邮件方式为例,将拟制定的规章制度文本通过电子邮件群发至全体员工邮箱,并注明:<u>此文件系本公司拟制定的规章制度,现请各位员工仔细阅读,若有修改、完善的意见或建议请于××××年××月××日前通过回复电子邮件的方式提出,逾期未提出视为无意见</u>。总之,通过信息化方式对拟制定的规章制度征求意见是一种便捷的民主程序方式,但要注意及时通过电子存证或截图打印的方式留存好通过信息化方式进行民主讨论和征求意见的证据。

方式二:通过召开职工代表大会的形式进行讨论并征求意见。

对于人数较多的企业,在制定规章制度的过程中,可以让每个部门选派一个职工代表,然后召开职工代表大会对拟制定的规章制度进行讨论并提出意见。通过职工代表大会进行讨论、征求意见,也是符合法律规定的形式。对于通过职工代表大会进行民主程序如何保存证据,可以参照前述职工大会的存证方式。

以上就是在制定规章制度过程中便捷易存证的民主程序方式。用人单位要注意，制定规章制度流程中的"民主程序"是最容易被忽略的一步。通过以上民主程序制定出的规章制度算是完成了制定规章制度流程中最容易出错的一步，接下来只需将规章制度"公示"或"告知"劳动者，规章制度即产生相应的效力。

二、公示告知规章制度的方法及存证要点

将规章制度公示或告知劳动者，实际上是一回事，本质上是让劳动者知晓用人单位通过民主程序制定好的规章制度，以便于以后工作中予以遵守。在实践中，用人单位以员工严重违反规章制度解雇了一个员工，用人单位在仲裁或诉讼中一本正经地拿出一份名为"×××制度"的文件，声称员工违反了该规章制度，而员工一方最常用的抗辩理由就是"这个文件我在职期间没有见到过""该份文件没有通过民主程序制定"。

风险提示

在实践中，用人单位最容易在规章制度方面出现的问题是直接由公司管理层开会制定了一份规章制度，且没有做好向员工告知规章制度或告知了规章制度没有留存相应的告知证据。在这种情况下，用人单位提交的该规章制度因未告知劳动者或未经过民主程序制定而不能作为用人单位在劳动合同期限内单方面辞退员工的依据，用人单位将被裁判为违法解除劳动合同。试想，作为员工，公司的规章制度都没告知我，我怎么去遵守？我怎么知道自己有没有违反规章制度？公司凭什么用没有告知我的规章制度来处罚我？谁知道是不是公司为了恶意辞退我临时"编"出一份"规章制度"？在劳动合同期限内，用人单位单方面解除劳动合同最常见的情形就是劳动者严重违反了规章制度。所以，规章制度是否通过民主程序制定，是否履行了公示或告知的手续，决定着规章制度是否可以作为确定双方权利义务的依据，以及用人单位的辞退行为是否可以被评判为合法解除。同时，笔者要特别提醒的是，规章制度是否经过民主程序，是否告知了劳动者，都是由用人单位一方承担举证责任。所以，用人单位在

制定规章制度过程中的"民主程序"和"公示告知"环节,都要注意保存好相关的证据予以印证。

实操建议

以下几种常用且可行的告知、公示规章制度的方式供用人单位参考:

1. 劳动合同约定法

此方法主要适用于员工入职时公司已通过民主程序制定好规章制度的情形。在新员工入职或老员工续签劳动合同时,直接将已制定好的规章制度约定为劳动合同的条款。比如,公司于2022年6月通过民主程序已制定好《×××公司员工手册(2022版)》,之后,公司于2023年度、2024年度招录了十几名新员工,公司在与新员工办理劳动合同的签订时,可以将《×××公司员工手册(2022版)》与劳动合同文本交给新入职员工认真阅读后再签订劳动合同。劳动合同的文本中有之前章节讲到的"规章制度确认条款"。条款一般为这种表述:甲方通过民主程序所制定的本公司的《×××公司员工手册(2022版)》已于签订本劳动合同前向乙方告知并送达。乙方在签订本劳动合同前已认真阅读并知晓本公司的《×××公司员工手册(2022版)》。甲、乙双方经协商一致约定该《×××公司员工手册(2022版)》作为本劳动合同的附件,与本劳动合同具有同等效力。这种方式告知规章制度是相当便捷的方法,而且效力很高,甚至可以将规章制度上升到劳动合同约定条款的高度。

2. 组织培训学习法

此方法主要适用于员工人数较少的中小微企业。通过公司全员会议或公司各部门自行召开部门会议的方式,专门组织学习已通过民主程序制定的规章制度。需要注意的是,一定要通过规章制度培训学习会议签到表、规章制度培训学习会议纪要等书面方式记录通过会议对规章制度进行学习培训的过程,并让所有参会员工签字确认。书面文件的格式可以参照民主程序的会议签到表、会议纪要的格式。有条件的情况下,公司人事管理人员在组织此种规章制度培训会议时除了签字确认外,还可以拍照留存,确保在证明规章制度告知员工程序的证据上有"双保险"。

3. 书面文本签阅法

此方法是制作一份规章制度阅签单,将已通过民主程序制定好的规章制度文本向每位员工发放一份,并让员工签署一份前述的规章制度阅签单,用于证明已向员工告知了规章制度。用人单位要注意将员工签字确认的规章制度阅签单原件收集保存好,作为用于告知规章制度的证据。以下规章制度签阅单格式可供参考:

×××公司规章制度阅签单	
规章制度文件名称	1.《×××公司员工手册(2022版)》 2.《×××公司销售提成计算办法》
阅签时间	××××年××月××日
阅签须知	公司通过民主程序制定了上述规章制度,现将该规章制度的文本向您送达告知,请认真阅读并熟记。若您已阅读理解并承诺遵守上述规章制度,请在下方签阅栏签名确认
员工阅后签名	

4. 电子邮件群发法

此种公示告知方法也是一种方便快捷的办法。将已经民主程序制定的规章制度文本通过电子邮件群发的方式发送给全体员工,自该邮件到达该员工的电子邮箱地址时视为完成了规章制度的送达告知。此种方式虽便捷,但为了避免之后因规章制度的告知情形产生争议,用人单位采用此方式告知规章制度时要注意以下两点:

一是要注意如何确认已送达的电子邮箱地址是该员工所拥有并使用的电子邮箱地址。比如,公司向一个电子邮箱地址送达了规章制度文本,并告知要认真阅读理解并执行,但员工拿着公司提交的电子邮件截图说"这不是我的电子邮箱地址,我没有收到过公司送达的规章制度文件"。公司遇到员工直接否认接收规章制度文本的电子邮箱是本人邮箱的情况时怎么处理?所以,如前面章节所讲,要在劳动合同中约定双方的"送达地址确认条款"。如果通过劳动合同条款确认了员工所使用的电子邮箱地址,向其确认电子邮箱送达告知,其自然不能再推脱说非本人邮箱。由此可见,劳动合同与规章制度是用人单位将劳动用工合规做好、做实、做细的两大抓手,二者相辅相成、相互配合,可以有效防范劳动争议,减少用工风险。

二是注意如何确认员工已阅读理解。从道理上讲,用人单位将合法制定的规章制度向员工确认的电子邮箱地址送达后就可以认定为已完成告知程序。但出于部分地区仲裁或法院对用人单位在告知规章制度上有更严格的要求,可以发送电子邮件时在主文中载明如下内容:现向您送达告知经公司民主程序制定的规章制度,您收到后请回复确认!请认真阅读理解并严格遵守,若有不理解之处请联系人力资源部门×××详询。……管理人员应及时查看回复情况,若有未回复的情形,可以催促回复。通过电子邮箱地址的确认以及督促回复确认,可以完整地证明规章制度告知员工的证据。此种送达方式在取证上的好处是将证据保存在电子邮件系统中,在发生争议时可以随时调取出当时的送达告知情形。

5. 办公系统公告法

当前,企业一般都会在日常行政管理中使用各种OA办公系统,有些大中型企业有自己建设的办公系统,中小微企业则使用企业微信、钉钉等平台类办公系统。所以,通过这些办公系统对规章制度公示告知也是告知规章制度的方式之一。用人单位采取这种方式要注意不要轻易删除通过办公系统公示告知规章制度的记录,避免发生争议之后难以取得证据。

6. 公司墙壁张贴法

这是不推荐的方法,但确实有一些中小微企业在使用。这种方法就是将公司规章制度打印出来,张贴在公司的公告栏、写字板或者墙壁上,如同古代发"布告"一般,然后拍摄一张显示张贴规章制度的照片用来证明规章制度已公示。这种传统的张贴公示法虽然也算是一种有效的公示方法,但存在时效难以证明的问题。也就是说,这个张贴规章制度的时间究竟是发生于员工违反规章制度行为之前还是用人单位辞退员工后发现规章制度没有公示告知员工又事后去"补贴"并拍照,以达到事后人为"补"证据的行为。这种补找证据的行为,本质上是伪造证据。本来规章制度需要在制定好之后及时公布,让员工首先知晓规章制度才能让员工遵守规章制度,但"张贴拍照法"在实践中成为用人单位辞退员工之后发现没有可以证明规章制度告知劳动者的证据时最容易采取的造假方法。

可能有人会说,那在手机拍照时设置显示日期不就行了?不行,手机的日期是可以自行设置的,你想补拍成什么日期就可以调整到什么日期。还有人提出,那我拍照时旁边放一张当日的报纸不就行了?其实也不能,比如公司2024年1月1日补拍,找一张2022年1月1日的报纸放在旁边,难道就证明公司是2022年1月1日公示的?报纸证明日期法只能用于往后证明日期,毕竟不能伪造未来的报纸,但无法用于证明以前的日期,因为找一张以前的报纸并不难。

那么,如果中小微企业想用张贴这种简便的方式公示规章制度,怎样做才能固定好公示的日期。其实也有很简单的办法。比如,张贴规章制度后拍照,然后将照片发送到公司的微信工作群,并提醒大家及时阅读。这时,发送到微信工作群的照片会有发送日期,将含有发送日期的微信聊天记录截图保存,照片与微信截图显示的日期就可以印证规章制度的张贴公示日期了。其理由在于,照片上的日期可以自行篡改,但微信中的日期如何篡改?难道怀疑一个公司为了证明公示规章制度的日期去让腾讯公司配合自己将微信的时间也倒回去两年?在信息化的今天,通过有公信力的大型网络平台固定行为日期也是一个简便易行的方法。

三、防止规章制度条文违法、无效的要点

规章制度的制定经过了民主程序,也向劳动者公示告知了,该规章制度从整体上讲可以作为确定双方权利义务的依据了。但有些规章制度的个别条款会因为诸如"违反国家法律、行政法规或政策规定"而无效。在实践中,撰写规章制度条款时要注意以下几个方面:

(一)注意不要违反法律或行政法规的强制性规定

《劳动合同法》第38条规定:"用人单位有下列情形之一的,劳动者可以解除劳动合同:……(四)用人单位的规章制度违反法律、法规的规定,损害劳动者权益的;……"该法条明确规定,如果用人单位的规章制度违反法律法规的规定,损害劳动者权益,劳动者可以据此提出解除劳动合同且此种情况下用人

单位要支付解除劳动合同的经济补偿。所以,规章制度虽然是由用人单位主导制定的,且用人单位在制定规章制度时也确实享有较大的主导权,但规章制度的底线是不得违反法律和行政法律的规定。以下几类常见的可能被认定为突破法律规定而损害劳动者权益的规章制度,值得用人单位注意。

第一类:将员工的考勤问题作为超额扣薪的情形。

比如,有的用人单位规章制度规定:旷工1天扣3天工资、迟到30分钟算旷工、迟到1次罚款100元(有的单位为了美化罚款,将罚款称为"乐捐"),等等。从法律上讲,旷工是不计薪的,那么旷工当天依法不计薪就是了,但旷工1天却扣3天工资是没有依据的。试想,一个月21个工作日,员工上班了13天,旷工了8天,按旷工1天扣3天工资,岂不是要扣24天工资,相当于员工上班了13天还倒欠用人单位3天工资。迟到就是迟到,迟到30分钟也是迟到,一天8小时,迟到了30分钟就算旷工1天,那员工上班的7.5小时就不算数了? 甚至,在实务中的主流裁判观点认为,用人单位是不能对劳动者进行罚款的。

用人单位也许要问,那不能扣工资、不能罚款,那就任由员工迟到、早退、旷工了? 那肯定不是的。遵守劳动纪律,是劳动者内在的基本素养,也是外在的基本要求,但用人单位在进行劳动管理时,要依法惩罚。用人单位可以规定迟到早退多少次、旷工多少天对应绩效考核扣多少分,对应的绩效奖金等级会降低,绩效奖金也相应降低(注意:绩效奖金因考核等级而降低金额档次与直接罚款是不一样的)。还可以规定迟到早退多少次、旷工多少天属于严重违反规章制度,可以直接解除劳动合同。通过规定旷工当天不计薪,规定迟到早退在绩效奖金上体现差距,规定达到一定次数的旷工或迟到早退等严重违反劳动纪律的行为可以解除劳动合同等层层递进的惩罚方式,让违纪行为的惩罚轻重有度,可以有效规制个别员工不遵守劳动纪律的行为。

第二类:用规章制度来减损劳动者的法定权益。

比如,有的用人单位规章制度规定:经济补偿金只能按劳动者的基本工资计算,或只能按当地最低工资标准计算。但《劳动合同法实施条例》第27条明确规定,用于计算经济补偿的月工资按照劳动者应得工资计算,包括计时工资或者计件工资以及奖金、津贴和补贴等货币性收入。显然,该规定违反了作为行政法规的《劳动合同法实施条例》的规定。还有用人单位的规章制度规定：公司统一实行转正后再缴纳社会保险费，转正后再签订劳动合同。公司可以单方面决定减发、缓发薪酬。公司发放绩效奖金时已离职的员工不再计发绩效奖金。以上通过规章制度来减损劳动者合法权益的规定，都将面临被认定为无效的风险。

（二）注意不要违反公序良俗或国家政策

比如，个别用人单位规定女性员工入职3年内不得有生育计划，生育二胎属于不胜任工作应予解除劳动合同。此类规章制度明显与国家政策相违背，也有违公序良俗，本质上没有约束员工的效力。如果用人单位按此类规章制度解除劳动合同，会被认定为违法解除。

（三）注意条文内容不得过于严苛

有的用人单位迷信"军事化管理"，规定的规章制度相当严苛。比如，有的用人单位规定员工午餐时间不得超过35分钟，朋友圈必须第一时间转发公司的文章，否则就要罚款。规定上班时间接打私人电话3次、当月迟到1次就是严重违反规章制度，公司可以直接辞退。前述类似规定，都属于规章制度过于严苛的情形。如果用人单位以此辞退员工，很可能被认定为违法解除。成都地区就有类似案例。

基本案情：聂某某于2018年6月25日入职成都某科技公司担任平面设计师。公司于2018年11月7日公布了《红线"零容忍"指标》，规定"被动开展工作、不注重质量和结果，不融入团队、不参加学习和互动，不遵守公司制度、不服从上级管理"为该公司"零容忍"的红线，违反红线将直接淘汰。之后，公司决定于2020年2月3日至7日全员在家办公，统一进行产品和业务学习。学习期间，公司在钉钉平台"学习交流群"布置了视频学习任务，要求观看视频并说明让自己印象深刻的话。聂某某关于"鸡蛋不能装在一个篮子里，要有风险危机意识"的发言与群内另一名员工相同。公司便以聂某其在学习总结中抄袭其他同事分享内容，态度敷衍，触犯公司红线为由，决定将其开除。之后，聂某某要求公司支付违法解除劳动合同赔偿金。

法院经审理认为,该案中的劳动合同、员工手册、"零容忍"红线,都非常明显地存在减轻用人单位义务和限制劳动者权利的倾向。用人单位加强管理是开展生产经营活动必不可少的保障,但这种管理应当在法治的范围内和以保障劳动者享有劳动权利和正常履行劳动义务为目的,建立和谐的劳动关系不需要军事化管理,不需要严刑峻法,任何人均难免犯错或失误,适当的批评教育或处罚,给予改正的机会,才是"惩前毖后治病救人"的正确方法,才有利于建立和谐的劳动关系。聂某某采用粘贴复制的方法发表感想,或许是认为这句话好,或许确实有敷衍了事的心态,但尚达不到《劳动合同法》规定的可以解除劳动合同的严重程度,更达不到公司主张的"关乎整个社会的发展和未来"的严重后果和全社会都应当说不的苛责程度。公司径行解除与聂某某的劳动合同依据不足,构成违法解除,应向聂某某支付违法解除劳动合同的赔偿金。

前述案例可见,用人单位过于严苛的规章制度,不仅不能起到规范管理、凝聚士气的目的,反而可能让辞退行为被认定为违法解除劳动合同。毕竟规章制度是用来促进用工管理、规范劳动行为、体现企业价值观的,不是用来"耍威风"的,更不是用来"折腾人"的。

四、涉及规章制度制定的几个常见问题

(一)已通过民主程序制定的规章制度对新入职员工是否还要经过民主程序?

在实践中,有用人单位提出疑问,公司在之前通过民主程序制定了规章制度,后来又陆续入职了新员工,那么通过民主程序时这些员工还未入职,如果要求这些新入职员工遵守已制定好的规章制度是不是还需要将新员工纳入全体员工的范围再进行一次民主程序?

其实,用人单位已通过民主程序制定了规章制度的,用人单位只需将该规章制度告知新入职的劳动者,新入职劳动者就应遵守该规章制度。在实践中,最常见的做法是用人单位在与新入职员工签订劳动合同时告知公司已制定的规章制度或将规章制度约定为劳动合同的附件。其实道理也很简单,用人单位已通过民主程序制定好规章制度了,如果新进一个员工就要再进行一次民主程序重新制定规章制度,那员工众多、人员流动大的劳动密集型企业怕是每周、每天都要进行民主程序制定规章制度,岂不荒谬?所以,用人单位放宽心,一旦通过民主程序制定好规章制度,只要规章制度不修改,就可以一直用下去,对于新入职员工只需告知或送达该规章制度即可。

(二)下级子公司、分公司是否可以直接适用上级母公司、总公司的规章制度?

有些公司在劳动管理中,直接将母公司、总公司通过民主程序制定的规章制度送达或告知员工,要求员工予以遵守,这样是否可行?换言之,母公司、总公司通过民主程序制定的规章制度是否可以直接适用于下级子公司、分公司的员工?

用人单位要注意,主流裁判观点认为是不可以的。其理由在于:《劳动合同法实施条例》第4条规定,劳动合同法规定的用人单位设立的分支机构,依法取得营业执照或者登记证书的,可以作为用人单位与劳动者订立劳动合同。由该法条可见,经工商登记成立的分公司、子公司可以作为用人单位与劳动者建立劳动关系。换言之,母公司、总公司与子公司、分公司之间虽然存在管理意义上的上下级关系,但对于劳动者而言,都是独立的用人单位。直白点说,对于子公司、分公司的员工而言,其所在公司的母公司、总公司的规章制度就是"别的用人单位"的规章制度,并非与其建立劳动关系的用人单位的规章制度。因此,母公司、总公司通过民主程序制定的规章制度并不能等同于子公司、分公司通过民主程序制定的规章制度。所以,子公司、分公司的管理人员要注意,直接将上级母公司、总公司的规章制度告知劳动者,可能因未经过本公司民主程序而不能产生确定双方权利义务的效力。

子公司、分公司要使用母公司、总公司的规章制度,也很简单,将该规章制度在本公司通过民主程序确认即可。具体做法:将母公司、总公司的规章制度文本提交本公司职工大会或职工代表大会进行讨论——是否直接适用或是否进行一定的修改。这样通过本公司的民主程序后再告知或送达员工,该规章制度就可以作为本公司的规章制度了。

(三)对规章制度的部分条文进行修改是否还要通过民主程序?

如果要修改规章制度,还是要再次通过民主程序进行修改的。因为规章制度的修改必然关系着劳动者的权利义务的变化,所以还是要通过民主程序进行修改的。

第二节 规章制度的撰写技巧

第一节讲解了制定规章制度的流程及公示告知程序。这些流程与程序是规章制度产生效力的保证。但规章制度产生效力之后,如何保证规章制度在实际的劳动用工管理中产生积极的效果?用人单位需要掌握撰写规章制度条文的技巧。在实践中,有些用人单位制定规章制度的民主程序很扎实,公示告知程序也很规范,从程序上找不到规章制度的任何问题。但劳动者出现违规行为后,用人单位以严重违反规章制度将其辞退的行为却被劳动仲裁机构或人民法院认定为违法解除。出现这种情况,规章制度的内容不实用、不规范是主要原因。我们一起看看规章制度条文内容常见的问题。

一、规章制度条文内容的常见问题

(一)规章制度的违反程度"约定不明"

例一:某技术型外资公司《员工手册》在"行为规范"中载明:(1)任何员工有不端的行为,或者绩效不符合要求,有可能被给予纪律处分直至解除劳动合同,如果行为不端的情形严重,则有可能直接导致立即解除劳动合同。(2)任何员工有不诚实、挪用、盗窃等行为的,有可能被给予纪律处分,如果情形严重,有可能直接导致立即解除劳动合同。

行为不端中"不端"具体包括哪些情形?用人单位认为员工某行为系"不端"时,员工可能会认为自己的行为很"端正"。

何为"情形严重"?用人单位认为这个程度很严重,必须辞退时,员工可能会认为不严重,批评教育即可。

"可能"解除劳动合同?那是不是说也可能不会解除劳动合同?

裁判者如何认定?自由裁量?这种约定不明的规章制度看似"义正词严",实际上争议不断,裁判结果也可能因裁判者不同的认知而不同。

(二)规章制度的运行流程"画蛇添足"

例二:某分公司规章制度规定:员工1年内累计旷工达5天的,公司将予以开除。又规定:公司因违规违纪需辞退员工的,由分公司人力资源部门进行调查并允许员工对违纪行为予以申辩。经调查后违规事实充分应予辞退的,辞退意见经分公司办公会讨论,讨论通过且经分公司总经理审批后,报总公司人力资源中心审核,经总公司人力资源总监审核签发后交分公司执行。现分公司总经理直接开除了某员工,没有经过规章制度里规定的审批程序,也没有经过"听取员工申辩"的程序。最终面临被认定为违法解除的风险。

笔者赞同在辞退员工的问题上保持严谨与审慎,但规章制度中规定的流程过于繁杂时,用人单位自身也难以遵守。规章制度是确定双方权利义务的,当然也包括确定用人单位的权利和义务。规章制度所设定的用人单位在辞退员工流程中的程序义务,用人单位也应该遵守,否则也很可能被认定为违法解除劳动关系。

(三)规章制度的条文表述存在歧义

例三:某技术公司制定的《纪律处分规定》中规定"有意违反操作规程进行操作或伪造记录的行为,造成直接经济损失累计达20万元的"应予辞退。之后,某质检岗位员工在填写检验数据时不按要求进行检测而直接将不合格的检测数据填写成合格的数据范围,造成不合格零件被当作合格零件生产出来,造成经济损失。用人单位辞退了员工,并提交了一份自己整理的损失计算表作为证据以证明经济损失累计达20万元以上。

一审判决认为:员工作为质检人员,未实际进行检验就直接填写成合格数据,造成重大损失。其行为可认定为前述规章制度规定的"伪造工作记录"的行为,且用人单位对该批次不合格零件造成的损失进行了统计,已达 20 万元以上,故用人单位解聘合法不应支付赔偿金。二审法院却认为:员工虽填写了错误的检测数据,但属于工作过失,并非故意为之,规章制度明确规定是"有意违反、伪造数据"才是解聘的情形。而"伪造"是明知不合格而出具检测合格的数据,不包括因工作失误造成的检测错误,且用人单位单方面制作的损失统计不能证明员工的该行为造成了 20 万元以上的损失。故用人单位属于违法解除,应支付赔偿金。

问题:该部分规章制度条文中表述的"有意违反""造成重大损失""伪造"存在一定的歧义。"伪造"与"有意"均要求员工有主观上的故意,用人单位如何证明员工的主观上的故意? 如果该条改成:员工存在以下行为,公司将解除劳动合同:检验岗位员工错误填写检测数据达 5 次以上的;等等。通过明确客观行为及具体次数,就可不再纠结于主观故意问题。

(四)规章制度的用词存在"水土不服"

例四:某外资公司的规章制度的开篇规定:要求公司每名员工和董事都应该始终以最高的诚实度、准确度以及正直度来行事。任何员工或董事都不得篡改、隐瞒、滥用秘密信息,歪曲重要事实或任何不正当交往行为。任何员工活动时都不可以用不正当手段对待他人。该外资企业还制定了一份名为《××公司 MRB 流程》:SQ 负责对不合格物料提供判定标准,负责将 MRB 的结论通知相关部门。IQC 对检验发现的不合格物料在 MRB 系统中提出 MRB 申请,经 IQA 及 SQE 确认后,由 SQE 给出初步的 MRB 意见,再由采购/PE/完成此 MRB 审批。MRB 决定的异常物料,必须按要求对此批物料走 MRB 流程,IQC 和仓库必须确保其执行的有效性。违反公司 FCPA 或 COC 要求或是拒绝签署公司 FCPA 或 COC 政策文件属于重大过失行为,将予以解雇。

之后,该公司以某员工违反了 MRB 流程且在调查中诚实度不足为由将其解聘,在诉讼中双方辩论焦点居然不是法律适用问题,而是规章制度中的英文简写究竟应解释为何意? 这些英文简写所表述的职位、行为是否适用于员工? 用人单位最终败诉。

问题在于这篇规章制度总体是"不接地气"的，也许是将国外总公司的规章制度翻译而来的，规章制度中的中文表述与英文简写混杂，让裁判者阅读起来都不知所云，如何去评判员工存在严重违反规章制度的行为。所以，涉外企业的管理人员要注意规章制度本土化的问题。

(五)规章制度缺乏"兜底条款"

企业的规章制度不可能穷尽员工所能作出的所有违规违纪行为，劳动者如果作出了一些明显属于严重过错或是明显有违公序良俗但规章制度又没有列明的行为，用人单位是否可以解雇劳动者？在这里就有必要举出一个曾在网上热议的案例。

例五：一家公司于2016发现其食堂员工肖某用公司食堂的洗菜盆清洗经期内衣内裤。经公司取证确认了此事，员工肖某也予以认可。此事发生后，在公司引起了恶劣影响，几十名员工写联名信要求彻查此事并开除肖某。公司员工近200人，公司食堂连续10多天无人用餐，公司只能临时给员工订餐来弥补肖某造成的影响，造成了食堂很大的浪费。公司认为，肖某在公司食堂工作多年，理应知晓食品卫生人员操作规范，但其行为超出常人理解范围。鉴于上述原因，公司开除了肖某。但肖某申请了劳动仲裁，仲裁委以公司的规章制度没有规定不能在菜盆内洗内裤，即提供不了员工违反规章制度的依据，认定公司解除与肖某的劳动合同系违法解除并裁决公司须支付7万余元赔偿金。公司不服，将肖某起诉至法院。经法院调解，公司支付肖某4万元了结。

此案虽然最终调解解决，但引发了业内的一些思考，即员工出现了极其恶劣的行为，但规章制度又没有规定此种行为属于可解除劳动合同的行为，用人单位是否可以解除劳动合同？用人单位在规章制度的文字无法穷尽员工可能出现的恶劣行为时，如何约束员工的恶劣行为？

答案是：有必要在规章制度中设定"兜底条款"。"兜底条款"，是指将所有其他规章制度条款没有包括的或者制定规章制度时预测不到的严重违反公序良俗或严重违反职业道德的情形，都包括在这个条款中。有了"兜底条款"才能确保将一些很恶劣的违反公序良俗或严重违反职业道德的行为纳入惩戒的范围。

二、撰写规章制度的实操技巧

以上几类规章制度的"反面典型"是用人单位在制定规章制度内容时较为常见的问题，最终导致规章制度实用性不足。如何制定出实用的规章制度条文？由于各行业企业对用工管理有不同的侧重点，对规章制度有不同的要求，所以在此还真不容易按前述关于劳动合同撰写的章节直接给出劳动合同参考条款一样给出规章制度的参考条款。但撰写实用性规章制度的技巧是可以归纳的，无论何种行业的企业，在撰写规章制度时都应注意以下几项技巧：

（一）对严重违反规章制度的行为表述要明确

多用具体行为描述，不要用倡导性词句或概括性词句。比如：

具体描述：一年内累计旷工×天以上或连续旷工×天以上的；一年内累计迟到或早退达×次以上的。

含糊词句：多次违反考勤打卡制度或存在不规范考勤行为的。（多次是几次？什么程度才达到"不规范"的严重程度？）

具体描述：存在利用虚假发票或虚构出差事实申请报销的。

含糊词句：在财务工作中不够诚实的。

具体描述：工作时间脱岗达×次以上或累计脱岗时间达××小时的。

含糊词句：工作时间脱岗，情节严重的。（究竟脱岗到什么程度是严重？是由员工来定义严重还是用人单位定义严重？）

具体描述：未使用礼貌用语达×次以上或客户投诉×次以上且查证属实的。

含糊词句：态度生硬、语言过激导致不胜任客服工作岗位的。（生硬与过激的程度，不同的人在不同的场合有不同的看法。）

换言之，用人单位依据规章制度进行劳动用工管理，最基本的要求就是规章制度条文能准确描述用人单位**需要鼓励的行为，需要禁止的行为，需要处罚的程度。**一份内容含混不清、词句歧义明显的规章制度不仅不能起到加强管理的作用，反而可能使用人单位在作出处理决定后被认定为依据不足或劳动者的违纪事实与规章规定的内容不符，从而承担相应的法律责任。

(二)对严重违反规章制度的程度表述要量化

规章制度中不可避免要对违反规章制度行为的程度进行规定。也就是说，要让员工明白违反到什么程度是一般程度，对应有什么后果；违反到什么程度是严重程度，对应又有什么后果。在对违反规章制度的程度进行规定时，要注意：

多用：……达多少次，……连续达多少天，……累计多少小时，……造成多少金额的损失，……应于多少天之内。

少用：……造成公司重大损失。多大的损失是重大损失，一个小公司的重大损失对大型公司来讲简直九牛一毛，一个大型公司的小损失足以让一个小公司破产，因此损失需要有具体的金额规定。

……行为情节严重。情节严重用什么标准衡量？员工犯同一个错，老板不高兴就是情节严重，老板心情好就不严重？

(三)规章制度中要设置好"兜底条款"

如前所述，在规章制度中设置"兜底条款"十分必要。规章制度中常见的"兜底条款"有两类：一类是严重违反公序良俗条款，另一类是严重违反职业道德条款。

员工严重违反公序良俗或严重违反职业道德时可解除劳动合同的"兜底条款"可表述为：

员工有以下行为的，用人单位可解除劳动合同：

……

存在其他严重违反公序良俗行为的；

存在其他严重违反职业道德行为的；

员工如严重违反公序良俗可以解除劳动合同的理由在于：公序良俗是民事法律的基本原则。《民法典》第 8 条规定：民事主体从事民事活动，不得违反法律,**不得违背公序良俗**。所以员工作出严重违背公序良俗的行为也可以作为用人单位解雇其的依据。

员工严重违反职业道德时可以解除劳动合同的理由在于:《劳动法》第3条第2款规定:劳动者应当完成劳动任务,提高职业技能,执行劳动安全卫生规程,**遵守劳动纪律和职业道德**。所以员工作出严重违反职业道德的行为也可以作为用人单位解除劳动合同的依据。

前述"兜底条款",可以对劳动者可能出现的规章制度不能穷尽列举的恶劣行为形成规制。但用人单位要注意的是,无论是违背公序良俗还是违反职业道德,都要把握好"严重"的程度,不能动不动就"上纲上线"对劳动者进行"小错重罚"。毕竟解除劳动合同是最严厉的惩罚,在解雇之前还有很多教育、纠正的方式。而且基于"兜底条款"这种无具体行为表述的条款更要把握好严重的程度。如何把握严重程度?该行为应是社会大众都难以接受的行为,或是造成了较重损失或后果的应被认定为"严重"的行为。例如,前述举例中提到的"食堂员工用菜盆洗经期内裤"的行为,即使是按社会公众最朴素的认知来衡量也难以接受。

三、做好规章制度简化与集成

有些用人单位的规章制度特别繁杂,笔者见过一个员工人数30多人的公司,规章制度有10多份。诸如《××公司财务报销规范》《××公司销售提成管理办法》《××公司考勤规范》《××公司红线处分规定》《××公司网络保要密要求》《××公司绩效考核办法》,等等。这种将某一类管理要求单独制定一份规章制度的做法不是不可以,但确实会增加一些不必要的工作量和不必要的风险。

所谓不必要的工作量,因为每份单列的规章制度都要通过民主程序制定,规章制度的种类与份数越多,在制定和修改的流程中工作量也就越大。

所谓不必要的风险,由于规章制度文件繁杂,文件名称不一,所以在公示告知员工时容易出现疏漏。比如,公司在记录组织员工学习规章制度时所制作的学习规章制度会议纪要或是规章制度阅知单中将前述杂乱的规章制度漏写了,或是写错了,在依据规章制度处理后,员工提出没有告知过该规章制度,用人单位一看当初的会议纪要或阅知单,发现真就没有将作为处罚依据的规章制度写入或文件名称写错,导致用人单位难以证明其向员工公告告知过作为处罚依据的规章制度。

所以,要注意对规章制度进行"集成"。常见的做法是将各种制度汇编成一份规章制度,如《××公司员工手册》《××公司制度汇编》,将其中的各类单列规章制度分章节进行集成编撰,便于规章制度的修改更新以及公示告知。

第三节 用人单位运用规章制度的实务问题

一、如何有效固定员工的严重违反规章制度的事实

如果员工违反了规章制度,用人单位要进行处罚时,需要固定员工违反规章制度的行为以及达到相应处罚程度的事实。但不是每个员工都能诚实地承认自己的违规违纪事实,所以在固定员工违纪事实时需要用人单位采取能取证证明的方式,以免双方发生纠纷时无法证明员工的违纪事实或体现违纪程度的事实。

在实践中,常见的固定证据方式有:

(1)通过拍照、录像、考勤数据等方式固定员工的违规事实。这种方式主要固定员工迟到、早退、脱岗、旷工等违反劳动纪律的情况。

(2)通过调查询问、系统查询、公证、第三方证言等方式固定员工的违规事实。这种方式主要是核实员工违反财务纪律、工作纪律等违规行为。

(3)让违规员工就违反规章制度行为书写自述、检讨、情况说明以印证其违规事实。一般而言,员工出现违规行为后,用人单位第一时间介入调查询问员工是不会否认的。用人单位可以让员工对违规行为书写情况说明、检讨等书面自述材料,一方面将具有检讨性质的书面材料作为一种警示提醒,另一方面将记录有违规事实的书面材料作为印证违规事实的书面证据。

(4)对员工进行面谈调查,形成相应的面谈笔录来印证违纪事实。

(5)对员工的违规行为进行调查后将违规行为如实写入违纪处分单等书

面材料,让员工签名确认。也就是说,用人单位经调查查明了违规事实,可以制作相应的违纪处分单,在违规处分单中载明违规事实,让员工签名确认。

以上方式是用人单位证明员工存在违反规章制度行为的常用方式,当然,结合员工不同的违反规章制度的行为,还有一些其他可行的用于证明违规事实的方式。用人单位在发现员工存在违规行为需要处罚的,一定要在作出决定前收集整理好员工严重违规的证据,坚持"先有证据印证违规事实,再行决定处罚方式"。

二、用人单位以严重违反规章制度辞退员工的注意事项

(一)要注意解除劳动合同通知中载明的违纪事实不可事后"找补"

在实践中,有些用人单位认为劳动者存在严重违反规章制度的行为,还没有将违规事实查清楚,就早早地以员工某方面的违规行为属于严重违反规章制度为由向员工送达了解除劳动合同通知书。之后劳动仲裁机构经审理,发现用人单位于解除劳动合同通知书中写明的违规事实并不成立,故认定用人单位系违法解除劳动合同,应向员工支付违法解除劳动合同的违约金。用人单位一看仲裁输了,不服仲裁裁决起诉至法院,在起诉后又赶紧查找该员工的其他违规行为,又查到员工一项违反规章制度的行为,然后又以新查找出的违规行为向法院主张其单方面解除劳动合同的行为合法。这样是不行的,当前统一的裁判观点认为,法院审查用人单位解除劳动合同的行为是否合法,应以用人单位向劳动者发出的解除通知载明的内容为认定依据。用人单位在超出解除劳动合同通知载明的依据之外,另行"找补"解除依据并据此要求认定其并非违法解除的主张不予支持。

举例说明: A公司认为张三旷工4天,故公司向张三出具了解除劳动合同通知书,写明张三的旷工天数已达到严重违反规章制度的程度,故决定解除双方的劳动合同。结果经法院审查,张三在A公司所主张的旷工日期实质是在出差,并非旷工,故理由不成立。A公司感觉要败诉又提出张三存在提交虚假的发票进行报销,骗取报销费用的行为。即使法院查明张三确实存在虚假报销的行为,但由于该辞退依据是A公司事后"找补"的,法院仅对A公司解除通知

中写明的依据旷工事实辞退的行为进行评判,因旷工事实不成立,故认定 A 公司系违法解除。

换言之,用人单位以劳动者存在违法、违纪、违约等行为为由解除劳动合同的,应以解除劳动合同通知中写明的依据为准,不允许在辞退员工时"先斩后奏",不允许在辞退员工的依据上"事后找补"。再直白点说,解除劳动合同是一项严厉的惩罚,应当慎重处理。慎重处理最基本的要求是先查清事实再做出决定。如果在辞退员工时连违规事实都没有查清,在作出辞退决定之后还在对员工的违规行为进行调查,这种行为不应予以支持。

实操建议

1. 用人单位因员工严重违反规章制度而作出解除劳动合同的决定前,应充分查明员工严重违反规章制度的各项行为事实,并在整理好证据后通知公司工会,之后再作出解除劳动合同的通知,即坚持"先有全面调查,再有通知处罚"。

2. 解除劳动合同的通知中要尽量载明已查明的员工所有严重违反规章制度的事实,坚持"宁写多不写漏"。比如,写了 5 项违规行为,只要其中一项违规行为达到严重违反规章制度的程度,也能让用人单位解除劳动合同的行为被认定为合法。

典型案例

孙贤锋诉淮安西区人力资源开发有限公司劳动合同纠纷案[①]

裁判要旨:人民法院在判断用人单位单方解除劳动合同行为的合法性时,应当以用人单位向劳动者发出的解除通知的内容为认定依据。在案件审理过程中,用人单位超出解除劳动合同通知中载明的依据及事由,另行提出劳动者在履行劳动合同期间存在其他严重违反用人单位规章制度的情形,并据此主张符合解除劳动合同条件的,人民法院不予支持。

[①] 最高人民法院指导案例180号。

（二）要注意"一事不二罚"，即对违纪行为的处理不可"翻旧账"

国家的行政处罚有"一事不二罚"原则，是指对违法当事人的同一个违法行为，不得以同一事实和同一理由给予两次以上的行政处罚。那么用人单位对劳动者的违反规章制度的行为，是否可以一事二罚呢？当前的主流裁判观点认为，用人单位对于劳动者违反规章制度的行为，只能处罚一次，不可以"一事二罚"，即不能对员工进行"翻旧账"式处罚。

举例说明： A公司的规章制度规定，销售员工在销售过程中存在私自收取客户货款问题的，应视情节给予记大过或辞退处理。张三作为销售于2024年5月被发现并查实存在前述违规行为。A公司管理层经讨论，张三多次违规收取客户款项，违反规章制度的行为属于严重情节，应予辞退处理，但考虑到张三的销售能力强且销售业绩不错，便决定从轻处罚，给予张三记大过的处罚。处罚决定书送达张三之后，张三并无异议，接受了处罚。直至2025年3月，因市场原因导致销售业绩严重下滑，A公司想降本裁员，为了节约裁员成本，达到既完成裁员又不支付经济补偿金的目的。A公司决定对张三"翻旧账"，于2025年3月31日又向张三送达了一份解除劳动合同通知书，因张三于2024年5月存在多次违规收取客户款项的行为，应予辞退，故要求即日起解除双方的劳动合同。张三提出异议，认为该行为已在2024年进行了处罚，现在进行第二次处罚属于重复处罚。经法院审查，认为用人单位对同一违反规章制度的行为进行的第二次处罚于法无据，故认定A公司系违法解除劳动合同，应向张三支付违法解除的赔偿金。

从前述案例来看，实际上张三违反规章制度的行为，已查实达到严重情形，A公司第一次进行处罚时若决定以严重违反规章制度给予张三解除劳动合同的处理也是合法合理的。但A公司出于有利于公司销售业绩的考虑，已决定给予记大过的处罚。因此，张三的违规行为已受到相应处理。之后，再出于降本裁员进行第二次处理属于重复处罚，不应予以支持。试想，如果法院支持这种重复处罚，对同一违反规章制度的行为可以进行第二次处罚，那第三次、第四次、第五次处罚行不行？如果认可重复处罚，那么员工的一个违规行为岂不是将成为公司可以一直"拿捏"其的手段？员工有业绩时，从轻处罚，想辞退员工不支付经济补偿时又翻出"旧账"进行从重处罚。这样显然是不行的。

实操建议

当然，有一种处罚情形看似重复处罚，其实又不是，这种处罚方式是用人单位可以使用的，笔者称这种处罚方式为"轻罚累计制"。这种方式是指规章制度规定员工违反某一项规章制度应给予警告、记过等较轻的处罚，但员工1年内累计被警告、记过一定次数则应认定为严重违反规章制度，应予解除劳动合同且不支付经济补偿金。比如，A公司规定迟到、早退一次给予警告处分，旷工、虚假报销、代打考勤等行为给予记过处分。员工在1个自然年度内累计警告5次以上或记过3次以上，属于严重违反规章制度，用人单位应予辞退处理。在这种规章制度下，张三于2024年度因种种违反规章制度的行为累计被警告3次、记过4次，其中的记过次数达到了"一年内记过达三次"属于严重违反规章制度的情形，A公司决定给予张三解除劳动合同的处罚是合法解除，并不算重复处罚。

用人单位在适用这种"轻罚累计制"时要注意：

一是规章制度中要有明确的规定。

二是轻罚所依据的事实要有证据证明。最好每次作出警告、记过等轻罚时都做出书面的处罚决定书，让违纪员工签名确认，这样可以印证每次轻罚都有相应的事实依据，有员工签名确认违纪事实的处罚决定书就是很有效的证据。

三是最好让轻罚的次数超出规章制度规定的严重标准才进行累计处罚。这种处罚方式的风险在于，如果在仲裁诉讼中经审查其中一次轻罚无证据证明有违纪事实或规章制度的依据不足而导致该次轻罚不成立，那么减去此次不成立的轻罚后，员工累计的轻罚次数又不够严重程度，则用人单位又将面临被认定为违法解除的局面。

（三）要注意"小事不重罚"，即对严重违反规章制度的程度掌握

《劳动合同法》第39条规定劳动者"严重"违反用人单位的规章制度，用人单位可以解除劳动合同。该条强调了"严重"二字,所以用人单位在依据规章制度管理员工时要注意"小事不重罚"。

对"严重违反规章制度可以解除劳动合同"要形成这样的理解:单方面解除劳动合同是用人单位对员工最严厉的惩罚,这种**严厉**的惩罚应当对应**严重**违反规章制度的情形。除了解除劳动合同(俗称辞退、解雇)这种严厉的惩罚之外,用人单位还有绩效降等、警告、记过等各层次的惩罚方式来对应一般的、较轻的违反规章制度的行为。也就是说,一份好的规章制度应对违规违纪行为有层次分明的罗列,对各层次的违规违纪行为对应规定由轻至重的惩罚。

(四)要注意在作出解除劳动合同决定前"通知工会"

用人单位单方面解除劳动合同时,需要在拟作出解除劳动合同决定前通知工会,在此做出提醒。具体如何通知工会以及注意事项,在之后关于解除劳动合同的章节有详细讲解。

三、用人单位在适用规章制度上的常见认识误区

(一)"三期"女职工严重违反规章制度也无法辞退吗

《劳动合同法》第42条明确规定用人单位不得依据《劳动合同法》第40条、第41条的规定解除与"三期"女职工签订的劳动合同。所以,用人单位是可以依据《劳动合同法》第39条的规定解除与"三期"女职工签订的劳动合同的。换言之,虽然法律给予处于"三期"期间的女员工一定的保护,但该保护不是其重大过失或严重违反规章制度时的"挡箭牌"。

(二)没有规章制度就对经常旷工或迟到早退的员工没办法吗

《劳动法》第3条第2款规定,劳动者应当遵守劳动纪律和职业道德。《劳动法》第25条第2项规定,劳动者严重违反劳动纪律或者用人单位规章制度的,用人单位可以解除劳动合同。因此,遵守劳动纪律和职业道德是对劳动者最基本的要求,即便在用人单位规章制度未作出明确规定,劳动合同中亦未明确约定的情况下,劳动者严重违反劳动纪律的,用人单位仍可依据《劳动法》的

第 25 条之规定以劳动者"严重违反劳动纪律"为由行使解除权。用人单位要注意,由于没有规章制度的规定,实践中把握"严重违反劳动纪律"的标准较高,笔者把握的标准是,劳动者 1 年内无故旷工达 15 天,或 1 年内存在 30 次以上的迟到或早退。多个地区发布的关于劳动争议的问题解答都明确了前述裁判理念。

北京市高级人民法院、市劳动人事争议仲裁委员会发布的《关于审理劳动争议案件法律适用问题的解答》第 13 条载明:《劳动法》第 3 条第 2 款中规定,"劳动者应当遵守劳动纪律和职业道德"。上述规定是对劳动者的基本要求,即便在规章制度未作出明确规定、劳动合同亦未明确约定的情况下,如劳动者存在严重违反劳动纪律或职业道德的行为,用人单位可以依据《劳动法》第 3 条第 2 款的规定与劳动者解除劳动合同。

浙江省高级人民法院民事审判第一庭、浙江省劳动人事争议仲裁院发布的《关于审理劳动争议案件若干问题的解答(五)》第 11 条载明:在规章制度未作出明确规定、劳动合同亦未明确约定的情况下,劳动者严重违反劳动纪律,用人单位可以依据《劳动法》第 25 条第 2 项规定解除劳动合同。

深圳市中级人民法院《关于审理劳动争议案件的裁判指引》第 89 条规定:劳动者严重违反劳动纪律,用人单位可以依据《劳动法》第 25 条的规定解除劳动合同。

(三)员工出现违纪行为时是否可以依据规章制度对其进行罚款

1982 年发布的《企业职工奖惩条例》中规定用人单位是有一定的罚款权的,但这份文件于 2008 年被废止。主流裁判观点认为,罚款属于行政处罚的一种,只能由国家行政机关或法律授权行使行政权力的机构来行使,用人单位对员工并没有罚款的权力。

其实,如果用人单位想以一定的经济惩罚方式来督促员工遵守规章制度,并不必须要用"罚款"的方式。在实践中,不少用人单位已通过"少奖"的方式替代"罚款",实现以经济方式保障规章制度的落实。在实践中,最常见的是用人单位设置的全勤奖。

举例说明：公司为张三设置的工资包为月薪10,000元，双方于劳动合同中约定的月工资标准为9500元，另有全勤奖500元，当月全勤的在工资之外发放该全勤奖。如有迟到、早退、旷工则不发放该全勤奖，或按缺勤程度给予一定比例的全勤奖。这种方式没有任何"扣减""罚款"的表述，但实际上以员工是否违反规章制度以及相应违规程度来核定不同金额的额外奖励，实际上也实现了以经济方式督促员工遵守规章制度，与罚款方式有异曲同工之处，但并不违法。换言之，虽然用人单位没有罚款权，但用人单位可以用绩效考核、全勤奖等方式取代"罚款"。再直白点，因员工违规从员工手里罚钱，不行；因员工违规向员工少计发奖金，可行。

第四章

劳动报酬的规范管理

如果在劳动关系中评出一项最重要、最核心的事项,非劳动报酬莫属。如马云所说,员工离职的原因,只有两种,一是钱没给到位,二是心受委屈了。

在实践中,职场氛围、用工风险、员工关系等一切问题的基础都是劳动报酬问题。在劳动关系中,劳动报酬作为劳动者最关注的事项,也是用人单位最不能违法的事项,劳动关系下的各种争议事项中,保护最严格的就是劳动报酬。所以,本章就用人单位如何对劳动报酬进行规范管理进行讲解。

第一节 约定劳动报酬的要求

> 关键法条

1.《劳动法》

第四十七条 用人单位根据本单位的生产经营特点和经济效益,依法自主确定本单位的工资分配方式和工资水平。

2.《劳动合同法》

第八条 用人单位招用劳动者时,应当如实告知劳动者工作内容、工作条件、工作地点、职业危害、安全生产状况、**劳动报酬**,以及劳动者要求了解的其他情况;用人单位有权了解劳动者与劳动合同直接相关的基本情况,劳动者应当如实说明。

> **第十八条** 劳动合同对**劳动报酬**和劳动条件等标准**约定不明确**,引发争议的,用人单位与劳动者可以重新协商;协商不成的,适用集体合同规定;没有集体合同或者集体合同未规定劳动报酬的,实行同工同酬;没有集体合同或者集体合同未规定劳动条件等标准的,适用国家有关规定。

用人单位在约定劳动报酬方面常见以下两个误区。

误区之一:在劳动合同中约定一个虚假的低薪,方便以后单方面降薪。

部分用人单位在面试或录用面谈时向劳动者许诺一个较高的薪酬标准及福利待遇,俗称"画饼"。但在签订劳动合同时,又以避税、薪酬保密等理由,在劳动合同中载明一个虚假的、较低的薪资标准。如此操作的目的,无非是将劳动合同约定的工资标准写低,认为将来需要降薪时,可以直接降到劳动合同约定的那个虚假工资数额上或在将来需要计付加班费或经济补偿金时可以按劳动合同上约定的低薪来计算。其实,这是一种错误的认知,不管劳动合同约定的工资标准如何假、如何低,劳动者只要实际工作一段时间,就会有很多的证据可以印证其真实的工资标准。常见的可以证明劳动者真实薪酬标准的证据有以下几种。

(1)与公司高级管理人员的微信聊天记录。比如,公司总经理在招聘时向员工明确薪酬的微信对话记录等,可以辅证用人单位招用员工时明确的真实薪酬标准。

(2)**录用通知书**。一般而言,用人单位会在录用通知书中明确劳动者办理入职的时间和拟招用的岗位及相应的薪酬标准、福利待遇。所以载明了薪酬标准的录用通知书是一项很重要的证明真实薪酬标准的书证。

(3)关于**薪酬的补充协议**、**薪酬通知单**等书面材料。有些用人单位虽然在劳动合同中不明确真实的薪酬标准,但事后会通过补充协议、薪酬通知单、薪酬确认单等方式明确真实的薪酬标准。

(4)**工资发放的银行转账记录**。无论劳动合同中怎么虚假约定,但发放工资的金额应该是真实的。否则员工会提出欠薪的异议或作出追索欠薪的行为。

(5) 工资条、内部办公系统的截图。在实践中有很多这样的情形，劳动合同约定的劳动报酬是虚假的，但用人单位实际向劳动者发放的工资是真实足额的，而且会通过钉钉等职场常用App或OA办公系统向员工推送工资清单，或通过电子邮件向员工发送工资条等。这些工资条、工资清单都是印证真实工资标准的证据。

(6) 个人所得税App。这个是较权威的证明薪酬的证据来源。用人单位敢在劳动合同中约定一个假的工资标准，敢不敢在申报个税扣税时也申报一个假的工资标准？所以个人所得税上显示的报税工资也是印证员工真实工资标准的证据，而且是比较可信的证据。

其实，在当前信息发达的社会，任何经济行为都会留下一定的痕迹。有多个方面的证据可以印证一个员工在用人单位的真实薪资标准。通过在劳动合同中约定一个虚假且较低的薪酬数额，根本达不到为用人单位节省用工成本或单方面决定降薪的目的。除了在发生工资争议时增加用人单位、员工、劳动争议仲裁委员会、法院的工作量之外，并无益处。但部分用人单位的管理者、HR总是乐此不疲地秉持一种"招聘时工资说得越高越好，合同中工资写得越低越好"的思维方式来处理薪酬约定问题，以至于裁判人员"本能"对劳动合同的薪酬约定持怀疑态度，最终通过其他方式去查明真实的薪酬标准。所以，用人单位没有必要约定虚假的劳动报酬金额。

误区之二：把劳动者的工资构成拆分成过多的组成模块。

举例说明： 张三面试时用人单位说好的月薪标准为9000元/月，最终劳动合同上载明张三的月薪构成为：基本工资2200元+岗位工资1800元+绩效工资2000元+工龄工资500元+餐费补贴300元+通讯补贴200元+全勤奖600元+通勤补助400元+证书补助500元+团队目标奖500元。

当然，用人单位有权对员工薪酬的构成进行明确并如实告知，如果用人单位真是按这种薪酬模式进行管理也无可厚非。但实践中更多的是，面谈时确认的无责任底薪就是9000元/月，但签订劳动合同时薪酬会被拆分成一小块一小块的。劳动者与用人单位都正常合作时，用人单位也是直接按9000元/月的标准进行发放,双方均无异议。即使员工有迟到也没有扣发过工资构成中的所谓"全勤奖"部分。工资构成中虽有绩效工资的组成部分,但平时也没有进行过所谓的绩效考核。当用人单位与员工发生矛盾,或者用人单位资金紧张,再或者因用人单位想裁员、想让员工主动离职或面临向员工计算并支付经济补偿金时,就开始拿劳动合同中的薪资构成"说事"了。比如,说绩效工资需要经过绩效考核才发放,员工现在开始绩效低,所以也不发了。又如,说以上这些补贴、补助属于公司福利、绩效工资是浮动的项目,均不应计入经济补偿金的计算基数。

最高人民法院《关于审理劳动争议案件适用法律问题的解释(一)》第44条规定:因用人单位作出的开除、除名、辞退、解除劳动合同、减少劳动报酬、计算劳动者工作年限等决定而发生的劳动争议,用人单位负举证责任。对于减发劳动报酬的行为,即使减发的是绩效工资,用人单位也应举证证明绩效考核的标准依据以及劳动者的绩效考核结果。而对于工资构成中的津贴、补贴等项目,也属于工资的组成部分,在双方没有协商一致的情形下,也不应由用人单位单方面变更。所以,约定过细的工资构成,实际上增加了用人单位减发工资证明责任,也不便于核算。

依照《劳动合同法实施条例》第27条之规定,用于计算经济补偿金的工资是按劳动者未扣减社保、公积金个人缴纳部分以及个税之前的应得工资(也称税前工资)计算,且各种名目的奖金、津贴和补贴等货币性收入都应纳入经济补偿金的计算基数。所以,用人单位即使将劳动者的工资构成拆分成繁多的名目,也不能达到减少经济补偿金计算基数的目的。

实操建议

有的用人单位提出,员工有时出现岗位兼职、参与项目等情形,公司会在该员工兼职或参与项目期间为其临时涨薪,但兼职结束后或项目结束后,临时涨薪的部分没有了,但员工却主张用人单位系单方面降薪。在实践中,确实会出现上述情况。

比如,A公司的财务经理张三的月薪为8000元/月,后因人事专员突然离职,公司一时间无法招到合适的人事专员,因此让张三兼职人事专员,并许诺在兼职期间向张三多支付4000元工资,但双方没有签订关于临时调薪的协议,之后A公司因张三不再兼职取消了对其额外的工资,张三却主张A公司单方面降薪属于克扣工资。

又如,A公司安排李四参与公司新签下的某个重大项目,为激励项目组员工,A公司承诺在参与项目期间,员工均涨薪50%,但由于没有书面约定,项目结束后,A公司不再支付包括李四在内的项目组员工的涨薪部分,李四以A公司拖欠工资为由提出解除劳动合同并要求A公司支付经济补偿金。

以上情况,实质上是用人单位因员工承担了额外工作或参与了重大项目而在原约定的工资标准之外阶段性为员工涨薪。但涨薪容易降薪难,如何避免因此类临时性、阶段性涨薪结束之后被认定为用人单位"单方面降薪"或"拖欠工资"?用人单位应注意在此类临时性、阶段性涨薪时与员工签署好书面的临时性薪酬调整确认单。以下格式可供中小微企业参考:

临时性、阶段性薪酬调整确认单	
薪酬调整对象	张三、李四
薪酬调整原因	因张三兼职本公司人事专员工作,双方协商一致同意在张三兼职期间为其涨薪4000元。 因李四参与公司×××项目,双方协商一致同意在李四参与项目期间涨薪50%。
薪酬调整期限	××××年××月××日至张三不再兼职人事专员之日 ××××年××月××日至×××项目完结或项目组解散之日
薪酬调整方案	张三:兼职期间涨薪4000元(月工资标准由8000元变更为12,000元)。 李四:参与项目期间涨薪50%(月工资标准由××××元变更为×,×××元)。
重要提醒	以上薪酬系因兼职/参与项目而进行了临时性/阶段性薪酬调整,该薪酬调整的涨薪部分会因导致薪酬调整的原因消失而取消。已完全理解本确认单内容后在下方签字确认
签字确认	

第二节　发放劳动报酬的要求

关键法条

1.《劳动合同法》

第三十条　用人单位应当按照劳动合同约定和国家规定,向劳动者及时足额支付劳动报酬。

用人单位拖欠或者未足额支付劳动报酬的,劳动者可以依法向当地人民法院申请支付令,人民法院应当依法发出支付令。

2.《劳动法》

第四十八条　国家实行最低工资保障制度。最低工资的具体标准由省、自治区、直辖市人民政府规定,报国务院备案。

用人单位支付劳动者的工资不得低于当地最低工资标准。

第五十条　工资应当以货币形式按月支付给劳动者本人。不得克扣或者无故拖欠劳动者的工资。

第五十一条　劳动者在**法定休假日**和**婚丧假期间**以及**依法参加社会活动期间**,用人单位应当依法支付工资。

3.《最低工资规定》

第三条第一款　本规定所称最低工资标准,是指劳动者在法定工作时间或依法签订的劳动合同约定的工作时间内提供了正常劳动的前提下,用人单位依法应支付的最低劳动报酬。

第十二条　在劳动者提供正常劳动的情况下,用人单位应支付给劳动者的工资在剔除下列各项以后,不得低于当地最低工资标准：

（一）延长工作时间工资;

（二）中班、夜班、高温、低温、井下、有毒有害等**特殊工作环境、条件下的津贴**;

(三)法律、法规和国家规定的**劳动者福利待遇**等。

……

4.《工资支付暂行规定》

第五条 工资应当以**法定货币**支付。不得以实物及有价证券替代货币支付。

第六条 用人单位应将工资支付给劳动者本人。劳动者本人因故不能领取工资时,可由其亲属或委托他人代领。

用人单位可委托银行代发工资。

用人单位必须书面记录支付劳动者工资的数额、时间、领取者的姓名以及签字,并保存两年以上备查。用人单位在支付工资时应向劳动者提供一份其个人的工资清单。

第七条 工资必须在用人单位与劳动者约定的日期支付。如遇节假日或休息日,则应提前在最近的工作日支付。工资至少每月支付一次,实行周、日、小时工资制的可按周、日、小时支付工资。

第九条 劳动关系双方**依法解除或终止劳动合同时**,用人单位应在解除或终止劳动合同时一次付清劳动者工资。

《劳动法》第50条、《劳动合同法》第30条是办理劳动争议案件的常用法条,笔者称之为"工资法条"。法条很简短明了,就是用人单位应当**及时足额**以**货币**形式**按月**向**劳动者本人**支付劳动报酬。注意其中的关键词是:及时足额、以货币形式、按月支付、给劳动者本人。

明确了在支付期限上要及时足额,仅仅是足额支付但未及时支付也是违法的。明确了要以货币形式支付,而不能采用实物折价的方式。还明确了应支付给劳动者本人。明确了用人单位支付劳动者的工资不得低于当地最低工资标准,以及用人单位应支付劳动者法定节假日、婚丧假期间以及依法参加社会活动期间的工资。

一、用人单位应掌握最低工资标准的概念

最低工资标准虽然由劳动法规定,但实际的细则与标准则是由各省、自治区、直辖市人民政府进行规定。从全国范围来看,大部分地区规定的最低工资标准是包含了社保、公积金个人缴纳部分的。也就是说,最低工资标准是指劳动者的应发工资(未扣除社保、公积金个人缴纳部分的工资)不低于当地发布的最低工资金额,而非实发工资。但不包含**加班工资**、**特殊工作津贴**以及**福利待遇**。当然,也有部分地区,如北京、上海、安徽等省市规定最低工资标准不包含社保、公积金个人缴纳部分。由于大多省市规定最低工资标准是指劳动者的应发工资不低于当地发布的最低工资金额,所以实际向劳动者发放的实发工资在实践中可能低于最低工资标准。

以成都市为例,成都市主城区2024年度的最低工资标准为2100元/月。张三入职A公司,A公司确定张三的基本工资为1500元,岗位工资为600元,合计应发工资为2100元,但扣减社会保险费的个人缴纳部分385元后,实发工资为1715元。此种情形下,虽然张三实际到手的月薪低于当地最低工资标准,但A公司向张三发放劳动报酬并未低于当地最低工资标准。

张三于2023年入职位于成都市的A公司,A公司向张三发放了2023年8月工资2900元,当月的工资条载明前述工资的构成为:基本工资1800元+加班工资950元+高温津贴350元–社保个人缴纳部分200元=2900元。虽然张三于当月实际发到手的工资超过了当地最低工资标准,但A公司向张三发放的工资仍低于了当地最低工资标准。其理由在于《**最低工资规定**》第12条规定衡量劳动者的工资是否低于最低工资标准,应将劳动者工资中的"延长工作时间工资"以及"特殊工作环境、条件下的津贴"予以剔除,张三的加班工资950元属于"延长工作时间工资",张三的高温津贴350元属于"特殊工作环境、条件下的津贴",扣除该两项后,A公司实际是按1800元/月的标准向张三计付工资的,故A公司违反了该条关于用人单位支付劳动者的工资在剔除上述各项后不得低于当地最低工资标准的规定。

用人单位在约定工资时要关注本省关于最低工资标准的文件规定,掌握其

中的金额标准和组成,确保计发薪酬时不违反当地的最低工资规定。

二、用人单位发放工资时应承担的"附随义务"

义务一:保存工资发放记录的义务。

《工资支付暂行规定》第6条第3款明确了用人单位必须书面记录支付劳动者工资的**数额**、**时间**、**领取者的姓名**以及**签字**,并保存两年以上备查。这也是部分中小微企业在工资发放方面存在的问题,即没有按前述要求制作并保存劳动者的工资发放记录。从常理上讲,劳动者的工资由用人单位进行核算并发放,相关涉及劳动报酬的证据形成与保管也只能由用人单位处理。这也是规定用人单位必须制作并保管工资支付记录的原因。也正是因为前述规定,双方对工资发放情况发生争议时,应由用人单位承担举证责任。

义务二:向员工提供工资清单的义务。

用人单位在支付工资时应向劳动者提供一份其个人的**工资清单**。工资清单有多种方式,在信息化办公的时代,用人单位通过纸质文件或电子邮件方式向员工发放工资条,或让员工在办公系统中可以查询自己的工资清单,都是合法的提供工资清单的方式。

三、用人单位发放工资的"刚性期限"

前述法律条文规定应**及时**支付工资,何为"及时",在什么期限内支付是及时支付?这里存在4个涉及工资支付期限的概念,用人单位要清楚掌握。

(一)双方约定的工资支付期限

双方约定的工资支付期限在认定用人单位是否存在未及时支付工资情形时是最具优先级的。对于工资支付期限,有约定按约定来认定,无约定按法律规定的期限来认定。比如,员工与公司在劳动合同中约定每月10日前发放上月工资,那么公司就应该按双方约定的发薪日向员工发放工资。如果超过约定发薪日未发放,即属于未及时支付劳动报酬。同时,约定支付期限还包括用人单位规章制度规定的工资发放期限,如公司关于劳动报酬的规章制度规定公司的发薪日为每月 12 日发放上月工资,那么该公司就应该按其规章制度规定的劳动报酬支付期限支付工资。当劳动合同的约定与规章制度的规定不一致时,一般而言,劳动合同约定条款的效力要大于规章制度的规定。所以,用人单位在发放工资过程中要严格遵守双方约定的支付期限,不要拖延。

(二)地方性法规规定的工资支付期限

有些地方性法规对工资支付期限作出了严格的规定,用人单位与劳动者约定的工资支付期限以及实际支付工资的期限,都不得超过地方性法规规定的支付期限,否则会被认定为未及时支付劳动报酬。

比如,《深圳市员工工资支付条例》第 11 条第 1 款规定:**工资支付周期不超过 1 个月的,约定的工资支付日不得超过支付周期期满后第 7 日**;工资支付周期超过 1 个月不满 1 年的,约定的工资支付日不得超过支付周期期满后的 1 个月。前述条例属于地方性法规,对深圳市的工资支付周期进行了强制性规定,如"工资支付周期不超过 1 个月的,约定的工资支付日不得超过支付周期期满后第 7 日",按此规定,用人单位至迟于 2 月 7 日支付员工 1 月工资,至迟于 3 月 7 日支付员工 2 月工资,以此类推。

(三)无约定的情况下实践中掌握的工资支付期限

有些地方没有地方性法规对工资支付期限作出明确的强制性规定,且劳动者与用人单位在劳动合同中也没有关于工资支付期限的约定,或者是约定不明。在此情况下,司法实务中一般掌握的支付期限标准为:用人单位最迟应于当月内支付上一月工资。比如,实行按月计薪的公司,在双方无约定的情况下,用人单位至迟应于 2 月 28 日前向劳动者支付 1 月工资,于 3 月 31 日前向劳动者支付 2 月工资,以此类推。如果超过一个工资支付周期未支付上一工资支付周期的工资,基本可以认定为未及时支付劳动报酬。例如,4 月 1 日都还没有支付 2 月工资,5 月 1 日都还没有支付 3 月工资,都属于跨一个工资支付周期未支付工资了,即使没有约定具体的工资支付期限,也足以认定为未及时支付劳动报酬的情形。

(四)非常规情况下的工资支付期限

非常规情况的支付工资期限有以下两种情形:

一是劳动者与用人单位依法解除或终止劳动合同时,用人单位应在解除或终止劳动合同时一次付清劳动者工资。

二是用人单位与劳动者约定的工资支付日期如遇节假日或休息日,则应提前在最近的工作日支付。比如,双方于劳动合同中约定每月10日支付上月工资,但2024年2月10日系春节假期,那么用人单位就应当在春节假期前的最后一个工作日向劳动者支付2024年1月工资。

四、用人单位缓发薪酬的合规要求

企业在经营过程中,可能临时出现资金周转困难等问题,需要缓发员工的薪酬。相对于减发薪酬需双方协商一致不同,相关规定对用人单位缓发工资相对宽松一些。用人单位依据《对〈工资支付暂行规定〉有关问题的补充规定》第4条的规定,确因生产经营困难、资金周转受到影响,在征得本单位工会同意后,可暂时延期支付劳动者工资,但延期时间不得超过各省、自治区、直辖市劳动行政部门根据各地情况确定的最长时限。也就是说,用人单位缓发工资需要满足3个条件。

(一)确因生产经营困难或资金周转受到影响

用人单位遇到生产经营困难或资金周转困难时,如果需要缓发员工工资,第一步就需要整理一些证据证明用人单位客观上确实面临前述问题而不得不缓发薪酬,而不是用人单位管理层恶意拖欠工资。

(二)延缓发放工资的方案须经本单位工会同意

这是减发工资与缓发工资的最大区别。降薪属于变更劳动合同的核心内容,一般情况下都需要用人单位与劳动者"一对一"协商一致。而缓发工资则无须一对一协商,经本单位工会同意即可。因此,与降薪相比,缓发工资的沟通效率高得多。按此要求,如果公司出现需要缓发薪酬的情形,可以由财务部门或人事部门就缓发工资的范围、期限作出方案,报公司工会审查决定是否同意。经公司工会同意缓发的,不认定为未及时支付工资。如果公司没有工会,则可以通过向职工大会或职工代表大会公布缓发工资方案,由职工大会或职工代表大会表决是否同意通过。

(三)缓发工资不得超过各省、自治区、直辖市劳动行政部门根据各地情况确定的最长时限

这个期限各地不一定相同,用人单位需按当地的法规和政策进行判断。此外,即使资金周转困难且经本单位工会同意,但超过当地政府规定的缓发工资期限的上限,也属于未及时支付工资的情形。

例如,在深圳,《深圳市员工工资支付条例》第 12 条规定:用人单位因故不能在约定的工资支付日支付工资的,可以延期 5 日;因生产经营困难,需延期超过 5 日的,**应当征得本单位工会或者员工本人书面同意,但是最长不得超过 15 日**。由此可见,深圳缓发工资的最大期限是约定的工资支付期限之后的 15 日。相当于工资支付周期不超过 1 个月的,发放工资的最长期限不得超过支付周期期满后 22 日(可约定的最长支付期限 7 日 + 经工会书面同意可延期的 15 日)。

又如,在成都,成都市劳动和社会保障局在《关于做好当前经济形势下我市劳动关系稳定工作的通知》中明确:缓发工资不超过 2 个工资支付周期。也就是说,如果用人单位位于成都市且用人单位系按月计发工资,则其因生产经营困难且经工会同意后缓发工资的期限最长不得超过 2 个月。

第三节　用人单位欠薪的法律后果

一、劳动者对用人单位的欠薪行为享有投诉权

关键法条

1.《劳动合同法》

第八十五条　用人单位有下列情形之一的,由劳动行政部门责令限期支付劳动报酬、加班费或者经济补偿;劳动报酬低于当地最低工资标准的,应当支付其差额部分;逾期不支付的,责令用人单位按应付金额百分之五十以上百分之一百以下的标准向劳动者加付赔偿金:

(一)未按照劳动合同的约定或者国家规定及时足额支付劳动者劳动报酬的;

(二)低于当地最低工资标准支付劳动者工资的;

(三)安排加班不支付加班费的;

(四)解除或者终止劳动合同,未依照本法规定向劳动者支付经济补偿的。

2.《劳动保障监察条例》

第九条　任何组织或者个人对违反劳动保障法律、法规或者规章的行为,有权向劳动保障行政部门举报。

劳动者认为用人单位侵犯其劳动保障合法权益的,有权向劳动保障行政部门投诉。

劳动保障行政部门应当为举报人保密;对举报属实,为查处重大违反劳动保障法律、法规或者规章的行为提供主要线索和证据的举报人,给予奖励。

第二十六条　用人单位有下列行为之一的,由劳动保障行政部门分别责令限期支付劳动者的工资报酬、劳动者工资低于当地最低工资标准的差额或者解除劳动合同的经济补偿;**逾期不支付的,责令用人单位按照应付金额 50% 以上 1 倍以下的标准计算,向劳动者加付赔偿金**:

(一)克扣或者无故拖欠劳动者工资报酬的;

(二)支付劳动者的工资低于当地最低工资标准的;

(三)解除劳动合同未依法给予劳动者经济补偿的。

用人单位欠付劳动报酬、加班费或经济补偿的,劳动行政部门(一般指当地的劳动监察部门)有权责令用人单位支付,用人单位经责令仍不支付的,用人单位应按应付金额的 50%—100% 向劳动者加付赔偿金。所以,用人单位出现欠薪时,经责令后如果及时向员工支付了欠付的薪酬还好解决。如果用人单位经责令后仍不支付欠付的薪酬,则用人单位面临向员工支付相当于欠付工资金额 50%—100% "加付赔偿金"的责任。

二、劳动者享有以欠薪为由解除劳动合同并主张经济补偿的权利

关键法条

1.《劳动合同法》

第三十八条　用人单位有下列情形之一的,劳动者可以解除劳动合同:

……;

(二)未及时足额支付劳动报酬的;

……

第四十六条　有下列情形之一的,用人单位应当向劳动者支付经济补偿:

(一)劳动者依照本法第三十八条规定解除劳动合同的;

……

2.最高人民法院《关于审理劳动争议案件适用法律问题的解释(一)》

第四十五条　用人单位有下列情形之一,迫使劳动者提出解除劳动合

> 同的,用人单位应当支付劳动者的劳动报酬和经济补偿,并可支付赔偿金:
> （一）以暴力、威胁或者非法限制人身自由的手段强迫劳动的；
> （二）未按照劳动合同约定支付劳动报酬或者提供劳动条件的；
> （三）**克扣或者无故拖欠劳动者工资的**；
> ……

司法解释规定用人单位克扣或无故拖欠工资等欠薪行为,与"以暴力、胁或者非法限制人身自由的手段强迫劳动"的行为一样,属于迫使劳动者可以即时提出解除劳动合同的情形,且劳动者以上述原因即时解除劳动合同后,用人单位不仅应向劳动者支付欠付的劳动报酬,还应向劳动者支付解除劳动合同的经济补偿。

前述《劳动合同法》第38条对劳动者以用人单位过错而提出解除劳动合同并主张经济补偿的情形进行了细化,并将"克扣或无故拖欠工资"的表述更改为范围更为清晰的"**未及时足额支付劳动报酬的**"。该"未及时足额支付劳动报酬"其实有两层含义,一是未及时支付劳动报酬,二是未足额支付劳动报酬。

由于劳动报酬是劳动者的核心权利,涉及劳动者基本生活的保障。所以劳动法规对劳动报酬的保护是相当全面且严格的。用人单位向劳动者发放劳动报酬,不足额发放不行,足额了不及时发放也不行。用人单位未及时足额支付劳动报酬的行为,本质上是一种违约行为,且法律会将该行为认定为用人单位的重大违约行为。对此法律不仅赋予了劳动者即时解除劳动合同的权利,用人单位还应当向劳动者支付经济补偿。

三、用人单位的高管可能面临刑事责任

关键法条

1.《刑法》

第二百七十六条之一　以转移财产、逃匿等方法逃避支付劳动者的劳动报酬或者有能力支付而不支付劳动者的劳动报酬,**数额较大**,经政府有关

部门责令支付仍不支付的，处三年以下有期徒刑或者拘役，并处或者单处罚金；造成严重后果的，处三年以上七年以下有期徒刑，并处罚金。

单位犯前款罪的，对单位判处罚金，并对**其直接负责的主管人员和其他直接责任人员**，依照前款的规定处罚。

有前两款行为，尚未造成严重后果，在提起公诉前支付劳动者的劳动报酬，并依法承担相应赔偿责任的，可以减轻或者免除处罚。

2. 最高人民法院《关于审理拒不支付劳动报酬刑事案件适用法律若干问题的解释》

第一条　劳动者依照《中华人民共和国劳动法》和《中华人民共和国劳动合同法》等法律的规定应得的劳动报酬，包括**工资、奖金、津贴、补贴、延长工作时间的工资报酬**及**特殊情况下支付的工资**等，应当认定为刑法第二百七十六条之一第一款规定的"劳动者的劳动报酬"。

第二条　以逃避支付劳动者的劳动报酬为目的，具有下列情形之一的，应当认定为刑法第二百七十六条之一第一款规定的"以转移财产、逃匿等方法逃避支付劳动者的劳动报酬"：

（一）隐匿财产、恶意清偿、虚构债务、虚假破产、虚假倒闭或者以其他方法转移、处分财产的；

（二）逃跑、藏匿的；

（三）隐匿、销毁或者篡改账目、职工名册、工资支付记录、考勤记录等与劳动报酬相关的材料的；

（四）以其他方法逃避支付劳动报酬的。

第三条　具有下列情形之一的，应当认定为刑法第二百七十六条之一第一款规定的"数额较大"：

（一）拒不支付**一名**劳动者三个月以上的劳动报酬且数额在**五千元至二万元以上**的；

（二）拒不支付**十名以上**劳动者的劳动报酬且数额**累计**在**三万元至十万元以上**的。

各省、自治区、直辖市高级人民法院可以根据本地区经济社会发展状况，在前款规定的数额幅度内，研究确定本地区执行的具体数额标准，报最高人民法院备案。

第四条 经人力资源社会保障部门或者政府其他有关部门依法以**限期整改指令书、行政处理决定书等文书责令支付劳动者的劳动报酬后，在指定的期限内仍不支付的，应当认定为刑法第二百七十六条之一第一款规定的"经政府有关部门责令支付仍不支付"**，但有证据证明行为人有正当理由未知悉责令支付或者未及时支付劳动报酬的除外。

行为人逃匿，无法将责令支付文书送交其本人、同住成年家属或者所在单位负责收件的人的，如果有关部门已通过在行为人的住所地、生产经营场所等地张贴责令支付文书等方式责令支付，并采用拍照、录像等方式记录的，应当视为"经政府有关部门责令支付"。

第五条 拒不支付劳动者的劳动报酬，符合本解释第三条的规定，并具有下列情形之一的，应当认定为刑法第二百七十六条之一第一款规定的"造成严重后果"：

（一）造成劳动者或者其被赡养人、被扶养人、被抚养人的基本生活受到严重影响、重大疾病无法及时医治或者失学的；

（二）对要求支付劳动报酬的劳动者使用暴力或者进行暴力威胁的；

（三）造成其他严重后果的。

第七条 不具备用工主体资格的单位或者个人，违法用工且拒不支付劳动者的劳动报酬，数额较大，经政府有关部门责令支付仍不支付的，应当依照刑法第二百七十六条之一的规定，以拒不支付劳动报酬罪追究刑事责任。

第八条 用人单位的实际控制人实施拒不支付劳动报酬行为，构成犯罪的，应当依照刑法第二百七十六条之一的规定追究刑事责任。

第九条 单位拒不支付劳动报酬，构成犯罪的，依照本解释规定的相应个人犯罪的定罪量刑标准，对直接负责的主管人员和其他直接责任人员定罪处罚，并对单位判处罚金。

该部分法条是刑法以"拒不支付劳动报酬罪"的方式对劳动者的劳动报酬进行特殊保护的关键法条规定。用人单位欠付劳动者的劳动报酬，虽然本质上还是债权债务纠纷，但这种债权债务的特殊性在于双方地位不平等，且劳动报酬涉及劳动者的基本生活保障，故以"欠薪入刑"的方式对劳动报酬进行了相较于普通债权更严格的保护。欠薪入刑有以下几个明确的认定要件：

一是用人单位存在以转移财产、逃匿等方法逃避支付劳动者的劳动报酬或者有能力支付而不支付劳动者的劳动报酬的情形。

二是拒付劳动报酬的数额达到了"拒不支付一名劳动者三个月以上的劳动报酬且数额在五千元至二万元以上"或者"拒不支付十名以上劳动者的劳动报酬且数额累计在三万元至十万元以上"的标准。

三是经政府有关部门（如当地人力资源社会保障部门、政府设立的"清欠办"等政府部门）责令支付仍不支付。

第五章
加班及加班费的规范管理

第一节　加班的概念与工时制度

关键法条

1.《劳动法》

第三十六条　国家实行劳动者每日工作时间不超过八小时、平均每周工作时间不超过四十四小时的工时制度。

第三十八条　用人单位应当保证劳动者每周至少休息一日。

第三十九条　企业因生产特点不能实行本法第三十六条、第三十八条规定的，经劳动行政部门批准，可以实行其他工作和休息办法。

第四十一条　用人单位由于生产经营需要，经与工会和劳动者协商后可以延长工作时间，一般每日不得超过一小时；因特殊原因需要延长工作时间的，在保障劳动者身体健康的条件下延长工作时间每日不得超过三小时，但是每月不得超过三十六小时。

第四十二条　有下列情形之一的，延长工作时间不受本法第四十一条规定的限制：

（一）发生自然灾害、事故或者因其他原因，威胁劳动者生命健康和财产安全，需要紧急处理的；

（二）生产设备、交通运输线路、公共设施发生故障，影响生产和公众利益，必须及时抢修的；

（三）法律、行政法规规定的其他情形。

第四十三条　用人单位不得违反本法规定延长劳动者的工作时间。

2.《劳动合同法》

第三十一条　用人单位应当严格执行劳动定额标准,不得强迫或者变相强迫劳动者加班。用人单位安排加班的,应当按照国家有关规定向劳动者支付加班费。

3. 国务院《关于职工工作时间的规定》

第三条　职工每日工作 8 小时、每周工作 40 小时。

第五条　因工作性质或者生产特点的限制,不能实行每日工作 8 小时、每周工作 40 小时标准工时制度的,按照国家有关规定,可以实行其他工作和休息办法。

第六条　任何单位和个人不得擅自延长职工工作时间。因**特殊情况和紧急任务**确需延长工作时间的,按照国家有关规定执行。

关联规定

1. 原劳动部《关于贯彻执行〈中华人民共和国劳动法〉若干问题的意见》

65. 经批准实行综合计算工作时间的用人单位,分别以周、月、季、年等为周期综合计算工作时间,但其平均日工作时间和平均周工作时间应与法定标准工作时间基本相同。

67. 经批准实行不定时工作制的职工,不受劳动法第四十一条规定的日延长工作时间标准和月延长工作时间标准的限制,但用人单位应采用弹性工作时间等适当的工作和休息方式,确保职工的休息休假权利和生产、工作任务的完成。

2. 原劳动部《贯彻〈国务院关于职工工作时间的规定〉的实施办法》

第七条　有下列特殊情形和紧急任务之一的,延长工作时间不受本办法第六条规定的限制:

> （一）发生自然灾害、事故或者因其他原因，使人民的安全健康和国家资财遭到严重威胁，需要紧急处理的；
>
> （二）生产设备、交通运输线路、公共设施发生故障，影响生产和公众利益，必须及时抢修的；
>
> （三）必须利用法定节日或公休假日的停产期间进行设备检修、保养的；
>
> （四）为完成国防紧急任务，或者完成上级在国家计划外安排的其他紧急生产任务，以及商业、供销企业在旺季完成收购、运输、加工农副产品紧急任务的。
>
> **3. 国家统计局《关于工资总额组成的规定》**
>
> **第四条** 工资总额由下列六个部分组成：
>
> （一）计时工资；
>
> （二）计件工资；
>
> （三）奖金；
>
> （四）津贴和补贴；
>
> （五）加班加点工资；
>
> （六）特殊情况下支付的工资。
>
> **第九条** 加班加点工资是指按规定支付的加班工资和加点工资。

结合上述法条规定，首先需要向用人单位明确以下几个常见的认识误区。

1. 我国究竟是单休制还是双休制

依照国务院《关于职工工作时间的规定》关于"职工每日工作 8 小时、每周工作 40 小时"的规定，自 1995 年 5 月 1 日起，我国就实行双休制度了。此外，该规定与《劳动法》第 38 条的"用人单位应当保证劳动者每周至少休息一日"并不冲突。所以，我国当前实行的是双休制。

有的用人单位老板认为，《劳动法》规定"用人单位应当保证劳动者每周至少休息一日"，公司实行单休制度是并不违法的，是保证员工休息了一天的，那为什么还要支付加班费？其实，"每周保证劳动者休息一日"是下限要求，并非用人单位不支付加班费的依据。通俗地说，用人单位安排了单休工作制，员工也接受了单休工作，用人单位虽然达到了《劳动法》所规定的"保证劳动者每周至少休息一日"，但休息日加班费还是要给的。

2. 劳动者是否有权拒绝加班

实践中，"996"饱受诟病，年轻人更是喊出"整顿职场"的口号。劳动者享有休息权，《劳动合同法》第31条更是明确了"用人单位应当严格执行劳动定额标准，不得**强迫**或者**变相强迫**劳动者加班"。

关于加班的劳动定额标准，《劳动法》第41条规定得很清楚，即"用人单位由于生产经营需要，经**工会和劳动者协商**后可以延长工作时间，**一般每日不得超过一小时**；因特殊原因需要延长工作时间的，在保障劳动者身体健康的条件下延长工作时间**每日不得超过三小时，但是每月不得超过三十六小时**"。由此可见，用人单位因生产经营需要安排加班，需满足以下条件：

（1）需与工会和劳动者本人协商

一般而言，安排加班须与劳动者本人协商一致。但对于大型企业，如果需要安排加班，一对一的协商可能确实有困难。比如，一个劳动密集型的生产企业，需要全员在工作日加班1小时的，一对一与员工协商，等协商完，加班的时间都过了。在实践中，如果企业在法定的加班时间上限内，与工会协商后安排劳动者加班，劳动者未提出异议的情况下也是可以的。

（2）每日加班不得超过1小时

标准工时制下，每日的工作时间为8小时，每日安排延时加班不超过1小时，即每日的工作时间不超过9小时。而大家诟病的"996"，从上午9点上班至晚上9点下班，即使扣除中午1小时的午休时间，1天的上班的时间也明显超过了法定标准。

（3）因特殊原因需要延长工作时间的，在保障劳动者身体健康的条件下延长工作时间每日不得超过3小时且每月不得超过36小时

这是对一些特殊原因导致加班的上限规定。比如，外贸企业为了完成季节性订单，在保障员工身体健康的条件下，可以超出每日加班不超过1小时的规定。但安排这种加班，也是要与工会和劳动者协商同意的，且要保障劳动者的身体健康。此外,每日安排超过1小时的加班时,累计起来1个月不得超过36小时(相当于每周不超过9小时)。

(4)如果用人单位安排的加班超出法定标准,或未超出法定标准但未与工会和劳动者本人协商一致,劳动者有权拒绝加班

最高人民法院与人力资源社会保障部于2021年发布了关于超时加班劳动人事争议典型案例。第一个案例就是:劳动者拒绝违法超时加班安排,用人单位能否解除劳动合同。

该案例载明:该案的争议焦点是张某拒绝违法超时加班安排,某快递公司能否与其解除劳动合同。为确保劳动者休息权的实现,我国法律对延长工作时间的上限予以明确规定。用人单位制定违反法律规定的加班制度,在劳动合同中与劳动者约定违反法律规定的加班条款,均应认定为无效。该案中,某快递公司规章制度中"工作时间为早9时至晚9时,每周工作6天"的内容,严重违反法律关于延长工作时间上限的规定,应认定为无效。**张某拒绝违法超时加班安排,系维护自己合法权益,不能据此认定其在试用期间被证明不符合录用条件。**故仲裁委员会依法裁决某快递公司支付张某违法解除劳动合同赔偿金。

从法律规定来看,用人单位安排员工加班时,要满足前述第1至3项条件,如果不满足前述3个条件,劳动者有权拒绝加班。"996"的加班工作模式就明显违法,劳动者有权拒绝。在实践中,很多用人单位安排加班就是发出一份加班通知,或直接规定"单休制"或"大小周制",根本没有经单位工会和劳动者协商一致,这种情况下,劳动者也有权拒绝加班。但现实情况是,只要用人单位安排的加班不过分且能依法支付加班费,大多数员工还是服从了用人单位单方面安排的加班。

直白点讲,用人单位要形成这样的理念,劳动者拒绝加班是其权利,愿意加班也是其权利,用电视剧台词表达就是:**接受加班是情分,拒绝加班是本分。**所以,有些用人单位对不服从加班安排的员工进行批评或以不服从安排为由进行辞退是不合法的。

(5)特殊情况下的加班安排不受上述限制

事有轻重缓急。对一些特殊行业、特殊岗位,出现了"火烧眉毛"的事,如

果用人单位还不得安排超时加班,可能会对社会安全、基本民生,甚至是国防所需的紧急工作造成影响。所以,在特殊情形下,一些特殊的用人单位安排加班不受《劳动法》第 41 条规定的限制,而且劳动者一般不得拒绝。特殊情形有以下几种:

《劳动法》第 42 条规定的两种情形:

一是发生自然灾害、事故或者因其他原因,威胁劳动者生命健康和财产安全,需要紧急处理的。比如,某地发生地震,上游形成堰塞湖,需要安排加班排除险情。由于情形紧急,加班限制为每日不超过 3 小时,难道超过 3 小时员工都收工回家,放任险情继续扩大?所以为了抗击威胁人民生命健康和财产安全的灾害和事故,可以突破加班限制。

二是生产设备、交通运输线路、公共设施发生故障,影响生产和公众利益,必须及时抢修的。比如,南方发生雪灾,导致高铁线路出现停电,高铁停在途中,数千群众被困,铁路公司、电力公司组织职工进行抢修。

《劳动法》第 42 条第 3 项、国务院《关于职工工作时间的规定》第 6 条、原劳动部《贯彻〈国务院关于职工工作时间的规定〉的实施办法》第 7 条还规定了 3 种情形:

一是必须利用法定节日或公休假日的停产期间进行设备检修、保养的。比如,医院、学校的电力检修。在工作日,医院、学校需保持正常运行,不能断电,电力公司通过节假日进行设备检修不可避免安排加班。

二是为完成国防紧急任务,或者完成上级在国家计划外安排的其他紧急生产任务。这种情形就更好理解了,因国防需要或国家下达的紧急生产任务安排的加班。比如,公司作为军工企业,国家发生战争了,前线急需的武器弹药、保障物资,需要加班加点生产。这种情况下,肯定无法用正常情形下的加班制度来管理。笔者甚至觉得,这种加班是光荣的,如果真遇到这种情况,估计加班都是需要争取的。

三是商业、供销企业在旺季完成收购、运输、加工农副产品紧急任务的。这种情形主要存在于一些从事收购、供销的企业。因为农产品的收购有一定的季节要求,特别是一些鲜活农产品,其运输、加工都需要"争分夺秒"。此类情况下,用人单位在一些季节内安排超时加班,也是可以的。

3. 加班后应得的报酬究竟是"加班费"还是"加班工资"

《劳动合同法》第 31 条、第 62 条、第 85 条都表述为"加班费",最高人民法院《关于审理劳动争议案件适用法律问题的解释(一)》第 35 条、第 42 条也表述为"加班费"。由此可见,加班后计付的报酬称为"加班费"最符合法律原文规定。但国家统计局《关于工资总额组成的规定》中表述为"加班工资"或"加点工资",部分地方发布的工资支付条例或司法指导意见中,也称为"加班工资"。所以,两种名词表述都没有错,实践中,不必纠结名词表述的不同。当然,按法条原文表述为"加班费"更为专业、准确。

4. 计付加班费只能适用于标准工时制吗

从前述的解读来看,似乎所有的加班都是相对于标准工时制来计算的。难道加班情形只能在实行标准工时制的用人单位产生?我们在学习加班费的基础上,还需要了解相关的工时制度。现行劳动法规中,规定了 3 种工时制度。

> **关联规定**
>
> 原劳动部《关于企业实行不定时工作制和综合计算工时工作制的审批办法》
>
> 第三条 企业因生产特点不能实行《中华人民共和国劳动法》第三十六条、第三十八条规定的,可以实行**不定时工作制**或**综合计算工时工作制**等其他工作和休息办法。
>
> 第四条 企业对符合下列条件之一的职工,可以实行不定时工作制。
>
> (一)企业中的高级管理人员、外勤人员、推销人员、部分值班人员和其他因工作无法按标准工作时间衡量的职工;
>
> (二)企业中的长途运输人员、出租汽车司机和铁路、港口、仓库的部分装卸人员以及因工作性质特殊,需机动作业的职工;
>
> (三)其他因生产特点、工作特殊需要或职责范围的关系,适合实行不定时工作制的职工。

第五条 企业对符合下列条件之一的职工,可实行综合计算工时工作制,即分别以周、月、季、年等为周期,**综合计算工作时间**,但其平均日工作时间和平均周工作时间应与法定标准工作时间基本相同。

(一)交通、铁路、邮电、水运、航空、渔业等行业中因工作性质特殊,需连续作业的职工;

(二)地质及资源勘探、建筑、制盐、制糖、旅游等受季节和自然条件限制的行业的部分职工;

(三)其他适合实行综合计算工时工作制的职工。

第六条 对于实行不定时工作制和综合计算工时工作制等其他工作和休息办法的职工,企业应根据《中华人民共和国劳动法》第一章、第四章有关规定,在保障职工身体健康并充分听取职工意见的基础上,采用集中工作、集中休息、轮休调休、弹性工作时间等适当方式,确保职工的休息休假权利和生产、工作任务的完成。

第七条第二款 地方企业实行不定时工作制和综合计算工时工作制等其他工作和休息办法的**审批办法**,由各省、自治区、直辖市人民政府劳动行政部门制定,报国务院劳动行政部门备案。

1. 标准工时制

这是最常见的工时制度,也是无须经过审批而普遍适用的工时制度,即"每日工作 8 小时、每周工作 40 小时"的工时制度。实行标准工时制度时,加班时长容易统计,加班的种类也容易判断,加班费的计算也相对更容易。但有些企业由于经营性质特殊,无法实行标准工作制怎么办?

比如,航空公司,当天有连续执飞,即使是法定节假日,飞行员、空乘人员也要工作。所以有一些特定行业的企业,基于生产经营特点,确实无法实行标准工作制,就需要其他工时制度作为补充。具体来讲,就是通过**综合计算工时工作制**和**不定时工作制**来补充。

2. 综合计算工时工作制

从上述规定内容可见,综合计算工时工作制就是在平均日工作时间和平均周工作时间参照法定标准工作时间的情况下,以周、月、季、年为周期综合计算工作时间。这种工时制度一般适用于交通、铁路、邮电、水运、航空、渔业等因工作性质特殊而需要连续作业的工作岗位以及地质及资源勘探、建筑施工、制盐制糖、旅游等受季节和自然条件限制行业的部分岗位。通俗地讲,就是法定标准工时规定了"每日工作8小时,每周工作40小时",标准还是这个标准,但计算周期不一定按日计、按周计,而是按更长的周期来综合计算。

举例说明:张三入职了某水产公司,从事水手工作,该岗位经审批实行综合计算工时工作制。张三随船在近海捕鱼,渔情好则当天工作时间达9—10小时,渔情不好可能工作3—4小时就回港休息。这样一来,由于张三的工作时间与渔情相关,如果按日计或按周计,有可能某天或某周存在超时加班,某天或某周连标准工时都没有干满。所以,更为科学的办法就是累计一段时间,按月或按季综合计算工时。当然,如果经综合计算工时时长超过同期间的法定标准工时,也应该按延时加班计付加班费。此外,部分地区的地方性法规还明确规定,实行综合计算工时制员工在法定节假日工作的,也应当支付法定节假日加班费。

例如,《深圳市员工工资支付条例》第19条规定:实行综合计算工时工作制的员工,在综合计算工时周期内,员工实际工作时间达到正常工作时间后,用人单位安排员工工作的,视为延长工作时间,按照不低于员工本人正常工作时间工资的150%支付员工加班工资。用人单位安排实行综合计算工时工作制的员工在法定休假节日工作的,按照不低于员工本人正常工作时间工资的300%支付员工加班工资。

3. 不定时工作制

不定时工作制是一种不设置每日固定工作时间的工时制度,主要适用于企业中的高管、外勤、推销等因工作无法按标准工作时间衡量的岗位以及从事长途司机、出租汽车司机和铁路、港口、仓库的部分装卸人员等因工作性质特殊需机动作业的岗位。不定时工作制的特点是能够让用人单位与劳动者灵活安排工作时间。

比如,常见的铁路货运的装卸工,货运列车进站就来装卸,货运列车也不会全部都准时准点,所运货物有多有少,完成装卸的时间也不固定,就需要不定时工作制。又如,我们身边常见的不实行坐班制的私人健身教练,采用客户预约制,工作时间也不固定。不定时工作制在实践中面临的争议是:实行不定时工作制是否应该计付加班费?如何计付加班费?

有观点认为,《工资支付暂行规定》第13条明确规定实行不定时工时制度的劳动者,不执行支付加班费的规定。所以不定时工作制不计付加班费。但这也会引发一个问题,虽然实行不定时工作制时工作时间与休息时间的界限不明显,但如果员工在法定节假日被通知工作呢。如前例,在春节期间,铁路货运的装卸工被通知参与装卸工作,难道也不支付法定节假日加班工资?所以,部分地方性法规明确,实行不定时工作制的员工在法定节假日工作的,也需支付法定节假日加班费。

例如,《深圳市员工工资支付条例》第20条规定:用人单位安排实行不定时工作制的员工在法定休假节日工作的,按照不低于员工本人正常工作时间工资的300%支付员工加班工资。

需要说明的是,实行综合计算工时工作制、不定时工作制,都是需要劳动行政部门审批的。

第二节　安排劳动者加班的三种分类

> 关键法条
>
> **1.《劳动法》**
> 第四十四条　有下列情形之一的,用人单位应当按照下列标准支付高于劳动者正常工作时间工资的工资报酬:
> (一)安排劳动者延长工作时间的,支付不低于工资的百分之一百五十的工资报酬;

(二)**休息日安排劳动者工作又不能安排补休的**,支付不低于工资的百分之二百的工资报酬;

(三)**法定休假日**安排劳动者工作的,支付不低于工资的百分之三百的工资报酬。

2.《工资支付暂行规定》

第十三条 用人单位在劳动者完成劳动定额或规定的工作任务后,根据实际需要安排劳动者在法定标准工作时间以外工作的,应按以下标准支付工资:

……

经劳动行政部门批准实行综合计算工时工作制的,其综合计算工作时间超过法定标准工作时间的部分,应视为延长工作时间,并应按本规定支付劳动者延长工作时间的工资。

实行不定时工时制度的劳动者,不执行上述规定。

3.《全国年节及纪念日放假办法》

第二条 全体公民放假的节日:

(一)元旦,放假1天(1月1日);

(二)春节,放假4天(农历除夕、正月初一至初三);

(三)清明节,放假1天(农历清明当日);

(四)劳动节,放假2天(5月1日、2日);

(五)端午节,放假1天(农历端午当日);

(六)中秋节,放假1天(农历中秋当日);

(七)国庆节,放假3天(10月1日至3日)。

按上述法条的规定,加班分为3类:

第一种被称为"延长工作时间加班",简称"延时加班",是指用人单位在工作日安排劳动者延长工作时间的加班。比如,老板在微信中通知:为了冲公司业绩,本周一至周五每天加班1小时,员工也接受了加班安排。这种加班情形,用人单位应按正常工资150%的标准支付加班费。

第二种被称为"**休息日加班**"，是指用人单位在休息日（一般是指周六、周日）安排的加班。比如，公司实行单休制，即每周仅休息1天，周六或周日要上班1天。员工于周六或周日的其中1天从事工作就是休息日加班。休息日加班有一个特殊之处，即劳动者休息日加班的，应优先安排补休，如果不能安排补休的，用人单位则应按正常工资200%的标准支付加班费。

当然，值得一提的是，一般而言，我们所称的休息日是指周六、周日，大家似乎约定俗成地将周六和周日当作休息日。但是，对企业而言，在法律上休息日并不一定是周六、周日。

如果公司的规章制度规定，本公司的工作日是周三至周日，休息日是周一周二，其实也是合法可行的。其理由在于：首先，国务院《关于职工工作时间的规定》第3条规定：职工每日工作8小时、每周工作40小时。法条只规定"每日工作8小时，每周工作40小时"，即5天工作制，并没有规定休息日那两天一定是周六、周日。其次，之所以规定休息日加班了可以补休，其逻辑就是因为休息日并不强制固定为周六、周日。即使公司每周都在周六、周日安排工作，但之后又安排员工周一、周二补休了，也符合每日工作8小时，每周工作40小时的工时制度，也不应该认定存在休息日加班。换个逻辑，如果公司安排员工于周六、周日工作了，但周一、周二休息了，可以认定为周一、周二是补休周六、周日的工作日，也可以认定为本周的休息日就是周一、周二，实际效果是一样的。所以，如果用人单位的经营业务需要与社会上大多数公司确定的休息日错开，完全可以通过劳动合同、规章制度与劳动者约定将公司的休息日调整至周一至周五的任何两天，这样也符合双休制的要求。

第三种被称为"**法定节假日加班**"，是指用人单位在国家法定节假日安排劳动者加班。这种加班情形，用人单位应按正常工资300%的标准支付加班费。用人单位要注意，因法定节假日具有特殊意义，所以不仅加班费计算标准最高，而且不能通过补休来免除用人单位支付加班费的义务。有些用人单位一看法定节假日的加班费要按正常工资的3倍计算，为了不支付加班费，就想用安排补休的方式来免除法定节假日加班费的支付义务，这是不行的。

再次强调：补休仅适用于休息日安排加班，由于大家默认周六、周日是休息日，所以一般而言是指用人单位在周六、周日安排劳动者加班后，可以在周一至周五安排劳动者补休，安排补休后就不再支付休息日加班费，但法定节假日是不能通过补休来免除用人单位应支付法定节假日加班费的。

用人单位正确理解上述3种加班类型后，还要着重注意其中的关键词句"安排劳动者工作"。在实践中，部分劳动者与用人单位都会陷入一个误区，认为只要考勤显示工作时间多于8小时标准工作时间就是加班。其实，《劳动法》第44条连用3个"安排"来表述应支付加班费的情形，即"**安排**劳动者延长工作时间的、休息日**安排**劳动者工作又不能安排补休的、法定休假日**安排**劳动者工作的"。由此可见，用人单位支付加班费的情形是"**安排**"劳动者加班。

第三节　认定加班事实的常见争议

一、员工滞留办公场所"蹭"加班的情形

在实践中，劳动者用来证明加班的证据多为考勤打卡记录，但打卡记录显示的时间就一定是加班时长吗？在实践中存在争议，笔者曾在办案过程中从用人单位一方提供的监控视频中看到，确实有员工过了下班时间在单位的办公场所打游戏，看短视频，点个外卖，吃了外卖再打卡下班。此外，劳动法所规定的加班是指"用人单位安排"的加班事实，显然不能只看员工"留"在工作场所的时间。

用人单位向劳动者支付加班费的前提是：**安排劳动者加班**。如果是员工滞留办公场所导致考勤记录显示超过标准工作时长，也不能认定为加班。当然，员工考勤打卡记录上超过标准工时的时间是个人滞留还是用人单位安排的加班，一般而言需要由用人单位承担举证责任，所以用人单位有必要在劳动合同中约定"加班审批条款"，将加班的"书面安排"或"书面审批"约定为启动加班的前提，以规范安排加班的流程。

北京市高级人民法院、北京市劳动人事争议仲裁委员会《关于审理劳动争议案件解答（一）》第56条规定：经双方确认的考勤记录可以作为认定是否存

在加班事实的依据。劳动者未能提供加班事实的依据,**仅凭电子打卡记录要求认定存在加班事实的,一般不予支持**。该指导性文件体现的裁判尺度也是不能仅凭考勤打卡记录来认定加班事实。

二、为获得更多的提成或绩效而自愿加班的情形

实行提成工资的企业,员工为了获得更高的提成而自愿加班,加班之后既享受了更多的提成,又要求支付加班费。一般而言,这种情形下劳动者要求加班费的主张难以得到支持。

三、"值班"是否认定为加班

这种情况一直是加班费案件中的审理难点。比如,保安、安检员、监控员、巡查员等需要从事值班工作的人员,其在工作时间外的值班期间是否属于加班?最常见的是物业公司安排的在小区大门值班的保安以及企业的门卫保安。有的小区或企业在保安值班室内放置有床,保安夜晚值班时在值班室的床上休息,需要开门时,醒来开个门,然后可以继续睡。你说他晚上值班是加班工作吧,他一晚上8个小时都在睡觉,需要起来开门处理的时间加起来不到半小时;你说他晚上值班不是加班吧,他又不能回家,虽然是在睡觉但也得在值班室内睡。所以这种值班是否属于加班,是否应由用人单位支付加班费,存在一定的争议。

主流裁判观点认为,这种"值班"应考虑到**工作强度**的问题。如果劳动者在值班的期间从事的劳动强度与标准工作时间内相同,则应认为加班。如劳动强度明显较低,且劳动者可以休息,则不认为是加班。

比如,小区的保安每晚值班时可以在值班室内睡觉,仅在需要开门时从床上起来开个门,因其工作强度明显达不到标准工时期间的标准,故这种值班不宜认定为加班。又如,企业安排保安晚上值班时,值班室内不仅没有床位可供休息,保安还需要按企业要求每小时对厂区进行巡查。在此种情况下,由于劳动者在值班时不能得到休息,其工作强度与正常工作期间相差不大,所以这种值班期间应认定为加班,用人单位应按值班时长支付加班费。

笔者个人认为，以上观点是可行的。为了避免以上值班被认定为加班，建议用人单位在劳动合同或规章制度中，约定值班岗位的"值班补贴"。通过定额的值班补贴，一方面对劳动者须在工作场所值班的情形进行合理补偿；另一方面避免用人单位在工作强度明显不符合标准工作强度时按加班支付加班费。

北京市高级人民法院、北京市劳动人事争议仲裁委员会《关于审理劳动争议案件解答（一）》第56条规定，下列情形中，劳动者要求用人单位支付加班工资的，一般不予支持：(1)用人单位因安全、消防、节假日等需要，安排劳动者从事与本职工作无关的值班任务；(2)用人单位安排劳动者从事与其本职工作有关的值班任务，但值班期间可以休息的。在上述情况下，劳动者可以要求用人单位按照劳动合同、规章制度、集体合同等支付相应待遇。该指导性文件也体现了前述观点。

第四节　用人单位实行"加班审批制"的注意事项

在劳动用工管理中，越来越多的用人单位实行"加班审批制"，越来越多的劳动合同中会约定"加班审批条款"。如前所述，用人单位**安排**劳动者加班才支付加班费。但在实践中存在双方都难以说清楚劳动者在标准工作时间之外的工作究竟是不是用人单位安排的加班的情形。在此情况下，加班审批制度应运而生。

加班审批制度的运行方式是：劳动者因完成工作任务需要加班的，通过书面形式或钉钉等办公软件的形式提出加班申请，经上级主管或一定层次的管理人员审批后，劳动者再从事加班工作。这样一来，劳动者的加班系用人单位经审核后认可需要安排加班的情形，应计付加班费。同理，用人单位需要安排劳动者加班的，需要通过书面形式或钉钉等各类办公系统向劳动者作出"加班通知""加班安排"，劳动者依据可以留存证据的前述通知进行加班。发生加班费争议时，劳动者也可以通过以上证据查明实际的加班事实。

笔者个人是赞同用人单位普遍实行加班审批制的。如果用人单位与劳动者都诚信地执行该制度,可以切实避免关于加班事实和加班费方面的争议。用人单位能清楚地掌握其安排或审批同意劳动者加班的情况,劳动者也可以凭手里的加班审批材料或加班通知文件自己核算加班费是否足额发放。

但是,该制度在运行中也出现了一些问题。比如,用人单位通过在劳动合同中约定或以规章制度规定的方式,明确了单位实行加班审批制度。但员工提交加班申请时,用人单位故意不批准,又通过口头方式或其他不容易让员工留存证据的方式要求员工加班。员工加班后向用人单位要求支付加班费时,用人单位以单位有明确的加班审批制度,而员工的加班未履行加班审批程序为由,拒绝支付加班费。在这种情况下,双方会对加班费是否应当支付产生争议。

人力资源社会保障部和最高人民法院于 2021 年 6 月 30 日联合发布了《劳动人事争议典型案例(第二批)》。该批案例共发布了 10 起针对加班费争议的案例,其中就有相关案例回应了前述问题。

典型案例

用人单位未按规章制度履行加班审批手续,能否认定劳动者加班事实[①]

基本案情:吴某于 2019 年 12 月入职某医药公司,月工资为 18,000 元。某医药公司加班管理制度规定:"加班需提交加班申请单,按程序审批。未经审批的,不认定为加班,不支付加班费。"吴某入职后,按照某医药公司安排实际执行每天早 9 时至晚 9 时,每周工作 6 天的工作制度。其按照某医药公司加班管理制度提交了加班申请单,但某医药公司未实际履行审批手续。**吴某申请劳动仲裁**,请求裁决某医药公司支付其自 2019 年 12 月至 2020 年 11 月的加班费 50,000 元。仲裁裁决某医药公司支付吴某 2019 年 12 月至 2020 年 11 月加班费 50,000 元。某医药公司不服仲裁裁决起诉,一审法院判决与仲裁裁决一致,某医药公司未上诉,一审判决已生效。

---

① 2021 年 6 月 30 日,人力资源社会保障部、最高人民法院联合发布《劳动人事争议典型案例(第二批)》。

仲裁认为：该案中，吴某提交的考勤记录与部门领导及同事的微信聊天记录、工作会议纪要等证据形成了相对完整的证据链，某医药公司亦认可上述证据的真实性。某医药公司未实际履行加班审批手续，并不影响对"用人单位安排"加班这一事实的认定。故仲裁委员会依法裁决某医药公司支付吴某加班费。

从上述案例来看，约定了加班审批制度时，即使用人单位未按规章制度履行加班审批手续，查明劳动者的加班事实后，用人单位仍应支付加班费。

第五节　涉及加班费的实务争议及重点案例

除了加班事实的举证难、加班费的计算难，造成加班费裁判难的原因还有一点，即加班费本身在司法实务中就存在一些争议事项。当然，最高人民法院与人力资源社会保障部也在努力统一裁判尺度。现结合当前的重要案例，对涉及加班费案件在实践中常见的争议点进行解读。

一、加班费是否适用关于劳动报酬的特殊仲裁时效

加班费是不是劳动报酬在实践中存在争议。劳动者上班时间干活得到的报酬是劳动报酬，劳动者加班干活得到的报酬就不是劳动报酬吗？

加班费是不是劳动报酬涉及仲裁时效的认定。如果加班费是劳动报酬，则适用特殊仲裁时效，即从劳动者离职之日才开始计算仲裁时效，意味着劳动者只要在离职后1年内申请仲裁加班费，可以要求用人单位支付整个在职期间的加班费。俗称可以让劳动者对用人单位进行"秋后算账"的特殊仲裁时效。加班费如果不属于劳动报酬，则适用一般仲裁时效，从劳动者知道或应当知道之日起计算仲裁时效，那劳动者基本上只能主张自申请仲裁之日起倒推1年之内的加班事实所对应的加班费。

主流裁判观点认为：加班费属于劳动报酬，应适用特殊仲裁时效。

持这种观点主要有两点依据：一是从常理判断，加班费本质上是劳动者进

行加班劳动所取得的报酬,自然应认定为劳动报酬。二是依据国家统计局于1990年1月1日发布的《关于工资总额组成的规定》第4条之规定:"工资总额由下列六个部分组成:……(五)加班加点工资;……"也就是说,国家统计局在统一工资收入的口径时已将加班工资纳入工资总额,因此加班工资自然属于劳动报酬。既然加班工资属于劳动报酬,自然以劳动报酬的标准适用特殊仲裁时效。

典型案例

加班费的仲裁时效应当如何认定[①]

该案例的说理部分载明:加班费属于劳动报酬,相关争议处理中应当适用特别仲裁时效。该案中,某建筑公司主张张某加班费的请求已经超过了1年的仲裁时效,不应予以支持。张某与某建筑公司的劳动合同于2019年2月解除,其支付加班费的请求应自劳动合同解除之日起1年内提出,张某于2019年12月提出仲裁申请,其请求并未超过仲裁时效。判决某建筑公司支付张某加班费。

实践中有另一种观点认为:加班费不属于劳动报酬,应适用一般仲裁时效。

这种观点的依据主要来自《劳动合同法》第85条,该条规定:"用人单位有下列情形之一的,由劳动行政部门责令限期支付**劳动报酬**、**加班费**或者**经济补偿**;……逾期不支付的,责令用人单位按应付金额百分之五十以上百分之一百以下的标准向劳动者加付赔偿金:(一)**未按照劳动合同的约定或者国家规定及时足额支付劳动者劳动报酬的**;……(三)**安排加班不支付加班费的**;……"

该观点认为,既然《劳动合同法》将**加班费**与**劳动报酬**、**经济补偿**并列,说明两者之间不存在包含关系,即在《劳动合同法》体系中,劳动报酬的概念不包含加班费。因此,该观点坚持认为加班费不属于劳动报酬,不应适用专属于保护劳动报酬的特殊仲裁时效。同理,《劳动合同法》第38条规定:"用人单位有

[①] 2021年6月30日,人力资源社会保障部、最高人民法院联合发布《劳动人事争议典型案例(第二批)》。

下列情形之一的,劳动者可以解除劳动合同:……(二)未及时足额支付**劳动报酬**的;……"从对《劳动合同法》进行体系解释的角度来看,既然《劳动合同法》第 85 条将**劳动报酬**与**加班费**并列,说明劳动报酬并不包含加班费,那么《劳动合同法》第 38 条中的**劳动报酬**也不包含**加班费**。换言之,由于加班费不属于劳动报酬,所以用人单位未及时足额支付"加班费"不属于未及时足额支付"劳动报酬"的情形,劳动者以用人单位未及时足额支付加班费为由提出解除劳动合同的,不符合《劳动合同法》第 85 条所规定的应支付经济补偿的情形。

二、劳动者与用人单位签署自愿加班的"奋斗者协议"后是否还可以要求用人单位支付加班费

近年来,职场开始出现让劳动者签署放弃部分权益的"奋斗者协议",如自愿加班且放弃加班费,自愿不休年休假且放弃未休年休假工资等。其实,此类"奋斗者协议"都涉及协议条款是否应认定为无效的问题。

典型案例

劳动者与用人单位订立放弃加班费协议,能否主张加班费[①]

基本案情:张某于 2020 年 6 月入职某科技公司,月工资 20,000 元。某科技公司在与张某订立劳动合同时,要求其订立一份协议作为合同附件,协议内容包括"我自愿申请加入公司奋斗者计划,放弃加班费"。半年后,张某因个人原因提出解除劳动合同,并要求支付加班费。某科技公司认可张某加班事实,但以其自愿订立放弃加班费协议为由拒绝支付加班费。张某向劳动人事争议仲裁委员会申请仲裁,请求裁决某科技公司支付其自 2020 年 6 月至 12 月的加班费 24,000 元。仲裁委员会裁决某科技公司支付张某自 2020 年 6 月至 12 月的加班费 24,000 元。

仲裁裁决认为,《劳动合同法》第 26 条规定:"下列劳动合同无效或者部分

---

① 2021 年 6 月 30 日,人力资源社会保障部、最高人民法院联合发布《劳动人事争议典型案例(第二批)》。

无效：……(二)用人单位免除自己的法定责任、排除劳动者权利的……"加班费是劳动者延长工作时间的工资报酬，《劳动法》第44条、《劳动合同法》第31条明确规定了用人单位支付劳动者加班费的责任。约定放弃加班费的协议免除了用人单位的法定责任、排除了劳动者权利，显失公平，应认定无效。该案中，某科技公司利用在订立劳动合同时的主导地位，要求张某在其单方制定的格式条款上签字放弃加班费，既违反法律规定，也违背公平原则，侵害了张某工资报酬权益。故仲裁委员会依法裁决某科技公司支付张某加班费。

从上述案例体现的裁判尺度来看，约定放弃加班费的协议免除了用人单位的法定责任、排除了劳动者权利，显失公平，应认定无效。劳动者如果从事了用人单位安排的加班，仍可以要求用人单位支付加班费。

笔者认为，主流裁判观点对劳动者要求加班费的支持力度明显加大。互联网上关于"996"的讨论也起到了推波助澜的作用。其实如果严格执行加班费的支付标准，用人单位安排员工加班是不划算的，是亏本的。

比如，用人单位把3个人的活交给2个人干，就得向2个人支付2个人的正常工资＋这两个人的加班费，而加班费的计付标准是上浮的。当用人单位可以逃避加班费的支付，导致用人单位向2名员工支付的加班费少于1个人的正常工资的时候，用人单位总有让员工加班的冲动。当用人单位无法逃避加班费的支付，导致用人单位支付的加班费多于1个员工的正常工资的时候，用人单位就有意愿再招1个人，让3个人干3个人的活了。所以，严格执行加班费的裁判规则，加大对加班费的保护力度，实际上发挥了促进就业的作用。

三、劳动者利用社交媒体"隐形加班"是否应认定为加班

在网络越来越发达的当今社会，劳动者提供劳动的场所并不一定固定在一个工作场所内。线上办公、线上完成工作成果的情况越来越多。各种网络即时通信软件的发达，导致劳动者随时随地都可能接受用人单位的工作安排。劳动者线上工作、"碎片化"工作其实也是一种加班劳动。不能因为是线上工作就不认定为加班，也不能因为加班时间"碎片化"无法计算就不支持劳动者的加班费诉求。

当前，已有权威案例明确了线上工作也应认定为加班。当加班时长和加班费金额难以计算时，可以结合加班频率、工资标准、工作内容等信息酌情认定加班费。从此类案例来看，国家对劳动者的加班费保护力度是越来越大了。用人单位安排加班要慎重，非必要时应尽量避免安排加班。

典型案例

李某艳诉北京某科技公司劳动争议案[①]

裁判要旨：

1. 关于"隐形加班"的认定标准。对于用人单位安排劳动者在非工作时间、工作场所以外利用微信等社交媒体开展工作，劳动者能够证明自己付出了**实质性劳动且明显占用休息时间**，并请求用人单位支付加班费的，人民法院应予支持。

2. 关于加班费数额。利用社交媒体加班的工作时长、工作状态等难以客观量化，用人单位亦无法客观掌握，若以全部时长作为加班时长，对用人单位而言有失公平。因此，在无法准确衡量劳动者"隐形加班"时长与集中度的情况下，对于加班费数额，应当根据证据体现的**加班频率、工作内容、在线工作时间**等予以酌定，以平衡好劳动者与用人单位之间的利益。

线上加班费应结合劳动者加班频率、时长、工资标准、工作内容等因素认定——李某诉某文化传媒公司劳动争议案[②]

基本案情：李某于2020年4月入职某文化传媒公司，担任短视频运营总监，双方签订了期限自2020年4月8日至2023年4月7日的劳动合同，约定了3个月的试用期，试用期工资标准为每月2万元。李某在2020年4月8日至2020年5月28日任职期间，在非工作时间完成了回复设计方案、方案改进等工作。2020年5月28日，某文化传媒公司以李某试用期不符合录用条件为由解除劳动关系，未支付李某加班费。李某认为某文化传媒公司存在未支付加

[①] 人民法院案例库案例，入库编号：2024-18-2-490-002。

[②] 2024年1月25日，最高人民法院、人力资源社会保障部、中华全国总工会联合发布《十三起涉欠薪纠纷典型案例》。

班费等违法行为,申请劳动争议仲裁。后李某不服仲裁裁决,提出要求某文化传媒公司支付延时加班费19,670.5元、双休日加班费26,331元等诉讼请求。

裁判结果:法院认为,加班费数额应当综合劳动者岗位工作情况、用人单位业务特点及报酬给付标准等予以认定。因李某的工作无须在用人单位工作场所完成,且工作时间较为分散,难以量化考勤和进行科学的统计,审理法院根据李某提交的**微信内容**、**自述公司的考勤时间及工资标准**,酌情确定某文化传媒公司向**李某支付延时加班费1万元**;根据微信内容等确定李某存在3天休息日到岗事实,判令某文化传媒公司向李某支付**休息日加班工资5517.24元**。

第六章

福利待遇的规范管理

第一节　企业职工带薪年休假的管理

关键法条

1.《劳动法》

第四十五条　国家实行带薪年休假制度。

劳动者连续工作一年以上的,享受带薪年休假。具体办法由国务院规定。

2.《职工带薪年休假条例》

第二条　机关、团体、企业、事业单位、民办非企业单位、有雇工的个体工商户等单位的职工连续工作1年以上的,享受带薪年休假(以下简称年休假)。单位应当保证职工享受年休假。职工在年休假期间享受与正常工作期间相同的工资收入。

第三条　职工累计工作已满1年不满10年的,年休假5天;已满10年不满20年的,年休假10天;已满20年的,年休假15天。

国家法定休假日、休息日不计入年休假的假期。

第四条　职工有下列情形之一的,不享受当年的年休假:

(一)职工依法享受寒暑假,其休假天数多于年休假天数的;

(二)职工请事假累计20天以上且单位按照规定不扣工资的;

(三)累计工作满1年不满10年的职工,请病假累计2个月以上的;

(四)累计工作满 10 年不满 20 年的职工,请病假累计 3 个月以上的;

(五)累计工作满 20 年以上的职工,请病假累计 4 个月以上的。

第五条 单位根据生产、工作的具体情况,并考虑职工本人意愿,统筹安排职工年休假。

年休假在 1 个年度内可以集中安排,也可以分段安排,一般不跨年度安排。单位因生产、工作特点确有必要跨年度安排职工年休假的,可以跨 1 个年度安排。

单位确因工作需要不能安排职工休年休假的,经职工本人同意,可以不安排职工休年休假。对职工应休未休的年休假天数,单位应当按照该职工日工资收入的 300% 支付年休假工资报酬。

3.《企业职工带薪年休假实施办法》

第三条 职工连续工作满 12 个月以上的,享受带薪年休假(以下简称年休假)。

第四条 年休假天数根据职工累计工作时间确定。职工在同一或者不同用人单位工作期间,以及依照法律、行政法规或者国务院规定视同工作期间,应当计为累计工作时间。

第五条 职工新进用人单位且符合本办法第三条规定的,当年度年休假天数,按照在本单位剩余日历天数折算确定,折算后不足 1 整天的部分不享受年休假。

前款规定的折算方法为:(当年度在本单位剩余日历天数÷365 天)×职工本人全年应当享受的年休假天数。

第六条 职工依法享受的探亲假、婚丧假、产假等国家规定的假期以及因工伤停工留薪期间不计入年休假假期。

第八条 职工已享受当年的年休假,年度内又出现条例第四条第(二)、(三)、(四)、(五)项规定情形之一的,不享受下一年度的年休假。

第十条 用人单位经职工同意不安排年休假或者安排职工年休假天数少于应休年休假天数,应当在本年度内对职工应休未休年休假天数,按照其日工资收入的 300% 支付未休年休假工资报酬，其中包含用人单位支付职工正常工作期间的工资收入。

用人单位安排职工休年休假，但是**职工因本人原因且书面提出不休年休假**的，用人单位可以只支付其正常工作期间的工资收入。

第十一条 计算未休年休假工资报酬的日工资收入按照职工本人的月工资除以月计薪天数(21.75 天)进行折算。

前款所称月工资是指职工在用人单位支付其未休年休假工资报酬前 **12 个月剔除加班工资后的月平均工资**。在本用人单位工作时间不满 12 个月的，按实际月份计算月平均工资。

职工在年休假期间享受与**正常工作期间相同的工资收入**。实行计件工资、提成工资或者其他**绩效工资制的职工**，日工资收入的计发办法按照本条第一款、第二款的规定执行。

第十二条 用人单位与职工解除或者终止劳动合同时，当年度未安排职工休满应休年休假的，应当按照职工当年已工作时间折算**应休未休年休假天数**并支付**未休年休假工资报酬**，但折算后**不足 1 整天**的部分不支付未休年休假工资报酬。

前款规定的折算方法为：(当年度在本单位已过日历天数÷365 天)×职工本人全年应当享受的年休假天数－当年度已安排年休假天数。

用人单位当年已安排职工年休假的，多于折算应休年休假的天数不再扣回。

第十八条 本办法中的"年度"是指公历年度。

劳动法规体系对带薪年休假的规定是逐步细化的。先是由《劳动法》规定了国家实行带薪年休假制度。再由《职工带薪年休假条例》对带薪年休假制度进行明确。再由《企业职工带薪年休假实施办法》结合企业经营特点进一步对企业安排带薪年休假进行细化。

对于带薪年休假，用人单位需要清楚以下的要点：

一、职工享受带薪年休假的条件

《劳动法》第 45 条明确了"劳动者连续工作一年以上的"就享受带薪年休假。部分用人单位存在认识误区，认为"连续工作 1 年"是指在当前这个用人单位工作 1 年。其实不是，劳动者在不同的用人单位累计工作满 1 年，就享受年休假。

举例说明：张三大学毕业后，于 2022 年 11 月 5 日入职 A 公司，之后张三于 2024 年 5 月 31 日从 A 公司离职并于 2024 年 6 月 5 日入职 B 公司。由于张三在 A 公司已经连续工作满 1 年了，故张三自入职 B 公司时就已经达到了累计工作时间 1 年以上的标准，就应当享受每年 5 天的带薪年休假。

直白点说，如果员工已有 1 年以上的工作年限，该员工之后入职新的用人单位，自入职起就按其工作年限的长短享受一定天数的年休假了。有的用人单位规定劳动者要入职本公司 1 年以上才能享受年休假，实际是错误的做法。正确的做法是看新入职员工在入职前是否已累计有 1 年以上的工作年限，若有，则员工从入职时就可以享受年休假了。

> **实操建议**
>
> 如何查实员工的工作年限？在实践中，上一家或上上一家用人单位为员工开具的解除（终止）劳动合同证明、社保缴纳记录都能反映出劳动者的累计工作年限。还要注意的是，《企业职工带薪年休假实施办法》第 4 条规定"依照法律、行政法规或者国务院规定视同工作期间，应当计为累计工作时间"。此处的视同工作期间是指劳动者依法应视同工龄的期间。比如，员工之前有服兵役的情形，该员工在部队工作的期间，应当计入其累计工作时间。

二、职工享受带薪年休假的天数

这个很清楚，按职工的累计工作年限分 3 段计算：

（1）职工累计工作已满 1 年不满 10 年的，年休假 5 天。

（2）职工累计工作已满 10 年不满 20 年的，年休假 10 天。

(3)职工累计工作已满20年的,年休假15天。

口诀:1至10年休5天,10至20年休10天,20年以上休15天。

三、职工在哪些情况下不享受带薪年休假

(一)职工依法享受寒暑假,休假天数多于年休假天数的

这个情形主要出现在学校等教育机构。道理也很简单,教育机构的教职员工都享受寒假、暑假那么长的假期了,没有必要再享受年休假。

(二)职工请事假累计20天以上且单位按照规定不扣工资的

道理也很好理解,如果员工1年请了20天以上的事假办自己的私事,比法律规定的最长的年休假天数都长,如果用人单位在事假期间还不扣工资,这就相当于让员工享受了比法定年休假还长的带薪年休假了。但是在实践中,大多数用人单位对于员工请事假时都不计发事假期间的工资,所以如果请事假不计发工资,劳动者即使请事假累计达20天以上,还是可以要求休年休假的。

所以,该情形其实是要符合两个条件:一是劳动者在当年度已请事假累计达20天以上;二是用人单位在劳动者请事假期间没有扣发工资,而是按正常的工资标准向劳动者发放了工资。有些用人单位管理人员读法条只读前半句,不管后半句。例如,虽然员工累计请事假达20天但公司在员工事假期间并不计薪,这样的情况下也不安排年休假就错误了。

(三)累计工作满1年不满10年的职工,请病假累计2个月以上的;累计工作满10年不满20年的职工,请病假累计3个月以上的;累计工作满20年以上的职工,请病假累计4个月以上的

这个也好理解,用人单位在病假期间也要按法律规定发放病假工资,按工作年限享受了一定期间的病假就不能再享受带薪年休假了。

四、哪些情况不计入带薪年休假

前述规定明确:国家法定节假日、休息日(一般为周六、周日)、探亲假、婚

丧假、产假、工伤职工享受的停工留薪期间不计入年休假的假期。比如，员工于2024年4月10日至16日请休5天年休假，那就是指2024年4月10日、11日、12日、15日、16日共5天，因2024年4月13日、14日是休息日，不计入年休假。

婚丧假、产假不计入年休假。比如，员工于2024年5月请了3天婚假，但并不影响员工按工作年限于2024年享受规定的年休假天数。

五、带薪年休假的统筹安排原则

（一）年休假由用人单位"根据生产、工作的具体情况，并考虑职工本人意愿，统筹安排职工年休假"

职工的带薪年休假究竟是按**职工的意愿**来请休还是由**用人单位的安排**来执行？法条原文就是由"用人单位根据生产、工作的具体情况统筹安排，并考虑职工本人意愿"。"考虑"，本身就很难出现在具体的法律条文中。用人单位统筹安排的前提下"考虑"职工意愿，本质上何时安排职工休年休假的决定权在用人单位一方。

举例说明：张三想要每年4月春暖花开之际休上10天年休假，公司又想在每年11月业务淡季时统筹安排员工休年休假。张三向用人单位提出想在每年4月休年休假。公司表示经"认真考虑"后，还是安排张三于每年11月休年休假。那公司考虑张三的意愿了吗？公司说考虑了。"考虑"员工的意愿，又不是一定得依照员工的意愿。员工提出意愿，公司考虑了员工的意愿，但考虑之后公司还是有公司的统筹安排。

其实，这种规定也体现了劳动法规的特色，本身就是"两难"之局。如果完全按照劳动者提出请休时间的意愿，完全有可能在用人单位业务最繁忙、人手最缺乏之时出现众多职工一起请休年休假的情况。如果法条规定必须按劳动者的请休年休假意愿来批准年休假，用人单位的正常经营或业务运转必然受到一定的影响。所以年休假的安排规则是：以**"用人单位统筹安排"为原则，适当"考虑职工意愿"**。

在实践中，有的用人单位（特别是生产性企业）会在国家法定节假日前后集中安排年休假或是在员工离职前安排员工将未休年休假天数"休清"。

比如，春节放假是 7 天，用人单位通知，公司于春节期间连续放假 15 天，超出国家规定放假 7 天的放假天数，则是公司集中安排全公司员工休年休假的天数。

又如，员工提前 30 天提出离职，用人单位在收到员工的离职申请后安排员工在后面的工作日内将当年度应休未休的年休假休完，以免离职结算时还要向离职员工支付未休年休假工资。

用人单位以上这些做法是可行的，因为年休假以"用人单位统筹安排，适当考虑职工意愿"为原则。当然，即使主流裁判观点认为用人单位有权统筹安排年休假，但笔者建议，用人单位在安排员工年休假时，要尽量考虑并采纳员工的休假意愿。从笔者所审理的大量劳动争议案件中可见，大多数年休假都是由员工在钉钉等办公软件中提出年休假申请，经用人单位审批同意，然后休年休假，这种安排流程实际上是完全按员工请休年休假的意愿在安排年休假。这也是用人单位内部和谐劳动关系的表现。让员工能在春暖花开时去旅行，让员工能在寒暑假期间去陪伴孩子，这何尝不是增加用人单位凝聚力之举。

(二)年休假在 1 个年度内可以集中安排，也可以分段安排

这种情形很明确，如员工工作年限累计已达 10 年以上，每年享受年休假 10 天。该年休假可以一次性连休 10 天；也可以这个月先休 5 天，下个月再休 5 天；还可以这个月休 3 天，下个月休 3 天，几个月后再休 4 天。也就是说，集中连续休完和分段休都是可以的。

(三)年休假一般不跨年度安排，但用人单位因生产或工作特点确有必要跨年度安排职工年休假的，可以跨 1 个年度安排

原则上员工当年的年休假当年休完，但用人单位因生产或工作特点需要跨年度安排，可以跨一个年度安排。直白点讲，公司于 2023 年业务繁忙，所以在 2023 年度未安排员工休完全年的年休假，公司也可以在 2024 年安排员工将 2023 年剩余年休假休了。

（四）单位确因工作需要不能安排职工休年休假的，经职工本人同意，可以不安排职工休年休假

年休假本质上是一种福利，用人单位因工作需要不能安排年休假且职工本人同意不休年休假的，用人单位确实可以不安排。

在实践中，有些中小微企业学大型企业搞"奋斗者协议"，但只学来了让员工奋斗，却没学来给予员工对应的福利。比如，网传的员工自愿放弃年休假的"奋斗者协议"，其实就是用人单位与员工于协议中约定不安排年休假，这可不可以？是可以的。但问题是，员工同意用人单位不安排年休假等于放弃未休年休假工资吗？不是的。所以"奋斗者协议"的相关条款是有效还是无效，区别就在这里。

如果员工确实自愿签订了"奋斗者协议"，约定放弃享受年休假，且用人单位按法定标准向员工支付未休年休假工资，约定有效。因为《职工带薪年休假条例》第5条第3款规定：单位确因工作需要不能安排职工休年休假的，经职工本人同意，可以不安排职工休年休假。

但如果"奋斗者协议"约定员工放弃享受年休假，还约定用人单位无须向员工支付未休年休假工资，则约定应认定为《劳动合同法》第26条所规定的"用人单位免除自己的法定责任、排除劳动者权利的"情形。其理由在于：前述《企业职工带薪年休假实施办法》第10条第1款规定：**用人单位经职工同意不安排年休假**或者安排职工年休假天数少于应休年休假天数的，应当在本年度内对职工应休未休年休假天数，按照其日工资收入的300%支付未休年休假工资报酬。也就是说，员工可以因为用人单位的需要而同意不享受年休假，但用人单位还是应该按应休未休的年休假天数依法支付未休年休假的工资报酬。

（五）单位安排职工休年休假，但职工因本人原因书面提出不休年休假的，单位不支付年休假工资

这种情况在实践中很少，但有些员工对年休假陷入认识误区后会做出前述

行为。有的劳动者认为,我就是想要未休年休假工资,用人单位安排我休,我就不休,只要我坚持不休年休假,用人单位就得向我支付未休年休假工资。这就是部分劳动者对年休假制度的错误认识。

其实,用人单位因生产经营的原因通知员工不能安排休年休假,员工也同意不休年休假,这种情况下用人单位可以不再安排员工休年休假,但要支付员工未休年休假工资。但用人单位通知安排员工休年休假,而员工拒绝休年休假的,用人单位则无须向员工支付年休假工资。换言之,"员工同意用人单位不安排年休假"与"员工拒绝用人单位安排的年休假"是两码事。前者是因用人单位的生产经营原因无法安排年休假且员工同意,相当于不能安排年休假的原因在于用人单位,所以用人单位要支付未休年休假工资;后者是用人单位可以安排休年休假但员工书面拒绝休年休假,相当于不能安排年休假的原因在于员工本身,虽然最终都是没有休年休假,但后者因员工自身拒绝休假时用人单位无须支付未休年休假工资。用人单位要注意,员工拒绝休假的,一定要员工本人书面提出。

六、年休假天数以及未休年休假工资如何计算

用人单位的管理人员要熟悉并掌握年休假天数以及未休年休假工资的计算方式。

(一)关于员工应享受的年休假天数的计算

按员工的累计工作年限得出其每年应享受的天数。

比如,张三在入职 A 公司时在之前的用人单位已累计工作满 6 年,那么张三每年享受年休假 5 天。李四入职 A 公司时在之前的用人单位已累计工作满 12 年 3 个月,那么李四每年享受年休假 10 天。

以上计算年休假天数时,如果是整年,很好计算。如果张三是新入职员工,李四是年中离职的,那他们 2 人入职当年或离职当年应享受的年休假天数如何计算?

1. 关于新入职员工入职当年的年休假计算办法

《企业职工带薪年休假实施办法》第 5 条对此规定为(职工当年度在本单

位剩余日历天数÷365天)×职工本人全年应当享受的年休假天数=新入职员工入职当年的年休假天数。

举例说明： 张三于2024年5月30日入职A公司。张三的社保缴纳记录可以印证，张三在入职A公司时在之前的用人单位已累计工作满6年，即张三享受每年5天的年休假。经查，自张三入职之日起，2024年度剩余日历天数为216天(2024年5月30日至12月31日)。按上述公式进行计算：张三入职时2024年度剩余日历天数为216天÷365天×张三整年应享受的年休假天数5天=2.96天。

这里要注意，当计算出来的天数非整数时，并非四舍五入！并非四舍五入！劳资双方都容易出现的误区是，当计算结果非整数时，都按四舍五入来。比如，这个计算结果2.96天，认为应该是3天，其实不对。《企业职工带薪年休假实施办法》第5条明确规定"折算后不足1整天的部分不享受年休假"。所以非整年情况下计算年休假天数的原则并非"四舍五入"，而是"零头不算"。因此，按上述计算结果，张三于2024年入职A公司时当年应享受的年休假为2天。

2. 关于离职员工于离职当年的年休假计算办法

《企业职工带薪年休假实施办法》第12条对此规定为(当年度在本单位已过日历天数÷365天)×职工本人全年应当享受的年休假天数－当年度已安排年休假天数＝离职员工于离职当年的剩余未休年假天数。

举例说明： 李四于2024年5月30日从A公司离职。李四的社保缴纳记录可以印证，李四于2023年度就已累计工作满12年，即李四享受每年10天的年休假。经查，截至李四离职之日，李四在2024年度已过的日历天数为151天(2024年1月1日至5月30日)。按上述公式进行计算：李四离职时其在2024年度已过日历天数为151天÷365天×李四整年应享受的年休假天数10天＝4.14天。

与新入职员工计算当年度年休假一样，《企业职工带薪年休假实施办法》第12条也规定"折算后不足1整天的部分不支付未休年休假工资报酬"。因此，按上述计算结果，李四于2024年5月30日从A公司离职当年，应享受的年休假为 4 天。如果 A 公司已在当年安排李四享受了 1 天年休假,则在离职结算时应向李四支付 3 天未休年休假工资。当然,A 公司也可以将双方协商解除劳动关系的日期推后 3 天,安排让李四在离职前将应享受的年休假享受了,这样就不用支付未休年休假工资。

(二)关于员工未休年休假工资金额的计算

按《企业职工带薪年休假实施办法》第 10 条、第 11 条之规定,"用人单位经职工同意不安排年休假或者安排职工年休假天数少于应休年休假天数"的情况下,都应当向职工支付"应休未休年休假工资报酬"。其具体计算方式是:职工在用人单位支付其未休年休假工资报酬前 12 个月剔除加班工资后的月平均工资÷月计薪天数 21.75 天×职工应休未休年休假天数×200%。

实操建议

用人单位管理人员在计算上述"应休未休年休假工资报酬"(未休年休假工资)时要注意两点:

一是要注意支付未休年休假工资前 12 个月平均工资的计算方法。这个月平均工资在计算时是要剔除加班工资的,且如果在该公司的工作时间不足 12 个月,则按实际工作月份数平均计算。

二是要注意《企业职工带薪年休假实施办法》第 10 条规定未休年休假工资为"按照其日工资收入的 300% 支付"的后面一句话是"其中包含用人单位支付职工正常工作期间的工资收入"。什么意思呢?

举例说明:张三的月工资标准为 21,750 元/月,按每月 21.75 个计薪日计算,张三的日薪为 1000 元。张三本来决定 2024 年 5 月的最后一周(5 月 27 日至 31 日)请休 5 天年休假,但 A 公司表示公司最近业务繁忙,让张三别休了,工作要紧,张三也同意了。所以,张三于 2024 年 5 月还是干满了全月,即本来张三准备休年休假的 5 月 27 日至 31 日也正常上了班,A 公司也向张三正常支付了张三于 2024 年 5 月 27 日至 31 日正常工作期间的工资收入。由于计付未休年休假工资的"日工资收入的 300%"中包含了正常工作期间的工资收入,实际上 A 公司通过正常支付工资已支付了"日工资 300%"中的 100%，所以再计付张三的未休年休假工资时只需按剩余未支付的 200% 进行计付。

七、年休假争议中常见的几个注意事项

（一）有的公司因为在春节期间是业务淡季，故公司在春节长假期间，发出放假通知，要求全公司员工休息更长的假期，并将多出的假期明确为统一安排的年休假，这种在法定节假日前后统一安排年休假的做法可不可以

如前所述，这是可以的。公司为了经营需要统一安排年休假并不违法。

实操建议

公司的管理人员在实操中要注意两点：

1. 公司要注意，这种在法定节假日前后统一安排年休假的方式需要公司进行明确通知

比如，发出"书面放假通知"对统一安排年休假进行公布，或通过微信、电子邮件的方式向员工明确。如果公司并未明确该部分超出法定春节假期的放假是安排员工的年休假，事后又说是年休假，很可能在发生年休假争议后被裁判者认定为并非安排的年休假。所以，用人单位如要在法定节假日前后统一安排员工休年休假，一定要在放假通知中或通过钉钉等办公软件对员工通知时明确告知"超出法定节假日天数的假期是公司统一安排的带薪年休假"。

2. 公司要注意，在春节假期等法定节假日前后安排带薪年休假，要在所安排的带薪年休假期间的工作日进行计薪

因为法定节假日、带薪年休假都应正常计薪发放工资。如果公司认为多出春节假期的放假是统一安排的带薪年休假，那就应该按正常标准计发工资。加之春节假期系法定节假日也应该计薪，如果在春节的法定假期之外多放的假期是用人单位统一安排的年休假，那么用人单位在整个春节放假及安排年休假期间都应该按正常工资标准向劳动者计发工资。

有的公司并未在放假通知中明确多放的假期是安排的年休假，只是在员工提出未休年休假工资时又称公司在春节期间统筹安排了年休假。但公司未注

意到,如果公司在其声称的"年休假期间"未按正常工资标准计薪,就印证了春节假期之外多出的假期并不是公司安排的年休假。劳动者通过比较春节放假当月的月工资与正常工作月份的月工资就可以看出是否正常计薪,通过工资条也能看出是否正常计薪。如果在公司声称的"安排年休假"期间没有计薪,那公司所称的"安排年休假"的说法便不能成立。再直白点说,用人单位要注意,年休假全称为带薪年休假,带薪就是员工享受休假期间也被视为正常工作,应该计薪。

(二)用人单位未支付未休年休假工资,劳动者对未休年休假工资申请劳动仲裁,是按普通仲裁时效还是特殊仲裁时效

之前章节学习过,普通仲裁时效是从劳动者知道或应当知道其权利受损害之日起计算,而针对劳动报酬的特殊仲裁时效是从劳动者离职之日起开始起算。直白地说,普通仲裁时效要求劳动者要及时提出,"权利不主张则过期作废"。而特殊仲裁时效则是允许劳动者在离职后进行"秋后算账"。所以,劳动争议事项是否属于劳动报酬,适用哪一种仲裁时效规则,对劳动者主张权利的影响极大。

如果适用特殊仲裁时效: 张三于 2012 年 1 月 1 日入职 A 公司,张三在入职 A 公司前就有 10 年以上的工作年限,依法每年应享受 10 天年休假。但张三自入职起就一直没有享受过年休假。2024 年 12 月 31 日,张三从 A 公司离职。张三离职后,春节期间经学法律的朋友提醒才知道可以向用人单位要求支付未休年休假工资。故张三于 2025 年 3 月 1 日申请了仲裁,要求 A 公司支付 2012 年 1 月至 2024 年 12 月期间应休年休假 130 天(10 天/年×13 年)但未安排休年休假的未休年休假工资 260,000 元(月平均工资 21,750 元/月÷21.75 天×130 天×200%)。

如果适用普通仲裁时效: 张三于 2013 年 1 月 1 日就知道自己未享受 2012 年度的年休假,于 2014 年 1 月 1 日就知道自己未享受 2013 年度的年休假,以此类推,实际上张三每年年初都知道自己上年度未享受年休假。如果按普通仲裁时效,从张三知道或应当知道之日起算,张三于 2025 年 3 月 1 日才申请仲

裁,以张三申请仲裁的时间倒推 1 年,即 2024 年 3 月 2 日,由于年休假按"年度"为单位安排。故张三于 2024 年 1 月 1 日之前的未休年休假工资的主张已超过一年的仲裁时效,只能裁决 A 公司支付张三 2024 年度未休年休假工资 20,000 元(21,750 元/月÷21.75 天×10 天×200%)。

由此可见,适用不同的仲裁时效,张三可以得到的未休年休假工资差别巨大。

当前的主流裁判尺度认为,带薪年休假本质上是一种福利,用人单位未安排员工休年休假而应向员工支付的"未休年休假工资"虽有"工资"二字,但并不能因概念中有"工资"二字就认定为劳动报酬。比如,"未签订书面劳动合同的 2 倍工资",也有"工资"二字,但该款项明显就不是劳动报酬,而是对用人单位"未签订书面劳动合同"这一违法行为的惩罚金额。同理,"未休年休假工资"是在用人单位未安排年休假情况下,对劳动者未享受该法定福利的补偿,不具有劳动报酬的属性,不能认定为劳动报酬。故要求支付未休年休假工资的争议不应参照劳动报酬适用特殊仲裁时效。也有部分观点认为,国家统计局发布的《关于工资总额组成的规定》第 4 条规定:"工资总额由下列六个部分组成:……(六)特殊情况下支付的工资。"未休年休假工资属于"特殊情况下支付的工资",也属于工资总额的范围。既然属于工资总额的范围就属于劳动报酬,既然属于劳动报酬就应该适用特殊仲裁时效,即从劳动者离职之日起计算仲裁时效。

最高人民法院于 2023 年 12 月发布的《关于审理劳动争议案件适用法律问题的解释(二)(征求意见稿)》第 5 条规定:劳动者主张用人单位支付未休年休假工资报酬、加班费的仲裁时效适用《劳动争议调解仲裁法》第 27 条第 4 款规定的,人民法院应予支持。前述条文中的"劳动争议调解仲裁法第二十七条第四款的规定"就是指针对欠付劳动报酬时允许劳动者从终止劳动关系之日起算的特殊仲裁时效。从前述征求意见稿来看,最高人民法院倾向于将劳动者主张用人单位支付未休年休假工资报酬的仲裁时效按特殊仲裁时效处理,这有利于劳动者,将大大增加用人单位不安排年休假的补偿成本。

当然,笔者从看到该条的征求意见稿时就感觉与当前普遍的裁判尺度不一致,可能会引起一定的争议。该司法解释的征求意见稿至今未正式发布,可能正式发布后的内容与征求意见稿又不一致。笔者认为,前述条文中将加班费争议适用劳动报酬的特殊仲裁时效争议不大,但将未休年休假工资报酬也适用特殊仲裁时效会面临较大的争议。但是,用人单位还是要注意,如果新出台的司法解释认定未休年休假工资报酬的仲裁时效适用特殊仲裁时效,用人单位不安排休年休假或未保存好已安排休年休假的证据,员工一旦主张在职期间的全部未休年休假,用人单位将面临支付多年的未休年休假工资风险,这是一笔相当大的用工成本。建议用人单位坚持安排好员工的年休假,并保管好已安排年休假的证据。

第二节　出差、公务费用的借支与报销

劳动者在职期间,出差报销、公务费用借支等事宜不可避免。实务中,这类情形在劳动合同履行中发生的争议越来越多。主要分为两种情况。

一种是用人单位因安排劳动者从事公务或出差,提前以"挂账"的方式向劳动者借支费用,劳动者完成出差或公务后却未及时完成报销"冲账",因用人单位要求劳动者退还借支款项或"备用金"而发生纠纷。另一种是劳动者因执行公务或出差,垫付了差旅费用,事后找用人单位报销未果,或劳动者离职时尚有差旅费用没有报销,因用人单位拒绝支付报销费用而发生纠纷。

关于劳动者因履行职务行为向用人单位借支款项挂账未及时报销冲账,用人单位要求劳动者返还借支款项以及劳动者垫付了差旅费用要求报销是否属于劳动争议的问题,在实践中有一定的争议,主要分为3种观点。

第一种裁判观点认为,无论是劳动者因履行职务在用人单位借款"挂账"发生的纠纷,还是劳动者要求用人单位报销差旅费用的纠纷,都不属于劳动争议的受理范围。例如,深圳市中级人民法院于2015年9月发布的《关于审理劳动争议案件的裁判指引》载明,职工履行职务在单位借款挂账发生的纠纷,一方以劳动争议或以其他理由向人民法院起诉的,裁定不予受理;已受理的,裁定

驳回起诉。

该裁判观点的主要理由在于,首先,最高人民法院于1999年4月5日作出的《关于职工执行公务在单位借款长期挂账发生纠纷法院是否受理问题的答复》(〔1999〕民他字第4号)载明:"吉林省高级人民法院:你院吉高法〔1998〕144号《关于职工执行公务在单位借款长期挂账发生纠纷法院是否受理问题的请示》收悉。经研究,同意你院审判委员会倾向性意见,即刘坤受单位委派,从单位预支15000元处理一起交通事故是职务行为,其与单位之间不存在平等主体间的债权债务关系,**人民法院不应作为民事案件受理**。刘坤在受托事项完成后,**因未及时报销冲账与单位发生纠纷,应由单位按其内部财会制度处理**。"从最高人民法院的上述答复内容可见,借支款项未及时报销冲账发生的纠纷,涉及单位内部财务制度,并非平等主体间的债权债务关系,故不应作为民事案件受理。其次,无论是劳动仲裁机构还是人民法院,对于劳动者要求报销或冲账的报销费用是否属于完成工作任务而支出,住宿、餐饮的等级是否符合用人单位规定的报销标准(如不同职级的工作人员有不同的差旅标准),相关的发票及报销凭证是否符合单位的报销要求等,都无法核实和认定,都涉及用人单位内部的财务制度,故此类纠纷不应作为民事案件处理。

第二种裁判观点认为,无论是用人单位因劳动者借支挂账未冲账还是劳动者自己垫付出差费用要求报销而产生关于报销费用的争议,在双方未完成报销票据审核结算的情况下,都不宜作为劳动争议案件处理。但是,如果双方就**借支款项应退还金额**或**差旅费用应报销金额**进行了**对账**或**结算**,那就属于将费用报销的事宜转化为双方之间因履行劳动合同而产生的债权债务关系,一方不履行债务,另一方则可以通过劳动仲裁或诉讼方式解决。

在实践中,怎么认定双方完成对账或结算呢?很简单,劳动者与用人单位双方对劳动者借支款项后应退还金额或劳动者垫付差旅费用后应报销金额进行了确认即可。这种确认的形式在实践中是多种多样的。

例如,员工垫付了出差费用后,回公司提交了报销单据,填写了报销审批表,相关的财务人员、管理人员进行了签字审批。这种情况下,员工提交已完成审批的报销单可以印证公司与员工已对报销款项完成了认定结算。

又如，员工离职时与公司进行了离职结算，离职结算单上的财务栏写明"借支款项为×××元，已冲账×××元，应退还×××元"或"未付报销费用×××元"等，这种结算情形即属于在离职结算中对报销款项进行的确认，因此形成了具体的债权债务关系。

第三种裁判观点认为，无论是员工要求报销差旅费用还是用人单位要求员工退还因公借支后未冲账的款项，都属于履行劳动合同产生的纠纷，都可以作为劳动争议处理。

实操建议

无论适用哪一种裁判观点，用人单位进行出差、公务费用的借支与报销时都要注意以下几点：

1. 员工借支款项去完成公务事项的，要适时掌握好借支款项使用情况，公务事项完成后，要及时督促员工将相关票据提交财务人员进行报销冲账。

2. 如果员工出差垫付了费用，要督促员工及时提交票据报销，不要久拖。拖得越久越难以审核清楚。报销凭据要保留好，报销完毕的单据上要有员工的签名确认。

3. 员工离职或重大调岗的，要进行一次财务结算，将包括借支款项、待报销款项结算清楚，形成书面的结算单。这样可以避免之后可能发生的涉及报销的纠纷。

第三节　关于年终奖金的管理

在实践中，年终奖可能会有年度绩效奖金、年度考核奖励等各种项目名称。也有员工把所谓的年底"十三薪"称为年终奖。总之，关于年终奖的名称繁多，法律并未规定必须称之为什么，笔者为便于论述，将其称为"年终奖"。其特征就是在劳动者的月工资报酬之外由用人单位在当年年底或次年年初发放的一笔奖金。劳动争议中关于年终奖的争议越来越多，且此类案件争议大、审理难，更多依靠仲裁员或法官的内心认定来裁判。

有的劳动者认为,以前的年度都发了年终奖,为何今年就没有年终奖了?那就是用人单位克扣劳动报酬。

有的用人单位认为,去年因为公司业绩大好,老板想着与大家同甘共苦,所以年底额外发了一笔钱。今年业绩不好,公司也足额发放了工资,怎么能因为之前发过一笔年终奖就成了以后年年都要发年终奖了?

双方的认知误区即说明了年终奖争议裁判难的主要原因——年终奖在实务中很难被准确定义。年终奖究竟是劳动报酬还是额外福利?在审理涉及年终奖的劳动争议案件时,只要通过查明的事实能够定义该案中的年终奖是否属于劳动报酬的组成部分,就好裁判了。所以,年终奖争议的基础性争议在于如何认定年终奖的性质。

笔者结合审理过的涉及年终奖的案件,将年终奖归纳为以下几种类型。

一、有明确约定名目和金额的年终奖(约定奖励)

笔者称这类年终奖为"约定奖励"。表现形式为用人单位向员工发放的入职通知书、录用通知书等书面文件中载明:本公司拟录用你担任×××岗位。您的年薪为××××××元,其中每月固定发放的部分为××××××元,即每月发放××××元,年终考核奖励××××××元。或者明确:全年15薪,年度享受相当于3个月工资的绩效奖金。这类明确约定为劳动者整体薪酬一部分的年终绩效奖金,应该归类为劳动报酬的范围。

最高人民法院《关于审理劳动争议案件适用法律问题的解释(一)》第44条规定,因用人单位作出的开除、除名、辞退、解除劳动合同、**减少劳动报酬**、计算劳动者工作年限等决定而发生的劳动争议,**用人单位负举证责任**。认定为劳动报酬性质的年终奖,如果用人单位要减发该部分年终奖,则由用人单位举证证明不发、减发的理由。用人单位要注意,约定了员工享受年终奖但又需要考核后再发放的,一定要明确考核的要求和内容,或者在民主程序制定的规章制度中专章规定清楚关于年终奖考核的要求和标准,以实现能够证明年终奖金额减少或不发年终奖的原因,否则裁判机关很可能直接按双方约定的标准金额裁判用人单位支付。

二、有明确约定名目但无具体金额的年终奖（酌定奖励）

笔者称这类年终奖为"酌定奖励"。表现形式为用人单位向员工发放的入职通知书、录用通知书或薪酬确认文件中载明：员工月薪为××××元，年底经考核享受年终奖。但文件中没有任何关于年终奖金额的约定。之后，用人单位也确实向劳动者实际发放了几千元到几万元不等的年终奖。然后到了某一年年底，用人单位宣布今年因公司经营业绩不佳，利润下滑等各种原因，不再发放年终奖。劳动者则表示不服，双方对年终奖是否发放、发放多少产生争议。

对于这一类在薪酬文件中明确的年终奖金，一般也会被归类为劳动报酬范围，只不过属于具体金额约定不明且发放金额确实会上下浮动的奖金。由于双方对于年终奖有约定，故用人单位决定不发或少发的，应就不予发放的理由承担举证责任。但实践中，由于涉及薪酬的合同中连金额都没有明确的约定，不予发放或具体应减发的情形和计算办法更无明确的约定，所以用人单位难以举证证明其不予发放的理由。如果之前年度有实际发放，在实践中，裁判人员解决金额约定不明或确实存在奖金金额上下浮动情形的年终奖争议，一般是将已实际发放年度的奖金金额或近3年实际发放的年终奖进行平均计算，得出平均年度奖金金额作为双方所争议年度的奖金发放标准。如果之前年度没有实际发放，裁判人员可能会参照相同或相似岗位员工所发放的奖金金额酌情认定。

下文以最高人民法院的微信公众号于2024年5月10日发表的《年终奖连续发了五年，说不给就不给？法院这样判了》一文载明的一起案例予以说明。基本案情为，高先生于2015年3月入职北京某公司，担任驻厂员，月工资标准3万元。双方签订的劳动合同中约定："年终奖是否发放由公司根据整体经营状况、员工个人工作表现等因素自主决定。"每年3月前后北京某公司发放上一年度年终奖，高先生接连5年陆续领取了2016年至2020年年终奖。2022年北京某公司以"年终奖发放属于企业自主经营权、公司经营困难"为由，告知高先生不再发放2021年度年终奖，双方产生争议后诉至法院。诉讼中，北京某公司未就年终奖的核算或企业经营状况提供任何证据。北京市海淀区人民法院一审审理认为：首先，北京某公司已连续 5 年向高先生发放年终奖，作为负有管理责任的用人单位，北京某公司应当就年终奖的具体发放条件、发放标准以及核算方式承担举证责任，但北京某公司并未就此提交证据，应承担不利后果。其次，**北京某公司以经营困难为由主张无须支付年终奖，但未就所主张的经营亏损情况提交证据，应承担举证不能的法律后果。最终法院参照 2020 年年终奖发放数额，判令北京某公司向高先生支付 2021 年年终奖 2.5 万元。**该案宣判后，北京某公司不服，提起上诉。二审判决驳回上诉，维持原判。目前，判决已发生法律效力。

从该案可见，现行法律法规并未硬性规定用人单位应否设定、如何设定年终奖等，用人单位与劳动者对年终奖发放标准或条件有约定的，应从约定；若无约定或约定不明，则应依据用人单位内部经民主程序制定的规章制度、既往发放惯例、发放条件的相关要素是否成就等，对应否发放年终奖进行综合评定。当然，如果用人单位确有证据证明经营困难，审判人员也可能结合企业经营状况酌定一个较低的年终奖金额，甚至认为由于双方并无具体的年终奖金额约定且企业确实处于亏损状态，认可企业不用支付年终奖。此外，如果用人单位对劳动者进行了内容恰当、过程完备、结果透明的绩效考核，而考核结果显示不应支付年终绩效奖金，也可以认定用人单位无须向劳动者支付年终绩效奖金。

典型案例

曾某诉某网络科技公司劳动争议案[①]

裁判要旨：劳动者的年终奖与可量化的业绩挂钩，虽然在形式上被称为"年底三薪"或者"年终奖"，但实质上属于"绩效工资"的范畴，即根据绩效考核薪酬制度的规定将工资中绩效部分在年终结合用人单位效益予以发放。用人单位对员工进行内容恰当、过程完备、结果透明的绩效考核的，考核结果可以作为年终绩效奖金是否发放以及发放数额的依据。

[①] 人民法院案例库案例，入库编号：2023－07－2－490－003。

三、无任何约定但之前年度发放过的年终奖(临时福利奖励)

笔者称这类年终奖为"临时福利奖励"。由于双方没有关于年终奖的约定,更没有关于年终奖金额的约定,所以不宜以劳动报酬的标准来要求用人单位必须发放此类年终奖。一般而言,这种年终奖金是用人单位在当年完成了重大项目或重大盈利时,管理层临时决定在约定的劳动报酬之外向劳动者发放的奖金。这种临时性决定发放的奖励,难以适用劳动报酬的认定规则,通常只能视为用人单位在特定情形下发放的具有福利性质的奖励。劳动者也不能因为享受过一次这样的奖励就要求以后每年都必须发放该种奖励。

例如,A 公司签了一个有较大盈利但完成时间紧迫的软件开发项目,集中 8 名员工组成项目组,要求项目组员工必须在年底前完成这个项目。之后,因员工如期完成了项目任务,到了年底,基于项目组员工对公司全年业绩的贡献,公司管理层决定拿出一定比例的利润作为奖励金发放给参与项目组的员工,项目组员工因此每人得到了 10 万元左右的年终奖。这种情况下,来年不一定还有这样的项目,所以员工不能因用人单位发放过一次这样的年终奖就要求之后每年必须发放年终奖。

四、每月扣发一部分月薪到年底考核后以年终奖形式发放(累计扣发奖励)

笔者称这类年终奖为"累计扣发奖励"。一般表现形式为,从劳动者按月发放的月薪中扣留一定比例的金额,在年底考核后再发放。也就是说,平时只向劳动者发放一定比例的月薪,剩余比例的月薪作为年度绩效奖金在年底集中发放。

笔者要提醒用人单位的是,这种情形下的"年终奖"都不能称为奖金,本质上就是扣发部分月工资到年底发放。这种形式的年终奖是标准的劳动报酬,而且如果双方没有协商一致,用人单位的此种扣留月薪于年底再发放的行为,会被认定为未及时足额支付劳动报酬,属于违法行为。

五、有明确约定名目和金额但约定离职员工不享受的年终奖（忠诚奖励）

笔者称这类年终奖为"忠诚奖励"。这类年终奖约定清楚，对在职的员工都会发放，但对在发放奖金前离职的员工不予发放。双方一般在劳动仲裁或诉讼中对年终奖金额或计算标准并无太大争议。但用人单位往往会依据劳动合同约定或规章制度规定的**"年终奖发放前离职的员工不再享受年终奖"**等条款拒绝支付已离职员工的年终奖。由于双方有明确约定，离职员工不再享受未实际发放的年终奖，在这种情况下，用人单位拒付年终奖的情形较为普遍。

其实用人单位的这种做法是不可行的。其逻辑在于，这种情形与前述第一种约定年终奖的情形相似，既然双方对年终奖有约定，那就可以认定年终奖属于劳动报酬的一部分，适用劳动报酬的审理规则。既然是劳动报酬，就不存在劳动者离职后就可以不发了的可能。换言之，用人单位以劳动者在未发年终奖前离职为由拒付年终奖，属于"排除劳动者权利"的约定，应认定为无效。再直白点说，就相当于用人单位规定，员工在未发工资前离职的，工资就不发了，这显然是不合法的。有明确约定的年终奖与工资有什么区别呢？都是劳动报酬，只是名称不一样而已。所以，即使有前述"年终奖发放前离职的员工不再享受年终奖"的约定或规定，用人单位仍应按双方的约定标准向员工支付年终奖。

典型案例

房玥诉中美联泰大都会人寿保险有限公司劳动合同纠纷案[①]

裁判要旨：年终奖发放前离职的劳动者主张用人单位支付年终奖的，人民法院应当结合劳动者的离职原因、离职时间、工作表现以及对单位的贡献程度等因素进行综合考量。用人单位的规章制度规定年终奖发放前离职的劳动者不能享有年终奖，但劳动合同的解除非劳动者单方过失或主动辞职所导致，且劳动者已经完成年度工作任务，用人单位不能证明劳动者的工作业绩及表现不

---

① 最高人民法院指导案例 183 号。

符合年终奖发放标准,年终奖发放前离职的劳动者主张用人单位支付年终奖的,人民法院应予支持。

第四节 员工患病医疗期的管理

关键法条

《劳动合同法》

第四十条 有下列情形之一的,用人单位提前三十日以书面形式通知劳动者本人或者额外支付劳动者一个月工资后,可以解除劳动合同:

(一)劳动者患病或者非因工负伤,在规定的**医疗期满后**不能从事原工作,也不能从事由用人单位另行安排的工作的;

……

第四十二条 劳动者有下列情形之一的,用人单位不得依照本法第四十条、第四十一条的规定解除劳动合同:

……

(三)患病或者非因工负伤,在规定的医疗期内的;

……

关联规定

1.《企业职工患病或非因工负伤医疗期规定》

第二条 医疗期是指企业职工因患病或非因工负伤停止工作治病休息不得解除劳动合同的时限。

第三条 企业职工因患病或非因工负伤,需要停止工作医疗时,根据本人实际参加工作年限和在本单位工作年限,给予三个月到二十四个月的医疗期:

（一）实际工作年限十年以下的,在本单位工作年限五年以下的为三个月;五年以上的为六个月。

（二）实际工作年限十年以上的,在本单位工作年限五年以下的为六个月;五年以上十年以下的为九个月;十年以上十五年以下的为十二个月;十五年以上二十年以下的为十八个月;二十年以上的为二十四个月。

第四条 医疗期三个月的按六个月内累计病休时间计算;六个月的按十二个月内累计病休时间计算;九个月的按十五个月内累计病休时间计算;十二个月的按十八个月内累计病休时间计算;十八个月的按二十四个月内累计病休时间计算;二十四个月的按三十个月内累计病休时间计算。

第五条 企业职工在医疗期内,其病假工资、疾病救济费和医疗待遇按照有关规定执行。

2. 原劳动部《关于贯彻执行〈中华人民共和国劳动法〉若干问题的意见》

59. 职工患病或非因工负伤治疗期间,在规定的医疗期间内由企业**按有关规定**支付其病假工资或疾病救济费,病假工资或疾病救济费可以低于当地最低工资标准支付,但**不能低于最低工资标准的80%**。

3. 原劳动部《关于贯彻〈企业职工患病或非因工负伤医疗期规定〉的通知》

一、关于医疗期的计算问题

1. 医疗期计算应从病休第一天开始,累计计算。如:应享受三个月医疗期的职工,如果从1995年3月5日起第一次病休,那么,该职工的医疗期应在3月5日至9月5日之间确定,在此期间累计病休三个月即视为医疗期满。其它依此类推。

2. 病休期间,公休、假日和法定节日包括在内。

二、关于特殊疾病的医疗期问题

根据目前的实际情况,对某些患特殊疾病(如癌症、精神病、瘫痪等)的职工,在24个月内尚不能痊愈的,经企业和劳动主管部门批准,可以适当延长医疗期。

4. 原劳动部《关于实行劳动合同制度若干问题的通知》

22. 劳动者患病或者非因工负伤,合同期满终止劳动合同的,用人单位应当支付不低于六个月工资的医疗补助费;对患重病或绝症的,还应适当增加医疗补助费。

5. 原劳动部办公厅《关于对劳部发〔1996〕354号文件有关问题解释的通知》

二、《通知》第22条"劳动者患病或者非因工负伤,合同期满终止劳动合同的,用人单位应当支付不低于六个月工资的医疗补助费"是指合同期满的劳动者终止劳动合同时,医疗期满或者医疗终结被劳动鉴定委员会鉴定为5-10级的,用人单位应当支付不低于六个月工资的医疗补助费。鉴定为1-4级的,应当办理退休、退职手续,享受退休、退职待遇。

一、医疗期本质上是对劳动者的"解雇保护期"

《企业职工患病或非因工负伤医疗期规定》第2条明确规定,医疗期是指企业职工因患病或非因工负伤停止工作治病休息不得解除劳动合同的时限。直白地说,医疗期就是劳动者患病或非因工负伤时,按其工作年限可以享受停止工作进行医疗的期间,且该期间用人单位不得"轻易"解雇劳动者。之所以不能"轻易"解雇,是因为劳动者处于医疗期时,用人单位不得只以《劳动合同法》第40条(无过错辞退)、第41条(用人单位裁员)等原因解雇处于医疗期的劳动者。但劳动者如果出现了《劳动合同法》第39条(劳动者过错)的情形,用人单位照样可以解雇处于医疗期的员工。用人单位要清楚,《劳动合同法》第39条是法律赋予用人单位的"惩戒之剑"。无论员工与用人单位是否签订的是无固定期限劳动合同,也无论是处于医疗期的员工还是处于"三期"的女职工,一旦员工出现了《劳动合同法》第39条规定的过错情形,用人单位都是可以与其解除劳动关系的。

另外,医疗期只是针对劳动者"患病"或"非因工负伤",也就是因自身原因生病或受伤了,不包括职业病,也不包括因工负伤。如果劳动者经鉴定为职业病或因工负伤,则属于工伤的范围,工伤职工享受的是"停工留薪期",而职工在停工留薪期内,《工伤保险条例》规定"原工资福利待遇不变,由所在单位按月支付"。即医疗期概念只适用于"因自身原因患病"和"非因工负伤"。

二、医疗期的长短与劳动者累计工作年限以及在本单位工作年限相关

再简单点理解,用人单位可以将员工享受的"医疗期"视为与工作年限长短挂钩的员工"可安心休病假"的福利期,在这个可休病假期间内,用人单位不得以《劳动合同法》第39条之外的理由解雇处于医疗期内的员工。

医疗期的期限长短取决于劳动者累计的工作年限和在当前用人单位的工作年限。《企业职工患病或非因工负伤医疗期规定》第3条规定,企业职工因患病或非因工负伤,需要停止工作医疗时,根据本人实际参加工作年限和在本单位工作年限,给予3个月至24个月的医疗期。具体见表6-1。

表6-1 医疗期计算

员工实际累计工作年限	员工在本单位的工作年限	员工应享受的医疗期
10年以下	5年以下	3个月
	5年以上	6个月
10年以上	5年以下	6个月
	5~10年	9个月
	10~15年	12个月
	15~20年	18个月
	20年以上	24个月

注:1. 累计工作年限是指员工在不同用人单位工作的累计工作年限。
2. 本单位工作年限是指员工在当前工作单位的工作年限。

由上述医疗期计算表可见,同样的累计工作年限,在当前公司工作时间越长,享受的医疗期越长。体现了员工可享受的医疗期与员工为该用人单位提供劳动的年限成正比。换言之,劳动者对现用人单位的贡献越大,享受的医疗期越长。经常"跳槽"的劳动者,其享受的医疗期就不会太长。

例如,虽然张三有23年的累计工作年限,但由于张三入职当前公司的工作

年限仅 3 年,故其享受的医疗期仅为 6 个月。而与张三一起毕业的李四,23 年来一直在同一公司工作,此时,李四可享受的医疗期为 24 个月。

三、员工享受的"医疗期满"如何计算

用人单位的人事管理人员容易出现一种常见的误区,即认为医疗期累计到表 6-1 的医疗期时限就可以解雇员工了。例如,张三按其工作年限,应享受 6 个月的医疗期。张三因患病需要手术,于 2023 年 3 月 5 日向 A 公司请休病假至 7 月 5 日,后来张三于 2023 年 7 月 6 日回公司上班至 2024 年 6 月 15 日,自 2024 年 6 月 16 日又请休病假至 8 月 31 日。A 公司认为,张三的第一次病假为 4 个月,第二次病假为 2.5 个月,已达到医疗期满的情形。故 A 公司以张三"医疗期满后不能从事原工作也不能从事另行安排的工作"为由将张三辞退。那么,A 公司计算医疗期的方法有没有问题?

其实,A 公司的计算方式是不对的。按照《企业职工患病或非因工负伤医疗期规定》的规定,医疗期 3 个月的按 6 个月内累计病休时间计算;6 个月的按 12 个月内累计病休时间计算;9 个月的按 15 个月内累计病休时间计算;12 个月的按 18 个月内累计病休时间计算;18 个月的按 24 个月内累计病休时间计算;24 个月的按 30 个月内累计病休时间计算。用表 6-2 展示更为清楚。

表 6-2　医疗期时长与累计病休时间计算期间

医疗期时长	对应的累计病休时间计算期间
3 个月	6 个月
6 个月	12 个月
9 个月	15 个月
12 个月	18 个月
18 个月	24 个月
24 个月	30 个月

可以这么理解,医疗期内员工请休病假的时间可以累计计算,但需要在员工**开始请休病假之日起**的一定期限内累计。如果员工在这个期限内请休病假

时间未达到其应享受的医疗期,则员工在该期限内仍享受解雇保护。该员工应享受的医疗期在下一计算周期重新计算。

打个可能不太恰当的比喻,方便用人单位理解清楚。员工的医疗期如同驾驶证的扣分,在一个扣分周期内扣完 12 个分,重新考证(可以依法解除劳动合同)。如果一个扣分周期其未扣完 12 分,在下个周期内驾驶证分值归为满分,重新计扣(重新计算医疗期)。

如前例,张三应享受 6 个月的医疗期,对应的累计病休计算期间为 12 个月。张三于 2023 年 3 月 5 日开始因手术请休病假,故张三该次医疗期为自 2023 年 3 月 5 日起的 12 个月,即 2023 年 3 月 5 日至 2024 年 3 月 4 日。不管张三在此期间内请休了多少次病假,只有在前述期间内累计起来达到 6 个月,张三的医疗期才期满。如果张三请休的病假在前述期间内累计起来未达到 6 个月,则张三仍处于医疗期内。从 2024 年 3 月 5 日起,张三进入下一个计算期间,之前的病假时间相当于"清零",在下一个计算期间重新计算张三的病假累计天数是否达到医疗期。由于前面例子中张三于 2023 年 3 月 5 日至 2024 年 3 月 4 日的计算期间内,休病假的时间为 2023 年 3 月 5 日至 7 月 5 日,故其享受的医疗期未满 6 个月。张三在 2023 年 3 月 5 日至 2024 年 3 月 4 日的计算期间内仍享受解雇保护。

其实,除非员工本身想以患病为由大量请休病假,如果医疗期只是住院的时间,以现有的医疗技术,若一个员工 6 个月内有 3 个月在住院休养,12 个月内有 6 个月在住院休养,15 个月内有 9 个月在住院休养……那么该员工的身体只怕是真的难以胜任工作了。

四、医疗期内的病假工资如何计算

《关于贯彻执行〈中华人民共和国劳动法〉若干问题的意见》明确规定,在规定的医疗期内由企业按**有关规定**支付其病假工资或疾病救济费,可以低于当地最低工资标准支付,但**不能低于最低工资标准的 80%**。当然,这是国家统一规定的下限,各地对病假工资还有一些规定,但肯定不能低于国家规定的下限。

例如,《深圳市员工工资支付条例》第 23 条规定,员工患病或者非因工负伤停止工作进行医疗,在国家规定的医疗期内的,用人单位应当按照不低于本人正常工作时间工资的 60% 支付员工病伤假期工资,但是不得低于该市最低工资标准的 80%。也就是说,在深圳市,医疗期内请休病假的,病假工资按本人工资的 60% 计发,如果员工工资标准很低,按本人工资的 60% 计发少于深圳市最低工资的 80%(国家规定的下限),则按深圳市最低工资的 80% 计发。如前例,如果张三的月工资标准为 20,000 元/月,那么按深圳的标准,张三 4 个月病假期间,公司应按 12,000 元/月(20,000 元/月×60%)的标准向张三计发病假工资。

又如,上海规定医疗期内的病假工资计算模式与在本单位的连续工龄挂钩:连续工龄不满 2 年的按本人工资的 60% 计发,连续工龄满 2 年不满 4 年的按本人工资 70% 计发……连续工龄满 8 年及以上的,按本人工资的 100% 计发。

用人单位要注意,《关于贯彻执行〈中华人民共和国劳动法〉若干问题的意见》第 59 条规定的医疗期间内由企业按"有关规定"支付其病假工资或疾病救济费中的"有关规定"就是各地的规定。"但不能低于最低工资标准的 80%"就是全国统一的托底规定,如果劳动者所在的地区没有关于病假工资的具体规定,那至少得按国家规定来执行。总体来看,越是经济发达地区,规定的病假工资支付标准越高。用人单位在处理员工的医疗期内的病假工资时要注意本地的规定。

五、冷门的"医疗补助费"

在实践中,不少用人单位、劳动者都不知道"医疗补助费"这个概念。确实,《劳动合同法》全文都没有这个概念了。这个费用是原劳动部发布的文件中所规定的,为了保障患病或非因公负伤的劳动者离职后能继续治疗疾病而让用人单位承担的一项费用。

关于医疗补助费,先是由原劳动部《关于实行劳动合同制度若干问题的通知》第 22 条规定为"劳动者患病或者非因工负伤,合同期满终止劳动合同的,用人单位应当支付不低于六个月工资的医疗补助费;对患重病或绝症的,还应适当增加医疗补助费"。之后，原劳动部办公厅《关于对劳部发〔1996〕354号文件有关问题解释的通知》第2条又规定："《通知》第22条'劳动者患病或者非因工负伤，合同期满终止劳动合同的，用人单位应当支付不低于六个月工资的医疗补助费'是指**合同期满**的劳动者终止劳动合同时，**医疗期满或者医疗终结被劳动鉴定委员会鉴定为5-10级的**，用人单位应当支付不低于六个月工资的医疗补助费。鉴定为1-4级的，应当办理退休、退职手续，享受退休、退职待遇。"

前一文件规定了患病或者非因工负伤的劳动者因合同期满终止劳动合同的，应支付不低于6个月的医疗补助费，后一文件则规定需要于**医疗期满或者劳动鉴定委员会鉴定为5—10级的情况下**支付医疗补助费。所以在实践中对于是否必须经劳动能力鉴定为5—10级才能享受医疗补助费存在一定的争议。在患病或者非因工负伤的员工提出医疗补助费时，是否需要进行劳动能力鉴定才享受，用人单位可以咨询当地的政策后进行办理。有一点可以肯定，医疗补助费仍是患病或者非因工负伤的劳动者应该享受的待遇。人民法院案例库的入库案例对此予以明确。

📋 典型案例

杨某诉某科技公司劳动争议纠纷案——违法解除劳动关系赔偿金和病假工资、医疗补助费应一并支持[①]

裁判要旨：

1. 残疾人劳动者医疗期内的合法权益应依法保护。用人单位在医疗期内违法解除劳动合同并已支付赔偿金，劳动者主张医疗期内的病假工资及**医疗补助费**的，人民法院应予支持。

2. 用人单位未为劳动者参加城镇职工基本医疗保险，劳动者自行参加新型农村合作医疗保险并主张用人单位补足医疗费报销差额的，人民法院应予支持。

---

① 人民法院案例库案例，入库编号：2023-16-2-490-008。

第五节 "三期"女职工的保护

> **关键法条**

1.《劳动法》

第五十九条 禁止安排女职工从事矿山井下、国家规定的第四级体力劳动强度的劳动和其他禁忌从事的劳动。

第六十条 不得安排女职工在经期从事高处、低温、冷水作业和国家规定的第三级体力劳动强度的劳动。

第六十一条 不得安排女职工在怀孕期间从事国家规定的第三级体力劳动强度的劳动和孕期禁忌从事的劳动。对怀孕七个月以上的女职工,不得安排其延长工作时间和夜班劳动。

第六十三条 不得安排女职工在哺乳未满一周岁的婴儿期间从事国家规定的第三级体力劳动强度的劳动和哺乳期禁忌从事的其他劳动,不得安排其延长工作时间和夜班劳动。

第六十四条 不得安排未成年工从事矿山井下、有毒有害、国家规定的第四级体力劳动强度的劳动和其他禁忌从事的劳动。

2.《女职工劳动保护特别规定》

第五条 用人单位不得因女职工怀孕、生育、哺乳降低其工资、予以辞退、与其解除劳动或者聘用合同。

第六条 女职工在孕期不能适应原劳动的,用人单位应当根据医疗机构的证明,予以减轻劳动量或者安排其他能够适应的劳动。

对怀孕7个月以上的女职工,用人单位不得延长劳动时间或者安排夜班劳动,并应当在劳动时间内安排一定的休息时间。

怀孕女职工在劳动时间内进行产前检查,所需时间计入劳动时间。

> **第七条** 女职工生育享受 98 天产假,其中产前可以休假 15 天;难产的,增加产假 15 天;生育多胞胎的,每多生育 1 个婴儿,增加产假 15 天。
>
> 女职工怀孕未满 4 个月流产的,享受 15 天产假;怀孕满 4 个月流产的,享受 42 天产假。
>
> **第八条** 女职工产假期间的生育津贴,对已经参加生育保险的,按照用人单位上年度职工月平均工资的标准由生育保险基金支付;对未参加生育保险的,按照女职工产假前工资的标准由用人单位支付。
>
> 女职工生育或者流产的医疗费用,按照生育保险规定的项目和标准,对已经参加生育保险的,由生育保险基金支付;对未参加生育保险的,由用人单位支付。
>
> **第九条** 对哺乳未满 1 周岁婴儿的女职工,用人单位不得延长劳动时间或者安排夜班劳动。
>
> 用人单位应当在每天的劳动时间内为哺乳期女职工安排 1 小时哺乳时间;女职工生育多胞胎的,每多哺乳 1 个婴儿每天增加 1 小时哺乳时间。
>
> **第十一条** 在劳动场所,用人单位应当预防和制止对女职工的性骚扰。

"三期"女职工的保护,也是实践中容易产生劳动纠纷的环节。何为"三期"女职工?"三期"女职工是指处于**孕期**、**产期**、**哺乳期**的女性员工。前述孕期、产期很好理解,哺乳期的范围如何确定?哺乳期,是指哺乳未满 1 周岁婴儿的时间。

"三期"女职工保护的具体要求如下:

(1)处于"三期"的女职工,有**解雇保护**且不得因其怀孕、生育、哺乳而**降薪**。

(2)怀孕满 7 个月的女职工直至哺乳期结束,都不能再安排加班和夜班。即使轮班制也**不能轮夜班**。

(3)女职工请假去**产检耽误的时间**,也算劳动时间,工资照发。

(4)女职工哺乳期间,每天要安排 1 小时的哺乳时间,也称为"哺乳假"。每多哺乳一个婴儿就多加 1 小时。

比如，某女职工生育了双胞胎，那么她孩子满 1 岁前的哺乳期内，每天要安排 2 小时的哺乳假。如果公司的工作时间是上午 9 时至下午 6 时，公司应在工作时间内安排 2 小时给孩子喂奶的时间。在实践中，落实"哺乳假"的方式有多种，如哺乳期女职工离家近，可以中午给予"三期"女职工应享受的哺乳假小时数，让女职工可回家哺乳；哺乳期女职工离家远，可以按应享受的哺乳假小时数让"三期"女职工提前下班回家哺乳。

（5）女职工产假期间，缴纳了生育保险则由生育保险基金支付生育津贴，未参加生育保险由用人单位按女职工产假前工资标准支付产假工资。

在实践中，用人单位在"三期"女职工保护上容易出现两种相反的做法：一种是漠视"三期"女职工的权益，对怀孕女职工调岗降薪，通过各种手段逼迫处于"三期"的女职工离职。另一种是对"三期"女职工不敢管，甚至个别用人单位发展到怕承担责任而尽量不招用女职工的情形。

"三期"女职工也容易出现两种相反的心态：一种是觉得怀孕了，休产假了，单位降薪甚至是停发薪酬也认了，毕竟自己未为用人单位提供劳动。另一种是觉得怀孕了，用人单位拿自己没有办法了，在遵守规章制度方面也不注意了。

其实，产生这些行为还是因为劳资双方都在"三期"女职工保护问题上存在一些认识上的误区。

误区之一：用人单位绝对不能解除"三期"女职工的劳动合同。

《劳动合同法》第 39 条规定了"过失性辞退"，第 40 条规定了"无过失性辞退"，第 41 条规定了"经济性裁员"。也就是说，用人单位可以单方面解除劳动合同的情形有以上 3 大类。《劳动合同法》第 42 条明确规定用人单位不得依据《劳动合同法》第 40 条、第 41 条的规定解除与"三期"女职工的劳动合同。所以，用人单位是可以依据《劳动合同法》第 39 条的规定解除与"三期"女职工的劳动合同的。换言之，女职工即使处于法律给予一定解雇保护的"三期"期间，也不是其出现重大过失仍不可被解雇的"挡箭牌"。

具体而言，用人单位不可以解除"三期"女职工劳动关系有 4 种情形：

（1）劳动者患病或者非因工负伤，在规定的医疗期满后不能从事原工作，也不能从事由用人单位另行安排的工作的。

（2）劳动者不能胜任工作，经过培训或者调整工作岗位，仍不能胜任工作的。

（3）劳动合同订立时所依据的客观情况发生重大变化，致使劳动合同无法履行，经用人单位与劳动者协商，未能就变更劳动合同内容达成协议的。

（4）用人单位进行经济性裁员的。

用人单位可以解除"三期"女职工劳动关系有6种情形：

（1）在试用期间被证明不符合录用条件的。

（2）严重违反用人单位的规章制度的。

（3）严重失职，营私舞弊，给用人单位造成重大损害的。

（4）同时与其他用人单位建立劳动关系，对完成本单位的工作任务造成严重影响，或者经用人单位提出，拒不改正的。

（5）以欺诈、胁迫的手段或者乘人之危，使用人单位在违背真实意思的情况下订立或者变更劳动合同的。

（6）被依法追究刑事责任的。

以上各种情形概括起来就是："三期"女职工本身没有什么过错的，用人单位即使经营困难需要裁员，也要优先保留"三期"女职工。用人单位也不能以客观情形发生变化、不胜任工作等原因辞退"三期"女职工。但这种保护的前提是"三期"女职工能够在劳动关系存续期间认真遵守规章制度，不存在违法违规的行为。

> **误区之二："三期"女职工劳动合同期满时用人单位必须与其重新续签劳动合同。**

依照《劳动合同法》第45条的规定，当劳动合同期满，如果正逢女职工处于"三期"时，劳动合同要自动顺延至相应情形消失时再行终止。也就是说，如果用人单位与"三期"女职工签署的劳动合同期满之日正逢女职工处于"三期"，用人单位并不是必须与女职工续订书面劳动合同，只是将劳动合同的期满之日进行顺延,顺延到"三期"期满。正常情况下就是顺延到哺乳期满,即"三期"女职工的孩子满1周岁之时。"三期"期满后,用人单位依然可以以劳动合同期满为由终止双方的劳动合同。

> **误区之三**:用人单位与"三期"女职工协商解除劳动合同或协商降薪都不行,或者"三期"女职工有权对已签订的协议反悔。

法律对"三期"女职工的保护主要体现在禁止用人单位在女职工处于"三期"时因部分法定情形而单方面作出解除劳动合同或降薪的行为,但并不禁止双方协商达成协议的行为,即双方协商解除合同、协商降薪并不违法。"三期"女职工也不能就已达成协议的事项以自己处于"三期"为由反悔。当然,这里的协商肯定是双方自愿协商达成一致,而不能存在欺诈、胁迫或乘人之危的情形。如果存在欺诈、胁迫或乘人之危的情形,"三期"女职工自然有权申请撤销或要求认定协议无效。

第七章

劳动合同的变更、续订与履行

第一节 劳动合同的变更

> 关键法条

> **1.《劳动合同法》**
> 第三十五条 用人单位与劳动者**协商一致**,可以变更劳动合同约定的内容。变更劳动合同,应当采用书面形式。
> 变更后的劳动合同文本由用人单位和劳动者**各执一份**。
> **2. 最高人民法院《关于审理劳动争议案件适用法律问题的解释(一)》**
> 第四十三条 用人单位与劳动者协商一致变更劳动合同,虽未采用书面形式,但已经实际履行了口头变更的劳动合同超过一个月,变更后的劳动合同内容不违反法律、行政法规且不违背公序良俗,当事人以未采用书面形式为由主张劳动合同变更无效的,人民法院不予支持。

用人单位与劳动者最容易在三个时间节点发生劳动争议:一是股东(老板)变更之时;二是调岗调薪之日;三是解聘离职之后。在实务中,最常见的劳动合同变更的情形就是调岗和调薪。

不少用人单位抱怨,调岗调薪实在太难,本来变更工作岗位属于用工自主权,为什么那么多限制?调薪也是,为什么涨薪、调薪都是变更薪酬,涨薪不需要协商一致,降薪就必须协商一致?当前,用人单位单方面调岗调薪确实面临较大的法律风险,主要体现在用人单位容易因调岗、调薪造成"**调岗不成反赔**

偿,调薪不成反补偿"的局面。

所谓"调岗不成反赔偿",常见的情况是用人单位单方面决定对员工进行调岗,员工认为是单方面变更劳动合同,不予接受,拒绝到新岗位工作。用人单位又觉得其对员工进行调岗是合法的用工安排,然后以员工不到调整后的新岗位工作系旷工为由单方面解聘员工。最终劳动仲裁机构或法院认定调岗不合法,员工不接受变更工作岗位的行为不应认定为旷工,故用人单位以旷工为由辞退员工系违法解除劳动合同,应向员工支付赔偿金。

所谓"调薪不成反补偿",常见的情况是用人单位单方面降薪,员工不同意,然后以用人单位未及时足额支付劳动报酬为由,提出解除劳动合同,再要求用人单位支付欠付的工资及经济补偿金。结果是用人单位降薪不成反而向员工赔上一笔经济补偿金。

当然,虽然用人单位单方面进行调岗与调薪都属于变更劳动合同,但二者还是有一定的区别。最直观的区别在于:**调岗比调薪容易**。

一、用人单位单方面调岗的合规认定及实务

变更工作岗位,俗称"调岗",具有双重属性,既属于变更劳动合同的情形,也属于企业用工自主权的范围。在实践中,有的企业单方面的调岗行为被劳动仲裁机构或法院认定为违法,员工不必服从调岗安排,未到调整后的新岗位工作也不构成旷工,企业以旷工为由解雇员工系违法解除劳动合同。也有的企业单方面的调岗行为被认定为行使用工自主权的合法调岗,员工不服从调岗,不到调整后的新岗位工作应认定为旷工,企业辞退员工合法。同样是调岗,怎么判断是用人单位合理行使用工自主权的合法调岗,还是未经双方协商一致的违法变更劳动合同?

(一)用人单位的调岗行为如何做到合理合法

结合常见的调岗情形,用人单位合法调岗与违法调岗的区别主要可从以下三个方面进行判断:

一是双方在劳动合同中是否存在关于工作岗位和单方面调岗的约定。

越来越多的用人单位在与劳动者签订劳动合同时，会约定涉及工作岗位以及用人单位单方面调岗的条款。例如，A公司与张三签订的劳动合同中约定，张三的工作岗位为销售岗，工作地点为成都。还约定A公司可以因经营需要，单方面调整张三的岗位，张三承诺应予服从。在这种约定下，A公司将张三从位于成都市武侯区的销售部门调整到位于成都市都江堰市的销售部门工作。A公司这种变更工作岗位的行为，既未改变双方于劳动合同约定的工作地点（调整前后的工作地点都在成都市辖区内），也未改变张三的工作岗位性质（调整前后的工作岗位都是销售），加上双方约定了A公司因经营需要可以单方面调岗，故A公司的上述调岗行为应认定为合法。但如果A公司将张三从销售岗位调整到保安岗位，即使工作地点不变，除非张三也同意这种调岗，否则，对于这种将员工调整到工作内容明显不一样的工作岗位的情形，用人单位若无法证明其合理性，调岗行为涉嫌违法。

二是调岗是否同时存在"调地"的情形，即是否在变更工作岗位的同时变更了工作地点。

一般情况下，调岗只是在公司内部进行，不涉及工作地点的变更。特别是中小微企业，办公场所就一个，即使调岗，还是在那个工作地点工作。但有一些大型公司，其调整员工工作岗位时可能会涉及工作地点的远距离变更。而员工长期从事工作的地点，与员工的生活息息相关。如员工在成都市安家，肯定会尽量在家庭所在的区域找工作，或至少在同城找工作。员工在成都干得好好的，公司将员工的工作岗位从成都调整到杭州，这就不仅是工作岗位的变更，更是工作地点的变更。从日常生活经验可知，工作地点的变更，通常会增加员工的通勤成本、生活成本。员工在家庭所在地工作就是为了兼顾工作与家庭。用人单位这种跨地区单方面调岗，势必造成员工"背井离乡"，员工一般难以同意。所以，如果调岗涉及工作地点的变更，劳动仲裁机构与人民法院一般都会结合**"用人单位的经营规模大小""员工的职位高低""工作地点的约定范围"**三个要素来认定用人单位变更工作岗位和工作地点的合理性。

所谓结合"用人单位的经营规模大小"来认定合理性，即用人单位的规模越大，其调岗行为可能涉及的工作地点变更的范围越大。例如，一个全国连锁的大型公司跨省调岗并不违反常理。反之，一个本地的中小微企业，突然安排员工去外省"开拓业务"，对于其调岗行为的合法性就需要谨慎认定了。

所谓结合"**员工的职位高低**"来认定合理性，即劳动者的职位越高，对其进行调岗时可以变更的工作地点范围越大。例如，员工作为一个国内互联网大企业的管理层，年薪几十万元甚至上百万元，跨省调整工作岗位很正常，且这种高级管理人员享受的薪酬福利水平可以覆盖因工作地点变更增加的生活成本。反之，如果员工是一个行政文员，就拿几千元月薪，从成都办公室调整到上海办公室工作，这种调岗行为是否合理就值得裁判者谨慎考量。

所谓结合"**工作地点的约定范围**"来认定合理性，即看双方劳动合同约定的工作地点范围是否合理，调岗是否超出了约定的工作地点范围。例如，双方约定了工作地点在成都，用人单位在成都市主城区之间调岗并调整工作地点，在成都四通八达的地铁公交网背景下，并不显著增加劳动者的通勤时间及通勤成本，一般应认定为合理。但由于成都市范围较大，如果变更的工作地点超出主城区的范围，则需要结合劳动者的职位高低或工作职责来综合认定调岗的合理性。

值得注意的是，有的用人单位认为，我把工作地点范围约定得大一点，如将工作地点不约定为"成都市"这么明确的范围，而是约定为"四川省"或"全国"，那岂不是可以将员工在全省、全国范围内调岗了？将"不听话"的员工"发配"到省外的冷门地区工作，岂不是可以通过调岗"威慑"员工服从管理或逼迫"看不顺眼"的员工离职？

其实，双方关于工作地点的约定应该与用人单位的经营规模相适应。公司是一个跨国大企业、世界五百强，那与高级管理人员约定工作地点范围为"亚洲""欧洲"都不过分，公司的业务确实遍布世界，员工作为一个世界五百强企业的高级管理人员，在各国之间飞来飞去都很正常。可是如果公司是一个只有十几、二十人的本地中小微企业，就不能通过约定工作地点为全国来全国调岗。试想，如果可调岗的工作地点范围完全按约定的工作地点范围来认定，那干脆约定工作地点为"太阳系"，安排员工去火星开拓市场，不到火星工作就是旷工，岂不是更加方便逼迫员工离职？

以上还真不是笔者杜撰的，实践中这样的情形并不少见。例如，笔者见过一家公司在劳动合同中约定工作地点为"全国"，然后部门经理在与公司股东、执行董事开会吵架后收到通知，调整其到新疆阿克苏地区担任销售经理，主要负责"当地市场开发"。还有本地一个小企业，经营确实遇到了困难，本地的办公场所租期到了不想再续租，导致本地已无办公场所。该企业想"免费"裁员不支付经济补偿，便在办公场所因租期届满被清退前几天，向全体员工发布通知，要求全体员工到黄山出差培训，不服从安排出差到黄山的，按旷工处理，旷工3天直接予以辞退。更让人惊奇的是，在微信工作群的聊天记录中，该公司管理人员还通知员工出差时要自带被褥、床单、洗漱用品。有员工在微信工作群内问为什么出差还要打包带上被褥、床单、洗漱用品，这是出差还是拉练？全体员工出差去干什么？出差时间是多久？公司管理人员一概不回答，只说出差时间长短不定，要服从安排，不服从安排就按旷工辞退。但凡具有正常人的社会阅历的人，都能看出来这种情形下公司的安排就是为了逼迫员工离职。

三是调岗是否具有合理性，即是否存在侮辱性、报复性调岗的情形。

在实践中，最容易引发劳动争议的调岗就是这类因用人单位内部矛盾导致的**惩罚性**、**侮辱性**、**报复性**调岗。例如，某员工与管理人员发生口角冲突，公司出于惩戒这个员工的目的，将员工调整到很偏远的工作地点去上班，或者将员工的岗位调整到更低层次的岗位，这种调岗明显具有报复性。又如，员工本来应聘的是财务岗位，公司单方面将员工调整到客服岗位，让员工天天接打电话，使得员工的财务专业技能无法发挥。再如，公司将怀孕的女职工调整到需要值夜班的岗位，或者其明明是行政内勤岗位，在其怀孕后将其调整到跑外勤的销售岗位，这些调岗行为也应认定为不合理。

典型案例

上海某品牌管理有限公司诉姚某劳动合同纠纷案[1]

裁判要旨：

1. 用人单位为了用工便利，在劳动合同中约定的工作地点为全国或服从公司安排等。对此类情形，应结合实际用工岗位和工作内容等要素进行综合判断，如劳动者为总经理等公司高级管理人员，因其负责的公司业务范围广，可以将工作地点约定的范围适当扩大。**如劳动者仅为普通工作人员，则应当对工作地点的范围作适当限制。**

2. 用人单位变更劳动者工作地点超出劳动合同约定范围的，属于变更劳动合同。劳动合同法规定，用人单位变更劳动合同应当与劳动者协商一致。判断用人单位异地变更劳动者的工作地点是否属于合理变更时，应将符合用人单位生产经营的合理需要，对劳动者劳动报酬、其他劳动条件未作不利变更等作为判断标准。

3. 在用人单位单方面变更劳动者工作地点对劳动者造成不利影响的情况下，劳动者拒绝去新的工作地点上班，用人单位以旷工为由解除劳动合同属于违法解除劳动合同。

（二）用人单位在单方面调岗实操上应清楚的要点

实操建议

1. 工作岗位的调整，属于变更劳动合同约定的内容，一般情况下要求双方协商一致。

2. 用人单位与劳动者在劳动合同中约定了用人单位具有单方面调岗权的，用人单位可以按约定单方面对劳动者进行调岗。但即使有单方调岗权的约定，用人单位也应当举证证明调岗行为具有合理性。

3. 审查调岗合理性的主要标准是：调整后的工作岗位是否属于与原工作岗位相似的工作岗位，是否导致劳动者的薪酬待遇发生变化；调岗所导致的工作

---

[1] 人民法院案例库案例，入库编号：2023-07-2-186-011。

地点变更是否合理,是否显著增加劳动者的生活成本、通勤成本;劳动者的职位高低是否发生变化,是否存在侮辱性、报复性调岗。

4. 即使双方没有在劳动合同中约定用人单位享有单方面调岗权,用人单位在不变更工作地点、薪酬无变化的情况下将员工在相似岗位范围内调岗,是用人单位在行使用工自主权,属于合理调岗。当然,这种情况下也可以不调岗,以调整工作内容来实现相似岗位间的工作安排变化。

5. 在劳动合同中载明的工作地点范围应与劳动者的工作岗位层级和企业经营规模相适应。如果约定的工作地点范围过大,也应结合劳动者实际工作地点确定工作地点可变更的范围。换言之,即使用人单位在约定的工作地点范围内进行调岗,若约定的工作地点被认定为过于宽泛,也可能认定为不合理调岗。

6. 劳动者接到用人单位的调岗通知后,到调整后的岗位报到工作满一个月,依据最高人民法院《关于审理劳动争议案件适用法律问题的解释(一)》第43条之规定,可以视为劳动者以实际行为接受了用人单位关于调岗的变更劳动合同行为。

7. 用人单位不要指望通过故意"远距离调岗"来逼迫员工离职,因为这一招已经"用滥"了。劳动仲裁机构与人民法院对以调岗来逼迫员工离职的情形已经有了相应的识别经验。用人单位故意以远距离调岗来实现辞退员工目的的,在实践中不仅不能达到目的,十有八九会被认定为违法解除劳动合同,从而用人单位要支付赔偿金。

二、用人单位单方面调薪的合规认定及实务

相比于调岗,对于调薪是否合法的认定就严格多了。此处说的调薪,其实一般是指降薪。虽然涨薪与降薪都属于变更劳动报酬,但笔者办理了上万件劳动争议案件,还没有遇到劳动者对用人单位单方面的涨薪行为提出异议的,没有遇到过一件劳动者不认可用人单位的涨薪行为并要求将上涨的薪酬再降回来的案件。所以,实践中所称的调薪一般是指用人单位单方面对劳动者进行降薪。用人单位要清楚以下几个要点。

(一)调薪是劳动合同最核心的变更

在劳动关系中,员工最关心的是什么?肯定是薪酬待遇。正因为劳动报酬涉及劳动者最基本、最核心的权益,所以在理论上,法律对劳动报酬的保护力度最大。例如,依据相关法律规定用人单位欠付劳动者薪酬,经劳动行政部门责令支付而用人单位仍不支付的,用人单位就要向劳动者加付50%—100%的赔偿金。劳动法规在**仲裁时效的起算**、**变更条件的限制**、**欠薪后果的承担**等方面均体现了对劳动报酬的保护力度。用人单位要切记,在劳动合同期限内调薪(一般指降薪)必须与员工协商一致,并书面变更。

(二)调薪不适用以"实际履行超过一个月"来推定有效

这是实践中最常发生的争议,也是用人单位在调薪方面最容易产生的误区。依照《劳动合同法》第35条之规定,用人单位与劳动者协商一致才可以变更劳动合同约定的内容,而且变更劳动合同应当采用书面形式。从法条原意来看,用人单位要调整变更劳动者的工作岗位、工作地点、劳动报酬等劳动合同约定内容,需要双方协商一致才可以,而且要以书面形式进行变更。

但是,在实践中也出现了一些问题。最常见的问题是,双方未书面约定变更但又以实际行为履行了变更内容,那这种变更是有效还是无效?例如,用人单位口头通知劳动者进行岗位调整,薪酬待遇没有变化,劳动者也接受了这个岗位调整,到调整后的新岗位去工作了。工作了大半年后,劳动者因其他事宜不满意调整后的岗位,开始提出当初变更工作岗位是口头通知的,双方没有通过签订书面协议的方式进行变更,所以变更无效。可是,岗位变更已有大半年,原岗位已安排了其他员工,劳动者又突然反悔不认可变更工作岗位,用人单位的正常经营肯定会受影响。

所以,为了解决这种问题,最高人民法院《关于审理劳动争议案件适用法律问题的解释(一)》第43条规定,用人单位与劳动者协商一致变更劳动合同,虽未采用书面形式,但已经实际履行了口头变更的劳动合同超过1个月,变更后的劳动合同内容不违反法律、行政法规且不违背公序良俗,当事人不能以未采用书面形式为由主张劳动合同变更无效。如上例，用人单位即使是口头通知员工变更工作岗位，员工要是认为没有协商一致，肯定不会去新岗位工作。员工实际去了变更后的新岗位工作，且已工作一个月以上，员工的实际履行行为已证明其同意用人单位的口头变更行为，之后就不能再反悔，以"未以书面形式变更劳动合同"为由要求变更工作岗位的行为无效。上述规定就是为了避免非核心劳动合同内容(如工作岗位)的变更出现反复。

但部分用人单位在理解最高人民法院《关于审理劳动争议案件适用法律问题的解释(一)》的规定时出现了偏差，认为降薪也是变更劳动合同，其单方面降薪，即使没有书面约定降薪事宜，但劳动者超过1个月未提出异议，即应视为其降薪这一变更劳动合同行为有效，降薪后少发工资是在执行新的工资标准，不应认定为未足额支付劳动报酬。其实，这是对最高人民法院《关于审理劳动争议案件适用法律问题的解释(一)》第43条的错误理解。理由主要有以下三点：

第一，从最高人民法院《关于审理劳动争议案件适用法律问题的解释(一)》的本意来看。最高人民法院民事审判第一庭编著的《最高人民法院新劳动争议司法解释(一)理解与适用》一书对前述第43条的释义载明："在实践中，对于什么样的行为构成实际履行，也存在误读。本文仍以前述用人单位单方降薪的案例为例进行阐释。如果用人单位单方降薪，并按照降薪后的标准实际发放工资超过一个月，在此期间劳动者未提任何异议，能否就此认定劳动者通过实际履行认可了降薪一事？因为用人单位未举证证明就降薪与劳动者协商一致，我们也不能直接推定劳动者已经同意降薪，所以就需要考察劳动者持续超过一个月未提异议的状态能否视为其通过实际履行的方式同意了降薪，即劳动者持续超过一个月未提异议的状态能否视为其作出了同意降薪的意思表示。**我们认为是不可以的。**"也就是说，最高人民法院认为，日常所称的"克扣工资"(用人单位单方面降薪)是不适用默示同意的。道理也很简单，如果认为用人单位单方面扣减劳动报酬的行为超过一个月，劳动者未提出异议的即视为认可，那岂不是将违法行为通过1个月期限的不明示转化为了合法行为？岂不是出现了"拖欠工资，欠着欠着就等于劳动者同意降薪"的情形？此种逻辑，岂不是在鼓励用人单位拖欠或克扣劳动报酬？在这种逻辑下，我国就不可能出现超过1个月的欠薪违法行为，因为欠薪超过1个月就视为劳动者同意变更劳动报酬了。笔者认为，即使以最朴素的正义观来判断，减少劳动报酬也不能因劳动者超过1个月未提出异议而认定为经双方协商一致变更劳动报酬标准。

第二，《关于审理劳动争议案件适用法律问题的解释（一）》将"已经实际履行了口头变更的劳动合同超过一个月"视为有效变更的规定中还有一个前提，即用人单位与劳动者协商一致变更劳动合同但未采用书面形式。换言之，该解释还是强调了变更劳动合同需要双方协商一致，**即双方在协商一致的基础上实际履行了变更内容，只是未采取书面形式载明变更内容的，前述协商一致的变更行为不因未采取书面形式而无效。再直白一点说，口头协商一致也要求协商一致。用人单位单方面的降薪并不是口头协商一致的行为，而是单方面未足额支付劳动报酬的行为。**

在这种正确的理解逻辑下，我们会发现，变更劳动报酬与变更工作地点、变更工作岗位存在明显的不同。**变更工作地点、工作岗位，需要劳动者以实际行为来体现是否同意用人单位的口头协商变更**，即劳动者不同意用人单位口头协商变更的工作地点、工作岗位，肯定就不会前往变更后的工作岗位、工作地点工作。也就是说，**变更工作地点、工作岗位是需要劳动者以实际行为来配合的，通过劳动者的行为可以认定双方是否口头协商一致**。但劳动报酬的变更却不同，劳动者在劳动报酬的变更上处于被动的位置，用人单位这个月按约定的工资标准发放10,000元的月薪到劳动者银行卡上，下个月按单方面降薪后的工资标准发放8000元的月薪到劳动者银行卡上，都不需要劳动者作出诸如搬到新工作岗位工作等某种具体可视化的行为来确认。简单点说，用人单位正常发放工资，员工收到了不会说什么。用人单位单方面扣减了工资，员工忍受了不说什么，但不代表认可了。

第三，在实践中，大多数劳动者为了保住工作，并不能对用人单位单方面降薪引发的"未足额支付劳动报酬"的行为及时提出异议，更多的是先忍受一段时间。在无法忍受时，甚至是决定离职之时才会主动要求用人单位支付欠薪。因此，从日常生活经验法则来看，"沉默即认可"的逻辑至少不可以适用在减少劳动报酬的情形上。

> **实操建议**

如果双方协商一致降低劳动报酬，用人单位应该怎么操作？很简单，及时与劳动者签订变更劳动报酬的协议。而且签订此类协议的方式是多种多样的，可以通过劳动合同补充协议对薪酬进行重新约定，也可以由用人单位制作一份薪酬变更通知单，载明薪酬标准的变更情况，让劳动者确认无误后在"签字确认"一栏签名确认。当然，如果用人单位通过钉钉、微信等通讯工具与劳动者协商，劳动者表达了同意变更劳动报酬的意思，双方的对话协商记录也可以作为印证双方协商一致变更劳动报酬的证据。总之，双方是真正协商一致变更劳动报酬的，用人单位一定要注意保存好相应协商一致变更劳动报酬的证据，而不是将劳动者 1 个月内未提出异议作为协商一致变更劳动报酬的理由。

（三）劳动合同约定薪酬标准与实际薪酬标准不符，用人单位将实际执行的薪酬标准降至劳动合同约定的薪酬标准的，也属于单方面调薪的行为

在"劳动报酬的规范管理"一章讲解过，在实践中，部分用人单位未在劳动合同中载明劳动者真实的薪酬标准，而是约定一个较低的、虚假的劳动报酬金额，或是约定一个模糊不清的劳动报酬金额。

举例说明：张三面试时与 A 公司谈妥的月薪为 10,000 元/月。张三入职后，A 公司的 HR 让张三签署的劳动合同中载明的月工资标准却是 3500 元。张三入职三年来，A 公司一直是按双方认可的真实月工资标准 10,000 元/月发放工资。2024 年年底，A 公司经营利润下滑，A 公司老板引入了一位高级职业经理人来运营公司。职业经理进入 A 公司后实行全员降薪，将包括张三在内的员工工资降至书面劳动合同约定的工资标准，即将张三的工资标准从原来实发的 10,000 元/月降至劳动合同约定的 3500 元/月。

张三认为 A 公司的上述行为属于未及时足额支付工资，申请了劳动仲裁。A 公司的理由是《劳动合同法》第 35 条规定用人单位与劳动者协商一致才可以变更劳动合同约定的内容。其没有变更劳动合同约定的内容，就是在按劳动

合同约定的内容执行。其实,这是 A 公司在偷换"劳动合同约定内容"的概念。

立法原意为劳动合同约定的内容就是双方实际履行的内容,劳动合同约定的劳动报酬就是双方真实的劳动报酬。但实践中,有些用人单位利用由其提供的格式合同文本以及劳动者入职签约时的弱势地位,以"面试谈妥一套、合同约定一套、实际执行一套"的方式搞"阴阳"工资标准。如之前章节所述,对前例这种约定工资与实际工资不一致的情况有两种理解逻辑。

第一种逻辑是:因劳动合同载明的工资 3500 元/月是虚假的,并未实际执行,故双方"约定的工资标准"应以双方自始实际履行的工资标准 10,000 元/月为准。用人单位将实际工资标准变更为 3500 元/月,并非按劳动合同约定的工资标准执行,而是变更劳动合同约定的内容的行为,应双方协商一致,否则就属于未足额支付劳动报酬。

第二种逻辑是:即使认为劳动合同载明的工资 3500 元/月是真实有效的,自员工入职便按 10,000 元/月的工资标准实际履行,且员工对该 10,000 元/月的实际履行工资标准是认可的,故应视为自公司按 10,000 元/月的标准发放工资之日就已将劳动合同载明的工资标准变更为 10,000 元/月。此时,双方已协商一致变更完成的工资标准为 10,000 元/月,公司单方面再将工资标准变更为 3500 元/月,属于第二次变更,仍应与员工协商一致,否则就属于未足额支付劳动报酬。

其实,用最朴素的思考方式便可以得出以上结论。试想,如果允许用人单位以这种在劳动合同中约定"阴阳"劳动报酬金额的方式达到随意单方面降薪的目的,再经过各大短视频平台的宣传,越来越多的公司会在劳动合同的劳动报酬一栏中约定工资为 2500 元、3500 元。全公司上下从经理到保洁的工资都是 2500 元,格式劳动合同成为用人单位随意降薪的"终极法宝"。劳动法规会允许此种情形出现吗?所以,是否变更了劳动报酬应以双方真实履行的劳动报酬标准为参照。

第二节　劳动合同的续订

📄 **关键法条**

1.《劳动合同法》

第十四条 ……

用人单位与劳动者协商一致,可以订立无固定期限劳动合同。有下列情形之一,劳动者提出或者同意续订、订立劳动合同的,除劳动者提出订立固定期限劳动合同外,应当订立无固定期限劳动合同:

(一)劳动者在该用人单位连续工作满十年的;

(二)用人单位初次实行劳动合同制度或者国有企业改制重新订立劳动合同时,劳动者在该用人单位连续工作满十年且距法定退休年龄不足十年的;

(三)**连续订立二次固定期限劳动合同,且劳动者没有本法第三十九条和第四十条第一项、第二项规定的情形,续订劳动合同的。**

用人单位自用工之日起满一年不与劳动者订立书面劳动合同的,视为用人单位与劳动者已订立无固定期限劳动合同。

第四十六条　有下列情形之一的,用人单位应当向劳动者支付经济补偿:

……(五)除用人单位**维持或者提高劳动合同约定条件续订劳动合同,劳动者不同意续订的情形外**,依照本法第四十四条第一项规定终止固定期限劳动合同的;

……

2.最高人民法院《关于审理劳动争议案件适用法律问题的解释(一)》

第三十四条　劳动合同期满后,劳动者仍在原用人单位工作,原用人

> 位未表示异议的,视为双方同意以原条件继续履行劳动合同。一方提出终止劳动关系的,人民法院应予支持。
>
> 根据劳动合同法第十四条规定,用人单位应当与劳动者签订无固定期限劳动合同而未签订的,人民法院可以视为双方之间存在无固定期限劳动合同关系,并以原劳动合同确定双方的权利义务关系。

第一次固定期限劳动合同到期后,双方继续保持劳动用工关系的,涉及劳动合同的续订问题。正常情况下,劳动者与用人单位会采取签订第二份劳动合同或签订劳动合同续订书等方式完成劳动合同的续订。在前述正常的续订劳动合同之外,用人单位在办理续签劳动合同时要注意以下几种情况下的风险点。

一、第一次固定期限劳动合同到期后继续用工但不办理劳动合同续签的风险

双方第一次固定期限劳动合同到期后,可能因为忘记办理劳动合同续签等,没有及时办理续签书面劳动合同。但劳动者照常上班工作,用人单位照常发放工资,这种情况视为双方同意以原条件继续履行劳动合同。但在这种未续签劳动合同又继续用工的状态下,用人单位是否应该支付2倍工资？用人单位过了几个月"反应"过来,是否可以以双方劳动合同期满为由而终止劳动合同？具体说明如下。

首先,劳动合同期满后未续签但双方继续履行原劳动合同,虽然视为双方同意以原条件继续履行劳动合同,但用人单位仍应向劳动者支付未签订书面劳动合同的2倍工资差额。

在实践中,有些用人单位以最高人民法院《关于审理劳动争议案件适用法律问题的解释(一)》第34条第1款所规定的"视为双方同意以原条件继续履行劳动合同"来抗辩未签订劳动合同2倍工资的支付义务。当前的主流裁判观点认为,双方同意以原条件继续履行劳动合同并不构成未签订书面劳动合同应支付2倍工资这一法定责任的免责事由。视为双方同意以原条件继续履行劳

动合同是用于解决双方在这种情况下权利义务的确定问题,但未签订书面劳动合同的客观事实仍然存在,对应的未签订书面劳动合同应支付 2 倍工资的法律责任也当然存在。所以,用人单位在这种情况下还是要支付 2 倍工资。

实操建议

用人单位须注意劳动合同期限的管理,在劳动合同期限即将届满时(一般提前 1 个月以上),要与劳动者确定是否还要续签。若双方同意续签,应尽快完成劳动合同的续签手续,以避免因未及时签订劳动合同而承担支付 2 倍工资的风险。

其次,劳动合同期满后未续签但双方继续履行原劳动合同 1 个月的视为双方以原条件续订劳动合同,双方未续签劳动合同满 1 年之后视为双方已订立无固定期限劳动合同。

《劳动合同法》第 14 条第 3 款规定:"用人单位自用工之日起满一年不与劳动者订立书面劳动合同的,视为用人单位与劳动者已订立无固定期限劳动合同。"实践中,双方第一次固定期限劳动合同到期超过 1 年未续签,视为已订立了无固定期限劳动合同。故在这种情况下已不存在劳动合同期满的情形,用人单位也无法再以劳动合同期满为由而终止劳动合同。如果用人单位强行终止劳动关系,则要承担单方面违法终止劳动合同的法律后果。

最高人民法院《关于审理劳动争议案件适用法律问题的解释(二)(征求意见稿)》第 24 条规定:"劳动合同期满后,劳动者仍在用人单位工作,用人单位未表示异议超过一个月的,人民法院可以视为双方以原条件续订劳动合同,用人单位应当与劳动者补订书面劳动合同。符合订立无固定期限劳动合同的,人民法院可以视为双方之间存在无固定期限劳动合同关系,并以原劳动合同确定双方的权利义务关系。用人单位解除劳动合同,**劳动者请求用人单位依法承受解除劳动合同法律后果的,人民法院应予支持。**"该征求意见稿也体现了前述观点。换言之,双方劳动合同到期后,用人单位未在到期之后一个月内作出因期满为由终止劳动合同的意思表示,则无权再以劳动合同期满为由终止劳动合同。

最后，用人单位与劳动者在劳动合同中约定劳动合同到期自动续订的，在劳动合同到期后劳动者继续工作，可视为双方订立了一份与原劳动合同内容和期限相同的合同，劳动者不能向用人单位主张2倍工资。

北京市高级人民法院、北京市劳动人事争议仲裁委员会《关于审理劳动争议案件解答（一）》第45条规定，因用人单位与劳动者在劳动合同中已经约定劳动合同到期续延，但未约定续延期限，在劳动合同到期后，劳动者仍继续工作，双方均未提出解除或终止劳动合同时，属于双方意思表示一致续延劳动合同，可视为双方订立一份与原劳动合同内容和期限相同的合同，故劳动者主张未签订劳动合同的二倍工资不应支持。该文件体现了前述观点。需要注意的是，这样的自动续订也视为劳动者与用人单位签订了第二份固定期限劳动合同，用人单位要承受双方签订了第二次固定期限劳动合同的后果。

二、第二次固定期限劳动合同到期后是否可以期满终止的争议

如之前章节所述，在这个问题上，当前统一的裁判观点认为：用人单位与劳动者连续订立二次固定期限劳动合同的，双方签订的第二次固定期限劳动合同期满，只要劳动者没有《劳动合同法》第39条和第40条第1项、第2项规定的情形（没有违规违纪违法以及没有患病负伤和不能胜任工作等情形），劳动者提出续订劳动合同的，用人单位必须与劳动者签订无固定期限劳动合同。如果用人单位在第二次固定期限劳动合同期满时终止劳动合同，则属于违法终止劳动合同，应向劳动者支付违法终止劳动合同的赔偿金。这种观点的核心是：在劳动者要求续订劳动合同的情况下，用人单位无权以劳动合同期满为由终止第二次固定期限劳动合同。

> **实操建议**

面对此情况，用人单位在实践操作中要注意以下几点：

1. 第二次固定期限劳动合同到期前的一段时间，用人单位要书面征求员工是否续签劳动合同的意见。具体方式参考前述劳动合同签订一章的介绍。

当然，第一次固定期限劳动合同到期前是否征求续签意见并不重要，因为

第一次固定期限劳动合同期满后,任何一方不愿意再续签都可以因期满而终止劳动合同,所以不存在必须提前向员工征求意见的前提。

2. 第二次固定期限劳动合同到期后,劳动者选择不续签或选择继续签订固定期限劳动合同的,用人单位也可以按劳动者意愿以期满为由终止第二次固定期限劳动合同或续签第三次固定期限劳动合同。

虽然法律规定在第二次固定期限劳动合同期满后,劳动者提出续签,用人单位必须与其续签,否则就是违法终止劳动合同,但劳动者提出或同意不续签的,用人单位可以以劳动合同期满为由终止劳动合同。

同理,虽然法律规定在第二次固定期限劳动合同期满后,劳动者提出续签无固定期限劳动合同的,用人单位必须与其续签无固定期限劳动合同,但劳动者选择续签固定期限劳动合同,用人单位与劳动者续签第三份固定期限劳动合同的,也并不违法。

3. 第二次固定期限劳动合同到期后,用人单位未征求劳动者的续签意见,而是与劳动者签订了第三次固定期限劳动合同,劳动者又以未签订无固定期限劳动合同要求用人单位支付二倍工资的,不会得到支持。

理由在于:2倍工资是惩罚不签订书面劳动合同的行为,虽然第二次固定期限劳动合同期满之后,劳动者提出要续签无固定期限劳动合同的,用人单位必须与劳动者续签订无固定期限劳动合同,但劳动者在第三次固定期限劳动合同上签字确认的行为,表明其同意续签第三次固定期限劳动合同。而在双方签订了劳动合同的情况下,用人单位无须向劳动者支付未签订劳动合同的2倍工资。

第三节 劳动者履行劳动合同中的不当行为及责任追究

在劳动关系项下,劳动者也有承担赔偿责任或违约责任的情形。用人单位应该掌握劳动者在履行劳动合同中可能出现的违法行为以及责任规定。

一、劳动者因本人重大过失行为导致用人单位损失的赔偿责任

📋 **关键法条**

> **1.《劳动合同法》**
>
> 第九十条　劳动者违反本法规定解除劳动合同,或者违反劳动合同中约定的保密义务或者竞业限制,给用人单位造成损失的,应当承担赔偿责任。
>
> **2.《工资支付暂行规定》**
>
> 第十六条　因劳动者本人原因给用人单位造成经济损失的,用人单位可**按照劳动合同的约定要求其赔偿经济损失**。经济损失的赔偿,可从劳动者本人的工资中扣除。但每月扣除的部分不得超过劳动者当月工资的20%。若扣除后的剩余工资部分低于当地月最低工资标准,则按最低工资标准支付。

劳动者在工作中因本人的过失行为造成用人单位损失的,是否应该承担赔偿责任？这个问题在实务中有一定的争议。当然,首先要明确的是,如果是劳动者故意造成用人单位的损失,那劳动者肯定是要赔偿损失的,甚至可能因为故意行为造成的后果严重而承担刑事责任。所以,这里只讨论劳动者的过失行为(包括一般过失、重大过失)造成用人单位经济损失是否应予赔偿的问题。

第一种意见认为,法律并未规定劳动者在履职行为存在过失造成用人单位损失后应承担赔偿责任,故劳动者即使存在过失行为导致用人单位损失也属于用人单位的经营风险,劳动者不承担赔偿责任。此观点的理由为:

第一,在劳动关系存续期间,用人单位既是企业财产的所有人、管理人,也是企业内部生产经营的管理者、监督者。根据报偿责任理论,劳动者的劳动行为是为了实现用人单位的生产经营利益。因此,劳动者的职务行为造成的损失风险也应当归于利益的享有者,即用人单位来承担。用人单位支付给劳动者的对价,即劳动报酬,与劳动者创造的劳动成果具有不对等性,用人单位作为劳动

者所提供劳动成果的享有者,理应承担生产经营风险。此种生产经营风险当然包括劳动者履职中出现过失导致的经济损失的风险。如果用人单位就劳动者履行劳动行为过程中非故意造成的损失要求劳动者赔偿,无异于单方面加重了劳动者的责任,将企业生产经营的风险转嫁于劳动者,而用人单位只享有劳动者劳动行为带来的利益而不承担相应的风险,显然有失公允。

第二,对于劳动者的行为是否应当承担赔偿责任的认定,应当以法定情形为准。《劳动合同法》第 90 条规定:"劳动者**违反本法规定解除劳动合同**,或者**违反劳动合同中约定的保密义务**或者**竞业限制**,给用人单位造成损失的,应当承担赔偿责任。"上述法律表明,劳动者向用人单位承担损失赔偿责任的范围仅限于"违法解除劳动合同、违反劳动合同中约定的保密义务或竞业限制"。而劳动者履职过失行为导致的损失不属于前述三种情形,故其对该损失不应承担赔偿责任。

第三,《劳动合同法》第 39 条规定:"劳动者有下列情形之一的,用人单位可以解除劳动合同:……(三)严重失职,营私舞弊,给用人单位造成重大损害的……"从该法条规定可见,劳动者即使在履行职务行为时存在严重失职行为给单位造成重大损失的,用人单位可依法行使的权利也只是单方面解除劳动合同。该法条并未规定用人单位还可以因劳动者的过失行为要求赔偿损失,故劳动者不应该因过失行为承担损失赔偿责任。

这种裁判标准在实践中面临的问题是容易纵容劳动者在遵章守纪、敬业履职方面不断放松,甚至是无所顾忌。例如,某外卖配送公司多次进行培训教育,要求员工在骑电动车进行外卖配送时遵守交通规则,绝对不能出现闯红灯、逆行等严重违法行为。但其中一个员工因不遵守交通规则,将电动车开到行人步道上逆行,撞伤了一名小女孩。外卖配送公司承担了对小女孩的赔偿责任,该公司对外支付的赔偿款实际就是该公司的损失。这种因员工重大过失行为造成公司损失的,该不该让过失员工承担一定的赔偿责任?如果完全免除该员工的赔偿责任,其他员工之后是否会对违法过失行为无所顾忌?

第二种意见认为,即使劳动者存在过失行为,用人单位只有在双方签订的劳动合同中有约定或用人单位合法有效的规章制度有明确规定的情况下,才可以要求劳动者按约定承担赔偿责任。**否则，劳动者不因其过失行为承担赔偿责任。**

此观点的理由为，《工资支付暂行规定》第 16 条明确规定"因劳动者本人原因给用人单位造成经济损失的，用人单位可按照劳动合同的约定要求其赔偿经济损失"。该规定至今仍有效，可以作为裁判尺度的参考。且双方于劳动合同中有关于过失赔偿的约定，该约定并不违反法律或行政法规的强制性规定的，应属有效。如果劳动者出现了约定中应赔偿损失的过失行为，用人单位按双方的约定要求劳动者赔偿有何不可？但这种裁判标准在实践中也面临"过于机械"的问题：只要有约定，哪怕劳动者只是因一般过失造成损失，用人单位都可以要求其赔偿损失；如果没有约定，劳动者存在重大过失造成更大的损失，用人单位也不能要求劳动者承担赔偿责任。

第三种意见认为，劳动者因过失行为导致用人单位损失的，要结合劳动者的工作职责、用人单位的管理程度，区分劳动者是一般过失行为还是严重过失行为。如果是一般过失行为，劳动者不承担损失赔偿责任。如果是严重过失行为，则酌情裁判劳动者承担一定比例的赔偿责任。

这种裁判观点越来越成为主流的裁判标准，即无论双方的劳动合同中是否存在关于员工过失行为造成损失的赔偿约定，都要结合劳动者的过失程度来判断劳动者是否承担赔偿责任。以最常见的劳动者过失情形为例，即用人单位的财务人员遭受网络诈骗，骗子通过盗取公司老板的 QQ 号，在 QQ 群内以老板的名义安排财务人员将公司账户的资金转出到骗子提供的账户，造成公司资金损失。事后发现被诈骗，财务人员是否承担赔偿责任？如果承担，其又应承担多少赔偿责任？按上述第三种意见，首先要判断该财务人员存在的过失属于一般过失还是重大过失。笔者认为，一般从以下三个方面来认定过失程度。

其一，看该公司之前是否严格执行财务制度，公司的高级管理人员是否存在通过微信、QQ 安排财务人员转款的行为。如果公司高级管理人员安排转账、收款也是通过微信、QQ 来下指示、做安排，而不是严格执行预防风险的财务制度，说明公司之前就这样处理财务问题，必然导致员工也陷入可以通过微信、QQ 接受转账事务的认知。这是考量此类案件过失程度的重要方面。

其二，看诈骗分子进入 QQ 工作群的方式是盗用了公司老板的 QQ 号还是模仿了公司老板的 QQ 号。如果是盗用,则公司管理人员也明显存在过失,对自己的网络账号保管不善才导致财务人员被骗。这是考量此类案件过失程度的次要方面。

其三,看财务人员的职位是一般的财务人员还是拿高薪的财务主管。工资越高、责任越大,这也是考量此类案件过失程度的次要方面。

此外,还可以调查财务人员在遭受网络诈骗前是否还向其上级主管请示过、询问过;公司是否存在安排会计与出纳由同一人担任的问题;公司在 QQ 工作群的其他人员是否也被骗。查明这些事实也有利于对员工的过失程度作出正确判断,从而酌情裁判有严重过失的员工承担一定比例的赔偿责任。

实操建议

结合前述分析,用人单位可以在劳动合同中约定清楚"重大过失赔偿条款",约定员工如存在重大过失或严重失职造成用人单位损失,应承担一定比例的赔偿责任。当然,此举主要是为了督促员工在工作中尽职尽责。

二、劳动者因违法解除劳动合同造成用人单位损失的赔偿责任

关键法条

> 《劳动合同法》
>
> **第三十七条** 劳动者**提前三十日以书面形式**通知用人单位,可以解除劳动合同。劳动者在**试用期内提前三日通知用人单位,可以解除劳动合同**。
>
> **第九十条** 劳动者**违反本法规定解除劳动合同**,或者违反劳动合同中约定的保密义务或者竞业限制,给用人单位**造成损失的,应当承担赔偿责任**。

按照《劳动合同法》第 37 条之规定,劳动者在劳动合同期限内要解除劳动合同,需要提前一定时间通知用人单位。主要是给用人单位安排岗位顶替人员或安排工作衔接事宜一定的缓冲时间。除非用人单位有《劳动合同法》第 38

条所规定的情形,否则劳动者一定要依法提前通知用人单位才能离职。

已转正的劳动者在用人单位没有过错的情况下,因个人原因离职而未提前30天通知的,用人单位可以向劳动者要求赔偿损失。损失一般包括临时招聘员工顶替岗位的支出、让外包员工紧急兼职岗位而多支出的报酬等。

三、劳动者因拒绝办理工作交接造成用人单位损失的赔偿责任

关键法条

> 《劳动合同法》
> 第五十条第二款 劳动者应当按照双方约定,办理工作交接……
> 第九十条 劳动者违反本法规定解除劳动合同,或者违反劳动合同中约定的保密义务或者竞业限制,给用人单位造成损失的,应当承担赔偿责任。

工作交接,是解除或终止劳动合同事宜中劳动者一方的附随义务。在解除劳动合同时,用人单位应向劳动者出具解除或终止劳动合同的证明,为劳动者办理社会保险的转移手续。同样,劳动者也负有完成离职工作交接的义务。用人单位要注意,法条规定的是"按照双方约定"办理工作交接。所以,用人单位要注意在劳动合同中通过"工作交接条款"约定清楚工作交接的内容与要求,以及不办理工作交接应承担的责任。

四、劳动者违反保密义务造成用人单位损失的赔偿责任

关键法条

> 《劳动合同法》
> 第二十三条第一款 用人单位与劳动者可以在劳动合同中约定保守用人单位的商业秘密和与知识产权相关的保密事项。

> **第九十条** 劳动者违反本法规定解除劳动合同,或者违反劳动合同中约定的保密义务或者竞业限制,给用人单位造成损失的,应当承担赔偿责任。

商业秘密,是指不为公众所知悉,能为权利人带来经济利益,具有实用性并经权利人采取保密措施的技术信息和经营信息。

保密义务与竞业限制时常同时出现在劳动合同中,或是一起出现在保密与竞业限制协议中。但保密义务与竞业限制相互也是独立的。换言之,用人单位可以只与劳动者约定保密义务,也可以只与劳动者约定竞业限制,还可以与劳动者同时约定保密义务与竞业限制。

如果双方在劳动合同中约定了保密义务,劳动者违反保密义务造成用人单位损失,用人单位可以要求劳动者承担赔偿责任。最常见的情况是,劳动者在职期间将用人单位的重要客户信息出卖给其他用人单位。例如,某中介公司的经纪人将公司新上的房源信息及房东底价信息泄露给第三方公司,导致某中介公司损失重要客户等。这种情况下,用人单位可以根据劳动合同约定的保密义务要求劳动者赔偿损失。

第八章

竞业限制与培训服务期

第一节 竞业限制,一把"双刃剑"

关键法条

1.《劳动合同法》

第二十三条 用人单位与劳动者可以在劳动合同中约定保守用人单位的商业秘密和与知识产权相关的保密事项。

对负有**保密义务**的劳动者,用人单位可以在**劳动合同**或者**保密协议**中与劳动者约定竞业限制条款,并约定在解除或者终止劳动合同后,在竞业限制期限内按月给予劳动者经济补偿。劳动者违反竞业限制约定的,应当按照约定向用人单位支付违约金。

第二十四条 竞业限制的人员限于用人单位的**高级管理人员**、**高级技术人员**和其他负有保密义务的人员。竞业限制的**范围**、**地域**、**期限**由用人单位与劳动者约定,竞业限制的约定不得违反法律、法规的规定。

在解除或者终止劳动合同后,前款规定的人员到与本单位生产或者经营同类产品、从事同类业务的有竞争关系的其他用人单位,或者自己开业生产或者经营同类产品、从事同类业务的竞业限制期限,不得超过二年。

第九十条 劳动者违反本法规定解除劳动合同,或者违反劳动合同中约定的保密义务或者**竞业限制**,给用人单位**造成损失**的,应当承担赔偿责任。

2. 最高人民法院《关于审理劳动争议案件适用法律问题的解释(一)》

第三十六条 当事人在劳动合同或者保密协议中约定了竞业限制,但**未约定解除或者终止劳动合同后给予劳动者经济补偿**,劳动者履行了竞业限制义务,要求用人单位按照劳动者在劳动合同解除或者终止前十二个月**平均工资的30%按月支付经济补偿的**,人民法院应予支持。

前款规定的月平均工资的30%低于劳动合同履行地最低工资标准的,按照劳动合同履行地最低工资标准支付。

第三十七条 当事人在劳动合同或者保密协议中约定了竞业限制和经济补偿,当事人解除劳动合同时,除另有约定外,用人单位要求劳动者履行竞业限制义务,或者劳动者履行了竞业限制义务后要求用人单位支付经济补偿的,人民法院应予支持。

第三十八条 当事人在劳动合同或者保密协议中约定了竞业限制和经济补偿,劳动合同解除或者终止后,因用人单位的原因导致三个月未支付经济补偿,劳动者**请求解除**竞业限制约定的,人民法院应予支持。

第三十九条 在竞业限制**期限内**,用人单位请求**解除**竞业限制协议的,人民法院应予支持。

在解除竞业限制协议时,劳动者请求用人单位**额外支付**劳动者三个月的竞业限制经济补偿的,人民法院应予支持。

第四十条 劳动者违反竞业限制约定,向用人单位**支付违约金**后,用人单位要求劳动者按照约定**继续履行**竞业限制义务的,人民法院应予支持。

3. 人力资源社会保障部、最高人民法院《关于劳动人事争议仲裁与诉讼衔接有关问题的意见(一)》

二十一、当事人在劳动合同或者保密协议中约定了竞业限制和经济补偿,劳动合同解除或者终止后,因用人单位的原因导致三个月未支付经济补偿,劳动者请求解除竞业限制约定的,劳动人事争议仲裁委员会、人民法院应予支持。

竞业限制,直白地理解就是由用人单位按月给离职员工一些费用作为补偿，让离职员工在离职后的一定期限内不要到与自己存在竞争关系的用人单位工作，也不要生产经营与自己同类的产品或业务。换言之，原用人单位在一定期限内给离职员工一些补偿，离职员工也不要来"抢"原用人单位的生意或业务。

一、用人单位应知晓的竞业限制知识点

（一）竞业限制的适用人员

法律明文规定，竞业限制的人员限于用人单位的**高级管理人员**、**高级技术人员**和其他**负有保密义务**的人员。换言之，竞业限制的实施范围是有明确限制的。但近年来，实务中开始出现竞业限制约定滥用的现象：有的用人单位将一般管理人员、一线员工都纳入竞业限制的范围中；有的用人单位扩大了对"其他负有保密义务人员"的解释，将一些根本不可能掌握用人单位核心秘密的劳动者也列入竞业限制的范围；还有的用人单位使用的劳动合同模板中就有竞业限制条款，造成全公司上下不分岗位、层级签订的劳动合同都有竞业限制条款。

最近在网络上就曝出这样一个"新闻"：一个长期负责制作拍黄瓜的厨师签订了竞业限制协议，离职后还遭原用人单位以违反了竞业限制为由索赔10万元。最后法院驳回了原用人单位的诉讼请求。拍黄瓜涉及了多大的商业秘密？是多放醋还是多放鸡精？在这个饭店拍过黄瓜，离职后就不能去别的饭店拍黄瓜了？笔者还见过保洁人员签订的劳动合同中有竞业限制条款，难道是用人单位怕保洁阿姨离职后去别的公司扫地会影响自己公司地板的干净程度？这些可笑的竞业限制案例越来越多，也反映了当前竞业限制被滥用的现状。

（二）竞业限制的约定方式

约定竞业限制义务的方式多种多样，用人单位与劳动者可以在劳动合同中约定竞业限制条款，也可以专门签订一份保密协议或竞业限制协议来约定关于竞业限制的权利义务。双方甚至可以在离职时签订的离职协议中约定竞业限制条款。换言之，只要双方能就竞业限制问题达成一致，有多种方式可以约定竞业限制。

(三)竞业限制的约定内容

双方应就竞业限制的范围、地域、期限进行约定。但期限最长不得超过两年。双方在竞业限制协议中还应约定用人单位按月支付劳动者经济补偿的金额,约定劳动者违反竞业限制约定后应承担什么样的违约责任。

(四)竞业限制违约后果

1. 未在竞业限制协议中约定经济补偿的后果

用人单位与劳动者未约定解除或者终止劳动合同后用人单位给予劳动者经济补偿,劳动者履行了竞业限制义务,可以要求用人单位按照其解除或者终止劳动关系前12个月平均工资的30%按月支付经济补偿。且该月平均工资的30%低于当地最低工资标准的,按当地最低工资标准支付。换言之,若用人单位与劳动者仅是约定了离职员工违反竞业限制的违约责任,未约定用人单位支付竞业限制经济补偿的义务,那就给用人单位规定一个法定的竞业补偿金标准。

2. 用人单位未依约支付竞业限制补偿的后果

因用人单位原因导致3个月未支付竞业限制经济补偿的,劳动者可以要求解除竞业限制约定,无须继续履行竞业限制义务。所谓因用人单位原因,直白地说就是用人单位不给离职员工发放竞业限制补偿金,而不是劳动者拒收竞业限制补偿金。劳动者不得在拒收经济补偿之后又以用人单位3个月未支付经济补偿为由要求解除竞业限制协议。

用人单位要注意,如果公司有3个月未依照竞业限制协议向离职员工支付竞业限制的经济补偿,离职员工此时有两个选择:一是继续履行竞业限制义务,然后起诉用人单位支付欠付的经济补偿。二是通知用人单位解除竞业限制协议。自通知送达用人单位起,双方的竞业限制协议解除,从此离职员工便可以自由找工作,不再受竞业限制义务的约束。

实践中,劳动者离职后,想休息一段时间或是去旅行一段时间,再或是确实工作难找,那竞业限制协议对劳动者来说简直是福利。反正工作难找,找不到工作其实就是被动地履行竞业限制协议。离职了原用人单位按月发一笔钱，多好。如前所述，有的用人单位在劳动合同模板中加入了竞业限制条款，造成全公司人人都有竞业限制。条款也是简单直白，连经济补偿也没约定清楚。劳动者离职了，一年半载没找到合适工作，还在领失业保险金呢，一翻原来的劳动合同，哈哈，原公司还和我约定了竞业限制，我这哪是找不到工作，我这是在认真履行竞业限制协议，都履行了一年了，公司居然还没给我补偿金，找公司要竞业限制补偿金去，不给就申请劳动仲裁。这也是为什么笔者认为竞业限制本质上是把"双刃剑"，而且这把"双刃剑"面向用人单位的那面更锋利。

3. 用人单位在竞业限制期限内单方面要求解除竞业限制协议的后果

如前例，用人单位发现"不小心"签订了竞业限制条款，还导致离职员工找不到工作回来要竞业限制补偿金，那公司是不是通知离职员工立即解除竞业限制协议就行了？确实，用人单位有权在竞业限制期限内单方面解除竞业限制协议。但用人单位在劳动者已开始履行竞业限制义务之后再通知其解除竞业限制是有代价的，需要额外支付3个月竞业限制补偿金。理由在于：本来该离职员工离职后就可以找工作，但因为约定了竞业限制，直到用人单位要求解除竞业限制的通知到达离职员工时，离职员工才能去找工作。然而，找工作又不是今天找，明天就能上班，用人单位自然需要支付一定的补偿。所以，如用人单位在竞业限制期限内单方面要求解除竞业限制协议，劳动者可以要求用人单位额外支付3个月的竞业限制补偿金。因此，用人单位在考虑是否约定竞业限制义务时要慎重，在办理离职前要再次对该离职员工是否有必要履行竞业限制义务进行评估，如果没有必要履行竞业限制义务，最好在竞业限制期限开始之前就通知劳动者解除竞业限制协议。

在实践中，有的用人单位会与劳动者约定，是否在离职后履行竞业限制义务，以办理离职手续时用人单位的书面通知为准，若用人单位未通知劳动者需要履行竞业限制义务，则其无须履行，且用人单位也无须支付竞业限制补偿金。这种约定条款的科学之处在于，用人单位在员工离职时才需要结合员工在职期间的岗位层级、掌握商业秘密的程度等情形识别出该离职员工是否有必要履行竞业限制义务，所以通过约定让用人单位在员工离职时作出是否履行竞业限制义务的判断更为务实。

4. 劳动者违反竞业限制义务的后果

劳动者违反竞业限制约定,应向用人单位支付违约金,支付违约金之后,竞业限制约定的期限还未到期的,劳动者还应按照约定继续履行竞业限制义务。如果双方签订的竞业限制协议中约定了劳动者违反竞业限制约定还要返还违反竞业限制期间已支付的竞业限制补偿金,用人单位还可以要求劳动者返还已领取的竞业限制补偿金。但用人单位要注意,在实践中,有的用人单位约定的竞业限制补偿金金额很低,但约定的违约金很高。如果劳动者觉得违约金过高,可以请求劳动仲裁机构或人民法院予以调低,劳动仲裁机构或人民法院对过高的违约金是可以调减的。

二、竞业限制纠纷中常见的几点争议

(一)劳动者违反竞业限制已支付了违约金是否还要退还已领取的补偿金

《劳动合同法》第 23 条第 2 款规定的是"劳动者违反竞业限制约定的,应当按照约定向用人单位支付违约金"。该法条规定劳动者违反竞业限制约定的后果就是按约定支付违约金,并没有规定还要退还用人单位已发放的竞业限制补偿金。但是,劳动者一旦违反竞业限制义务,承担违约责任与退还用人单位已支付的补偿金并不矛盾。劳动者违约后,不再享有占有竞业限制经济补偿金的权利,如同合同纠纷中的根本违约,既要退还已支付的合同款也要承担违约责任。

2023 年 12 月 12 日发布的最高人民法院《关于审理劳动争议案件适用法律问题的解释(二)(征求意见稿)》第 19 条规定,竞业限制条款约定的竞业限制范围、地域、期限等内容应当与劳动者知悉、接触的商业秘密和与知识产权相关的保密事项、具有的商业价值和形成的竞争优势相适应。劳动者违反竞业限制约定,用人单位**按照约定**依法要求劳动者返还**违反竞业限制约定期间已经支付的经济补偿、支付违约金的**,人民法院应予支持。

该征求意见稿体现了最高人民法院在这个问题上的倾向性意见,即劳动者违反竞业限制约定,除支付违约金外,如果双方约定了劳动者应退还违反竞业限制约定期间用人单位已经支付的经济补偿,用人单位也可以要求劳动者退还已领取的竞业限制补偿金。换言之,劳动者违反了竞业限制义务,肯定是要承担法定的支付违约金的责任的。至于是否还要退还用人单位已支付的竞业限制补偿金,要看双方的约定,如果双方的竞业限制协议或竞业限制条款中约定了劳动者违反竞业限制义务不仅要支付违约金,还要退还用人单位已支付的竞业限制经济补偿,用人单位可以要求劳动者予以退还。

实操建议

用人单位为了增强竞业限制的违约后果,可以在竞业限制条款中约定劳动者违反竞业限制的,除了要支付违约金之外,还要退还用人单位已支付的竞业限制补偿金。

(二)因履行竞业限制发生争议进行仲裁和诉讼的期间是否计入竞业限制期限

《劳动合同法》明确规定了用人单位与劳动者约定的竞业限制期限不得超过二年。但用人单位与劳动者因竞业限制发生纠纷后,由于我国实行"一裁二审"的劳动争议解决程序,常出现双方的争议进入仲裁或诉讼程序后,尚未得到最终的生效裁判但约定的竞业限制期间已届满。这种情况下,就有用人单位要求在竞业限制协议中约定"双方因履行竞业限制条款发生争议申请仲裁和提起诉讼的期间不计入竞业限制期限"。如双方约定了二年的竞业限制期限,履行到一年时用人单位申请仲裁,认为离职员工违反了竞业限制义务应支付违约金,然后经过仲裁、一审、二审、再审,历时三年,如果这三年不计入竞业限制期限,所有仲裁、诉讼程序结束了才重新计算竞业限制期限。这种方式相当于变相地将劳动者应履行的竞业限制期限进行了延长。

其实,此类约定属于"用人单位免除自己的法定责任、排除劳动者权利"的情形,应当认定为无效。理由在于:上述约定使得离职员工一旦与原用人单位发生争议,其竞业限制期限将被延长至不可预期且相当长的期间,甚至超过法定最长二年的竞业限制期限,这实质上造成了劳动者择业自由权在一定期间内处于待定状态。

> **典型案例**
>
> 马筱楠诉北京搜狐新动力信息技术有限公司竞业限制纠纷案①
>
> 裁判要旨:用人单位与劳动者在竞业限制条款中约定,**因履行竞业限制条款发生争议申请仲裁和提起诉讼的期间不计入竞业限制期限的**,属于《劳动合同法》第 26 条第 1 款第 2 项规定的"用人单位免除自己的法定责任、排除劳动者权利"的情形,**应当认定为无效**。

(三)劳动者以配偶或亲属的名义持股、经营公司是否构成违反竞业限制义务

竞业限制纠纷一直是劳动争议案件中的疑难案件,体现了劳资双方的斗智斗勇。如果说其他的劳动争议事项是一部职场"宫斗剧",竞业限制纠纷则是一部谍战剧。笔者有幸,在办理过的竞业限制纠纷案件中看过好几部"大型谍战剧"。有的离职员工为了规避竞业限制的约定,能想出各种"怪招",以下列举两例。

其一,"明修栈道、暗度陈仓"之法。离职员工为了规避竞业限制义务,先安排朋友开的与原公司无竞争关系的公司为其缴纳社会保险费,制造明面上的劳动关系。然后其悄悄到与原公司有竞争关系的公司工作,该公司不为其缴纳社会保险费,工资也打到该离职员工配偶的银行卡上,让人找不到与原公司有竞争关系的公司为其缴纳社会保险费或发工资的记录。

其二,"隔山打牛、虚实相合"之法。离职员工先入职一家外地的与原公司无竞争关系的公司,再由这家公司外包与原公司有竞争关系的公司的业务。然后非竞业公司以履行外包业务为由,将该劳动者作为非竞业公司员工派驻到与原公司有竞争关系的公司,明面上从事外包工作,实际上从事与原公司相关的

---

① 最高人民法院指导案例 184 号。

技术工作。

此外，还有人民法院案例库入库案例中载明的"亲属代持股权法"，劳动者在离职后经营与原公司存在竞争关系的新公司，然后将股权登记在自己配偶或亲属名下，自己暗中经营，无法从工商登记中认定其违反了竞业限制义务。当然，实践中还有其他方法，不便再介绍。

实操建议

既然离职员工有如此多的规避办法，那用人单位如何发现离职员工违反了竞业限制义务？用人单位常用以下三个有效的办法：

一是查询法。通过查询与自己有竞争关系的公司的工商登记，查询其官方网站，看离职员工是否有经营与自己有竞争关系的公司，入股或入职与自己有竞争关系的公司的行为。但此种方法只能发现一些明目张胆违反竞业限制约定的离职员工。

二是跟踪法。用人单位先是通过向同行业者打听，发现了离职员工违反竞业限制约定而加入竞争对手公司。再派出法务部、行政人事部的员工伪装成路人，在离职员工到竞争对手公司上班的必经之路口、电梯间、竞争对手公司门口等点位进行跟踪拍照。然后以该离职员工每天到竞争对手公司上下班，并拥有竞争对手公司的门禁权限等证据，证明离职员工违反了竞业限制义务。

三是卧底法。用人单位先打听到离职员工加入了哪家竞争对手公司，然后派出一个新员工（与离职员工未见过面且无交集的员工）入职竞争对手公司，充当"卧底"工作一两个月，取得离职员工违反竞业限制约定在竞争对手公司工作的证据即离职回用人单位复命。

所以，如果用人单位不计成本，非要追查离职员工是否存在违反竞业限制义务的行为，还是有办法的。有时候，笔者感叹，作为劳动争议的仲裁员或法官，职业生涯中不识破几个用人单位挖空心思"免费"辞退员工的手段，不看破几起离职员工绞尽脑汁规避竞业限制的方法，不足以进阶成为劳动争议裁判界的"元老"。

典型案例

上海某实业股份有限公司诉韩某某劳动合同纠纷案[①]

裁判要旨：审查劳动者配偶持股行为是否构成该劳动者违反竞业限制义务，应综合考虑行为发生时间、业务重合性、夫妻财产独立状况、劳动者本人技术条件等。在原用人单位已提供初步证据使法官产生劳动者存在隐蔽竞业行为的合理怀疑时，可根据具体案情将举证责任适当分配给劳动者。**若配偶行为与劳动者存在实质牵连关系，其行为间接与劳动者自身技术有关，在无其他相反证据情况下，可认定劳动者违反竞业限制协议。**劳动者主张违约金过高的，可综合考察违反竞业限制协议的行为与用人单位损失的关联度等因素予以合理调整。

（四）劳动者在职期间是否负有竞业限制义务

支持者认为，劳动者对用人单位负有基本的忠实义务，在职期间不去与用人单位有竞争关系的企业任职，不自营与用人单位存在竞争的业务是应有之义，不用约定也应该遵守。从常识性、常理性上讲，应认定在职员工负有竞业限制义务。

反对者认为，毕竟《劳动合同法》规定的竞业限制是在"解除或者终止劳动合同后"，在职期间的忠实义务与离职之后的竞业限制是两码事。劳动者在职期间违反忠实义务，按《劳动合同法》第39条之规定，用人单位有权单方面解除双方的劳动合同，且无须支付违约金。所以严格按法条规定，劳动者在职期间并无竞业限制义务。

笔者认为，劳动者在职期间负有忠实义务，所以允许双方于在职期间约定竞业限制义务有其合理性。直白点说，劳动者拿着用人单位的工资，最基本的要求是不能"吃里扒外"。试想，这个公司为张三发放工资、缴纳社会保险费，张三却跑到与本公司竞争的其他公司去工作。从朴素的是非观来看，张三的行为也是不妥当的。因此，在职期间约定竞业限制义务是可以的。但用人单位要

[①] 人民法院案例库案例，入库编号：2023-07-2-186-001。

注意，这种在职期间的竞业限制义务以及违约责任还是需要通过书面的竞业限制条款进行约定。

最高人民法院《关于审理劳动争议案件适用法律问题的解释（二）（征求意见稿）》也体现了这样的裁判观点。其第 18 条规定，用人单位与高级管理人员、高级技术人员和其他负有保密义务的人员约定在职期间竞业限制条款，劳动者以在职期间不得约定竞业限制、未支付经济补偿为由请求确认竞业限制条款无效的，人民法院不予支持。

（五）竞业限制的补偿金是否必须在离职后按月支付

在实践中，用人单位与劳动者约定的竞业限制经济补偿的支付方式一般有三种：

一是劳动者离职后在竞业限制期限内按月支付。

二是在劳动者离职时一次性支付。

三是在劳动关系存续期间与工资一并支付（工资中的一部分为竞业限制补偿金）。

《劳动合同法》第 23 条第 2 款明确规定，离职后竞业限制的经济补偿应在竞业限制期限内按月支付。上述第一种支付方式与《劳动合同法》第 23 条的规定一致，自然没有问题。那么，关于第二、三种支付方式的约定是否有效？

笔者认为，第三种支付方式，即约定"竞业限制补偿金包含在在职期间的工资内，在劳动关系存续期间与工资一并支付"的条款是无效的。理由在于：一方面，如果允许双方约定将竞业限制补偿金包含在用人单位于劳动者在职期间向劳动者支付的劳动报酬中，就可能给用人单位可乘之机。用人单位可以凭借其强势地位在签订劳动合同时将原本就属于劳动报酬的款项单独列一部分出来作为"竞业限制补偿金"。这要么变相降低了劳动者的工资收入，要么免除了用人单位支付竞业限制补偿金的法定义务，对劳动者不利。另一方面，竞业限制经济补偿制度的目的是弥补劳动者在离职后因履行竞业限制义务导致的收入减少，如果于劳动者在职期间就支付竞业限制经济补偿，就无法达到弥补劳动者离职后收入损失的立法目的。所以，将竞业限制补偿金在在职期间随工资发放的约定无效。用人单位要注意此点。

　　双方约定在劳动者离职时一次性支付竞业限制补偿金是否有效。笔者认为，一方面，这种支付方式其实对劳动者是有利的，一次性付清避免了之后劳动者履行了竞业限制义务而用人单位拖欠竞业限制补偿金。另一方面，这种支付方式对用人单位也是有利的，可以避免万一出现超过 3 个月未支付竞业限制补偿金的情况而导致劳动者解除竞业限制义务。所以，笔者个人认可这种支付方式。但这种方式会引发劳动者一方的担心，即离职时一次性支付的金额会比按月支付的总金额少。例如，公司与张三约定离职后的竞业限制期限是一年，竞业限制补偿金是 3000 元/月，一年的总金额就是 36,000 元。如果只约定离职后一次性支付的竞业限制补偿金为 5000 元，用人单位能否要求离职员工履行一年的竞业限制义务呢？

　　答案是不可以。约定竞业限制补偿金是 3000 元/月，那竞业限制期限为一年的一次性支付的金额就是 36,000 元，竞业限制期限为二年的一次性支付的金额为 72,000 元。如果用人单位一次性支付 5000 元，那一年的竞业限制期限下每月的补偿金为 416.67 元，二年的竞业限制期限下每月的补偿金为 208.33 元。对于如此低的竞业限制补偿金，员工可拒绝签订竞业限制协议。即使签署了竞业限制协议，用人单位支付竞业限制补偿金数额是与违约金数额挂钩的，如果竞业限制补偿金很低，那离职员工即使违反了竞业限制协议，应承担的违约金也不高。试想，如果允许约定很低的竞业限制补偿金，然后约定很高的违约金还能得到劳动仲裁机构或人民法院的支持，相信很快就会有竞业限制协议约定每月竞业限制补偿金为 50 元(笔者在办理过的案件中见过这种金额的补偿金)，若劳动者违反了竞业限制义务，则要支付 5,000,000 元违约金。50 元/月的竞业限制补偿金，对于离职员工来说，天天吃馒头都不一定够，违反竞业限制义务还要支付天价违约金。如果可以这样，有些公司的主营业务怕是要改成专门追讨离职员工的违约金了。所以，在实践中，裁判劳动者应支付的违约金金额是要重点考量用人单位所支付的补偿金金额的。用人单位如果想通过一次性支付竞业限制补偿金的方式降低补偿金金额，实质上亦降低了相应的违约金金额，降低对离职员工违反竞业限制行为的约束力。

（六）用人单位未向离职员工支付竞业限制补偿金，劳动者是否还要承担竞业限制义务

在实践中，用人单位因其自身原因未向离职员工支付竞业限制补偿金的，并不直接导致双方的竞业限制协议无效，这已经是统一的裁判观点。存在争议的是用人单位因其自身原因未向离职员工支付补偿金超过3个月的，劳动者"请求解除竞业限制约定"是否一定需要书面通知或是以其他方式作出明确的意思表示。如果面对用人单位因自身原因超过3个月未支付竞业限制补偿金，劳动者没有通知用人单位解除竞业限制协议，是否还要继续履行竞业限制约定的义务。

人力资源和社会保障部与最高人民法院发布的竞业限制纠纷案例明确了因用人单位原因未支付竞业限制经济补偿达3个月，劳动者此后实施了违反竞业限制义务的行为，应视为劳动者**以其行为提出解除竞业限制约定**，用人单位要求劳动者承担违反竞业限制违约责任的不予支持。换言之，用人单位3个月未支付竞业限制补偿金，离职员工虽然没有书面通知用人单位解除竞业限制协议，但离职员工不再遵守竞业限制的行为就视为提出了解除竞业限制约定。因此，超过3个月不支付竞业限制补偿金而违约在先的用人单位不能再要求违反竞业限制义务在后的离职员工承担违约责任。

🎯 风险提示

用人单位与劳动者约定竞业限制一定要慎重，没有必要的情况下不要轻易进行约定。毕竟，竞业限制不是"免费"的，而是有成本的。从各类涉及竞业限制的案例来看，竞业限制是一把"双刃剑"，而且面向用人单位的那一面经各种涉及竞业限制的案例"磨合"后已越来越"锋利"。

典型案例

用人单位未支付竞业限制经济补偿，劳动者是否需承担竞业限制违约责任[①]

基本案情： 2013 年 7 月，乐某入职某银行，在贸易金融事业部担任客户经理。该银行与乐某签订了为期 8 年的劳动合同，明确其年薪为 100 万元。该劳动合同约定了保密与竞业限制条款，约定乐某须遵守竞业限制协议约定，即离职后不能在诸如银行、保险、证券等金融行业从事相关工作，竞业限制期限为两年。同时，双方还约定了乐某如违反竞业限制义务应赔偿该银行违约金 200 万元。2018 年 3 月 1 日，该银行因乐某严重违反规章制度而与乐某解除了劳动合同，但一直未支付乐某竞业限制经济补偿。2019 年 2 月，乐某入职当地另一家银行，依旧从事客户经理工作。2019 年 9 月，该银行向劳动人事争议仲裁委员会申请仲裁，要求裁决乐某支付违反竞业限制义务违约金 200 万元并继续履行竞业限制协议。仲裁委员会裁决驳回该银行的仲裁请求。

案例分析： 竞业限制义务，是关于劳动者在劳动合同解除或终止后应履行的义务。该案中，双方当事人在劳动合同中约定了竞业限制条款，劳动合同解除后，竞业限制约定对于双方当事人发挥约束力。用人单位未履行竞业限制期间经济补偿支付义务并不意味着劳动者可以"有约不守"，**但劳动者的竞业限制义务与用人单位的经济补偿义务是对等给付关系，用人单位未按约定支付经济补偿已构成违反其在竞业限制约定中承诺的主要义务**。具体到该案中，该银行在乐某履行竞业限制协议长达 11 个月的时间内未向乐某支付经济补偿，造成乐某遵守竞业限制约定却得不到相应补偿的后果。根据公平原则，**劳动合同解除或终止后，因用人单位原因未支付经济补偿达 3 个月，劳动者此后实施了竞业限制行为，应视为劳动者以其行为提出解除竞业限制约定，用人单位要求劳动者承担违反竞业限制违约责任的不予支持**，故仲裁委员会依法驳回该银行的仲裁请求。

[①] 2020 年 7 月 10 日，人力资源社会保障部、最高人民法院《关于联合发布第一批劳动人事争议典型案例的通知》。

第二节 培训服务期，一场"双赢"局

> **关键法条**

1.《劳动合同法》

第二十二条 用人单位为劳动者提供专项培训费用，对其进行专业技术培训的，可以与该劳动者订立协议，约定服务期。

劳动者违反服务期约定的，应当按照约定向用人单位支付违约金。违约金的数额不得超过用人单位提供的培训费用。用人单位要求劳动者支付的违约金**不得超过服务期尚未履行部分所应分摊的培训费用**。

用人单位与劳动者约定服务期的，不影响按照正常的工资调整机制提高劳动者在服务期期间的劳动报酬。

2.《劳动合同法实施条例》

第十六条 劳动合同法第二十二条第二款规定的培训费用，包括用人单位为了对劳动者进行专业技术培训而支付的**有凭证**的培训费用、**培训期间的差旅费**以及因培训产生的用于该劳动者的**其他直接费用**。

第十七条 劳动合同**期满**，但是用人单位与劳动者依照劳动合同法第二十二条的规定约定的**服务期尚未到期的**，劳动合同应当续延至服务期满；双方另有约定的，从其约定。

第二十六条 用人单位与劳动者约定了服务期，劳动者依照**劳动合同法第三十八条的规定解除劳动合同的，不属于违反服务期的约定**，用人单位不得要求劳动者支付违约金。

有下列情形之一，用人单位与劳动者解除约定服务期的劳动合同的，劳动者应当按照劳动合同的约定向用人单位支付违约金：

（一）劳动者严重违反用人单位的规章制度的；

(二)劳动者严重失职,营私舞弊,给用人单位造成重大损害的;
(三)劳动者同时与其他用人单位建立劳动关系,对完成本单位的工作任务造成严重影响,或者经用人单位提出,拒不改正的;
(四)劳动者以欺诈、胁迫的手段或者乘人之危,使用人单位在违背真实意思的情况下订立或者变更劳动合同的;
(五)劳动者被依法追究刑事责任的。

一、用人单位与劳动者约定培训服务期的条件

1. 用人单位对劳动者进行了专业技术培训

用人单位对劳动者的培训分为两种,一种是"职业技能培训",另一种是"专业技术培训"。

《劳动法》第3条明确了劳动者有接受"职业技能培训"的权利。在实践中,职业技能培训是企业自行组织的,面向大多数员工甚至是全体员工。此类培训一般时间较短、成本不高,如酒店组织服务人员进行礼仪的培训、销售公司组织销售经验的培训、医院组织护工进行卫生护理方面的培训等。此类培训是为了让员工提高工作技能或服务标准,既是用人单位提高工作标准与工作效率的方法,也是劳动者依法享受的权利。用人单位在组织此类职业技能培训时,是不可以与劳动者约定"培训服务期"的。

笔者曾遇到一起案件,企业对新入职的员工进行了为期一周的诸如公司制度、工作流程等方面的入职培训,竟然在入职培训后要求员工每人签订一份"服务期协议",约定员工干满3年方可离职,否则应支付违约金。之后,有员工工作不到一年离职,用人单位申请仲裁要求该员工支付违约金,劳动仲裁机构驳回了该用人单位的仲裁请求。该用人单位起诉至人民法院,法院也驳回了其请求。此种情形就是企业管理人员错把"职业技能培训"当成了"专业技术培训"。

《劳动合同法》第22条规定,用人单位提供"专项培训费用"对劳动者进行**"专业技术培训"**的,可以与劳动者订立专业技术培训服务期协议,要求劳动者

在接受了专业技术培训之后，在用人单位干满一定时间的服务期，否则应向用人单位支付违约金。"专业技术培训"的重点在于"专业技术"四字，相较于职业技能培训，专业技术培训一般面向个别专业技术员工，具有培训费用更高，培训时间较长，培训完成后可能有相应的专业技术证书等特点。例如，县医院出资安排本院的麻醉医生到省城一流医院进行麻醉技术的培训，使该医生的技术等级进一步提升。又如，建设工程类公司出资安排员工进行建设工程类培训，员工参与培训后取得了相应的专业技术证书。换言之，用人单位出资安排了员工进行专业技术培训的，才能与员工签订培训服务期协议，约定一定期限的服务期。

2. 用人单位为员工的专业技术培训提供了培训费用

直白地说，用人单位只是安排了员工进行专业技术培训还不能与参加培训的员工约定培训服务期，还要为劳动者提供了培训费用。

3. 双方签订了培训服务期协议

用人单位应注意，满足了前述两点，并不表示劳动者就一定要履行服务期。满足前述条件只是用人单位达到了可以与劳动者签订培训服务期协议的条件。只有双方签订了相应的培训服务期协议，才能要求劳动者履行培训服务期。这就要求用人单位不要在出资完成员工的专业技术培训后才与员工签订培训服务期协议。万一员工培训完成后拒绝签订培训服务期协议，用人单位将面临既支付了培训费用又无法要求劳动者履行服务期的处境。正确的做法应该是用人单位先与员工签订好培训服务期协议，再出资安排员工进行专业技术培训。

二、劳动者违反培训服务期约定的责任承担规则

第一，劳动者违反服务期约定的，应向用人单位支付违约金。

用人单位要注意，即使劳动者违反了服务期约定提前离职，其应向用人单位支付的违约金数额也不得超过用人单位提供的培训费用总额。如果劳动者**已履行了部分服务期**，则其向用人单位支付的违约金不得超过服务期**尚未履行部分所应分摊**的培训费用。

例如，张三于2023年1月1日与公司签订了培训服务期协议，约定由公司出资3万元安排张三进行网络安全工程师培训,自培训完毕之日起,张三承诺在公司干满3年,即3年内不得离职,否则应支付违约金10万元。之后,张三于2023年2月28日完成专业技术培训,并取得了网络安全工程师的证书。到了2024年2月28日,张三坚持从公司离职,公司要求张三支付违约金10万元。此种情况下,张三应承担的违约金应为2万元。理由在于:用人单位支出3万元安排张三进行专业技术培训,约定张三应履行3年服务期,培训费用分摊至服务期,相当于1年1万元。张三离职时已履行了一年服务期(自培训完毕之日已在公司干满了1年),剩余2年服务期未履行,故其"服务期尚未履行部分"对应的"应分摊的培训费用"为2万元,张三最多向公司支付2万元的违约金。

由此可见,即使有培训服务期,劳动者也可以解除劳动关系,只是要支付违约金,但违约金的金额不是用人单位想约定多少就是多少,而是与用人单位实际支出的培训费用以及劳动者剩余未履行的服务期期限挂钩。所以,用人单位要清楚,约定再高的违约金都没有意义,最终还是要以实际支付的培训费用为限。

第二,即使劳动者签订了培训服务期协议,但依照《劳动合同法》第38条的规定(因用人单位出现欠薪、不缴纳社会保险费等过错行为)解除劳动合同的,不属于违反服务期的约定,用人单位不得要求劳动者支付违约金。

虽然劳动者负有履行服务期的义务,但用人单位也不能出现《劳动合同法》第38条规定的违法行为,如果用人单位出现前述违法行为导致劳动者被迫离职,那劳动者也不用再受服务期的约束,有权以用人单位存在违法行为为由提出解除劳动合同且不认定为违反服务期约定。

试想一下,如果不这样规定,只是因为员工与公司签订了3年期的培训服务期协议,公司就可以反正员工在3年内不能提出解除劳动合同,否则就要支付违约金为由"拿捏"员工,在公司资金紧张时先停发该员工的工资。如果可以这样,那劳动者签的就不是培训服务期协议了,而是"卖身契"了。因此,一旦用人单位出现了《劳动合同法》第38条规定的违法行为,签订了培训服务期协议的劳动者便可以此为由解除劳动合同,而不用承担违反服务期约定的责任。

第三，签订了培训服务期协议的劳动者虽未提出离职，但用人单位因劳动者存在《劳动合同法》第39条所规定的原因与劳动者解除劳动合同的，劳动者也应向用人单位支付违约金。

与上述理由一样，劳动者存在违法行为或严重过错行为，用人单位单方面解除劳动合同的，劳动者也要承担违反服务期约定的违约责任。试想，如果不这样规定，劳动者想，既然我签订了培训服务期协议，不能主动提出解除劳动合同，一旦在服务期内离职还得支付违约金，那我如果"逼"用人单位辞退我，岂不是就不算自己违反服务期约定了？因此，劳动者开始天天迟到、旷工，逼着用人单位以严重违反规章制度为由辞退自己。所以，为避免这种情况发生，因劳动者的过错导致双方约定的服务期未能履行完毕的，劳动者仍要承担支付违约金的责任。

三、用人单位在培训服务期争议中的注意事项

1. 相当于违约金总额的"培训费用"，包括三类费用

（1）用人单位为了对劳动者进行专业技术培训而支付的有凭证的培训费用；

（2）培训期间的差旅费用；

（3）因培训产生的用于该劳动者的其他直接费用。

第一项好理解，如用人单位安排员工去北京某机构培训某项专业技术，用人单位支付给培训机构的培训费用。

第二项也好理解，用人单位安排员工去北京培训，为员工报销了去北京培训期间产生的差旅费用。

第三项比较宽泛，主要突出一个"直接"费用。如为了员工的培训，用人单位出钱给员工购买了教材、模拟器，在差旅费之外为员工支付了食宿费用等。但要注意一点，员工培训期间用人单位正常发放的工资一般不计入"培训费用"的范围。

用人单位要注意，保存好为员工安排培训所支付的费用单据，用于证明用

人单位支付的培训费用。最稳妥的方式是用人单位先与员工签订培训服务期协议,然后安排员工进行专业技术培训。培训完成后用人单位再与员工签署一份"培训费用确认单"对产生的培训费用进行确认,以使双方对违反服务期约定的违约责任心中有数。

2. 培训服务期并无期限限制

有的劳动者在审理中提出,用人单位与其约定的培训服务期超过了2年,属于违法约定,超出2年的部分无效,这是典型的将"竞业限制期限"的上限当作了"培训服务期"的上限。实际上,《劳动合同法》规定了竞业限制期限不超过2年,没有规定培训服务期不超过2年。法律并未明确规定培训服务期可以约定的上限。劳动者接受了专业技术培训后,应该履行多长期限的服务期,由双方在签订的培训服务期协议中进行约定。

既然没有法定上限,那用人单位约定服务期为30年也可以吗?可以倒是可以,就看劳动者愿不愿意签,还要看签了能有多大用。为什么法律不规定培训服务期的上限?因为没有必要。用人单位要明确,培训服务期对劳动者履行服务期的约束只是让违约的劳动者支付**相当于培训费用**的违约金而已,并不是可以强制劳动者必须在该用人单位干满多少年。

一方面,对于劳动者而言,培训服务期义务是要双方先签署培训服务期协议来约定的,如果用人单位约定的服务期不合理,劳动者完全可以不签。另一方面,即使签了30年的服务期也不代表劳动者必须要干满30年。劳动者即使违反了服务期约定,也只需要赔偿相当于用人单位实际支出的培训费用的违约金而已。相当于自费对自己进行了专业技术培训,劳动者也并不吃亏。因为违反服务期约定的违约金上限已固定为实际支出的培训费用,所以用人单位约定再长的服务期也无实际意义,反而约定的服务期越短,对应应分摊的培训费用越高,对劳动者的约束力越强。

综上,如果劳动者与用人单位都能理性看待培训服务期,诚信地履行培训服务期,这其实是一个"双赢"之局。一方面,有利于劳动者免费提升自身专业技术,从而提升自身劳动价值;另一方面,因员工专业能力提升,用人单位的相关业务也能够更好地开展。

第九章

非常规用工情形的规范管理

第一节 关于非全日制用工的规范管理

> 关键法条

> 《劳动合同法》
>
> 第六十八条 非全日制用工,是指以小时计酬为主,劳动者在同一用人单位一般平均每日工作时间不超过四小时,每周工作时间累计不超过二十四小时的用工形式。
>
> 第六十九条 非全日制用工双方当事人可以订立口头协议。
>
> 从事非全日制用工的劳动者可以与一个或者一个以上用人单位订立劳动合同;但是,后订立的劳动合同不得影响先订立的劳动合同的履行。
>
> 第七十条 非全日制用工双方当事人不得约定试用期。
>
> 第七十一条 非全日制用工双方当事人任何一方都可以随时通知对方终止用工。终止用工,用人单位不向劳动者支付经济补偿。
>
> 第七十二条 非全日制用工小时计酬标准不得低于用人单位所在地人民政府规定的最低小时工资标准。
>
> 非全日制用工劳动报酬结算支付周期最长不得超过十五日。

一、非全日制用工的用工形式

《劳动合同法》第 69 条规定,非全日制用工双方当事人可以订立口头协议。而且从事非全日制用工的劳动者可以与一个或者一个以上用人单位订立劳动合同，只是后订立的劳动合同不得影响先订立的劳动合同的履行。换言之，为了更好地保持非全日制用工形式的灵活性，《劳动合同法》对非全日制用工方式作了非常宽松的规定，并不要求非全日制用工双方当事人必须采用书面形式签订劳动合同。

《劳动合同法》第 71 条规定，非全日制用工双方当事人任何一方都可以随时通知对方终止用工。而且终止用工时用人单位不用向非全日制劳动者支付经济补偿。对于规定中的"随时通知"，法律并未明确是书面形式还是口头形式，从举证角度出发，建议采用可以留存证据的形式（如微信、短信、电子邮件通知）。因为非全日制用工的突出特点就是灵活性，规定过多会限制这一用工形式的发展，所以解除非全日制劳动关系方面也应是相当宽松的。

既然非全日制用工这么宽松，用人单位可以随时通知终止非全日制劳动关系还不用支付经济补偿，也不用签订书面劳动合同，用人单位为何不大量使用此种方式？其实，非全日制劳动关系虽然在劳动关系建立、解除等方面很宽松，但也有其独有的特征和认定标准。不是"说用就可用"，也不是用人单位"想用就能用"。

在实践中，有些用人单位为了规避法定责任，在员工申请仲裁要求用人单位支付未签订书面劳动合同的二倍工资、经济补偿金、赔偿金时，一本正经地称该员工是非全日制用工。但仲裁庭或法庭一审查，发现该员工根本不是非全日制用工。那么，非全日制用工有哪些认定要求，导致用人单位虽"垂涎三尺"却难以适用？下文将具体说明。

二、非全日制用工独有的特征

（1）**非全日制用工不得约定试用期**。《劳动合同法》第 70 条明确规定，非全日制用工不得约定试用期。

（2）**非全日制用工平均每日工作时间不超过 4 小时且每周工作时间累计不超过 24 小时**。这是非全日制用工很明显的特征。换言之，用人单位的非全日制员工每日最多在该用人单位工作半天，可能另外半天还要在其他用人单位工作。而那些"朝九晚五"的全日制工作员工，从工作时间上看就不符合非全日制用工的认定标准。

（3）非全日制用工的劳动报酬结算支付周期最长不得超过15日。非全日制用工是以小时计酬，所以一般是日结工资或周结工资。法律规定最长的结算工资周期不得超过15日。所以，那些按月发放工资的员工，从发放工资的结算周期上看就不符合非全日制用工的认定标准。

（4）虽然是非全日制用工，也要遵守最低工资标准。与全日制用工不同，非全日制用工按小时计酬，所以其小时计酬标准不得低于用人单位所在地人民政府规定的最低小时工资标准。

实操建议

用人单位切记：如果所聘用的员工明明是全日制员工，但为了规避责任而主张该员工是非全日制员工的，将难以达到目的。原因在于：员工如果是每天工作8小时以上的全日制用工，有考勤记录为证，并不符合非全日制用工每日工作时间不超过4小时的要求。员工的工资是按月结算、按月发放，有发放工资的转账记录为证，也不符合非全日制用工应按小时计薪且工资结算周期不得超过15天的要求。

用人单位要注意：如果确实聘请了兼职财务、保洁这样的非全日制用工人员，建议签订非全日制用工劳动合同，将每天工作时长、工资结算方式约定清楚，而且在日常工时、报酬发放上也要实际遵守非全日制用工的要求。这样才能确保不被认定为全日制劳动关系，才能享受非全日制用工的便利。

第二节　即将毕业大学生用工的规范管理

关键法条

> 原劳动部《关于贯彻执行〈中华人民共和国劳动法〉若干问题的意见》
> 12.**在校生利用业余**时间**勤工助学**,不视为就业,未建立劳动关系,可以不签订劳动合同。

尚未取得毕业证的大学生在即将毕业时到用人单位工作。双方发生劳动争议后,用人单位一方经常以大学生尚未取得毕业证,属于"在校生",不能与用人单位建立劳动关系为由,否认双方存在劳动关系。有些用人单位还很喜欢以"实习生"的名义招用即将毕业但尚未取得毕业证的大学生,认为这样不会被认定为劳动关系,可以节约很多用工成本。其实,这是一个很多用人单位都存在的、具有普遍性的误解。

我国的劳动法规并没有禁止即将毕业的大中专院校学生成为劳动关系主体,对劳动关系主体的学历也没有要求。未取得毕业证的大学生可以成为劳动者,没上过大学的年满16岁的公民也有建立劳动关系的主体资格。因此,即将毕业但未取得毕业证的大学生入职用人单位是可以与用人单位建立劳动关系的。

《关于贯彻执行〈中华人民共和国劳动法〉若干问题的意见》的通知第12条明确规定,**在校生利用业余**时间**勤工助学**的情况才不视为就业,才能不认定为劳动关系。有些用人单位只看见"在校生"三个字,对"利用业余时间勤工助学"几个字视而不见。这是典型的"只看半句",只看对自己规避劳动关系有利的那"半句"。其实,条文规定很明确,只有**在校生**利用**业余**时间**勤工助学**时才不认定为劳动关系。而其中业余时间一般是指在校大学生**课外时间**以及周末、节假日、寒暑假期间,并非指当年即将毕业的学生完成校内课程后,出来找工作的期间。换言之,即将毕业的在校大学生如果**以就业为目的**入职用人单位,应认定为双方建立了劳动关系。

在实践中,如何识别以就业为目的? 例如,即将毕业的在校学生与用人单位签订了劳动合同或相当于劳动合同的协议,在用人单位从事的是全日制工作,在用人单位工作的期间较长(远超过寒暑假期间等业余时间的范围),以及用人单位向即将毕业的在校生发放劳动报酬等情形,都是识别大学生以就业为目的建立劳动关系的依据。

实操建议

如果公司招用即将毕业的大中专院校学生或是读研即将毕业的研究生到公司工作,虽然公司眼中该部分员工系"实习生",但双方大概率是建立了劳动关系。笔者建议用人单位要为所录用的即将毕业的大学生缴纳社会保险费,与其签订劳动合同。如果用人单位不与招用的即将毕业的大学生签订书面劳动合同,将可能面临支付 2 倍工资的责任。如果没有为其缴纳社会保险费,发生工伤后用人单位要全额承担赔偿责任。这些都是在实践中经常出现的,用人单位在招用即将毕业的大学生后因认识误区而导致的用工风险。

典型案例

郭某诉江苏益丰大药房连锁公司劳动争议案[①]

裁判要旨:即将毕业的大专院校在校学生以就业为目的与用人单位签订劳动合同,且接受用人单位管理,按合同约定付出劳动;用人单位在明知求职者系在校学生的情况下,仍与之订立劳动合同并向其发放劳动报酬的,该劳动合同合法有效,应当认定双方之间形成劳动合同关系。

根据原劳动部《关于贯彻执行〈中华人民共和国劳动法〉若干问题的意见》第 12 条的规定,在校学生利用业余时间勤工助学,不视为就业,未建立劳动关系,可以不签订劳动合同。但是,**我国法律并没有对即将毕业的大中专院校学**

---

① 最高人民法院公报案例,2010 年第 6 期。

生成为劳动关系主体进行禁止性规定。在一定条件下,即将毕业的大中专院校学生也可以与用人单位建立劳动关系:一是双方以建立长期、稳定的劳动关系为目的,劳动者接受管理,遵守规章制度,从事工作,有明确的工作岗位,用人单位支付劳动报酬。如果学生仅是短期、不定期为用人单位提供劳务,或者仅是参与社会实践、没有工资报酬的实习,双方就不是劳动关系。二是劳动者应聘时如实陈述了自己的情况,用人单位自愿接受劳动者,与之建立劳动关系,没有欺诈行为影响合同效力。三是不存在附生效条件劳动合同条件未成就的情况(如约定获得毕业证后建立劳动关系,学生已取得相应毕业证)。四是符合法律规定的其他条件,如属于合法用工、双方主体资格符合法律规定等。

第三节　劳动派遣用工的规范管理

关键法条

1.《劳动合同法》

第五十八条　劳务派遣单位是本法所称用人单位,应当履行用人单位对劳动者的义务。劳务派遣单位与被派遣劳动者订立的劳动合同,除应当载明本法第十七条规定的事项外,还应当载明被派遣劳动者的用工单位以及派遣期限、工作岗位等情况。

劳务派遣单位应当与被派遣劳动者订立二年以上的固定期限劳动合同,按月支付劳动报酬;被派遣劳动者在无工作期间,劳务派遣单位应当按照所在地人民政府规定的最低工资标准,向其按月支付报酬。

第五十九条　劳务派遣单位派遣劳动者应当与接受以劳务派遣形式用工的单位(以下称用工单位)订立劳务派遣协议。劳务派遣协议应当约定派遣岗位和人员数量、派遣期限、劳动报酬和社会保险费的数额与支付方式以及违反协议的责任。

用工单位应当根据工作岗位的实际需要与劳务派遣单位确定派遣期限,不得将连续用工期限分割订立数个短期劳务派遣协议。

　　第六十一条　劳务派遣单位跨地区派遣劳动者的,被派遣劳动者享有的**劳动报酬和劳动条件**,按照用工单位所在地的标准执行。

　　第六十二条　用工单位应当履行下列义务:

　　(一)执行国家劳动标准,**提供相应的劳动条件**和劳动保护;

　　(二)告知被派遣劳动者的工作要求和劳动报酬;

　　(三)支付**加班费**、**绩效奖金**,提供与工作岗位相关的**福利待遇**;

　　(四)对在岗被派遣劳动者进行工作岗位**所必需的培训**;

　　(五)连续用工的,实行正常的工资调整机制。

　　用工单位**不得**将被派遣劳动者**再派遣**到其他用人单位。

　　第六十六条　劳动合同用工是我国的企业基本用工形式。劳务派遣用工是补充形式,只能在**临时性**、**辅助性**或者**替代性**的工作岗位上实施。

　　前款规定的临时性工作岗位是指存续时间不超过六个月的岗位;辅助性工作岗位是指为主营业务岗位提供服务的非主营业务岗位;替代性工作岗位是指用工单位的劳动者因脱产学习、休假等原因无法工作的一定期间内,可以由其他劳动者替代工作的岗位。

　　用工单位应当严格控制劳务派遣用工数量,不得超过其用工总量的一定比例,具体比例由国务院劳动行政部门规定。

　　第六十七条　用人单位**不得设立劳务派遣单位向本单位或者所属单位**派遣劳动者。

　　第九十二条第二款　劳务派遣单位、用工单位违反本法有关劳务派遣规定的,由劳动行政部门责令限期改正;逾期不改正的,以每人五千元以上一万元以下的标准处以罚款,对劳务派遣单位,吊销其劳务派遣业务经营许可证。用工单位给被派遣劳动者造成损害的,劳务派遣单位与用工单位承担连带赔偿责任。

2.《劳务派遣暂行规定》

第十二条　有下列情形之一的,用工单位可以将被派遣劳动者退回劳务派遣单位:

(一)用工单位有劳动合同法第四十条第三项、第四十一条规定情形的;

(二)用工单位被依法宣告破产、吊销营业执照、责令关闭、撤销、决定提前解散或者经营期限届满不再继续经营的;

(三)劳务派遣协议期满终止的。

被派遣劳动者**退回后在无工作期间**,劳务派遣单位应当按照不低于所在地人民政府规定的**最低工资标准**,向其按月支付报酬。

第十四条　被派遣劳动者提前 30 日以书面形式通知劳务派遣单位,可以解除劳动合同。被派遣劳动者在试用期内提前 3 日通知劳务派遣单位,可以解除劳动合同。劳务派遣单位应当将被派遣劳动者通知解除劳动合同的情况及时告知用工单位。

第十五条　被派遣劳动者因本规定第十二条规定被用工单位退回,劳务派遣单位**重新派遣时维持或者提高劳动合同约定条件**,被派遣劳动者不同意的,劳务派遣单位**可以解除劳动合同**。

被派遣劳动者因本规定第十二条规定被用工单位退回,劳务派遣单位**重新派遣时降低劳动合同约定条件**,被派遣劳动者不同意的,劳务派遣单位**不得解除劳动合同**。但被派遣劳动者提出解除劳动合同的除外。

第十七条　劳务派遣单位因劳动合同法第四十六条或者本规定**第十五条**、第十六条规定的情形,与被派遣劳动者**解除或者终止**劳动合同的,应当依法向被派遣劳动者支付**经济补偿**。

劳务派遣,是指用工单位因临时性、辅助性或者替代性岗位的用工需要,与劳务派遣公司签订协议,由劳务派遣公司将其公司员工派遣到用工单位工作。这种用工模式下,劳动者的劳动关系与劳务派遣公司建立,劳动者的社会保险费由劳务派遣公司缴纳,劳动报酬由劳务派遣公司支付。

一、劳务派遣的合规标准

(一)劳务派遣一般在临时性、辅助性或者替代性的工作岗位上实施

1. 临时性工作岗位,是指存续时间不超过6个月的岗位。

这一岗位概念很好理解,即用工单位使用劳务派遣工的岗位不能是长期需要的岗位,而是为了临时处理某一事务短期设置的工作岗位。换言之,此类岗位不是常设的岗位,是真正的"临时工"。

2. 辅助性工作岗位,是指为主营业务岗位提供服务的非主营业务岗位

实践中,对辅助性岗位的理解存在争议。用工单位倾向于扩大对辅助性岗位的理解,认为只要不属于用工单位主营业务岗位,都属于辅助性工作岗位。例如,一个制造仪器的公司,主营业务是仪器制造,所以公司认为行政类岗位都是辅助性岗位。还有些用工单位认为,只要工作岗位技术性含量较低,对劳动者专业素质要求较低,即属于辅助性工作岗位。例如,有些医院认为医生是主营业务岗位,护士是辅助性工作岗位,所以将护士岗位实行劳务派遣。其实,前述理解都不太正确。某一工作岗位的工作虽然简单,但却属于该单位的整体主营业务的一部分,那么该岗位便不能认定为辅助性工作岗位。最常见的是医院护士,护理工作其实也是医疗工作的一部分,不应定义为辅助性工作岗位。

3. 替代性工作岗位,是指用工单位的劳动者因脱产学习、休假等无法工作的一定期间内,可以由其他劳动者替代工作的岗位

对于这个岗位的概念也没有什么争议。例如,公司行政人员休产假了,公司找劳务派遣公司安排一个行政人员来替代该行政人员的工作。

(二)用人单位不得设立劳务派遣单位向本单位或者所属单位派遣劳动者

因为劳务派遣制度实质上降低了用工单位的用工风险,让用工单位不再承担用人单位的义务,故用人单位都有使用劳务派遣工的冲动,所以法律禁止用人单位自设劳务派遣公司向自己公司或自己公司的下属分公司、子公司派遣劳动者。

(三)用工单位应当严格控制劳务派遣用工数量,不得超过其用工总量的一定比例

依据《劳务派遣暂行规定》第 4 条第 1 款的规定,用工单位应当严格控制劳务派遣用工数量,使用的被派遣劳动者数量不得超过其用工总量的 10%。

二、劳务派遣公司的法律责任

如果公司从事前述劳务派遣业务,要注意履行以下义务和责任:

第一,劳务派遣公司作为劳务派遣员工的用人单位,应当与被派遣劳动者订立劳动合同,且双方的劳动合同除应当载明《劳动合同法》第 17 条规定的事项外,还应当载明被派遣劳动者的用工单位以及派遣期限、工作岗位等情况。换言之,劳务派遣公司与劳动者签订的劳动合同要使劳动者明确清楚其被派遣到什么公司的什么工作岗位工作,派遣时间是多久。

第二,劳务派遣单位应当与被派遣劳动者订立二年以上的固定期限劳动合同,按月支付劳动报酬。

第三,被派遣劳动者被用工单位退回后的无工作期间,劳务派遣单位应当按照**不低于**所在地人民政府规定的**最低工资标准向劳动者按月支付报酬**。另外,用人单位停工停产期间,即使劳动者无工作,也得按标准向劳动者支付停工停产期间的生活费。

第四,被派遣劳动者因用工单位原因被退回的,劳务派遣单位应重新派遣。若重新派遣时**维持或者提高**劳动合同约定条件而被派遣劳动者不同意,劳务派遣单位可以解除劳动合同,但要支付经济补偿金。若重新派遣时**降低**劳动合同约定条件但被派遣劳动者不同意,劳务派遣单位不得解除劳动合同,如果劳务派遣公司强行解除劳动合同,则属于违法解除劳动合同,应支付赔偿金。

三、用工单位的法定义务

如果公司有工作岗位实行劳务派遣制度,那么公司作为用工单位,应注意以下法定义务:

(1)执行国家劳动标准,提供相应的劳动条件和劳动保护;
(2)告知被派遣劳动者的工作要求和劳动报酬;
(3)支付加班费、绩效奖金,提供与工作岗位相关的福利待遇;
(4)对在岗被派遣劳动者进行工作岗位所必需的培训;
(5)连续用工的,实行正常的工资调整机制;
(6)用工单位不得将被派遣劳动者再派遣到其他用人单位。

四、实行劳务派遣的注意事项

第一,被派遣劳动者要解除劳动关系应向派遣公司提出,而非向用工单位提出。《劳务派遣暂行规定》第14条明确规定,被派遣劳动者提前30日(试用期内为提前3天)以书面形式通知劳务派遣单位(试用期内为提前3天,且无须书面形式),可以解除劳动合同。换言之,劳务派遣公司才是与被派遣劳动者建立劳动关系的用人单位。劳动者要解除劳动合同,自然应当向劳务派遣公司提出,而非向用工单位提出。劳务派遣单位收到员工的离职申请后,再将解除劳动合同的情况告知用工单位。在实践中,有些劳动者错误地向用工单位提出解除劳动合同,而有的用工单位竟也审批同意或为之办理了离职手续。如果员工不与用工单位建立真实的劳动关系,用工单位为什么要处理员工的离职申请?因此,作为用工单位的公司要注意,遇到这种情形要及时告知被派遣员工,其应向与其有劳动关系的劳务派遣公司提出离职申请。

第二,被派遣劳动者因劳务派遣事宜发生争议申请仲裁或起诉的,应将派遣公司与用工单位列为共同被告。依据《劳动争议调解仲裁法》第22条第2款的规定,劳务派遣单位或者用工单位与劳动者发生劳动争议的,劳务派遣单位和用工单位为共同当事人。因此,被派遣的劳动者无论是因加班费、绩效奖金起诉用工单位,还是因为工资、经济补偿金、赔偿金等劳动争议事项起诉劳务派遣单位,都会将劳务派遣单位与用工单位一并起诉。这说明,适用劳务派遣制度的用工单位也可能因劳务派遣卷入劳动争议纠纷中。

第四节 关联公司混同用工应承担连带责任

在劳动用工实践中,有的用人单位可能会存在"关联公司混同用工"的情况。这种用工方式有可能是因为用人单位经营的需要,如集团公司将不同的业务安排到不同的子公司经营,或者关联公司使用同一劳动者等。当然,实践中,也有部分用人单位将关联公司混同用工作为规避用工责任的手段。

当前的裁判观点认为,关联公司混同用工的情况下,混同用工的关联公司应当对员工承担连带支付责任。所以,用人单位通过关联公司混同用工,不仅不能规避其用工责任,反而会导致更多的关联公司成为承担责任的主体。

一、关联公司的认定标准

《劳动法》和《劳动合同法》并未对用人单位的关联关系作出规定,但公司是劳动关系的主要法定主体,对关联关系的判定应结合《公司法》的相关规定。

《公司法》第 265 条规定:"……关联关系,是指公司控股股东、实际控制人、董事、监事、高级管理人员与其直接或者间接控制的企业之间的关系,以及可能导致公司利益转移的其他关系……"

通俗点说,多个公司之间存在股东重合、高级管理人员重合、办公场所重合或者管理控制关系的,就可以认定为关联公司。在劳动法领域,从保护劳动者权益角度出发,认定关联公司的标准应适当从宽。即使用人单位之间未达到控制的标准,但只要存在可能导致公司利益转移的关系,可能存在损害劳动者合法权益的情形,就可能认定用人单位存在关联关系。关联公司常见的情形有以下三种:

第一种,公司属于母、子公司或总、分公司关系。这种情形最好判断,有些分公司、子公司的规章制度都是用母公司、总公司、集团公司的统一版本,如"××集团员工手册"。

第二种,投资人、股东、法定代表人重合。这种情形通过工商查询可以识别,可通过企查查、天眼查等 App 以及当地的企业信用信息网站查询。一些企业经营者会投资设立几个公司,有的公司名称相近或相似,一看就可猜到是关联公司;有的公司名称不太相似,但可以通过工商登记信息查询到股东重合或法定代表人重合。

第三种,办公场所、高级管理人员重合。在实践中,有些关联公司为了防止他人从工商登记中发现关联关系,虽然实际控制人是同一人或同一家庭的人,工商登记的投资人、股东、法定代表人却并不重合。这种情形虽然在工商查询中看不出端倪,但在公司实际运行中,为了节约成本,往往会出现办公场所、高级管理人员的重合。例如,两公司注册登记地址或实际经营地址在同一个办公地址上,财务人员既处理此公司的财务事宜,也处理另一公司的财务事宜。实务中典型的情形就是夫妻公司,即夫妻二人分别注册的公司,名义上是不同的公司,实质上"一套人马、两块牌子",财务也是混同处理,两公司并未独立经营。

所以,即使关联公司否认存在关联关系,也有很多方面的证据可以印证其关联关系。但是,用人单位有诸多关联公司也正常,不会仅因为是关联公司就需要相互承担连带责任。毕竟每个关联公司都是独立的用人单位主体。关联公司对劳动者承担连带责任还要具备"混同用工"的情形。

二、混同用工的认定标准

如前所述,如果关联公司之间不存在混同用工,是不用承担连带责任的。"关联公司混同用工",是指劳动者同时为两个或两个以上的关联公司提供劳动,难以分辨劳动者与哪家公司存在劳动关系或看起来劳动者与各家用人单位都存在事实劳动关系,用工主体不明确。所以,确定用人单位之间的关联关系后,还要判断是否存在混同用工的情形。用人单位常见的与关联公司混同用工的情况有以下几种。

第一种,外派使用劳动者。常见情形为:劳动者被与之签订书面劳动合同的公司以"外派"或者"借调"等名义,安排到另外的关联公司提供劳动,其间接受上述单位的多重安排管理。此种情形下,与劳动者签订劳动合同的用人单位和实际用工的用人单位一般存在隶属关系或者是其他关联关系。例如,集团公司将员工派到下属子公司,或 A 公司与 B 公司是关联公司,A 公司与张三签订劳动合同后将张三外派到 B 公司工作。

第二种,**交叉使用劳动者**。常见情形为:劳动者被与之签订书面劳动合同的用人单位及其关联公司交叉轮流使用。例如,劳动者这个月或上半年在完成 A 公司的工作,下个月或下半年又在完成 B 公司的工作,劳动者的工资由 A 公司一直发放或 A 公司发放一段时间,B 公司发放一段时间。

第三种,**共同使用劳动者**。常见情形为:关联公司混同经营,劳动者既要完成与自己签订劳动合同的用人单位的工作任务,还要接受另一公司的劳动任务,即劳动者在职期间接受上述单位的双重安排、管理并交付劳动成果,劳动者在不同公司完成的劳动任务基本上是同一性质的。例如,A 公司招聘的财务人员,既为 A 公司完成财务工作,也在 B 公司从事财务管理工作。又如,销售人员既为 A 公司营销签单,也为 B 公司营销签单。这种混同用工情况主要出现在关联公司在同一地址经营的情形中,即所谓的"一套人马、两块牌子"。这种模式下,也可能出现各家关联公司都未与员工签订劳动合同,在发放工资、缴纳社会保险费的问题上,或一方发放工资、一方缴纳社会保险费,或由专门一方负责发放工资或缴纳社会保险费的事宜。

三、关联公司混同用工的劳动关系认定及责任承担

以上关联公司之间出现混同用工发生争议后,主要存在两个认定难点:一是劳动者究竟与哪个关联公司建立劳动关系?因为毕竟不能认定劳动者与多个用人单位之间建立了全日制劳动关系。二是对于欠付劳动者的工资、经济补偿金等劳动用工债务,关联公司之间应怎样承担责任?用人单位管理人员有必要掌握这些争议点的认定规则。

关于关联公司混同用工下劳动关系认定问题,当前裁判观点普遍认为:

(1)其中一个关联公司与劳动者订立书面劳动合同且实际使用劳动者的,应认定与劳动者签订了书面劳动合同的关联公司为劳动者的用人单位。此为认定事实劳动关系时**混同用工情况下的"签订书面劳动合同优先"**原则。

(2) 其中一个关联公司仅与劳动者签订了劳动合同，但劳动者实际上是为另一关联公司提供劳动，其工资的发放、社会保险费的缴纳均是由另一关联公司负责，且签订书面劳动合同的用人单位提供证据证明劳动者并未实际按书面劳动合同履行的，也可以认定实际提供劳动的关联公司为用人单位。此为**书面劳动合同未实际履行情形下的"按实际用工情况认定"**原则。

(3) 混同用工的各家关联公司均未与劳动者订立书面劳动合同的，按各家关联公司对劳动者进行劳动用工管理的程度、工资发放记录、社会保险费缴纳记录等情形综合认定承担劳动关系的一方。换言之，根据哪一家关联公司对劳动者管理得更多、哪一家关联公司给劳动者发放工资，哪一家关联公司对劳动者进行考勤、缴纳社会保险费等情形，劳动仲裁机构或人民法院结合查明的事实情况来认定劳动者与哪一家关联公司建立了劳动关系。此为**均未签订劳动合同情况下的"按劳动用工管理度认定"**原则。

关于关联公司混同用工下责任承担的问题，主流裁判观点认为：

在认定存在关联关系的用人单位对劳动者混同用工的情况下，对劳动者提出的具有给付内容的诉讼请求，可根据劳动者的主张，由一家用人单位承担责任，或由多家用人单位承担连带责任。也就是说，多家公司被认定对员工存在关联公司混同用工，无论最终认定哪一家公司与员工建立了劳动关系，员工都可以要求其他混同用工的公司与被认定为用人单位的公司承担连带责任。

如北京市高级人民法院、北京市劳动人事争议仲裁委员会《关于审理劳动争议案件解答（一）》第38条规定：有关联关系的用人单位交叉轮换使用劳动者的，根据现有证据难以查明劳动者实际工作状况的，参照以下原则处理：(1) 订立劳动合同的，按劳动合同确认劳动关系；(2) 未订立劳动合同的，可以根据审判需要将有关联关系的用人单位列为当事人，以有关联关系的用人单位发放工资、缴纳社会保险、工作地点、工作内容，作为判断存在劳动关系的因素；(3) 在有关联关系的用人单位交叉轮换使用劳动者，工作内容交叉重叠的情况下，对劳动者涉及给付内容的主张，可根据劳动者的主张，由一家用人单位承担责任，或由多家用人单位依法律规定或者当事人约定承担连带责任。

第五节　用人单位停工停产的实务处理

> **关键法条**
>
> 《工资支付暂行规定》
> 第十二条　非因劳动者原因造成单位停工、停产在一个工资支付周期内的，用人单位应按劳动合同规定的标准支付劳动者工资。超过一个工资支付周期的，若劳动者提供了正常劳动，则支付给劳动者的劳动报酬不得低于当地的最低工资标准；若劳动者没有提供正常劳动，应按国家有关规定办理。

《劳动法》《劳动合同法》并未对用人单位停工停产的问题进行明确的规定。用人单位发生"非因劳动者原因"的停工停产情形，双方如何确定劳动报酬等权利义务，主要依据《工资支付暂行规定》第12条之规定。

一、"一个工资支付周期"的正确理解

"一个工资支付周期"是一个按工资发放周期确定的时间长度。例如，公司是按月发放工资（大多数用人单位都是按月发放工资），那么一个工资支付周期就是一个月。当然，如果是非全日制用工，也可能按周发放工资，那么一个工资支付周期就是一周。例如，公司于2024年5月16日起停工停产，由于公司是按月发放工资，那么《工资支付暂行规定》第12条所规定的"在一个工资支付周期内的，用人单位应按劳动合同规定的标准支付劳动者工资"中的一个工资支付周期就是指一个月，即2024年5月16日至6月15日。换言之，用人单位在停工停产后，无论是从哪一天开始停工停产的，如果实行月薪制，均要向劳动者按之前正常工作的标准发放自停工停产之日起的一个月工资。

在实践中，有的用人单位在停工停产期间对"一个工资支付周期"形成了

一种错误的认定方式,即把"一个工资支付周期"认定为一个发放工资的固定期间,而非一个时间长度。如上例,公司实行月薪制,按自然月计算工资。公司于2024年5月16日起停工停产,按错误的认定方式,停工停产所在的"一个工资支付周期"是指2024年5月1日至31日这一个计薪周期,用人单位于2024年5月16日停工停产,那么用人单位只需在2024年5月16日至31日按正常工资标准向劳动者支付工资,而2024年5月31日之后属于超出一个工资支付周期,不用再按原正常工资标准向劳动者支付工资。这种认定方式实际上是把一个工资支付周期固定下来,认为用人单位只需支付自停工停产之日至该固定的工资支付周期的最后一天。

这种理解方式明显存在问题,如果实行月薪制的用人单位于2024年5月30日起停工停产,按这种理解,5月31日是一个工资支付周期的届满日,那用人单位只需支付2024年5月30日、31日两天的正常工资。如果用人单位刻意选择停工停产的日期,选择月底是不是就可以少支付正常工资？实际上,法条规定一个工资支付周期正是为了避免用人单位停工停产造成劳动者收入大幅下降而为劳动者保留的一个"降薪缓冲期",主要目的是保护劳动者的基本权益。因此,无论用人单位从何时开始停工停产,均要从停工停产之日起一个月内按照正常工资标准向劳动者支付工资。

二、用人单位停工停产的认定标准并不要求全体停工停产

一些大型企业可能存在突发情况或是经营情况变化导致部分厂区、部分部门停工停产,而其他厂区或部门仍然在开工或工作的情况。因此,在实践中,关于用人单位停工停产的认定标准存在争议:是否必须全体停工停产才构成法律意义上的停工停产？当前裁判观点已明确,不应将全部停工停产作为停工停产的认定标准,企业部分厂区、部分部门停工停产也适用停工停产的法律规定。但用人单位要注意,停工停产不能针对一个单独的员工。如果某公司宣布某具体岗位"停工停产",因此让某员工不再到岗上班,那明显是以不提供劳动条件的方式逼迫该员工离职,而非真正意义上的停工停产。

三、停工停产后的劳动报酬发放标准

用人单位停工停产后,员工的劳动报酬发放有三种情况:

(1)自用人单位停工停产之日起的一个工资支付周期内(一般为一个月),无论劳动者是否还提供劳动,都应当支付正常标准的工资。

(2)超过一个工资支付周期,若劳动者提供了正常劳动(如厂区留守人员、设备保养人员等),则双方可以重新协商劳动报酬,但不得低于当地最低工资标准。

(3)超过一个工资支付周期,若劳动者没有提供正常劳动,应按国家有关规定办理。此处的"国家有关规定",是指各地方发布的关于停工停产后向停工停产员工发放生活费的相关规定。以成都市为例,原成都市劳动局《关于深化企业工资改革中若干具体问题的处理意见》规定:企业应多渠道安置富余职工,保障富余职工的基本生活,对未被组合上岗的待岗人员、厂内待业人员,可**比照当地失业救济金**(后称"失业保险金")标准及按当地政府有关规定,由企业按照工资列支渠道**发放生活费**。《四川省失业保险条例》第24条第1款规定:失业保险金的发放标准,一般按照失业人员原单位所在地同期最低工资标准的70%执行;省人民政府可根据实际情况进行调整。四川省人力资源和社会保障厅、四川省财政厅《关于调整失业保险金标准有关问题的通知》第1条规定:从2017年10月1日起,将各地月失业保险金标准由当地人民政府确定的月最低工资标准的70%调整为当地人民政府确定的月最低工资标准的80%。所以,按成都市的相关规定,企业停工停产超过一个工资支付周期,若劳动者没有提供正常劳动,应按当地最低工资标准的80%发放生活费。

典型案例

如何理解"一个工资支付周期",正确发放未及时返岗劳动者工资待遇[①]

基本案情:丁某就职于某机械公司,劳动合同约定其月工资为6000元。2020年春节前,丁某返回外省家乡过节。春节延长假期间,该机械公司所属地区人民政府发布通知,延迟复工时间至2月9日。2月底,该机械公司复工复产,而丁某未能返岗或远程办公。该机械公司线上发布通知,告知未返岗职工保留职位,将参照国家有关停工停产规定发放工资。该机械公司正常发放了丁某1月4日至2月9日的工资。但3月15日,丁某仅收到2月工资1540元。公司人事经理解释,因公司停工,2月9日停工后的第一个工资支付周期已经结束,根据国家及所属省份有关规定,自2月10日起对未返岗职工发放生活费。丁某以该公司未及时足额支付工资为由提出解除劳动关系,并向劳动人事争议仲裁委员会申请仲裁,**要求裁决该机械公司支付2月10日至3月9日的工资差额4460元和解除劳动合同的经济补偿6000元**。经调解,该机械公司当庭支付丁某2020年2月10日至3月9日的工资待遇差额3227.8元。丁某撤回仲裁申请。

案例分析:该机械公司实行按月支付工资的制度,工资支付周期为一个月。该机械公司未复工、停工停产期间从2020年春节延长假期结束的次日(2月3日)起计算,2月底该机械公司复工后丁某未返岗,经双方协商,丁某未返岗期间工资待遇参照停工停产标准支付,未返岗期间与该机械公司停工期间应连续计算。因此,**2020年2月3日至3月2日为丁某未返岗的第一个工资支付周期**,2020年3月3日至9日则超过一个工资支付周期。故对于丁某2月10日至3月9日期间的工资待遇,应采取分段核算的方法,扣减该机械公司已支付金额后,该机械公司应支付的工资待遇差额为3227.8元(6000元÷21.75天×16天+1540元÷21.75天×5天-1540元)。经向双方释明"一个工资支付周期"的内涵,该机械公司当庭支付丁某3227.8元工资待遇差额,双方协商同意

---

① 2020年7月10日,人力资源社会保障部和最高人民法院《关于联合发布第一批劳动人事争议典型案例的通知》。

丁某回公司继续工作,丁某也撤回了仲裁申请。

用人单位部分停工停产的,能否按照停工停产规定支付工资待遇[①]

基本案情:张某为某汽车公司客户俱乐部员工,该公司业务涉及汽车零部件生产、汽车组装和车辆销售等工作。双方签订的劳动合同约定张某月工资为8000元,该公司每月10日发放上月4日至本月3日工资。2020年2月3日以后,该公司零部件生产、汽车组装、车辆销售部门陆续复工,但因疫情防控要求,客户俱乐部暂时无法对外开放,客户俱乐部未能同步复工复产,张某所在客户俱乐部中的10余名劳动者均处于停工状态。3月10日该公司按照劳动合同约定支付了张某2月工资,4月10日按照生活费标准支付了张某3月工资待遇。张某认为该公司恶意以停工为由降低其工资待遇,遂向劳动人事争议仲裁委员会申请仲裁,要求裁决该公司支付3月4日至4月3日工资差额6460元。仲裁委员会裁决驳回了张某的仲裁请求。

案例分析:《工资支付暂行规定》第12条的规定只对**用人单位停工停产期间劳动者能够提供正常劳动和无法提供正常劳动**分别予以明确,并**未将适用条件限于用人单位的全部停工停产**。本案中,尽管该公司的零部件制造等部门均已复工,但因各部门工作具有相对独立性,所依赖的复工条件并不相同。张某认为该公司恶意以客户俱乐部停工为由降低其工资待遇,事实依据不足。经查,该公司部分停工的安排并非针对张某一人,而是无差别地适用于客户俱乐部的10余名劳动者。因此,仲裁委员会对张某关于该公司安排部分停工存在主观恶意的主张不予采信,该公司安排张某所在部门停工,并按规定支付张某工资待遇,并无不当,故仲裁委员会依法驳回了张某的仲裁请求。

---

① 2020年7月10日,人力资源社会保障部和最高人民法院《关于联合发布第一批劳动人事争议典型案例的通知》。

第六节　员工发生工伤后的正确应对

> **关键法条**

> **1.《社会保险法》**
>
> 第三十八条　因工伤发生的下列费用，按照国家规定从工伤保险基金中支付：
>
> （一）治疗工伤的医疗费用和康复费用；
>
> （二）住院伙食补助费；
>
> （三）到统筹地区以外就医的交通食宿费；
>
> （四）安装配置伤残辅助器具所需费用；
>
> （五）生活不能自理的，经劳动能力鉴定委员会确认的生活护理费；
>
> （六）一次性伤残补助金和一至四级伤残职工按月领取的伤残津贴；
>
> （七）终止或者解除劳动合同时，应当享受的一次性医疗补助金；
>
> （八）因工死亡的，其遗属领取的丧葬补助金、供养亲属抚恤金和因工死亡补助金；
>
> （九）劳动能力鉴定费。
>
> 第三十九条　因工伤发生的下列费用，按照国家规定**由用人单位支付**：
>
> （一）**治疗工伤期间的工资福利**；
>
> （二）**五级、六级伤残职工按月领取的伤残津贴**；
>
> （三）终止或者解除劳动合同时，应当享受的**一次性伤残就业补助金**。
>
> 第四十一条　职工所在用人单位未依法缴纳工伤保险费的，发生工伤事故的，**由用人单位支付工伤保险待遇**。用人单位不支付的，从工伤保险基金中先行支付。
>
> 从工伤保险基金中先行支付的工伤保险待遇应当由用人单位偿还。用

人单位不偿还的,社会保险经办机构可以依照本法第六十三条的规定追偿。

2. 最高人民法院《关于审理工伤保险行政案件若干问题的规定》

第八条 职工因第三人的原因受到伤害,社会保险行政部门以职工或者其近亲属已经对第三人提起民事诉讼或者获得民事赔偿为由,作出不予受理工伤认定申请或者不予认定工伤决定的,人民法院不予支持。

职工因第三人的原因受到伤害,社会保险行政部门已经作出工伤认定,职工或者其近亲属未对第三人提起民事诉讼或者尚未获得民事赔偿,起诉要求社会保险经办机构支付工伤保险待遇的,人民法院应予支持。

职工因第三人的原因导致工伤,社会保险经办机构以职工或者其近亲属已经对第三人提起民事诉讼为由,拒绝支付工伤保险待遇的,人民法院不予支持,但第三人已经支付的医疗费用除外。

3.《工伤保险条例》

第十七条 职工发生事故伤害或者按照职业病防治法规定被诊断、鉴定为职业病,所在单位应当自事故伤害发生之日或者被诊断、鉴定为职业病之日起30日内,向统筹地区社会保险行政部门提出工伤认定申请。遇有特殊情况,经报社会保险行政部门同意,申请时限可以适当延长。

用人单位未按前款规定提出工伤认定申请的,工伤职工或者其近亲属、工会组织在事故伤害发生之日或者被诊断、鉴定为职业病之日起1年内,可以直接向用人单位所在地统筹地区社会保险行政部门提出工伤认定申请。

……

用人单位未在本条第一款规定的时限内提交工伤认定申请,在此期间发生符合本条例规定的工伤待遇等有关费用由该用人单位负担。

第三十条 职工因工作遭受事故伤害或者患职业病进行治疗,享受工伤医疗待遇。

职工治疗工伤应当在签订服务协议的医疗机构就医,情况紧急时可以先到就近的医疗机构急救。

治疗工伤所需费用符合工伤保险诊疗项目目录、工伤保险药品目录、工伤保险住院服务标准的,从工伤保险基金支付。……

职工住院治疗工伤的**伙食补助费**,以及经医疗机构出具证明,报经办机构同意,工伤职工到统筹地区以外就医所需的交通、食宿费用从工伤保险基金支付,基金支付的具体标准由统筹地区人民政府规定。

工伤职工治疗非工伤引发的疾病,不享受工伤医疗待遇,按照基本医疗保险办法处理。

工伤职工到签订服务协议的医疗机构进行工伤康复的费用,符合规定的,从工伤保险基金支付。

第三十三条　职工因工作遭受事故伤害或者患职业病需要暂停工作接受工伤医疗的,在停工留薪期内,原工资福利待遇不变,由所在单位按月支付。

停工留薪期一般不超过12个月。伤情严重或者情况特殊,经设区的市级劳动能力鉴定委员会确认,可以适当延长,但延长不得超过12个月。工伤职工评定伤残等级后,停发原待遇,按照本章的有关规定享受伤残待遇。工伤职工在停工留薪期满后仍需治疗的,继续享受工伤医疗待遇。

生活不能自理的工伤职工在停工留薪期需要护理的,由所在单位负责。

第三十七条　职工因工致残被鉴定为七级至十级伤残的,享受以下待遇:

(一)从工伤保险基金按伤残等级支付一次性伤残补助金,标准为:七级伤残为13个月的本人工资,八级伤残为11个月的本人工资,九级伤残为9个月的本人工资,十级伤残为7个月的本人工资;

(二)劳动、聘用合同期满终止,或者职工本人提出解除劳动、聘用合同的,由工伤保险基金支付一次性工伤医疗补助金,由用人单位支付一次性伤残就业补助金。一次性工伤医疗补助金和一次性伤残就业补助金的具体标准由省、自治区、直辖市人民政府规定。

第六十四条　本条例所称工资总额,是指用人单位直接支付给本单位全部职工的劳动报酬总额。

> 本条例所称本人工资,是指工伤职工因工作遭受事故伤害或者患职业病前12个月平均月缴费工资。本人工资高于统筹地区职工平均工资300%的,按照统筹地区职工平均工资的300%计算;本人工资低于统筹地区职工平均工资60%的,按照统筹地区职工平均工资的60%计算。

工伤赔偿案件也属于劳动案件的范围。但工伤与一般的劳动争议纠纷又存在明显的区别。工伤还涉及行政部门的工伤认定、劳动能力鉴定程序,在完成前述程序的基础上,才会开始工伤待遇的仲裁、诉讼。可以说,工伤待遇如果完全通过法定流程处理,耗时非常长。

由于员工发生工伤后,往往会在双方保持劳动关系的情况下,由用人单位来处理员工住院治疗、停工留薪期、工伤认定、工伤鉴定等一系列事宜,员工也会在停工留薪期内享受工资待遇而不实际到岗工作,故本书将工伤处理放到"非常规用工情形"一章进行介绍。

一、用人单位在员工发生工伤后的应对流程

(一)迅速判断员工所受伤害是否属于工伤

依据《工伤保险条例》第14条的规定,以下情形属于工伤:

(1)在工作时间和工作场所内,因工作原因受到事故伤害的。这是标准的工伤情形,即符合工作时间、工作场所、工作原因"三工"的标准。这类工伤发生后,一般双方都对工伤没有异议。

(2)工作时间前后在工作场所内,从事与工作有关的预备性或者收尾性工作受到事故伤害的。这种情形在认定工伤时会有一定的争议,主要是对"预备性工作"或"收尾性工作"的认定。例如,修车工人完成工作后,在整理维修工具时因气瓶爆炸而受伤,整理工具的行为就属于收尾性工作。

(3)在工作时间和工作场所内,因履行工作职责受到暴力等意外伤害的。例如,保安在工作中被醉酒的业主打伤。

(4)患职业病的。

(5)因工外出期间,由于工作原因受到伤害或者发生事故下落不明的。

(6)上下班途中,受到非本人主要责任的交通事故或者城市轨道交通、客运轮渡、火车事故伤害的。这条规定体现了工伤制度对劳动者的强力保护,即劳动者上下班途中遭受了交通事故,只要本人不是承担主要责任,都认定为工伤。换言之,劳动者在上下班途中遵守交通规则的情况下因交通事故受伤了,不仅可以获得交通肇事方的赔偿,还能得到工伤的赔偿。

(7)法律、行政法规规定应当认定为工伤的其他情形。这条是对工伤认定范围的扩展性规定。例如,劳务公司承包工程的劳务项目,后劳务项目又违法分包给不具备用工主体资格的个人(俗称包工头)。虽然该包工头招用的农民工与劳务公司不存在劳动关系,但该农民工因工受到伤害后,应认定为工伤,由违法分包的劳务公司承担工伤赔偿责任。

依据《工伤保险条例》第15条之规定,以下情形视同工伤:

(1)在工作时间和工作岗位,突发疾病死亡或者在48小时之内经抢救无效死亡的。突发疾病48小时内死亡的前提是在工作时间和工作岗位上发病。一般而言,如果是回家发病,则不能视为工伤。这条规定饱受质疑的是"48小时内死亡"这一标准:劳动者在工作时间、工作岗位上突发疾病死亡认定为工伤的,家属将获得上百万元的工亡赔偿,未认定为工伤则不能获得工亡赔偿,两者之间差距巨大。而能否认定为工伤取决于劳动者在工作岗位上突发疾病后是否在"48小时内死亡"。如果抢救得力,超过了48小时才死亡,虽然最终也死亡了,但无法认定为工亡。所以,质疑者的疑问是,既然是因在工作岗位上突发疾病而死亡,为什么要将视为工亡的前置条件限定为48小时内死亡?为什么不是36小时,不是72小时?设定48小时的依据为何?质疑归质疑,还是要以法律法规的规定为准。

(2)在抢险救灾等维护国家利益、公共利益活动中受到伤害的。

(3)职工原在军队服役,因战、因公负伤致残,已取得革命伤残军人证,到用人单位后旧伤复发的。

（二）确认员工受伤情形属于工伤的，用人单位应尽快将受伤职工送到当地签订服务协议的医疗机构就医，并告知医疗机构按工伤保险的规定进行救治

依据《工伤保险条例》第30条之规定，"职工因工作遭受事故伤害或者患职业病进行治疗，享受工伤医疗待遇。职工治疗工伤应当在**签订服务协议的医疗机构**就医，情况紧急时可以先到就近的医疗机构急救。治疗工伤所需费用符合工伤保险诊疗项目目录、工伤保险药品目录、工伤保险住院服务标准的，从工伤保险基金支付"。从前述法条可知，劳动者遭受工伤后，用人单位应将劳动者送至"**签订服务协议的医疗机构**"就医。如果用人单位缴纳了工伤保险费，则治疗工伤所需费用符合工伤保险诊疗项目目录、工伤保险药品目录、工伤保险住院服务标准（以下简称工伤医疗三个目录），由工伤保险基金支付。所以，用人单位依法依规将受工伤的员工送至签订服务协议的医疗机构，其会按工伤医疗三个目录的标准进行救治。这样一来，绝大部分医疗费用最终是由工伤保险基金支付，可以大大节省用人单位的赔偿金额。而如果用人单位不主动将受工伤的员工送医或未送至签订服务协议的医疗机构，而是由受伤员工自行去医治，医疗机构不知道是工伤，就可能大量使用工伤医疗三个目录之外的药品、诊疗项目，导致更多的医疗费用因超出工伤医疗三个目录而无法通过工伤保险基金支付。而这些不能由工伤保险基金支付的医疗费用，一般会裁判由用人单位承担。所以，用人单位及时将工伤员工送至"**签订服务协议的医疗机构**"就医不仅是其用工责任，也是其减轻自身赔偿责任的正确应对。有些用人单位发生工伤后，一味地逃避责任，最终导致不仅责任没有免除，反而支付更多赔偿费用。

对于当地哪些是签订服务协议的医疗机构，用人单位的管理人员可以在当地人力资源社会保障部门网站上查询相关文件或询问人力资源社会保障部门。一般而言，当地的公立医院都是签订服务协议的医疗机构。此外，用人单位还要注意的是，将工伤员工送至签订服务协议的医疗机构之后，还要告知该机构该名员工属于工伤的情况，请其参照工伤医疗三个目录的范围进行医治。

(三)确认员工受伤情形属于工伤的,用人单位要在工伤事故发生之日起30日内及时向当地社会保险行政部门申请工伤认定

依据《工伤保险条例》第17条第1款的规定,职工发生事故伤害后,用人单位应自事故伤害发生之日起30日内,向统筹地区社会保险行政部门提出工伤认定申请。一般而言,用人单位如果缴纳了工伤保险费,都会主动提出工伤认定申请。但有些用人单位,特别是未缴纳工伤保险费的用人单位,因自己要全额承担工伤赔偿费用,便想方设法否认劳动关系,否认劳动关系不成便否认工伤,也不主动为遭受工伤的员工申请工伤认定。其实,如果确实属于工伤,尽快申请工伤认定,尽快补缴工伤保险费,在工伤员工受伤较重、伤残等级较高的情况下,还是能为用人单位节省部分赔偿费用的,因为补缴工伤保险费后"新产生的费用",会由工伤保险基金承担。若用人单位未在30日内申请工伤认定,工伤员工本人或其近亲属也可以在事故伤害发生之日起1年内提出工伤认定申请。

二、各项工伤赔偿项目的计算

有些中小微企业不知道员工发生工伤后相关赔偿项目的计算方式,甚至搞不清哪些赔偿项目应由工伤保险基金支付,哪些赔偿项目应由用人单位承担。如果将工伤问题详细讲解,可能需要单独写一本书。由于本书篇幅有限,笔者按工伤实务中最常见的7—10级工伤应赔偿的项目分类介绍如下。

(一)伤残等级确定后,员工在职期间就应得到的工伤赔偿项目

1. 工伤医疗费

综上所述,劳动者遭受工伤后,用人单位应将劳动者送至**签订服务协议的医疗机构**就医。如果用人单位缴纳了工伤保险费,则治疗工伤所需费用符合工伤医疗三个目录,由工伤保险基金支付。

那么问题来了,为什么员工遭受工伤进行住院治疗后,用人单位与员工向工伤保险基金申报工伤待遇时,经常会遇到工伤保险基金报销的工伤医疗费用

少于实际产生的医疗费用的情况?这因为工伤保险基金只报销符合其制定的工伤医疗三个目录内的诊疗费用,超出工伤医疗三个目录的医疗费用不予报销。那超出工伤医疗三个目录的医疗费由谁承担呢?

用人单位认为:《社会保险法》第38条明确规定,治疗工伤的医疗费用和康复费用,按照国家规定从工伤保险基金中支付。所以在用人单位缴纳了工伤保险费的情况下,工伤医疗费用依法应由工伤保险基金支付,不应由用人单位支付。

工伤员工认为:我受的是工伤,工伤是无过错责任,工伤保险基金不能报销的医疗费用,如果公司不支付,难道要我自己承担?我给老板打工,受工伤了还要自己出钱医治自己?

当前主流裁判观点认为,应当由用人单位支付。理由在于:首先,工伤保险实行无责任补偿原则及补偿直接经济损失原则,工伤员工住院期间的医疗费用支出属于直接损失,故医疗费用中不符合工伤保险基金支付标准的费用,应由用人单位承担。其次,各地都针对发生工伤的医疗结算问题出台了相应的规定,一般而言,均是要求发生工伤后,用人单位应将工伤员工送至签订了签订服务协议的医疗机构就医。且在就医时,用人单位应书面告知医疗机构是因工伤送医。此种情况下,签订服务协议的医疗机构若需要使用超出工伤医疗三个目录的医疗项目,会书面告知双方需自行负担的费用金额,经用人单位与工伤员工(或其家属)共同签字确认后才使用。

换言之,用人单位应在发生工伤后按规定及时将工伤员工送至当地的签订服务协议的医疗机构就医,并书面告知签订服务协议的医疗机构这是工伤送医,请按工伤医疗三个目录的范围进行治疗。但在实践中,很少有用人单位按照上述的合规流程处理。如果用人单位没有按前述标准流程处理工伤员工受伤后的送医事宜,因此产生的工伤医疗三个目录外的医疗费用,自然要由用人单位承担。

2. 停工留薪期内的护理费

依据《工伤保险条例》第33条第3款之规定,生活不能自理的工伤员工在停工留薪期需要护理的,由所在单位负责。该费用的计算方法为:**住院天数以及经医嘱认定出院后在停工留薪期内仍需要护理的天数×每日护理费**。对于

7—10级的工伤职工,如果受伤并不严重,此处的护理费一般是指"住院期间的护理费",即住院天数×每日护理费=住院期间护理费。按前述规定,工伤员工住院期间产生的护理费以及停工留薪期内的护理费,无论是否缴纳了工伤保险费,均应由用人单位支付。在停工留薪期满之后,经鉴定工伤职工仍生活不能自理而产生的"生活护理费",在用人单位缴纳了工伤保险费的情况下,由工伤保险基金按法定标准支付。

3. 住院伙食补助费

依据《工伤保险条例》第30条第4款之规定,职工住院治疗工伤的伙食补助费,以及经医疗机构出具证明,报经办机构同意,工伤职工到统筹地区以外就医所需的交通、食宿费用从工伤保险基金支付,基金支付的具体标准由统筹地区人民政府规定。该费用的计算方法为:住院天数×当地规定的每日伙食补助费(如成都市2025年规定住院期间的伙食补助费为30元/天)。

4. 停工留薪期工资

依据《工伤保险条例》第33条第1款的规定,职工因工作遭受事故伤害或者患职业病需要暂停工作接受工伤医疗的,在停工留薪期内,原工资福利待遇不变,由所在单位按月支付。该费用的计算方法为:工伤职工的本人月工资标准×停工留薪期的期间。停工留薪期的期间,一般以住院天数+医疗机构出具的出院证中载明的全休时间为准。如住院22天,出院医嘱载明出院后须全休3个月,则其停工留薪期的期间为自住院起3个月22天。当然,还有些地区实行以工伤部位和伤情对应当地人力资源社会保障部门发布的工伤职工停工留薪期分类目录规定的停工留薪期的标准,这种标准往往比住院天数+医嘱的全休时间更长,对工伤员工更有利。

5. 一次性伤残补助金

该费用的计算方法一为:如果劳动者月工资标准不低于统筹地区职工月平均工资60%,也不高于统筹地区职工月平均工资300%,按其本人月工资标准×伤残等级对应的月数。

该费用的计算方法二为:如果劳动者月工资标准低于统筹地区职工月平均工资的60%,则按统筹地区职工月平均工资60%×伤残等级对应的月数;如果劳动者工资标准高于统筹地区职工月平均工资的300%,则按统筹地区职工月平均工资300%×伤残等级对应的月数。换言之,该赔偿项目体现了一个"托底限高"的态度。

6. 劳动能力鉴定检查费

此费用据实报销,劳动者在进行劳动能力鉴定时若垫付了鉴定费以及因鉴定需要而产生的检查费用,缴纳了工伤保险费的,由工伤保险基金报销;未缴纳工伤保险费的,由用人单位承担。

(二)工伤员工离职后才产生的工伤赔偿项目

上述项目,在发生工伤后,劳动者在职期间就可以要求用人单位支付或要求工伤保险基金拨付。还有一部分项目,是在劳动者与用人单位解除或终止劳动关系后才支付。**主要指一次性工伤医疗补助金和一次性伤残就业补助金,下文具体说明。**

《工伤保险条例》第37条规定:"职工因工致残被鉴定为七级至十级伤残的,享受以下待遇:……(二)劳动、聘用合同期满终止,或者职工本人提出解除劳动、聘用合同的,由工伤保险基金支付一次性工伤医疗补助金,由用人单位支付一次性伤残就业补助金。一次性工伤医疗补助金和一次性伤残就业补助金的具体标准由省、自治区、直辖市人民政府规定。"

前述法条表明三点:

第一,伤残等级为7—10级的劳动者,其一次性工伤医疗补助金和一次性伤残就业补助金均是在双方解除或终止劳动关系时获得。

第二,在缴纳了工伤保险费的情况下,由工伤保险基金支付一次性工伤医疗补助金,由用人单位支付一次性伤残就业补助金。

第三,一次性工伤医疗补助金和一次性伤残就业补助金的具体计算标准由各省、自治区、直辖市人民政府规定。

因为具体标准由各省、自治区、直辖市人民政府规定,该部分项目的计算标准各省份不一,用人单位计付此类项目时,需要到各省人力资源社会保障厅官方网站上查找各省份规定一次性工伤医疗补助金和一次性伤残就业补助金计算方法的文件。此类文件的名称一般为《××省工伤保险条例》《××省工伤保险条例实施办法》等。

以四川省的标准为例。《〈四川省工伤保险条例〉实施办法》第5条第2款、第3款规定："一次性工伤医疗补助金以解除或者终止劳动人事关系时上年度全省城镇全部单位就业人员月平均工资(以下简称全省月平均工资)为基数计算：五级伤残14个月，六级伤残12个月，七级伤残10个月，八级伤残8个月，九级伤残6个月，十级伤残4个月；其中患职业病的五级、六级工伤职工，在上述标准基础上增加6个月。一次性伤残就业补助金以解除或者终止劳动人事关系时上年度全省月平均工资为基数计算：五级伤残60个月，六级伤残48个月，七级伤残26个月，八级伤残18个月，九级伤残10个月，十级伤残6个月。"

参照四川省的标准，一次性工伤医疗补助金、一次性伤残就业补助金的计算方法为：工伤劳动者与用人单位解除或终止劳动关系的上一年度全省城镇全部单位就业人员月平均工资×伤残等级对应的月数。

值得一提的是，关于一次性工伤医疗补助金、一次性伤残就业补助金的计算方式，各省份的规定差异较大。例如，前述四川省的规定是将工伤员工与用人单位解除或终止劳动关系的上一年度全省城镇全部单位就业人员月平均工资作为计算基数，即不管员工本人工资有多高，该两项赔偿都按全省统一的标准来计算。换言之，年薪百万元的经理与月薪3000元的保安，同样工伤等级的情况下，前述两笔赔偿项目金额都是一样的。

《广东省工伤保险条例》第32条第2款规定："七级至十级伤残职工劳动、聘用合同终止或者依法与用人单位解除劳动关系的，除享受基本养老保险待遇或者死亡情形之外，由工伤保险基金支付一次性工伤医疗补助金，由用人单位支付一次性伤残就业补助金，终结工伤保险关系。补助金标准如下：(一)一次性工伤医疗补助金：七级伤残为六个月的本人工资，八级伤残为四个月的本人工资，九级伤残为二个月的本人工资，十级伤残为一个月的本人工资。(二)一次性伤残就业补助金：七级伤残为二十五个月的本人工资，八级伤残为十五个月的本人工资，九级伤残为八个月的本人工资，十级伤残为四个月的本人工资。"

广东省则是将**本人工资**作为计算基数来计算一次性工伤医疗补助金和一次性伤残就业补助金。工伤员工工资越高,此两项赔偿的金额越高。所以,用人单位要计付前述两项工伤赔偿项目时一定要关注所在地关于这两项工伤赔偿项目的规定。

(三)工伤赔偿中不常见的赔偿项目

1. 交通食宿费

《工伤保险条例》第30条第4款规定:"……以及经医疗机构出具证明,报经办机构同意,工伤职工到统筹地区以外就医所需的交通、食宿费用从工伤保险基金支付,基金支付的具体标准由统筹地区人民政府规定。"从该条规定来看,工伤员工要求用人单位支付交通食宿费的前提是其到统筹地区以外就医。例如,四川省的工伤保险是全省统筹,也就是说,四川省内遭受工伤的员工到四川省外就医的,可以报销交通食宿费。但一般而言,很少有工伤员工需要到外地治疗,省内的医疗资源基本可以满足治疗工伤所需。所以,此工伤赔偿项目很少产生。有些劳动者误认为这个交通费是指其在当地为了完成工伤认定、劳动能力鉴定产生的打车费等费用。其实工伤赔偿项目中的交通费是指到统筹地区外就医的交通费,用人单位应掌握这一点,便于向工伤员工解释清楚。

2. 伤残辅助器具费

《工伤保险条例》第32条规定:"工伤职工因日常生活或者就业需要,经劳动能力鉴定委员会确认,可以安装假肢、矫形器、假眼、假牙和配置轮椅等辅助器具,所需费用按照国家规定的标准从工伤保险基金支付。"该项费用需要由劳动能力鉴定委员会确认需要使用才可能产生。也有部分地区认为,虽未经过鉴定,但实际上明显可以看出工伤职工需要使用的,也予以支持。

三、用人单位在工伤赔偿争议中的注意事项

(一)用人单位未缴纳工伤保险有什么后果

依据《工伤保险条例》第62条第2款之规定,依照本条例规定应当参加工伤保险而未参加工伤保险的用人单位职工发生工伤的,由该用人单位按照本条

例规定的工伤保险待遇项目和标准支付费用。

换言之,如果用人单位未依法为劳动者缴纳工伤保险费,由用人单位按照《工伤保险条例》规定的工伤保险待遇项目和标准向劳动者支付赔偿费用。也就是说,如果用人单位未为劳动者缴纳工伤保险费,则劳动者遭受工伤后所产生的医疗费用、住院伙食补助费、护理费、一次性伤残补助金、一次性工伤医疗补助金和一次性伤残就业补助金、劳动能力鉴定检查费、停工留薪期工资等所有工伤赔偿项目费用全部由用人单位承担。

在实践中,出现了一个怪现象,即如果用人单位没有为劳动者缴纳工伤保险费,而用人单位又具备赔偿能力,劳动者维权更快,得到的赔偿更多。为什么呢?一方面,如果用人单位没有为劳动者缴纳工伤保险费,则工伤员工的一次性伤残补助金会按其本人工资计算并直接裁判由用人单位支付。因为实务中较多用人单位没有足额缴纳工伤保险费,即没有按劳动者真实的本人工资金额缴纳工伤保险费,而工伤保险基金审核赔付一次性伤残补助金时是按该劳动者的工伤保险费缴纳基数进行计算的,必然导致拨付的一次性伤残补助金金额少于按本人月工资标准计算的金额。另一方面,如果用人单位为劳动者缴纳了工伤保险费,工伤职工应得的赔偿项目费用将由工伤保险基金与用人单位分别支付。如果用人单位没有为劳动者缴纳工伤保险费,则劳动者可以直接向用人单位全部主张,自然更为方便。

(二)工伤员工的侵权赔偿与工伤赔偿能否"双赔"

在实践中,存在员工的工伤与第三人的侵权相竞合的情况,也就是说,员工的工伤系第三人的侵权行为造成。此时,员工可以被侵权人的身份向侵权人主张民事赔偿,也可以工伤员工的身份向用人单位主张工伤待遇。这种情况下,如果侵权人已经向员工进行了侵权赔偿,员工是否还可以再向用人单位主张工伤待遇?如果侵权赔了工伤又赔,那岂不是员工因为一次伤害得到了双倍赔偿?

实务中最典型的例子就是员工在上下班途中遭受了非本人主要责任的交通事故,之后交通肇事方按人身损害赔偿的规定向遭受交通事故的员工支付了诸如医疗费、营养费、护理费、交通费、残疾赔偿金、住院伙食补助费、误工费等一系列赔偿费用。员工又以上下班途中遭受非本人主要责任的交通事故申请了工伤认定，然后进行劳动能力鉴定，最后依据劳动能力鉴定的伤残等级向用人单位要求支付工伤赔偿项目费用。

用人单位认为，员工系因交通事故受伤，又不是在工作场所因工作原因受伤，况且交通事故肇事方已经赔偿过了，为什么公司还要支付工伤赔偿？员工则认为，工伤是工伤、侵权是侵权，我不是因为要为你公司提供劳动，怎么会在上下班途中遭受交通事故？肯定应该各赔各的。

最高人民法院《关于审理工伤保险行政案件若干问题的规定》第8条第3款规定，职工因第三人的原因导致工伤，社会保险经办机构以职工或者其近亲属已经对第三人提起民事诉讼为由，拒绝支付工伤保险待遇的，人民法院不予支持，但第三人已经支付的医疗费用除外。

依据前述规定，主流裁判观点认为，第三者应支付的人身侵权赔偿项目与用人单位应支付的工伤赔偿项目除了医疗费之外应该"双赔"。例如，劳动者上班途中因发生非本人主要原因的交通事故而受伤，肇事方向劳动者赔偿了人身损害赔偿的金额，劳动者依然可以认定工伤后获得工伤赔偿，但其中的医疗费不能"双赔"。有些用人单位以工伤职工在侵权案件中获得了赔偿为由拒绝支付工伤赔偿，这是不行的。除了医疗费用，即使侵权责任人向工伤职工支付了侵权赔偿，也不免除工伤保险基金以及用人单位应基于工伤保险关系应支付的工伤赔偿。

工伤待遇与侵权赔偿属于不同的法律关系，且第三人侵权与工伤的赔偿主体也不同，基于不同的法律关系、不同的责任主体，获得不同的赔偿项目，在法理上也说得过去。但从最朴素的观念来看，似乎又有点奇怪。确实，以上裁判观点在实践中也受到了一些质疑。并有学者称上述"双赔法"导致"伤在车间里"得到的赔偿不如"伤在车轮下"，即真正在工作场所因工作原因受伤的工伤员工只能得到工伤赔偿，而在上下班途中因非本人主要责任的交通事故受伤的员工可以得到交通肇事方的侵权赔偿与用人单位支付的工伤赔偿。后者因交通事故受伤反而比前者在工作期间受伤得到的总赔偿金额更高。

除了前述典型的交通事故侵权与工伤赔偿竞合以外,还有其他类型的侵权与工伤赔偿竞合。如公司保安在履行职责时被第三人打伤,第三人因打伤保安应支付的赔偿与公司应支付给保安的赔偿除医疗项目外也是"双赔"。用人单位要牢记一点,第三人的侵权赔偿与用人单位的工伤赔偿除了医疗费用,都是各赔各的。

当然,用人单位要注意,其中的侵权是指第三人侵权,如果并非第三人侵权则不适用"双赔法"。在实践中,当侵权赔偿主体与工伤赔偿主体都是同一用人单位时,则受伤的员工只能选择一项法律关系主张赔偿。这种情形很少见,但笔者处理过。例如,公司的叉车司机小李在开叉车时不小心将公司另一员工小王撞伤。由于肇事的叉车司机小李是公司员工,其履行职务行为造成他人受伤,应由公司承担侵权责任。而小王也是公司员工,其在工作中被公司的叉车撞伤,构成工伤,但这个工伤的赔偿主体也是公司。如果这种情况下,让公司支付侵权赔偿、工伤赔偿,相当于让同一责任主体因一次伤害行为支付了两次赔偿,显然有违公平。所以在这种侵权赔偿责任主体与工伤赔偿主体是同一主体的情况下,主流裁判观点认为,受伤的员工只能选择一种方式要求赔偿。

风险提示

实务中,有的用人单位员工在上下班途中因交通事故受伤后,员工因先要找交通事故肇事方索要包括误工费在内的侵权赔偿费用,需要用人单位出具工资收入证明以证明员工的工资收入情况。此时员工一般会要求用人单位尽量"高开"工资收入金额,以便计算的赔偿金额更高。有的用人单位不知道第三方的侵权与工伤会"双赔",想着反正员工找交通肇事方赔偿了就不会找公司赔偿,便高高兴兴地为员工虚开了工资收入证明。

没想到,员工得到交通事故肇事方的侵权赔偿款后,又向用人单位索要工伤赔偿,而且拿出用人单位之前虚开的工资收入证明,要求按该工资收入证明载明的工资标准计付停工留薪期工资和一次性伤残补助金等以本人工资标准为计算基数的项目。这时,用人单位是"有苦说不出",工资收入证明上的公章是真的,工资收入证明也是自己公司开具的。若说自己当初是为了帮助员工去

"讹"侵权人更多的赔偿款,一方面显得自己公司不诚信,另一方面也没有证据证明这种说法,劳动仲裁机构与法庭也难以相信。

有些用人单位在遇到这种情况时,就拿出工资转账记录,记录显示员工的月工资是 8000 元,表示其开具每月 12,000 元的工资证明是为了帮助员工得到更多赔偿。用人单位以为工资转账记录可以证明劳动者的实际工资。结果劳动者辩称:本人工资本就是每月 12,000 元,公司之所以每月只转账发放 8000 元是因为公司长期拖欠工资,本人之后将向公司要求支付欠付的工资部分。然后转身就去申请仲裁,称公司拖欠了部分工资。理由就是公司证明了自己的工资标准是 12,000 元/月,但只实发了 8000 元/月,要求补发剩余的工资。公司若遇到这样的情况,真会后悔不已。

所以,用人单位要牢记:在劳动用工管理中坚持实事求是,既是保护他人也是保护自己。任何情况下都不要虚开工资证明!用人单位虚开的工资证明如同"回旋镖",总有一天会飞回来伤到自己。

(三)工伤员工是否可以要求用人单位补足因未足额缴纳工伤保险费导致工伤赔偿减少的差额

用人单位如果未按照相关规定为劳动者足额缴纳工伤保险费,导致劳动者遭受工伤后领取的工伤保险待遇降低,应承担差额损失赔偿责任。且该差额损失是按劳动者本人月工资与用人单位未足额缴纳工伤保险费情况下的缴费工资之间的差额来计算的。一般而言,这种差额主要体现在一次性伤残补助金上。实践中,工伤员工通过劳动仲裁和诉讼要求"补差"的工伤赔偿项目就是一次性伤残补助金。

人民法院案例库已有类似案例,用人单位未足额缴纳工伤保险费是否应该"补差"有了可参照的权威案例,相信之后裁判因用人单位未足额缴纳工伤保险费而向工伤员工"补差"的裁决会越来越多。用人单位未足额缴纳社会保险费的赔偿后果越来越重,这些赔偿责任也督促着用人单位要为劳动者足额缴纳社会保险费。

典型案例

冯某诉大连某公司北京研发中心劳动争议案——用人单位未按规定足额缴纳社会保险费致使劳动者工伤保险待遇降低的赔偿责任[1]

裁判要旨：用人单位未按照相关规定为劳动者足额缴纳社会保险费，其向有关部门补缴应当缴纳的工伤保险费、滞纳金后，工伤保险基金按照规定向劳动者支付相应费用。劳动者有证据证明工伤保险待遇仍然降低，要求用人单位承担差额损失赔偿责任的，人民法院应予支持。

---

[1] 人民法院案例库案例，入库编号：2023-16-2-490-007。

第十章
劳动合同的解除与终止

第一节 关于解除或终止劳动合同的基本概念

解除或终止劳动关系是劳动者与用人单位之间最容易出现劳动争议纠纷的环节,也是用人单位最头疼的环节。用人单位降低劳动用工风险的要点之一,就是要防止出现违法解除或终止劳动合同的情形。用人单位管理者要理解本章的内容,首先要弄懂几个关于解除或终止劳动合同的基本概念。

一、经济补偿金的概念

在劳动法律体系中,"经济补偿"一般涉及两个概念:

一个是竞业限制的经济补偿。

《劳动合同法》第23条第2款规定:对负有保密义务的劳动者,用人单位可以在劳动合同或者保密协议中与劳动者约定竞业限制条款,并约定在解除或者终止劳动合同后,在竞业限制期限内按月给予劳动者**经济补偿**。劳动者违反竞业限制约定的,应当按照约定向用人单位支付违约金。

此处的"经济补偿"是指用人单位与劳动者约定了竞业限制义务的,用人单位应在竞业限制期限内依约定向劳动者支付一定金额的经济补偿。在实务中,常表述为"**竞业限制的经济补偿**"或"**竞业限制补偿金**"。

另一个是解除或终止劳动合同的经济补偿。

《劳动合同法》第46条规定:"有下列情形之一的,用人单位应当向劳动者支付**经济补偿**:(一)劳动者依照本法第三十八条规定解除劳动合同的……"

《劳动合同法》第47条第1款规定:"**经济补偿**按劳动者在本单位工作的

年限,每满一年支付一个月工资的标准向劳动者支付。六个月以上不满一年的,按一年计算;不满六个月的,向劳动者支付半个月工资的经济补偿。"

此处的"经济补偿"是指用人单位与劳动者解除或终止劳动合同时,在一定情形下,用人单位应向劳动者支付的按劳动者月平均工资标准及工作年限计付的经济补偿。在实务中,常表述为**"解除劳动合同的经济补偿金"**或**"终止劳动合同的经济补偿金"**。这就是俗称的**"N"**。

二、赔偿金的概念

在劳动法律体系中,"赔偿金"一般涉及三个概念:

第一个是违法约定试用期的赔偿金。

《劳动合同法》第 83 条规定:用人单位违反本法规定与劳动者约定试用期,由劳动行政部门责令改正;违法约定的试用期已经履行的,由用人单位以劳动者试用期满月工资为标准,按已经履行的超过法定试用期的期间向劳动者支付赔偿金。

此处的"赔偿金"是指用人单位违法与劳动者约定试用期,且劳动者已经履行了违法约定的试用期的,用人单位对已履行的且超过法定试用期的期间向劳动者支付的赔偿金。在实务中,常表述为**"违法约定试用期的赔偿金"**。

第二个是因用人单位拖欠劳动报酬、加班费或经济补偿金时,在一定条件下加付的赔偿金。

《劳动合同法》第 85 条规定:"用人单位有下列情形之一的,由劳动行政部门责令限期支付劳动报酬、加班费或者经济补偿;劳动报酬低于当地最低工资标准的,应当支付其差额部分;逾期不支付的,责令用人单位按应付金额百分之五十以上百分之一百以下的标准向劳动者加付**赔偿金**:(一)未按照劳动合同的约定或者国家规定及时足额支付劳动者劳动报酬的……"

此处的"赔偿金"是指用人单位在欠付劳动者劳动报酬、加班费或经济补偿金时,经劳动行政部门责令限期支付而仍不支付的,应当以欠付的金额为计算基数,向劳动者加付一定比例的赔偿金。在实务中,常表述为**"加付赔偿金"**。

第三个是用人单位违法解除或终止劳动合同时应向劳动者支付的赔偿金。

《劳动合同法》第 87 条规定："用人单位违反本法规定解除或者终止劳动合同的,应当依照本法第四十七条规定的经济补偿标准的二倍向劳动者支付赔偿金。"

此处的"赔偿金"是指用人单位违法解除或终止劳动合同的,应按"解除(终止)劳动合同的经济补偿金"的二倍支付给劳动者的赔偿金。实务中,常表述为"违法解除劳动合同的赔偿金"或"违法终止劳动合同的赔偿金"。这就是俗称的"2N"。

以上是关于经济补偿和赔偿金的概念区分。

三、人事管理中关于"N、N+1、2N"的简称

在清楚了经济补偿金、赔偿金的概念后,用人单位的管理者有必要掌握人事管理中常提到的"N、N+1、2N"等概念。

所谓 N,是指解除(终止)劳动合同的经济补偿金。因为该经济补偿金是按劳动者的工作年限来计算,即该劳动者在用人单位的工作年限为 N 年就应支付其 N 个月的工资作为经济补偿金。

所谓 2N,是指用人单位在违法解除或终止与劳动者的劳动合同时,按经济补偿金标准的 2 倍向劳动者支付的赔偿金。因为经济补偿金俗称 N,故相当于 2 倍经济补偿金的赔偿金称为 2N。

所谓 N+1,是指用人单位在无过失性辞退劳动者时,要么提前 30 日通知劳动者并支付经济补偿金,要么不提前一个月通知,在支付经济补偿金的基础上再额外支付劳动者相当于一个月工资的"代通知金",所以称为 N+1。

在对代通知金的认识上,劳资双方都容易出现理解误区,**即认为用人单位提出解除劳动合同而未提前 30 天通知劳动者的,都应当向劳动者支付相当于 1 个月工资的代通知金。**这种认识误区下,有些劳动者申请劳动仲裁或起诉涉及解除或终止劳动合同的经济补偿金时,总倾向于将"代通知金"一并主张,有时还会出现表述错误。例如,要求裁决公司支付其经济补偿金××××元以及

相当于一个月工资的补偿×××元。这种表述实际上就是要求用人单位支付经济补偿金以及相当于一个月工资的代通知金。用人单位要清楚,在实践中,用人单位面临支付解除或终止劳动合同的经济补偿金相当常见,但需要用人单位支付代通知金的情形很少。

《劳动合同法》第40条规定:"有下列情形之一的,用人单位提前三十日以书面形式通知劳动者本人**或者额外支付劳动者一个月工资**后,可以解除劳动合同:……"上述法条表明,用人单位只有在依据《劳动合同法》第40条的规定,对劳动者进行无过失性辞退且没有提前30日书面通知劳动者的情况下,才需要支付相当于一个月工资的代通知金。无过失性辞退,是指用人单位在劳动者并无过失的情况下可以依法定情形解除双方的劳动合同,但要向劳动者支付解除劳动合同的经济补偿金。之所以要求用人单位提前30日预告解除通知,是需要给劳动者一定时间的"带薪缓冲期"及准备时间。让劳动者提前30天知晓自己被辞退的事实,劳动者可以在30天内作好离职的准备,开始投简历找下一份工作。当然,法律也规定了用人单位可以通过支付代通知金的方式免除提前30天通知的义务,即用人单位可以通过向被解除劳动合同的劳动者额外支付一个月工资来取代30日的预告期。

因此,"代通知金"的适用范围其实很窄,仅限于上述《劳动合同法》第40条所规定的"无过失性辞退"的情形。而劳动者一方容易误认为只要是用人单位提出解除劳动合同且未提前30天通知,都应当额外支付一个月的代通知金。甚至有劳动者误认为用人单位无法定理由违法解除劳动合同时未提前30天通知也应当额外支付一个月的代通知金。笔者多次遇到劳动者一方提出"2N+1"的诉求,即要求用人单位支付"违法解除劳动合同的赔偿金以及相当于1个月工资的代通知金"。而劳动法规没有规定用人单位应同时支付"违法解除劳动合同赔偿金+代通知金"的情形。试想,用人单位都已经违法解除或终止劳动关系了,且法律规定对用人单位处以相当于"二倍经济补偿金"的赔偿金惩罚了,自然也就不需要再额外支付其他赔偿金。

综上,用人单位的管理者与HR要知晓,"N+1"适用范围很窄,在法定情形上并没有什么"2N+1"的说法。

四、解除、终止劳动合同的概念

解除劳动合同,一般是在双方的劳动合同期限内依据一方的意思表示而产生。而终止劳动合同一般是依据法定情形而产生。在实践中,劳动者与用人单位都存在解除、终止混淆表述的情形。例如,双方的劳动合同因期满而**终止**,但劳动者申请仲裁或提起诉讼的请求事项却是要求裁决用人单位支付**解除**劳动合同的经济补偿金。这种情形,实际上是劳动者将终止劳动合同认定为解除劳动合同。当然,在实务中,即使存在解除与终止的表述不规范的情形,裁判人员也对此有一定的容忍度,不会对劳动者或用人单位的表述过于苛求。

对于用人单位与劳动者解除劳动合同,实践中有多种表述,常见的有辞职、离职、辞退、除名、开除、解聘、裁员等。

上述表述中,辞职有两种含义:一种含义是辞去职务,但双方仍然存在劳动关系。如经理辞去经理职务,成为普通员工。另一种含义则是申请离职。在实践中,常有劳动者向用人单位递交"辞职信",表达自己拟与用人单位解除劳动合同的意愿。其实,辞职信不算是规范的解除劳动合同方式。原因在于:基于辞职的双重含义,劳动仲裁机构与人民法院在判断劳动者辞职信所代表的含义时,必须结合辞职信的内容,没有具体内容就难以判断。例如员工通过微信向用人单位高级管理人员发送了一封"辞职信",但由于文件数据被清理,双方的微信都打不开辞职信文档的内容,只有"辞职信"三个字。员工认为,其只是辞去部门经理,并未提出解除劳动关系。而用人单位则认为,其意思是申请离职,所以双方的劳动关系已解除。此种情况下,就容易产生争议。

除名、开除,则是已废止的《企业职工奖惩条例》中规定的对违纪员工的处理方式。例如,有的公司制定的规章制度中就表述有"员工违反×××的,予以开除""员工旷工达××天的,予以除名"等。虽然除名、开除也能表达解除劳动关系的意思,但并非规范的表述。

辞退、裁员在现行劳动法体系中均有提及,都是双方解除劳动关系的意思。不同的是辞退一般是用人单位与单个劳动者解除劳动关系,而裁员则是用人单位与众多劳动者解除劳动关系。

因此，解除劳动合同在实践中有很多的表述方式。即使表述不规范，但在司法实践中劳动仲裁机构和人民法院还是会结合双方的真实意思认定解除劳动合同的法律行为。

第二节　用人单位可以单方面解除劳动合同的情形

一、用人单位无须支付解除劳动合同经济补偿金的情形

用人单位与劳动者解除或终止劳动合同时无须支付经济补偿金，应该是用人单位最希望出现的情形，毕竟可以节省一笔经济补偿金的支出。用人单位在以下情况下单方面解除劳动合同时，无须支付解除劳动合同的经济补偿金。

> **关键法条**
>
> 《劳动合同法》
>
> 第三十九条　劳动者有下列情形之一的，用人单位可以解除劳动合同：
> (一) 在试用期间被证明**不符合录用条件**的；
> (二) **严重违反**用人单位的规章制度的；
> (三) **严重失职，营私舞弊**，给用人单位造成重大损害的；
> (四) 劳动者同时与其他用人单位建立劳动关系，对完成本单位的工作任务造成严重影响，或者经用人单位提出，拒不改正的；
> (五) 因本法第二十六条第一款第一项规定的情形**致使劳动合同无效**的；
> (六) 被依法**追究刑事责任**的。
>
> 第四十三条　用人单位单方解除劳动合同，应当事先将理由通知工会。用人单位违反法律、行政法规规定或者劳动合同约定的，工会有权要求用人单位纠正。用人单位应当研究工会的意见，并将处理结果书面通知工会。

> **解除情形一：用人单位因劳动者在试用期间被证明不符合录用条件而解除劳动合同。**

"被证明不符合录用条件"这一解除劳动合同的理由只能适用于试用期员工。理解这条规定需要重点把握两个关键词：一是"被证明"；二是"录用条件"。

"**被证明**"，即劳动者"被证明"不符合录用条件，而不是劳动者自己证明。用人单位如果认为试用期员工不符合录用条件，要承担完全的举证责任，而不能仅凭用人单位管理者的主观判断就认定试用期员工不符合录用条件。

"**录用条件**"，是指劳动者符合工作岗位的要求。但什么样的标准才符合岗位要求？用人单位录用这个员工究竟需要什么样的条件？这些是用人单位最难举证的地方。虽然笔者也认为，如果要发挥试用期的真正功能，应尽量放开用人单位在试用期内选任劳动者的权限，既然是"试用"，双方都应该享有无理由解除劳动关系的权利。但在实务中，"被证明不符合录用条件"的认定，对用人单位提出了较高的证明义务。如本书关于试用期的章节所述，用人单位要学会在入职时通过与新入职员工签署岗位职责书、录用条件确认书等确认录用条件的文件来确定"符合录用条件"的标准。如果试用期员工未达到双方约定的录用条件，则用人单位可以在试用期单方面解除劳动合同。

🎯 风险提示

用人单位要注意的是，对是否符合录用条件的表述一定要准确，尽量做到可量化、可证明。例如，约定试用期内迟到多少次、旷工多少天、未完成销售业绩达多少元属于不符合录用条件，这种准确的录用条件表述可以量化，也便于举证证明。但如果约定的录用条件是具备良好的敬业精神、执行力强、工作劲头足……此类属于主观判断的情形，会造成用人单位举证困难。

> **解除情形二：用人单位因劳动者严重违反规章制度而解除劳动合同。**

"严重违反用人单位的规章制度"是用人单位最常用的解除劳动合同的理

由,也是劳动者最容易触犯的解除劳动合同的情形。用人单位单方面解除劳动合同的情形中,以严重违反规章制度为解除理由的情形占70%~80%。而且如果用人单位掌握了制定规章制度的合规流程、严重违反规章制度的证据收集方法,劳动者一旦严重违反规章制度,用人单位的辞退行为很容易被认定为合法解除劳动合同。如前所述,规章制度是用人单位手里的"尚方宝剑",甚至可以说是劳动法规赋予用人单位最大的且可扩展的权力。通过规章制度,用人单位可以按自身的经营目标和管理意志设置可以由用人单位单方面解除劳动合同的情形,从而达到规范管理的目标。

风险提示

用人单位因劳动者严重违反规章制度而解除劳动合同,要想最终被认定为合法解除,要注意在作出解除劳动合同的决定或通知前做好以下几点合规审查:

1. 结合本书"规章制度的制定与运用"一章的讲解,要审查公司所依据的规章制度是否经过民主程序制定,是否送达给劳动者或告知劳动者。此为"以严重违反规章制度"辞退员工的前提条件。如果规章制度没有经过民主程序制定或是没有告知劳动者,那么该规章制度不得作为确定双方权利义务的依据。如果没有合法有效的规章制度作为依据,用人单位又以劳动者严重违反规章制度为由单方面解除劳动合同,很可能被认定为违法解除劳动合同。

2. 要审查是否有证据证明劳动者确实违反了上述生效规章制度中所规定的应予解除劳动合同的严重情形。有了生效的规章制度,劳动者也确实违反了规章制度,那么用人单位就要注意对劳动者违反规章制度行为的证据收集。最高人民法院《关于审理劳动争议案件适用法律问题的解释(一)》第44条规定,因用人单位作出的<u>开除</u>、<u>除名</u>、<u>辞退</u>、<u>解除劳动合同</u>、减少劳动报酬、计算劳动者工作年限等决定而发生的劳动争议,用人单位负举证责任。该司法解释明确了用人单位作出辞退、解除劳动合同时,应由用人单位负举证责任,用人单位应收集整理好能够证明劳动者严重违反了规章制度的证据。

3. 用人单位建立有工会的,切记要在作出解除劳动合同决定之前通知工会。最高人民法院《关于审理劳动争议案件适用法律问题的解释(一)》第47条规定:"建立了工会组织的用人单位解除劳动合同符合劳动合同法第三十九条、第四十条规定,但未按照劳动合同法第四十三条规定事先通知工会,劳动者以用人单位违法解除劳动合同为由请求用人单位支付赔偿金的,人民法院应予支持,但起诉前用人单位已经补正有关程序的除外。"从该条规定来看,建立了工会的用人单位依据《劳动合同法》第39条(规定了六种情形)、第40条(规定了三种情形)规定解除劳动合同的,应当事先通知工会,否则即使在实体证据上证明了劳动者符合《劳动合同法》第39条、第40条规定的情形,也会被认定为程序违法。而程序违法也属于违法解除劳动合同,劳动者以用人单位解除劳动合同前未事先通知工会,存在程序违法为由主张赔偿金的,人民法院也会予以支持,即判决用人单位支付违法解除劳动合同的赔偿金。

当然,因为程序违法毕竟不是实体情形上的违法,司法解释给了用人单位一次补正程序违法的机会,即用人单位在劳动者起诉前已经补正通知工会程序的,人民法院不再以未通知工会为由认定为违法解除。其实,该机会对用人单位是明显有利的,试想,公司在解除劳动合同前因未通知工会而被劳动仲裁机构认定为违法解除,若公司在收到仲裁裁决之后,劳动者起诉前补正了通知工会的程序,那么该解除行为就不存在程序性违法了,只要解除劳动合同的行为在实体上有依据,就可以认定为合法解除。

> 解除情形三:用人单位因劳动者严重失职、营私舞弊,给用人单位造成重大损害而解除劳动合同。

这种情形很好理解,属于常识。用人单位雇用劳动者,向劳动者支付劳动报酬,劳动者自然应该履职尽责,不能出现严重失职或营私舞弊的行为。如果劳动者有严重失职或营私舞弊的行为造成用人单位的重大损害,用人单位自然可以解除劳动合同。在实践中,常出现争议的问题是:严重失职的"严重"程度如何把握?造成重大损害的"重大"程度如何把握?

一方面,严重失职的严重程度可以通过劳动合同来约定,或通过经民主程序制定的规章制度来规定。例如,企业规定财务人员出现三次报税错误属于严重失职。又如,企业规定人事管理人员因个人过失未办理员工签订劳动合同的事宜造成企业承担二倍工资赔偿达 2000 元以上的属于严重失职。这种通过明确约定或规定来认定严重失职的情形,其严重程度比较容易判断。

另一方面,如果双方没有约定或规定严重程度,就需要裁判者以其日常工作生活经验进行判断了。当然,对于严重失职的严重程度,可能不同的裁判者作出的认定会不同。但笔者认为,这种失职行为的程度判断,应尽量贴近社会民众的普遍认知。例如,一个洗碗工人不小心在洗碗时打碎一个碗,用人单位就说这是洗碗工的严重失职,一个碗值 10 元呢,造成公司 10 元的损失已属于重大损失的范围,所以要解除劳动关系,将这种情况认定为严重失职,裁判者不会认同;同样是打碎了一个碗,一个博物馆的文物保管员,在维护文物时打碎了一个宋代的瓷碗,博物馆以严重失职造成重大损失将其辞退,裁判者只要有基本的关于文物价值的常识,都会认同。又如,一个员工使用用人单位的工作电话给自己家人打了个电话,用人单位认为这是用工作设备处理私人事务,属于营私舞弊,应当解雇,这种情形怕是难以得到认同;但一个采购经理向自己配偶开办的公司以高于市场价的价格采购本公司所需的物资,这种利用职权营私舞弊造成公司重大损失的事实就很容易被认定。

总结来说,失职是否严重,损失是否重大,只要双方的约定或公司的规定不太离谱,都可以按双方的约定或公司的规定来。如果没有明确的约定或有效的规定,只能由裁判者进行合理判断。

实操建议

建议用人单位在劳动合同或规章制度中明确严重失职的判断标准、重大损失的判断标准,以免在程度判断上产生不必要的争议。

笔者根据审理劳动争议案件的经验,特别建议双方对劳动管理中的问题进行明确约定。双方有约定的,裁判机构一般情况下以双方的明确约定为准;没有约定的,双方就得以裁判机构的认定为准。而裁判者因不同的工作阅历和裁判经验,对一些程度性的认定是不同的。与其最终抱怨裁判者的认定不公平,不如在没有矛盾纠纷时协商好相应的标准尺度,各自严格遵守。

> **解除情形四**:用人单位因劳动者同时与其他用人单位建立劳动关系,对完成本单位的工作任务造成严重影响而解除劳动合同。
>
> **解除情形五**:用人单位因劳动者同时与其他用人单位建立劳动关系,经用人单位提出仍拒不改正而解除劳动合同。

解除情形四和解除情形五具有相似性,相同点在于都是因为劳动者在职期间与其他用人单位建立劳动关系而造成合同解除,故合并在一起解读。

在劳动关系下,劳动者对用人单位有一定的忠实义务。毕竟公司聘用了劳动者从事全职工作,向劳动者支付了劳动报酬。劳动者在用人单位工作期间,又与另外的用人单位建立劳动关系,明显属于有违忠实义务的行为。

用人单位要注意的是,法条对劳动者的此种行为也体现了一定程度的"宽恕"。如果只是"与其他用人单位建立劳动关系",但"未对完成本单位的工作任务造成严重影响"或者没有"经用人单位提出,拒不改正"的情形,用人单位不能仅以"员工与其他用人单位建立劳动关系"为由解除劳动关系。换言之,如果劳动者在职期间出现了与其他用人单位建立劳动关系的行为,要么用人单位给劳动者一次机会,让劳动者尽快改正自己与其他公司建立劳动关系的行为。如劳动者拒不改正,用人单位可以合法解除双方的劳动合同。要么用人单位有证据证明劳动者的前述行为已经对其本职工作造成严重影响。只有达到这样的标准,用人单位才能单方面解除劳动合同,且不用支付经济补偿金或赔偿金。

> **解除情形六**:劳动者以欺诈、胁迫、乘人之危的手段,使用人单位在违背真实意思的情况下订立或者变更劳动合同,致使劳动合同无效,用人单位解除劳动合同。

诚信是民事行为之本。建立劳动关系是一种合意,这种合意必须是基于双方的真实意思表示。任何一方都不能以欺诈、胁迫或乘人之危的手段让对方与自己订立劳动合同,建立劳动关系。而如果劳动者一方欺诈、胁迫、乘人之危使用人单位在违背真实意思的情况下与之订立或者变更劳动合同,劳动合同无效,用人单位依法可以解除劳动合同,且不用支付经济补偿金或赔偿金。

在欺诈、胁迫、乘人之危三种行为中,胁迫很容易理解,乘人之危的情况不多,只有欺诈的范围最广,认定起来相对困难。劳动者对用人单位存在何种行为可以认定为欺诈,在实践中容易形成不同的理解。

人力资源社会保障部与最高人民法院《关于劳动人事争议仲裁与诉讼衔接有关问题的意见(一)》第 19 条规定:"用人单位因劳动者**违反诚信原则**,提供**虚假学历证书**、个人履历等与订立劳动合同直接相关的基本情况构成**欺诈**解除劳动合同,劳动者主张解除劳动合同经济补偿或者赔偿金的,劳动人事争议仲裁委员会、人民法院不予支持。"

该意见明确了劳动者明显违反诚信原则的欺诈行为,主要包括:(1)提供虚假的学历证书的行为;(2)提供虚假的个人履历的行为;(3)提供虚假的与订立劳动合同直接相关的基本情况的行为。

以上第 1 项、第 2 项好理解,劳动者不能提供虚假学历、虚假履历。用人单位在招用劳动者时,判断劳动者是否能够达到自己的录用标准,最直接的判断依据就是劳动者的学历、履历,如果劳动者在这些方面造假,提供虚假材料,会让用人单位陷入错误的判断。以上第 3 项规定的"与订立劳动合同直接相关的基本情况"则边界较为模糊,属于可扩展的规定,其中的关键字是"**直接**""**基本**"。裁判者在办案实践中需要进一步认定劳动者向用人单位提供的虚假情况是不是属于"与订立劳动合同**直接**相关的**基本情况**"。用人单位也可以从权威案例中了解哪些情况属于"与订立劳动合同直接相关的基本情况",哪些情况不属于"与订立劳动合同直接相关的基本情况"。

📋 典型案例

牛某某诉上海某物流有限公司劳动合同纠纷案[①]

裁判要旨:"与劳动合同直接相关"的信息应当是指与工作岗位相匹配的信息,比如**教育经历**、**工作经验**、**技术技能**、**研究成果**等,而婚姻状况、生育情况

[①] 人民法院案例库案例,入库编号:2023-07-2-186-008。

与意愿、家庭条件、个人爱好等通常与岗位、工作能力不直接相关的信息,则不属于劳动者应当如实说明的范围。

参照上述案例,劳动者应如实陈述的"与订立劳动合同直接相关的基本情况"包括教育经历、工作经验、技术技能、研究成果。而劳动者个人的**婚姻状况、生育情况、生育意愿、家庭条件、个人爱好**因不属于与岗位及工作能力直接相关的信息,即不属于劳动者应当如实说明的范围。

具体而言,用人单位在面试时可以询问劳动者的教育情况、劳动者负责过哪些项目、劳动者取得过什么研究成果、劳动者是否取得了相应的职业技术等级等内容,劳动者对相关情况都要如实回答。如果劳动者虚假陈述或提供虚假材料,则用人单位有权以构成欺诈而解除劳动合同。但如果用人单位面试时问劳动者准备生几个孩子?已经生了几个孩子?结婚了吗?喜欢打麻将吗?对于这些情况,劳动者即使回答或登记得不属实也不能认定劳动者存在欺诈行为,因为这些情况属于个人隐私,不属于"与订立劳动合同直接相关的基本情况"。

解除情形七:用人单位因劳动者被依法追究刑事责任而解除劳动合同。

二、用人单位应当支付解除劳动合同经济补偿金的情形

关键法条

《劳动合同法》

第三十六条 用人单位与劳动者协商一致,可以解除劳动合同。

第四十条 有下列情形之一的,用人单位提前三十日以书面形式通知劳动者本人或者额外支付劳动者一个月工资后,可以解除劳动合同:

(一)劳动者患病或者非因工负伤,在规定的医疗期满后不能从事原工作,也不能从事由用人单位另行安排的工作的;

(二)劳动者不能胜任工作,经过培训或者调整工作岗位,仍不能胜任工作的;

(三)劳动合同订立时所依据的客观情况发生重大变化,致使劳动合同无法履行,经用人单位与劳动者协商,未能就变更劳动合同内容达成协议的。

第四十一条 有下列情形之一,需要裁减人员二十人以上或者裁减不足二十人但占企业职工总数百分之十以上的,用人单位提前三十日向工会或者全体职工说明情况,听取工会或者职工的意见后,裁减人员方案经向劳动行政部门报告,可以裁减人员:

(一)依照企业破产法规定进行重整的;

(二)生产经营发生严重困难的;

(三)企业转产、重大技术革新或者经营方式调整,经变更劳动合同后,仍需裁减人员的;

(四)其他因劳动合同订立时所依据的客观经济情况发生重大变化,致使劳动合同无法履行的。

裁减人员时,应当优先留用下列人员:

(一)与本单位订立较长期限的固定期限劳动合同的;

(二)与本单位订立无固定期限劳动合同的;

(三)家庭无其他就业人员,有需要扶养的老人或者未成年人的。

用人单位依照本条第一款规定裁减人员,在六个月内重新招用人员的,应当通知被裁减的人员,并在同等条件下优先招用被裁减的人员。

第四十二条 劳动者有下列情形之一的,用人单位不得依照本法第四十条、第四十一条的规定解除劳动合同:

(一)从事接触职业病危害作业的劳动者未进行离岗前职业健康检查,或者疑似职业病病人在诊断或者医学观察期间的;

(二)在本单位患职业病或者因工负伤并被确认丧失或者部分丧失劳动能力的;

(三)患病或者非因工负伤,在规定的医疗期内的;

(四)女职工在孕期、产期、哺乳期的;

（五）在本单位连续工作满十五年,且距法定退休年龄不足五年的;

（六）法律、行政法规规定的其他情形。

第四十六条 有下列情形之一的,用人单位应当向劳动者支付经济补偿:

……

（二）**用人单位依照本法第三十六条规定向劳动者提出解除劳动合同**并与劳动者协商一致解除劳动合同的;

（三）用人单位依照**本法第四十条**规定解除劳动合同的;

（四）用人单位依照**本法第四十一条第一款规定**解除劳动合同的;

……

（六）依照本法第四十四条第四项、第五项规定终止劳动合同的;

……

解除情形一:经用人单位提出,并与劳动者协商一致解除劳动合同的。

在劳动合同的解除实务中,"协商一致解除劳动合同"有两种含义。

一种,是指双方仅对解除劳动合同这一行为协商一致,对于解除劳动合同之后的经济补偿金是否应当支付,应该支付多少并不涉及。此为狭义的"协商一致解除劳动合同",主要特征是一方向另一方提出解除劳动合同的意思表示,另一方表示同意。实践中,这种协商一致解除劳动合同主要体现为用人单位向劳动者表达协商解除劳动合同的意思,劳动者也同意解除劳动合同,但双方对经济补偿金如何支付没有进一步协商,也就是俗称的用人单位对劳动者"劝退"成功。

另一种,是指双方就解除劳动合同以及解除劳动合同之后应支付的经济补偿金或其他应结算款项一并协商并达成一致。此为广义的"协商一致解除劳动合同"。实践中,这种协商一致解除劳动合同主要体现在双方达成了诸如"解除劳动合同协议书"之类的书面协议,就双方劳动关系何时解除、应该结算什么款项都进行了明确约定。

而此处的"经用人单位提出,并与劳动者协商一致解除劳动合同",是指前述狭义的情形。双方协商一致是可以解除劳动合同的,但如果是劳动者先提出,即使是因协商一致解除劳动合同,用人单位也无须支付经济补偿金。直白地说,是劳动者想离职,用人单位无非同意劳动者离职而已。但如果是用人单位先向劳动者提出解除劳动合同而劳动者同意,则用人单位要支付经济补偿金,因为毕竟是用人单位想在劳动合同存续期间解除劳动合同。

在实践中,劳动者与用人单位双方能协商一致解除劳动合同,基本可以认为双方都有解除劳动合同的想法,但谁先提出对谁不利。劳动者先提,无经济补偿;用人单位先提,给经济补偿。正因为谁先向对方提出解除劳动合同谁"吃亏"的现状,实践中往往会出现双方比谁更能"憋"得住的情况。

> 解除情形二:劳动者患病或者非因工负伤,在规定的医疗期满后不能从事原工作,也不能从事由用人单位另行安排的工作,用人单位提前30日以书面形式通知劳动者本人后解除劳动合同。
>
> 解除情形三:劳动者不能胜任工作,经过培训或者调整工作岗位,仍不能胜任工作,用人单位提前30日以书面形式通知劳动者本人后解除劳动合同。
>
> 解除情形四:劳动合同订立时所依据的客观情况发生重大变化,致使劳动合同无法履行,经用人单位与劳动者协商,未能就变更劳动合同内容达成协议,用人单位提前30日以书面形式通知劳动者本人后解除劳动合同。

此三种解除情形规定在《劳动合同法》第40条中,且实践中常被用人单位合在一起使用,故进行合并解读。由于解除情形二在本书第六章第四节"员工患病医疗期的管理"的中已解读,故此处重点就解除情形三"不能胜任工作"和解除情形四"客观情况发生重大变化"进行解读。

该条规定在实践中饱受用人单位诟病,为什么呢?因为用人单位依据该条的规定单方面解除劳动合同,很容易被认定为违法解除劳动合同。究其原因,问题主要出在该条第2项、第3项规定的"劳动者不胜任工作"和"劳动合同订立时所依据的客观情况发生重大变化,致使劳动合同无法履行"等用人单位可以解除劳动合同的情形。

《劳动合同法》第 40 条是"无过失性辞退"条款,在劳动者并不存在过失的情况下,因法定的情形出现,用人单位可以依法单方面解除劳动合同。该条的第 1 项比较好理解,即员工患病或非因公负伤(如休假时骑摩托车摔成骨折),在规定的医疗期满后,既不能从事现岗位也不能从事用人单位另行安排的岗位的,用人单位可以通过提前 30 日书面通知或额外支付劳动者一个月工资(代通知金)解除双方的劳动合同。直白地说,员工自己生病或非因公负伤了,如前述举例的员工骑摩托车摔成骨折,而该员工又从事的是外勤工作,现在挂着拐杖确实无法完成本职工作,用人单位也无法另找到该受伤员工能完成的工作岗位,待医疗期满已尽到自身的社会责任,用人单位可以与该员工解除劳动合同。毕竟,员工生病或因自己的原因受伤,不能继续完成岗位工作,用人单位并无过错,当然有权单方面解除劳动合同。

该条第 2 项规定的"劳动者不能胜任工作"在实践认定中存在困难。用人单位以"劳动者不能胜任工作"为由解除劳动合同,在仲裁以及诉讼中极易被认定为违法解除劳动合同。其原因有两个:

第一,"不能胜任工作"难以认定。

例如,一个员工在公司工作几年了,还获评过优秀员工之类的表彰,现在公司认为其不能胜任工作,那该员工前几年又怎么胜任工作的?又如,公司让员工完成某项任务,员工没有完成,公司就认为员工不胜任工作,那有没有可能是因为公司安排的该项任务本就难以完成?如让一个法官一天必须办完 10 个劳动争议案件,否则就是不胜任工作,懂行的人肯定觉得这是难以完成的任务。所以,证明员工"不能胜任工作"的前提是在员工从事某岗位工作时就要明确该岗位的工作职责,且有证据证明员工在正常情况下是能够完成该岗位工作任务的。如果任职岗位时都没有胜任工作的具体标准,用人单位如何证明员工不胜任工作?

第二,裁判者担心"不能胜任工作"被滥用。

如果劳动仲裁机构或人民法院放宽对"不能胜任工作"的认定标准或用人单位应承担的举证责任标准,很可能导致用人单位轻易以劳动者"不能胜任工作"为由,达到在约定的劳动合同期限内随意解除劳动合同的目的。所以,裁判机关在认定"不能胜任工作"时均保持谨慎、严格的态度。

该条第3项规定的"劳动合同订立时所依据的客观情况发生重大变化,致使劳动合同无法履行"在裁判实务中也存在争议,争议的焦点是应**从严认定客观情况**还是应**从松认定客观情况**。再直白点讲,该项争议的本质就是:"客观情况"究竟需要多客观?

有观点认为,按词句的文义解释,客观是指不依赖主观意识而存在,客观性强调与个人主观意见无关。如果按此种理解,客观情况发生重大变化基本上是指**发生不可抗力**导致双方的劳动合同无法履行。如地震导致公司办公场所坍塌,还怎么可能继续让员工来工作?火灾将厂房烧了,还怎么继续用工生产?这种观点强调的是,无法履行劳动合同的情况并不由企业经营者的主观意识所决定。

也有观点认为,《劳动法》公布后,原劳动部办公厅为了帮助地方劳动部门更好地理解和把握《劳动法》的规定,于1994年9月5日下发了《关于〈劳动法〉若干条文的说明》,对《劳动法》中的条文作进一步解释。该说明第26条第4款规定,本条中的"客观情况"指**发生不可抗力**或出现致使劳动合同全部或部分条款无法履行的其他情况,如**企业迁移**、**被兼并**、**企业资产转移**等,并且排除了《劳动法》第27条所列的客观情况。

该说明实际上把"客观情况发生重大变化"分为了两大类,即"发生不可抗力"及"出现致使劳动合同全部或部分条款无法履行的其他情况"。更为重要的是,该说明通过举例的方式列举了"**企业迁移**""**企业被兼并**""**企业资产转移**"等情况属于"致使劳动合同全部或部分条款无法履行"的其他情况。也就是说,除了不可抗力的情形之外,办公场所或厂房搬迁、被兼并、资产发生转移等情况,均可以视为"客观情况发生重大变化"。

这就产生了一个问题,如果不是因地震、火灾、台风、战争等不可抗力,一般情况下,用人单位办公场所或厂房的搬迁也好,被兼并也好,基本都是由用人单位高级管理人员的主观意识决定的。直白点说,老板决定搬迁办公场所,很快可以搬迁;老板想把公司"卖了",那兼并就有可能发生。所以,从《关于〈劳动法〉若干条文的说明》的规定来看,"客观情况发生重大变化"似乎也不是完全排除了主观决定的因素,某些主观因素决定的重大变化也被列入了"客观情况发生重大变化"的范围。

笔者认为,这与《关于〈劳动法〉若干条文的说明》出台的时代背景有一定的关系。该说明是1994年出台的,那时国有企业、集体企业在我国的企业构成中仍占相当大的比例,而国有企业要进行"迁移、被兼并、资产转移"的条件是相当严格的,决定也是相当慎重的,不可能由企业管理人员主观上随意决定。所以,产生于那时的《关于〈劳动法〉若干条文的说明》将"迁移、被兼并、资产转移"等情形纳入"客观情况发生重大变化"并无不妥。如果因不可归责于双方当事人的原因,劳动合同无法履行,而又仅限定于不可抗力,将无法破解一些用工过程中出现的"僵局"。

但随着时代的进步,民营企业数量不断增多,情况出现了一些变化。对于民营企业,特别是一些中小微企业而言,企业搬迁、收购重组等情形都可能只是股东、高级管理人员的主观决定。所以员工一方可能会觉得如果将公司搬迁、股东变更纳入"客观情况发生重大变化",完全是将"主观决定"认定为"客观情况"。

笔者认为,即使在民营企业数量日益庞大的当下,将用人单位发生"迁移、被兼并、资产转移"等情形纳入"客观情况发生重大变化"也有其合理性。毕竟,从常理上讲,一般不会有用人单位为了辞退员工搬迁到新办公场所,也不太可能有用人单位通过让别的公司兼并自己,费时费力地去折腾一大圈股权买卖、变更、重组,仅为了辞退员工。而用人单位发生搬迁,一般是出于经营需要或盈利目标上的考虑。发生被兼并、资产转移,一般也是经营形势所致。所以,即使在经营自主权更高的民营企业,发生"迁移、被兼并、资产转移"等情形也不单纯是管理层的主观决定,更多的是民营企业的管理层在考虑市场环境等方面的客观情况后作出的主观决定。也就是说,这些"迁移、被兼并、资产转移"等情形存在客观情况与主观因素相互影响的情形。因此,笔者认为,如果用人单位发生了"迁移、被兼并、资产转移"等情形,用人单位以"劳动合同订立时所依据的客观情况发生重大变化,致使劳动合同无法履行,经用人单位与劳动者协商未能就变更劳动合同内容达成协议"为由解除劳动合同的,一般应认定为合法解除，但用人单位要尽量举证证明其作出决定所依据的客观形势变化。

当然，在实践中，部分地区为了给予企业更多自主用工管理权限，在认定"客观情况发生重大变化"时更为宽松。例如，将用人单位以所谓的"公司战略规划调整""公司组织架构调整"为由辞退员工也认定为"客观情况发生重大变化"而导致的辞退。笔者认为，此类理由主观因素太强，裁判者难以评判其真实性。直白点讲，如果一个公司的老板想要以此类理由在劳动合同期限内随意辞退员工，随时可以"头脑风暴"。他可以这个月来一次"战略规划调整"辞退几名员工，下个月再来一次"组织架构调整"再辞退几名员工，造成"无过失性辞退"的滥用。毕竟，相较于公司搬迁、被兼并等有实际行动和流程的事宜，战略规划、组织架构的调整有太大的随意性。试想一下，如果老板今天一时兴起，将财务部与人事部进行合并，需要辞退一名经理和三名员工，说这是组织架构调整，过两天一觉醒来，认为公司的战略应该是"营销为王"，法务部、人事部应该撤销，员工全部去跑销售，原来的法务岗、人事岗没有了，员工若不同意变更为销售岗，那就辞退……这明显是对劳动者权益的侵害。所以，用人单位自主用工权也不可被滥用。

实操建议

第一，用人单位在认为劳动者"不能胜任工作"时，首先需要通过劳动合同、岗位职责确认书等书面材料约定好胜任或不胜任工作的标准；其次要有证据证明劳动者出现了不胜任工作的情形；最后要注意，即使证明劳动者不胜任工作，也要先经过培训或调岗，劳动者仍不胜任工作才能解除劳动合同。可以说，以不胜任工作为由单方面辞退员工的证明要求及标准较高，用人单位在这方面要慎重。

第二，用人单位以"劳动合同订立时所依据的客观情况发生重大变化，致使劳动合同无法履行，经用人单位与劳动者协商未能就变更劳动合同内容达成协议"为由辞退员工，除了因不可抗力，主张其他因"客观情况发生重大变化"的，首先要整理好相应的证据证明国家政策、市场环境等客观情形的变化对用人单位或用人单位所在的行业存在重大影响。

第三,在以上三种情形下解除劳动合同的,要在解除劳动合同前通知工会,征求工会的意见,否则会因解除程序违法而被认定为违法解除。同时还要注意,以上三种解除情形均需要提前30天书面通知劳动者,否则要向劳动者支付相当于一个月工资的代通知金。

第四,有几类人员是法律重点保护,不允许用人单位依据《劳动合同法》第40条的规定予以辞退的,用人单位要特别注意,分别是:(1)可能患职业病未进行离岗检查或处于诊断期、观察期的员工;(2)因患职业病或工伤并被确认丧失或者部分丧失劳动能力的员工;(3)患病或者非因工负伤并处于医疗期内的员工;(4)"三期"(孕期、产期、哺乳期)女职工;(5)在本单位连续工作满15年且距法定退休年龄不足5年的老员工。

> 解除情形五:用人单位依照《企业破产法》的规定进行重整,依法裁减人员的。
> 解除情形六:用人单位生产经营发生严重困难,依法裁减人员的。
> 解除情形七:企业转产、重大技术革新或者经营方式调整,经变更劳动合同后,仍须裁减人员,用人单位依法定程序裁减人员的。
> 解除情形八:其他因劳动合同订立时所依据的客观经济情况发生重大变化,致使劳动合同无法履行,用人单位依法定程序裁减人员的。

以上四种解除情形是用人单位可以依据《劳动合同法》第41条规定进行裁员的情形,这些情形所对应的前提条件从字面意义就可以理解,而裁员的风险点在裁员的程序上,故将上述四种因裁员而解除劳动合同的情形合并到一起进行解读。裁员,简单点理解,就是批量解除劳动合同。按《劳动合同法》第41条之规定,用人单位进行裁员有两个要素:

第一,必须具有法定情形。

《劳动合同法》第41条明确了用人单位可以裁员的情形分别是企业破产重整、生产经营发生严重困难、企业转产、企业重大技术革新或者经营方式调整、其他因劳动合同订立时所依据的客观经济情况发生重大变化致使劳动合同无法履行等情形。以上关于"其他因劳动合同订立时所依据的客观经济情况发生重大变化致使劳动合同无法履行"的情形与前述解读的《劳动合同法》第40条第3项规定的"劳动合同订立时所依据的客观情况发生重大变化,致使劳动合同无法履行"的情形非常相似。

但它们又略有不同。《劳动合同法》第40条是规定无过失性辞退的条款,用词为"**客观情况**"发生重大变化致使劳动合同无法履行,且还要经过用人单位与劳动者一对一协商无法变更劳动合同内容时才能解除劳动合同。该规定情形的特点是"个别辞退"而非"批量裁员"。《劳动合同法》第41条是规定用人单位裁员的条款,其用词为"**客观经济情况**"发生重大变化致使劳动合同无法履行,且在这种情况下,用人单位如果进行批量裁员,无须再一对一地对劳动合同的变更进行协商。

由此可见,《劳动合同法》第41条中的"客观经济情况"主要指宏观的经济形势。换言之,用人单位如果因"**客观情况**"发生变化需要辞退个别岗位的员工,还可以通过变更劳动合同的方式来"挽救"一下。如果用人单位因"**客观经济情况**"发生重大变化,大批量员工的劳动合同均无法履行,一对一地协商变更劳动合同也就没有必要了。

第二,必须遵守法定程序。

《劳动合同法》第41条明确了用人单位裁员的程序步骤:

第一步:用人单位提前30日向工会或者全体职工说明情况,听取工会或者职工的意见。说明情况主要是向工会或全体职工说明为什么会裁员,是因为《劳动合同法》第41条所规定的哪一项情形需要裁员以及大致的裁员方案、裁员名单及实施步骤等,并提供有关生产经营情况的资料,然后听取工会或全体职工的意见。至于为什么会规定工会"或"全体职工,主要是为了用人单位在说明情况听取意见时,根据自己的规模选择召开工会会议还是全体职工大会。例如,一些规模大、员工多的用人单位,有七八万名员工,且遍布全国各地,要求召开全体职工大会简直是"不可能的任务",那这样的大型企业就可以通过向工会说明情况,听取工会的意见。如果是就几十名员工的小公司,自然可以召开全体职工大会来说明情况、听取意见,并在听取意见后对方案进行完善。

第二步:向当地劳动行政部门报告裁减人员方案,并听取劳动行政部门的意见。值得注意的是，《劳动合同法》第41条规定的裁员步骤是裁减人员方案"经向劳动行政部门**报告**"，而不是"经劳动行政部门**审批**"。当然，向劳动行政部门报告后，劳动行政部门有指导意见的，用人单位也应听取，但并非劳动行政部门审批同意才可以裁员。"经向劳动行政部门报告"只是一个报告流程，旨在让当地劳动行政部门掌握用人单位拟裁员的情况，而非一个审批流程。用人单位履行了报告流程，无须劳动行政部门审批同意便可以裁员。在实践中，部分劳动者以用人单位的裁员未经劳动行政部门审批同意为由，要求用人单位支付违法解除劳动合同的赔偿金，此类理由并不成立。

第三步：用人单位正式公布裁减人员方案，与被裁减人员办理解除劳动合同手续，按照法律规定向被裁减人员本人支付经济补偿金，出具解除劳动合同的证明。

🎯 风险提示

按《劳动合同法》第42条之规定，用人单位在裁员与无过失性辞退时都要对可能患职业病未进行离岗检查或处于诊断期或观察期的员工、因患职业病或工伤并被确认丧失或者部分丧失劳动能力的员工、患病或者非因工负伤并处于医疗期内的员工、"三期"女职工、在本单位连续工作满15年且距法定退休年龄不足5年的老员工实行特殊保护，即用人单位依据《劳动合同法》第40条进行无过失性辞退或依据《劳动合同法》第41条进行裁员时，均不能辞退或裁减以上五类人员。

用人单位可以单方面解除劳动合同的依据，主要是《劳动合同法》第39条、第40条、第41条，分别是对劳动者进行过失性辞退、无过失性辞退和裁员。综上所述，《劳动合同法》第42条又规定了对特殊人群的保护，即用人单位不得通过无过失性辞退和裁员与上述几类特殊人员解除劳动合同。部分用人单位与劳动者容易形成一个误区：用人单位无法辞退处于特殊保护情形的员工。实践中最常见的情形就是，部分用人单位认为在任何情况下都无法辞退"三期"女职工。

其实，包括处于孕期、产期、乳期的女职工以及其他几种受到解雇保护的群体,用人单位虽然不能按《劳动合同法》第 40 条规定的无过失性辞退以及第 41 条规定的裁员情形与其解除劳动合同,但是可以依据《劳动合同法》第 39 条与其解除劳动合同。也就是说,包括"三期"女员工在内的受到特殊解雇保护群体,受到特殊解雇保护的前提是员工自身没有过错,如果这部分受到解雇保护的员工出现了《劳动合同法》第 39 条所规定的"自身过错"情形,用人单位仍然可以单方面解除劳动合同。换言之,《劳动合同法》对处于特殊情形的劳动者进行特殊解雇保护,是在用人单位要进行无过失性辞退员工或裁员时尽量保住该部分劳动者的工作岗位,不至于让处于特殊情形的劳动者失业,但并不是赋予该部分劳动者"特权"。

三、用人单位应当支付解除劳动合同经济补偿金以及代通知金的情形

关键法条

《劳动合同法》

第四十条 有下列情形之一的,用人单位提前三十日以书面形式通知劳动者本人或者额外支付劳动者一个月工资后,可以解除劳动合同:

(一)劳动者患病或者非因工负伤,在规定的医疗期满后不能从事原工作,也不能从事由用人单位另行安排的工作的;

(二)劳动者不能胜任工作,经过培训或者调整工作岗位,仍不能胜任工作的;

(三)劳动合同订立时所依据的客观情况发生重大变化,致使劳动合同无法履行,经用人单位与劳动者协商,未能就变更劳动合同内容达成协议的。

关联法条

《劳动合同法实施条例》

第二十条 用人单位依照劳动合同法第四十条的规定,选择额外支付

劳动者一个月工资解除劳动合同的,其额外支付的工资应当按照该劳动者上一个月的工资标准确定。

> 解除情形一:劳动者患病或者非因工负伤,在规定的医疗期满后不能从事原工作,也不能从事由用人单位另行安排的工作,用人单位解除劳动合同未提前30天通知的。
> 解除情形二:劳动者不能胜任工作,经过培训或者调整工作岗位,仍不能胜任工作,用人单位解除劳动合同未提前30天通知的。
> 解除情形三:劳动合同订立时所依据的客观情况发生重大变化,致使劳动合同无法履行,经用人单位与劳动者协商,未能就变更劳动合同内容达成协议,用人单位解除劳动合同未提前30天通知的。

用人单位应当支付解除劳动合同经济补偿金以及代通知金的情形与《劳动合同法》第40条规定的无过失性辞退情形一致,只不过因为用人单位未提前30天通知,用人单位需要在支付经济补偿金的基础上再支付相当于一个月工资的代通知金。在实务中,无论是劳动者还是用人单位,都对代通知金存在认识误区,有必要在此强调两点:

一是代通知金只适用于用人单位依照《劳动合同法》第40条的规定对劳动者进行无过失性辞退且未提前30天书面通知劳动者本人的情形。如果用人单位不是依照《劳动合同法》第40条的规定进行辞退,或依照《劳动合同法》第40条的规定进行辞退但提前30天书面通知了劳动者本人,都不存在需要支付代通知金的情形。其实,用人单位向劳动者支付代通知金的范围非常"窄",代通知金更不能与违法解除或终止劳动合同的赔偿金同时出现。

二是额外支付劳动者相当于一个月工资的代通知金是以劳动者"上一个月的工资标准"确定的。这一点与经济补偿金是不同的,解除或终止劳动合同的经济补偿是以劳动者解除合同前12个月的平均工资为计算基数,而代通知金直接以劳动者解除劳动合同时上一个月的工资金额为准。

第三节　劳动者可以单方面解除劳动合同的情形

劳动者提出解除劳动合同的情形分为两大类，一类是用人单位无须支付经济补偿金的情形，另一类是用人单位需要支付经济补偿金的情形。

一、用人单位无须支付解除劳动合同经济补偿金的情形

> **关键法条**
>
> 《劳动合同法》
> 第三十六条　用人单位与劳动者协商一致，可以解除劳动合同。
> 第三十七条　劳动者**提前三十日以书面形式通知用人单位**，可以解除劳动合同。劳动者在**试用期内提前三日通知用人单位**，可以解除劳动合同。
> 第九十条　劳动者**违反本法规定解除劳动合同**，或者违反劳动合同中约定的保密义务或者竞业限制，给用人单位造成损失的，**应当承担赔偿责任**。

解除情形一： 劳动者在试用期内因自身原因提前3日通知用人单位解除劳动合同的。

解除情形二： 劳动者在试用期满转正后因自身原因提前30日以书面形式通知用人单位解除劳动合同的。

上述两种劳动者提出解除劳动合同的理由均系因"自身原因"，之所以分为两种不同的解除情形，是因为处于试用期或转正后的劳动者，在因自身原因提出解除劳动合同时有不同的法定要求。在劳动者向用人单位提出解除劳动合同的情况下，用人单位要注意以下几点。

1. 劳动者在劳动合同期限内发出通知就可以解除劳动合同

用人单位的管理者要明白，在解除劳动合同的问题上，劳动者享有很大的自由。劳动合同与商业合同的最大区别之一，就是劳动合同的合同期限其实对劳动者没有太大的约束力，但对用人单位却有较大的约束力。换言之，即使在劳动合同期限内，劳动者提前通知用人单位，可以单方面解除劳动合同，无须经用人单位批准，无须经用人单位同意，只要按法定的提前通知天数和通知形式向用人单位通知解除即可解除双方的劳动合同。

部分用人单位有一种认识误区，认为员工提出离职（解除劳动合同），需要经过公司领导批准才能离职。笔者再强调一遍，劳动者要解除劳动合同，是不需要用人单位批准的！在实践中，有的员工总是在辞职信、离职申请等表达解除劳动合同的书面材料中加上一句"请领导批准"。但这只是因为员工不清楚劳动合同的解除要求而按传统思维作出的离职申请，并不代表用人单位对员工关于解除劳动合同（通俗表述为"离职"）的申请有审批的权力。试想，如果劳动者要解除劳动关系必须要经过用人单位批准，那用人单位要是不批准解除，那这个劳动者就得一直在这个用人单位干下去，直到用人单位批准他离职了才能离开。

用人单位切记，劳动者无论是与用人单位签订了固定期限的劳动合同还是无固定期限劳动合同，其在解除劳动合同上享有很大的自由。除非劳动者与用人单位约定了培训服务期，否则劳动者随时可以在劳动合同期限内按法定的提前通知期限通知用人单位即刻解除劳动合同。当然，即使劳动者与用人单位约定了培训服务期也可以提出解除劳动合同，无非是想承担不超过培训费用的违约金。再直白点说，在劳动合同期限内，劳动者一方可以因个人想法提出解除劳动合同，而用人单位则需要有法定事由才可以提出解除劳动合同，否则面临支付违法解除劳动合同的赔偿金。

2. 劳动者单方面通知解除劳动合同有提前一定时间通知的要求

劳动者可以随时通知用人单位解除劳动合同，法律难道对劳动者解除劳动合同的行为就没有任何限制？答案：限制还是有的。任何权利都要在合理的范围内行使，即使劳动者行使劳动合同的任意解除权，也要受到一定的限制，但这个限制主要是指程序、时限上的限制,而非实体理由上的限制。这个限制可以归纳为"通知时间的限制"与"通知形式的限制"。

关于通知时间的限制。劳动者试用期内提出解除劳动合同**须提前 3 日通知用人单位。**劳动者在转正后(非试用期内)提出解除劳动合同须提前 30 日书面通知用人单位。

要注意关键词:试用期——提前 3 日——通知用人单位

非试用期——提前 30 日——书面通知用人单位

其实法条规定如此,原因也很明显。试用期本就是用人单位和劳动者为相互了解、相互选择而约定的考察期,既是用人单位考察劳动者是否具备录用条件的考察期限,也是劳动者考虑是否选择在这个用人单位长期干下去的选择期限。处于试用期的员工,本就入职时间较短,对于用人单位来讲,单位业务的运转对其依赖性也不高。所以试用期内的员工提出解除劳动合同,只须提前 3 日,且不要求必须以书面形式通知,口头通知也可。通俗地讲,员工给老板提前 3 日说要离职就行。

而转正后处于非试用期的劳动者,一般在用人单位工作时间较长,突然离职对用人单位的经营活动会有一定的影响。之所以规定要提前 30 日通知用人单位,就是为了给用人单位留出调整人员岗位和调整工作安排的时间,避免用人单位的生产经营活动因劳动者的突然离职而受到影响。

关于通知形式的限制。处于试用期与非试用期的员工在通知用人单位解除劳动合同时,除了时间期限不同,通知方式也不同。法条明确要求非试用期的员工需要以**书面形式**通知用人单位。之所以要求书面形式,是为了让提出解除劳动合同的行为有据可查。

以上就是对劳动者提出解除劳动合同的提前时限要求和通知形式的要求。即使劳动者在劳动合同期限内享有单方面的通知解除权,但在通知解除时违反了前述时限要求和形式要求,那就是劳动者违法解除劳动合同,如果造成用人单位损失,劳动者要承担赔偿责任。是的,不光是用人单位会出现违法解除劳动合同的情形,拥有劳动合同任意解除权的劳动者也可能因不遵守法定的解除程序和时限要求而出现违法解除劳动合同的情形。只不过,用人单位的违法解除行为主要出现在无合法的解除依据或解除事实等实体问题上,劳动者违法解除劳动合同的情形主要出现在未遵守通知解除的时限或形式上。在实务中,常见的情况是劳动者不按时限要求通知解除劳动合同,而是"说走就走",甚至是"不辞而别"。

实操建议

如果劳动者"说走就走、不辞而别"了,用人单位可以要求劳动者赔偿损失。《劳动合同法》第 90 条规定:劳动者违反本法规定解除劳动合同,或者违反劳动合同中约定的保密义务或者竞业限制,<u>给用人单位造成损失的,应当承担赔偿责任</u>。整个劳动用工管理过程中,相较于用人单位在劳动用工管理上的"步步惊心",法规要求劳动者承担赔偿责任的地方很少。"<u>违反本法规定解除劳动合同</u>"就是其中一个。有的员工因与公司管理人员发生不愉快,根本不顾法定的提前 30 日通知解除的要求,而是一气之下说走就走,甚至工作也不交接,这就属于劳动者违法解除劳动合同的情形。如果劳动者的前述行为给用人单位造成损失,比如因劳动者突然离职,其负责的工作因没有缓冲时间重新招聘人员接替,只能将该岗位业务临时外包,产生的外包费用就是损失。用人单位可以通过劳动仲裁或诉讼的方式,要求劳动者赔偿未提前 30 日通知解除劳动合同所造成的损失。

3. 约定有培训服务期的劳动者在约定期限内单方面通知解除劳动合同的,应承担违约责任

关键法条

> 《劳动合同法》
>
> **第二十二条第二款** 劳动者违反服务期约定的,应当按照约定向用人单位支付违约金。违约金的数额不得超过用人单位提供的培训费用。用人单位要求劳动者支付的违约金不得超过服务期尚未履行部分所应分摊的培训费用。

服务期是劳动者因接受用人单位提供专项培训费用，对其进行专业技术培训后，通过协议向用人单位承诺必须为用人单位服务的期限。设置服务期的目的就是让劳动者与用人单位在专业技术培训的事情上"双赢"，让劳动者有机会获得免费提升专业技能的机会，也让用人单位因自己出资培训员工的行为获得回报。

用人单位在出资对员工进行专业技术培训的情况下，与员工约定的培训服务期，对劳动者而言确实是一个约束，但实际上约束力并不强，员工在此情况下也并非不可解除劳动关系。原因也很简单，在现代社会，不可能存在强迫劳动，一旦员工铁了心不愿意在这个公司工作了，劳动法也不能强迫他继续在这个公司工作。因此，即使劳动者违反了服务期约定，也只能用违约金来约束，不能强迫其不准离职。用人单位还要清楚，违反服务期的违约金也不是用人单位"想约定多少就约定多少"，而是用人单位"实际花了多少"；且劳动者须支付的违约金金额与劳动者未履行的剩余服务期限要对应，相当于"浪费了用人单位多少才赔偿多少"。

解除情形三：经劳动者提出，并与用人单位协商一致解除劳动合同的。

从常识上讲，劳动者与用人单位协商一致是可以解除劳动合同的，但如果是劳动者先提出要与用人单位协商解除劳动合同，则用人单位无须支付经济补偿金。在实务中，这种双方经协商一致解除劳动合同与前一种劳动者提前30日通知用人单位解除劳动合同的区别是，此种协商一致解除，不一定要满足提前30日通知用人单位，劳动者提出解除的意愿，用人单位表示同意，即可解除。

二、用人单位应当支付解除劳动合同经济补偿金的情形

关键法条

《劳动合同法》
第二十六条第一款　下列劳动合同无效或者部分无效：

（一）以欺诈、胁迫的手段或者乘人之危，使对方在违背真实意思的情况下订立或者变更劳动合同的；

（二）用人单位**免除自己的法定责任、排除劳动者权利**的；

（三）违反法律、行政法规强制性规定的。

第三十八条 用人单位有下列情形之一的，劳动者可以解除劳动合同：

（一）未按照劳动合同约定提供劳动保护或者**劳动条件**的；

（二）**未及时足额支付劳动报酬**的；

（三）**未依法为劳动者缴纳社会保险费**的；

（四）用人单位的规章制度违反法律、法规的规定，损害劳动者权益的；

（五）因本法**第二十六条第一款**规定的情形致使劳动合同无效的；

（六）法律、行政法规规定劳动者可以解除劳动合同的其他情形。

用人单位以暴力、威胁或者非法限制人身自由的手段强迫劳动者劳动的，或者用人单位违章指挥、强令冒险作业危及劳动者人身安全的，劳动者**可以立即解除劳动合同**，不需事先告知用人单位。

第四十六条 有下列情形之一的，用人单位应当向劳动者支付经济补偿：

（一）劳动者依照本法第三十八条规定解除劳动合同的；

……

有的企业经营者和 HR 有这样一种误区，认为只要是劳动者主动提出解除劳动合同的，就无须支付解除劳动合同的经济补偿金。其实这种认识是不对的。劳动者以个人原因提出离职无须支付经济补偿金。但如果劳动者是依据《劳动合同法》第 38 条所规定的情形被迫提出离职的，用人单位是要支付经济补偿金的。具体来讲，有以下几种情形。

解除情形一：劳动者因用人单位未按照劳动合同约定提供劳动保护或劳动条件而解除劳动合同。

"劳动保护和劳动条件"是指在劳动合同中约定的用人单位对劳动者所从事的劳动必须提供的**生产、工作条件**和**劳动安全卫生保护措施**，是用人单位保障劳动者在完成劳动任务和劳动过程中的安全健康保护所必须达到的基本要求，包括**劳动场所和设备**、**劳动安全卫生设施**、**劳动防护用品**等。提供劳动保护和劳动条件是用人单位应尽的义务，如果用人单位**未按照国家规定的标准**或**劳动合同的规定**保障劳动条件，致使劳动安全、劳动卫生条件恶劣，严重危害职工的身体健康，经国家劳动部门、卫生部门确认，劳动者可以与用人单位解除劳动合同。如果双方劳动合同没有约定劳动保护或劳动条件，则需要按照国家规定的标准执行。例如，国家规定的厂房消防标准。又如，生产车间产生大量粉尘的，须有能将粉尘控制在国家规定标准内的除尘设备；生产车间内产生高温的，也须有降温设备将温度控制在国家规定的标准内。如果缺乏这些劳动保护设备，或经劳动部门、卫生部门认定劳动卫生环境严重危害职工身体健康，劳动者可以提出解除劳动关系。可以说，该项关于劳动者可以提出解除劳动合同的情形，主要是为了保护劳动者，确保劳动者能够在符合国家标准的劳动安全、劳动卫生条件下工作。在实践中，劳动者以此项规定提出解除劳动合同则更多地集中在用人单位"未提供劳动条件"的情形上。常见的情形有以下两种：

第一，用人单位远距离搬迁办公场所，但并未与劳动者协商好工作地点的变更，劳动者以"未提供劳动条件"提出解除劳动合同。

举例说明：A公司是开设在成都市双流区的生产输液器的公司。张三在A公司工作了5年。2024年3月，A公司决定将公司搬迁至贵州省遵义市，由于张三已在成都市安家生活，不愿意随A公司搬迁至外省，故A公司与张三无法就变更工作地点协商一致。A公司不想向张三提出解除劳动合同，也担心提出解除劳动合同后，被认定为违法解除劳动合同而支付赔偿金。故A公司也不管张三等员工的工作问题，直接将原车间内的生产设备全部拆除搬至新厂房安装。张三坚持与工友们天天到已经空空如也的原厂房内坐着，虽然无法工作，但也坚持坐着。十几天后，原厂房也被关闭，张三与工友们一起通过特快专递服务（EMS）和微信向A公司的管理人员提出解除劳动合同，理由就是"未提供劳动条件"。之后，仲裁裁决，A公司未在双方约定的工作地点提供劳动条件，张三以此为由提出解除劳动合同，符合《劳动合同法》第38条之规定，A公司应向张三支付解除劳动合同的经济补偿金。

第二,用人单位给某个劳动者"坐冷板凳""穿小鞋",不提供办公所需的设备或条件,劳动者以"未提供劳动条件"提出解除劳动合同。

举例说明: 张三、李四均为部门经理,二人在一次会议上与总经理发生了冲突,三人经过激烈的争吵后不欢而散。事后,总经理安排行政人事经理调整了张三和李四的办公室,将张三由独立办公室调整到大厅的工位,将李四由独立办公室调整到库房内。

张三一气之下,认为其系部门经理,按规矩应有独立办公室,公司将其安排到大厅的工位上,与普通员工在一起,属于"未提供劳动条件",故以此解除劳动合同。仲裁裁决认为,双方并未于劳动合同中约定部门经理就一定有独立办公室,且公司为张三安排的工位并无劳动保护和劳动安全方面的问题,也可以完成办公事宜,故不属于"未提供劳动条件",不支持张三要求公司支付解除劳动合同经济补偿金的主张。

李四按要求到库房的办公位上工作,依然朝九晚五从事本职工作。总经理仍不甘心,将库房内的办公桌椅及办公电脑全部撤走,只留下一个空库房让李四工作。李四拍摄了行政人员搬走办公桌椅及办公电脑的过程,还拍摄了空空的库房,然后以公司"未提供劳动条件"为由提出解除劳动合同。仲裁裁决认为,李四为公司的部门经理,平时的工作离不开办公电脑,公司高级管理人员与李四发生矛盾后,将李四工作必需的电脑及座椅均撤除,导致李四无法开展工作。公司不提供劳动设备的行为,属于"未提供劳动条件",李四以此为由提出解除劳动合同,公司应向其支付解除劳动合同的经济补偿金。

🎯 风险提示

在实践中,未提供劳动保护和劳动条件实际上分为"未提供劳动保护"和"未提供劳动条件"两种情况。其中"未提供劳动保护"有客观的标准,即劳动安全卫生设施、劳动防护用品是否符合国家标准。而"未提供劳动条件"则涉及程度判断,需要仲裁员或法官结合劳动者的工作岗位或工作职责来判断用人单位的行为是否达到了"未提供劳动条件"的标准。特别是在用人单位给员工"坐冷板凳""穿小鞋"的情形下,仲裁员或法官可能还要考量用人单位是否与员工发生过冲突,用人单位调整员工的工作场所、办公设备等行为是否存在给员工"穿小鞋"的情形,甚至是逼迫员工离职的主观故意。通过综合考量才能得出用人单位是否存在"未提供劳动条件"的情形。

用人单位要注意,有的用人单位在与员工发生冲突或不愉快时,试图通过将员工安排到封闭无工作条件的工位、取消员工的工作系统权限等一系列给员工"坐冷板凳""穿小鞋"的方式逼员工主动离职。在这种情况下,员工通过收集证据,在达到一定程度时,以用人单位"未提供劳动条件"为由提出解除劳动合同的,用人单位依然要支付解除劳动合同的经济补偿金。

解除情形二:劳动者因用人单位未及时足额支付劳动报酬而解除劳动合同。

在实务中,劳动者依据《劳动合同法》第 38 条的规定提出解除劳动合同是**最常见的情形**,也是认定起来最简单的情形。

"用人单位未及时足额支付劳动报酬"包括三种情形:

一是用人单位未及时支付劳动报酬。比如,双方约定了发薪日是每月 10 日,发放上月工资,用人单位按双方约定的工资标准发放,但发放工资没有按约定的时间,而是单方面决定延迟发放。这就是**未及时**发放劳动报酬。

二是用人单位未足额发放劳动报酬。比如,用人单位发工资很及时,虽约定每月 10 日前发放,且每月 5—7 日就会发放到劳动者工资卡上,但工资金额却少发了。这就是**未足额**发放劳动报酬。

三是用人单位既未及时也未足额发放劳动报酬。比如用人单位单方面决定降薪,降了薪还不能及时发放,这就是**既未及时也未足额**发放劳动报酬。

当前裁判观点认为,劳动者以"用人单位未及时足额支付劳动报酬"提出解除劳动合同,无须同时满足用人单位既存在"未及时"和"未足额"支付劳动报酬的情形。换言之,及时足额发放劳动报酬是用人单位的法定义务,如果用人单位存在"未及时"支付劳动报酬**或者**"未足额"支付劳动报酬,劳动者均可以"用人单位未及时足额支付劳动报酬"提出解除劳动合同,并要求用人单位支付经济补偿金。当然,如"劳动报酬的规范管理"一章所讲,如果用人单位通过法定程序缓发工资,则不属于未及时支付劳动报酬。

🎯 风险提示

1. 用人单位要注意,工资计算要仔细一点,不要因为工资计算错误导致被认定为欠薪行为

在实践中,用人单位少发了劳动者工资,劳动者以用人单位未足额支付劳动报酬为由解除劳动合同并主张了经济补偿金。但用人单位却抗辩称,公司在主观上并没有拖欠劳动报酬的故意或恶意,只是财务人员在计算工资时计算少了,导致确实少发了部分工资。但问题是,用人单位的这种抗辩理由很难用证据证明。如果不对这种抗辩理由加以较重的证明义务,那会造成大量的用人单位在面对欠薪问题时采用该理由。而且,从法条原文来看,"未及时足额支付劳动报酬"是一种实际的状态,并不考虑用人单位是否存在主观恶意或故意之情形。劳动报酬是劳动者最基本的权益,只要出现"未及时足额支付劳动报酬"的情形,劳动者即可提出离职并主张经济补偿,而非限定于用人单位因主观恶意或故意拖欠工资。诸如工资计算错误因很难证明,所以难以成为用人单位欠薪的合法理由。

2. 用人单位要注意,未及时足额支付劳动报酬中"劳动报酬"的概念范围

实践中,劳动报酬的认定相当关键,因为拖欠劳动报酬实质上赋予了劳动者单方面解除劳动合同并要求用人单位支付经济补偿金的权利。而哪些款项属于劳动报酬,在实践中有一定争议。

无争议的款项:劳动者付出劳动后应得的月工资、绩效工资,包括按月发放的奖金、津补贴,这些款项均应纳入劳动报酬的范围。

有争议的款项:

(1)年终奖是否属于劳动报酬?这要结合双方对年终奖的约定或发放情形来认定,在实践中存在一定的争议。结合双方的约定和发放方式,可能认定为劳动报酬的一部分,也可能认定为福利。

(2)产假工资是否属于劳动报酬?主流裁判观点认为,虽然"三期"女职工享受产假工资期间并未实际上班,但该产假工资仍应认定为劳动报酬。因为依据相关规定,女职工在产假期间"视为"出勤。

(3)工伤职工的停工留薪期工资是否属于劳动报酬?主流裁判观点认为,工伤职工享受的停工留薪期工资虽名为工资,但实质上属于工伤保险待遇,不属于劳动报酬。当然,笔者也见过部分地方的判决认定停工留薪期工资属于劳动报酬。

(4)加班工资(加班费)是否属于劳动报酬?这个问题在"加班及加班费的规范管理"一章已展开论述。确实有地区的裁判观点认为,从体系解释的角度出发,因为《劳动合同法》第85条将劳动报酬与加班费、经济补偿并列。由此可见,《劳动合同法》第38条规定的"未及时足额支付劳动报酬"中的劳动报酬不包含加班费。

劳动争议的裁判尺度在不同地区差异较大:一方面,由于劳动争议的处理要依据大量的地方性法规和地方性的政府规章、指导意见。另一方面,劳动法规体系在法条的表述上确实存在容易引发不同理解之处,甚至是相互矛盾之处。笔者在说明争议时,尽量按主流裁判观点与其他裁判观点以及形成这种认定的原因进行分别讲解,让读者"知其然",也"知其所以然"。

3.用人单位要注意,认定构成未及时足额支付劳动报酬并不要求达到严重程度

在实践中,有的用人单位仅拖欠几天工资,劳动者立即以用人单位未及时足额支付劳动报酬为由提出解除劳动合同,并要求用人单位支付经济补偿金。有的用人单位在诉讼中抗辩称其即使未及时支付劳动报酬,但情节并不严重,是劳动者本身就有离职的想法,刚好抓住"工资推迟了几天发"的情形提出离职而已。

举例说明:张三在A公司工作,双方约定每月12日发放上月工资。但到了2024年4月13日,A公司因财务主管出差,还未向张三转账发放工资。2024年4月16日上午,A公司财务出差主管回来立即办理了代发工资的银行转账操作。2024年4月16日14时,张三的工资卡收到了A公司发放到账的工资。但张三刚好想"跳槽",就想趁此机会提出离职,于是于2024年4月15日上午一上班就通过电子邮件和微信向A公司的管理人员提出"因公司未及时支付工资",现通知公司即日起解除劳动合同,并要求公司支付解除劳动合同的经济补偿金。

上述案例中,A公司确实存在发放工资晚了4天的事实,严格来讲,A公司构成"未及时支付工资"的情形。但从A公司"未及时"的程度来看,一方面,公司晚几天发放工资的原因是财务出差,公司主观上确实没有拖欠工资的故意;另一方面,公司也就晚了4天未发放,财务在出差回来后立即完成发放工资的操作,从常理上讲,对员工日常生活的影响并不大。

有观点认为,劳动报酬是劳动者的基本权益,是劳动者生活所需,用人单位应当有相应的制度保证劳动报酬的按时发放,主管出差不是可以推迟发放工资的合法事由,故该公司客观上构成了未及时支付劳动报酬的情形。劳动者以此为由提出离职,该公司应向劳动者支付经济补偿金。如果未及时支付劳动报酬还要考虑是否达到严重程度,那工资推迟发放多少天算达到严重程度?在法条没有限定严重程度的情况下,是拖欠5天以上算严重,还是拖欠5个月算严重?根据法律规定,晚发1天也属于未及时支付劳动报酬。

也有观点认为,对于用人单位未及时支付工资的行为,即使不考虑用人单位是否存在主观恶意,也应该考虑用人单位发放工资"未及时"的程度,是否影响了劳动者的生活。如果晚发时间不长,"未及时"的程度不重,不应对用人单位过于苛刻。且从常理上讲,因为工资晚发几天就提出离职的员工本身就有离职的想法,并非单纯因用人单位未及时支付工资而"被迫"离职。

综上,用人单位要有一种意识,劳动报酬是劳动者的核心利益。如果用人单位因资金周转等问题需要晚发工资,一定要按本书关于"劳动报酬的规范管理"一章所讲解的缓发薪酬的程序征得工会或全体职工同意才行。否则,一旦认定为未及时支付劳动报酬,劳动者可据此主张经济补偿金。同时,这给因个人原因想离职的员工找到了一个可以在离职时从用人单位"挣"得一笔经济补偿金的可乘之机。

4.劳动者以"用人单位未及时足额支付劳动报酬"为由提出解除劳动合同,不以用人单位存在主观恶意为前提

在实践中,部分用人单位面对劳动者因其未及时足额支付劳动报酬而提出

离职并主张经济补偿金时,总是喜欢以"本公司并无拖欠工资的恶意,本公司只是因**资金周转问题/经营业绩困难**等晚发了/**暂时少发了工资**而已"来抗辩。但在实务中,一旦用人单位出现了未及时足额支付劳动报酬的问题,劳动者因此被迫离职的,认定用人单位是否支付经济补偿金,不以用人单位存在主观故意为前提。试想,如果要以用人单位对欠薪情形存在主观恶意为前提,那用人单位都会称自己没有主观恶意,劳动者又如何能证明用人单位存在主观恶意?所以,只要用人单位存在未及时足额支付劳动报酬的客观情形,劳动者就可以以此为由提出离职并要求用人单位支付经济补偿金。

5. 劳动者以其他理由提出解除劳动合同后,不能在离职后又变更解除理由为《劳动合同法》第38条所规定的情形

如果用人单位未及时足额支付劳动报酬,劳动者要以"用人单位未及时足额支付劳动报酬"为由提出解除劳动合同,这样才能要求用人单位支付经济补偿金。也就是说,劳动者应以用人单位未及时足额支付劳动报酬为由提出离职并要求支付经济补偿金。实践中采取"劳动者主观上的离职事由"与"用人单位客观上的欠薪情形"一致的认定标准。当然,《劳动合同法》第38条规定的劳动者可提出离职的其他情况也是采用这个标准。具体内容如下。

第一,用人单位确实存在未及时足额支付劳动报酬的事实。

第二,劳动者是以用人单位未及时足额支付劳动报酬为由提出离职。

换言之,用人单位的欠薪事实与劳动者的离职理由相符,才能裁判用人单位向劳动者支付解除劳动合同的经济补偿金。而且,这个离职理由还必须在劳动者提出解除劳动合同时提出。如果劳动者已经以其他理由提出离职,又重新向用人单位提出其离职理由系因用人单位未及时足额支付劳动报酬等《劳动合同法》第38条所规定的情形,该主张不能成立。原因在于:劳动合同关系只能解除一次,比如劳动者第一次以"个人职业发展"为由提出解除劳动合同了,就不能再以"用人单位未及时足额支付劳动报酬"为由重新再解除一次劳动合同。可以理解为劳动者的离职理由应以解除劳动关系时提出的理由为准,不允许事后为了向用人单位主张经济补偿金更改离职理由。

以上裁判观点系主流的裁判观点,各地方的司法文件对此有相应的规定。

比如,四川省高级人民法院民事审判第一庭发布的《关于审理劳动争议案件若干疑难问题的解答》第 26 条第 1 款规定:劳动者以其他理由辞职后,又以用人单位存在《劳动合同法》第 38 条所列情形迫使其辞职为由,要求用人单位支付经济补偿金或赔偿金的,一般不予支持。

6. 劳动者以用人单位存在《劳动合同法》第 38 条所列情形为由提出解除劳动合同是否可以用仲裁申请的方式替代通知

在实践中还有这种情况:劳动者被拖欠工资,但劳动者并没有书面向用人单位提出解除劳动合同,而是直接到当地劳动争议仲裁委员会申请劳动仲裁了。仲裁申请书上列明的仲裁请求之一如下:确认申请人与被申请人之间的劳动关系已解除。其"事实与理由"中也写明因被申请人(用人单位)存在拖欠劳动报酬的行为,故要求确认申请人与被申请人之间的劳动关系解除。在这种情况下,劳动者在仲裁申请书中写明因用人单位拖欠劳动报酬而要求解除劳动关系,是否可以认定为劳动者以用人单位未及时足额支付劳动报酬为由解除劳动关系?

笔者认为,劳动争议仲裁委员会收到劳动者提交的仲裁申请书后,会将仲裁申请书的副本送达用人单位。此时用人单位会收到劳动者提出的仲裁申请书。其中劳动者写明的解除劳动合同的理由和主张,可视为劳动者书面通知了用人单位解除劳动合同的理由。如果用人单位确实存在未及时足额支付劳动报酬的行为,应当裁决用人单位向劳动者支付经济补偿金。

在实践中,毕竟拖欠劳动报酬是用人单位较严重的违法行为,被欠薪的员工是受害者,我们不应该苛责受害者的行为完美符合法律规定。专业裁判人员的职责之一就是通过劳动者的事实行为来评价其是否系因用人单位拖欠劳动报酬而离职。当然,将劳动者写明解除劳动合同理由的仲裁申请书送达用人单位视为劳动者提交的解除劳动合同通知还是有一定的限制条件。一方面,需要劳动者于在职期间或决定离职时即向劳动仲裁机构提交仲裁申请书。如果劳动者已从用人单位离职几个月了,即使离职时没有明确离职理由,也不能在离职一段时间后将申请劳动仲裁的理由作为提出解除劳动合同的理由。另一方面,如果劳动者已经以其他理由提出了离职,即使在办理离职后的第二天又去申请劳动仲裁,并在仲裁申请书中载明因用人单位拖欠工资而离职,也不能改变其之前提出离职的理由。

用人单位还要注意,劳动者以欠薪等符合《劳动合同法》第38条所列的情形提出离职,并不一定要向用人单位提交纸质的离职申请或解除劳动合同通知,虽然通过纸质文件提出便于举证,但劳动者通过微信、短信、钉钉、电子邮件等各种通知方式通知用人单位,也应认定为劳动者对双方的劳动合同进行了通知解除。而且,从劳动者的表述中能解读出其离职原因即可,并不会要求劳动者能标准地表述为"因贵公司未及时足额支付劳动报酬,本人现依据《中华人民共和国劳动合同法》第38条之规定,向贵公司提出解除劳动合同"。在实践中,除非劳动者有专业人士指导或学习过劳动法规,否则其解除劳动合同通知的语言不会精确地使用"法言法语"。但即使劳动者以口语化方式表达解除劳动合同的意思及理由,只要仲裁员或法官能够从劳动者的表达内容中识别其意思即可。

解除情形三:劳动者因用人单位未依法为劳动者缴纳社会保险费而解除劳动合同。

"用人单位未依法为劳动者缴纳社会保险费"在实务中也存在一定的认识偏差。比如,有劳动者认为,用人单位虽然给自己办理了社会保险参保手续,但没有足额缴纳,不足额缴纳社会保险费就是"未依法"为劳动者缴纳社会保险费。所以,部分劳动者在用人单位存在未足额缴纳社会保险费的情形时,就以"用人单位未依法为劳动者缴纳社会保险费"为由提出解除劳动合同,并主张经济补偿金,但最终没有得到劳动仲裁机构或人民法院的支持。

主流裁判观点认为,对于"用人单位未依法为劳动者缴纳社会保险费"的情形应作缩限解释,即限定为"未为劳动者缴纳社会保险费"的情形。理由在于:在用人单位在为劳动者缴纳了社会保险费的情况下,对缴纳基数的认定是否正确?用人单位是否足额缴纳了社会保险费?对这些问题的认定以及社会保险费缴纳基数的核定都属于社会保险征缴机构的职责范围。正因如此,如果用人单位未足额缴纳社会保险费,劳动者可以向社会保险征缴机关进行投诉,由行政机关责令补缴,但未足额缴纳社会保险费不宜认定为"未依法缴纳"社会保险费。

那么,对于未足额缴纳社会保险费,劳动者能不能申请仲裁或提起诉讼,要求裁决"用人单位为劳动者补缴××××年××月至××××年××月期间的社会保险费"?从笔者了解的情况来看,大部分劳动仲裁机构不会受理或受理了也不支持劳动者要求用人单位补缴社会保险费的请求,一般会告知劳动者通过到当地社会保险费征缴部门进行投诉解决。人民法院基本统一了裁判观点,即补缴社会保险费的诉讼请求不是劳动争议案件的审理范围。理由在于:《社会保险法》第84条规定,用人单位不办理社会保险登记的,由社会保险行政部门责令限期改正。《社会保险法》第86条规定,用人单位未按时足额缴纳社会保险费的,由社会保险费征收机构责令限期缴纳或者补足。上述法条表明,社会保险费的征缴以及金额的核定属于社会保险行政部门的职权,因此,相关争议并非平等主体之间的民事纠纷,不属于劳动争议案件的审理范围。

用人单位要注意,如果用人单位为劳动者缴纳了社会保险费,只是可能存在未足额缴纳的情形,劳动者可以向当地社会保险征缴机构投诉,要求责令用人单位补缴社会保险费,社会保险征缴机关会责令用人单位补缴。且未足额缴纳社会保险费的投诉补缴不像其他劳动争议事项有一年的仲裁时效限制。即使劳动者离职时已工作了5年、10年,如果用人单位在这5年、10年内都未为劳动者足额缴纳社会保险费,那么劳动者依然可以投诉用人单位补缴这5年、10年的社会保险费。

🎯 风险提示

用人单位只缴纳部分社会保险费,劳动者以用人单位未缴纳社会保险费为由提出解除劳动合同是否可以主张经济补偿金?

众所周知,完整的社会保险是指"五险",即养老保险、医疗保险、失业保险、工伤保险、生育保险(部分地区已试点将生育保险并入医疗保险,故部分地区只有"四险")。如果用人单位缴纳了部分社会保险项目,又不缴纳部分社会保险项目,例如,公司为员工缴纳了养老保险费,没有缴纳医疗保险费、失业保险费、工伤保险费、生育保险费。又如，公司为员工缴纳了医疗保险费、工伤保险费、失业保险费、生育保险费，但成本最高的养老保险费未缴纳。这些情况是否属于"未依法缴纳社会保险费"的情形？

主流的裁判观点认为，法定的社会保险包含了养老保险、医疗保险、失业保险、工伤保险、生育保险等五种，以上任何一种都属于社会保险，**任何一种费用未缴纳都可以认定为未依法缴纳社会保险费，劳动者据此提出解除劳动合同的，用人单位应支付经济补偿金**。当然，在社会保险费征缴越来越规范的当下，以上情况很少，以后会越来越少。据笔者所知，当前大部分地区在办理用人单位缴纳社会保险登记时都要求"五险"一起办理缴纳。

> **解除情形四**：劳动者因用人单位低于当地最低工资标准支付工资而解除劳动合同。
>
> **解除情形五**：劳动者因用人单位的规章制度违反法律、法规的规定，损害劳动者权益而解除劳动合同。

以上两种解除情形在实践中很少，笔者作简要说明。

最低工资标准是法定标准，即使劳动者与用人单位约定了明确的工资标准，且用人单位按此约定的工资标准向劳动者发放了工资，但如果约定的工资标准低于当地最低工资标准，也属于未足额支付工资的情形。因此，劳动者因用人单位低于当地最低工资标准支付工资而解除劳动合同，本质上还是以用人单位未足额支付劳动报酬而解除劳动合同，劳动者当然有权主张经济补偿金。

用人单位有权根据本单位的实际情况和需要，按照国家法律、法规的规定，制定单位内部具有普遍约束力的规章制度。但是，用人单位内部规章制度不得与国家的法律、法规相抵触。违反法律法规的规章制度自制定之日起就不能作为确定劳动者权利和义务的依据，如果其在实施过程中损害了劳动者的合法权益，劳动者当然有权解除劳动合同并主张经济补偿金，如果由此遭受损失也应当由用人单位赔偿。比如，用人单位的规章制度规定其可以单方面调减员工的劳动报酬，之后还真依据这个规章制度减发了员工的工资。由于该规章制度违反了变更劳动报酬应由双方协商一致的规定，且用人单位单方面减发工资的行为也确实损害了劳动者的权益,劳动者可以以此为由提出解除劳动合同并要求支付经济补偿金。

> 解除情形六:因用人单位以欺诈、胁迫的手段或者乘人之危,使劳动者在违背真实意思的情况下订立或者变更劳动合同,致使劳动合同无效,劳动者提出解除合同。
>
> 解除情形七:因用人单位免除自己的法定责任、排除劳动者权利,致使劳动合同无效,劳动者提出解除劳动合同。
>
> 解除情形八:因用人单位订立劳动合同违反法律、行政法规强制性规定,致使劳动合同无效,劳动者提出解除劳动合同。

以上三种解除情况是指依据《劳动合同法》第 26 条之规定劳动合同无效时,劳动者可以据此提出解除劳动合同,并可以向用人单位主张经济补偿金。从字面意思就可以理解以上情况,且实践中劳动者以此为由提出解除劳动合同的情形并不多,故笔者不再赘述。

> 解除情形九:因用人单位以暴力、威胁或者非法限制人身自由的手段强迫劳动者劳动,劳动者立即解除劳动合同。
>
> 解除情形十:因用人单位违章指挥、强令冒险作业危及劳动者人身安全,劳动者立即解除劳动合同。

其实以上两种解除情形是基于用人单位的严重违法行为而赋予劳动者**即时解除权**,以保护劳动者基本的人身自由与人身安全,在实践中比较少见,毕竟很少有用人单位敢如此明显地违法。

所谓"以暴力、威胁或者非法限制人身自由的手段强迫劳动者劳动",如当年山西的"黑砖窑事件",用人单位用欺骗的手段招用劳动者后,通过关押、殴打的方式强制劳动者劳动。在这种情况下,劳动者自然可以立即解除劳动合同并要求用人单位支付经济补偿金。

所谓"违章指挥、强令冒险作业危及劳动者人身安全",比如空调安装公司以不服从就扣工资或解雇等方式,强令安装工人在没有安全防护的情况下,到高空室外安装空调。在这种劳动者人身安全都没有保障的情况下,劳动者自然可以立即解除劳动合同并要求用人单位支付经济补偿金。

整体归纳

对于用人单位而言,以上 10 种劳动者提出解除劳动合同的情形大致可以分为三类:

第一类是提前预告解除,也可以通俗理解为劳动者"提前说一声就走"。该情形适用于用人单位并无任何过错,劳动者在劳动合同期限内因自己的原因想提前解除劳动合同,故劳动者按法定期限提前向用人单位作出解除劳动合同的预告通知,即可以离职。

第二类是即时通知解除,也可以通俗理解为劳动者"说一声就走"。该情形主要适用于用人单位出现了法定的过错行为,此时法律赋予了劳动者即时通知解除的权利,劳动者只须以用人单位出现的过错行为为被迫离职理由,通知用人单位即可解除劳动关系。

《劳动合同法》第 38 条第 2 款规定:"用人单位以暴力、威胁或者非法限制人身自由的手段强迫劳动者劳动的,或者用人单位违章指挥、强令冒险作业危及劳动者人身安全的,劳动者可以立即解除劳动合同,不需事先告知用人单位。"有的用人单位看到该规定就认为,只有在这种"以暴力、威胁或者非法限制人身自由的手段强迫劳动者劳动的,或者用人单位违章指挥、强令冒险作业危及劳动者人身安全"的情形下劳动者才可以不事先告知用人单位而立即解除劳动合同。那劳动者因《劳动合同法》第 38 条第 1 款所规定的未缴纳社会保险费、未及时足额支付劳动报酬等情形离职,是不是需要提前 30 天告知用人单位才可以解除劳动合同?其实,用人单位出现《劳动合同法》第 38 条第 1 款所规定的 6 项情形时,劳动者要求解除劳动合同也是无须提前 3 天或 30 天通知的,当即以前述理由提出解除劳动合同即可。试想一下,公司都拖欠员工的劳动报酬了,员工还要提前 30 天通知公司才能解除劳动合同,难道让员工再继续被公司拖欠工资 30 天?所以,在前述情形下,员工需要通知用人单位解除劳动合同,但不必提前 3 天或 30 天。

第三类是即时解除,也可以通俗理解为劳动者"转身就走"。该情形适用于用人单位出现危及劳动者人身安全或人身自由的严重违法行为时,劳动者行使即时解除的权利。也就是《劳动合同法》第 38 条第 2 款所规定的"可以立即解除劳动合同,不需事先告知"。其核心是立即解除而无须告知,是劳动者面对用人单位危及人身自由或人身安全行为时的即时自我保护。再通俗点讲,就是用人单位都非法限制劳动者人身自由来强迫劳动了,都逼迫劳动者干要命的事了,劳动者还要通知用人单位才能解除劳动关系?在此种情形下,劳动者应该享有立即解除劳动合同的权利。试想,用人单位把劳动者关押起来强迫劳动,劳动者好不容易跑出来了,还得回去向用人单位说一声"我通知贵公司解除劳动关系",这不是笑话吗?如果这样要求岂不是方便用人单位又把劳动者关起来强迫劳动。

表 10-1 可以明确归纳劳动者单方面解除劳动合同的权利行使情形。

表 10-1 劳动者解除劳动合同行权情形归纳

用人单位出现的情形	劳动者提出离职的要求	是否支付经济补偿金	法条依据
用人单位并无过错,劳动者因自身原因离职	1.试用期员工应提前 3 天通知用人单位。 2.已转正的员工应提前 30 天书面通知用人单位	用人单位无须支付经济补偿金	《劳动合同法》第 37 条
用人单位存在《劳动合同法》第 38 条第 1 款所规定的未提供劳动条件、未及时足额支付劳动报酬、未为劳动者缴纳社会保险费等违法行为	劳动者可随时向用人单位提出解除劳动合同(如果劳动者要主张经济补偿金,需要证明其系因用人单位存在《劳动合同法》第 38 条第 1 款所列的情形而提出离职)	用人单位应当支付经济补偿金	《劳动合同法》第 38 条第 1 款、第 46 条
用人单位存在《劳动合同法》第 38 条第 1 款所规定的强迫劳动、强令危险作业等严重违法行为	劳动者可以立即解除劳动合同且无须告知用人单位	用人单位应当支付经济补偿金	《劳动合同法》第 38 条第 2 款、第 46 条

第四节 最常用的协商解除劳动合同的情形

> **关键法条**

> **1. 最高人民法院《关于审理劳动争议案件适用法律问题的解释（一）》**
> 第三十五条 劳动者与用人单位就解除或者终止劳动合同办理相关手续、支付工资报酬、加班费、经济补偿或者赔偿金等达成的协议，不违反法律、行政法规的强制性规定，且不存在欺诈、胁迫或者乘人之危情形的，应当认定有效。
> 前款协议存在重大误解或者显失公平情形，当事人请求撤销的，人民法院应予支持。
>
> **2.《民法典》**
> 第一百五十二条 有下列情形之一的，撤销权消灭：
> （一）当事人自知道或者应当知道撤销事由之日起一年内、重大误解的当事人自知道或者应当知道撤销事由之日起九十日内没有行使撤销权；
> （二）当事人受胁迫，自胁迫行为终止之日起一年内没有行使撤销权；
> （三）当事人知道撤销事由后明确表示或者以自己的行为表明放弃撤销权。
> 当事人自民事法律行为发生之日起五年内没有行使撤销权的，撤销权消灭。

前面讲解了很多种解除劳动合同的模式。但最好用的、最常用的解除和终止劳动合同的模式是"双方通过协商达成解除式终止劳动合同协议的模式"。

此处所说的双方协商达成协议的解除劳动合同模式与"用人单位提出，经与劳动者协商一致解除劳动合同"或者"劳动者提出，经与用人单位协商一致解除劳动合同"是有区别的。"用人单位提出，经与劳动者协商一致解除劳动合同"和"劳动者提出,经与用人单位协商一致解除劳动合同"都需要明确是谁先提出,而且谁先提出解除劳动合同还决定了是否出现支付法定标准的经济补偿金的情形。但"双方通过协商达成协议的模式"则不需要认定是谁先提出,也不一定按法定的标准计付经济补偿金。只要双方没有欺诈、胁迫或者乘人之危,能平等协商达成协议即可。

当然,如果协议存在重大误解或者显失公平情形,可以申请撤销。但在实践中,"解除或终止劳动合同协议"一般很难撤销,因为很难认定为重大误解或显失公平。双方都是成年人,签订的解除劳动合同协议仅涉及工资、加班费、经济补偿金等事项的确认,并不涉及复杂或陌生的事项。因此,重大误解的主张难以成立。工资、加班费、经济补偿金、赔偿金、未休年休假工资等事项本质上还是民事权益,劳动者在离职时自愿放弃部分民事权益,并不违反法律法规的强制性规定。用人单位考虑到员工的贡献,也可以超出法定标准支付款项,也不违反强制性法律法规。所以一般的解除劳动合同协议一旦达成,难以被撤销。

但用人单位要注意,难以被撤销不是不能被撤销,明显的显失公平情况也可能导致协议被撤销。在实践中,常见的因显失公平、重大误解被撤销的协议就是"工伤赔付协议"。工伤赔付协议如果显失公平,被撤销的比例较高。主要是因为工伤赔偿是对员工遭受工伤的赔偿,员工身体受了工伤,而大部分工伤会导致劳动者伤残。若用人单位还将其工伤赔偿从法定标准大幅度降低,裁判人员对此容易作出显失公平的认定。而且有的工伤赔偿协议在签订时连工伤伤残等级都没有进行鉴定,遭受工伤的劳动者在还不知道自己的伤残等级的情况下与用人单位签订了明显低于其工伤等级对应的应赔付金额的协议时,很容易以重大误解(因签订协议时不清楚伤残等级)或显失公平(协议金额明显大幅度低于法定标准)为由撤销协议。

此外,解除或终止劳动合同的协议(离职协议)存在劳动者放弃工资、加班费、经济补偿金等事项的条款的,是不是也应该参照《劳动合同法》第26条第1款第2项"用人单位免除自己的法定责任、排除劳动者权利"的标准认定其无效?

笔者认为,从法条内容来看,《劳动合同法》第 26 条第 1 款第 2 项将显失公平确定为劳动合同无效的认定标准。而最高人民法院《关于审理劳动争议案件适用法律问题的解释(一)》第 35 条却将显失公平确定为解除或终止劳动合同协议可撤销的认定标准。由此可见,**入职时签订的劳动合同**与**离职时签订的离职协议**存在明显的不同。最大的区别是,劳动者在入职签订劳动合同时,所处地位更为弱势。因为劳动者要求职,难免接受一些对用人单位很有利而对自己不利的条款。但到了离职之时,劳动者都要离开用人单位另谋高就了,从常理上讲,此时的劳动者并非处于弱势地位。换言之,劳动者在签订解除或终止劳动合同协议时,没有那么多顾虑,也没有向该用人单位求职的压力,所以不能完全参照《劳动合同法》第 26 条第 1 款出现劳动者放弃部分权利的情形就认定解除或终止劳动合同协议无效。在实践中,劳动者在解除或终止劳动合同签订后反悔的情形,多见于劳动者离职时对用人单位有一定的感情,商谈离职协议时"抹不开面子",选择不需要用人单位支付经济补偿或其他款项,但事后后悔,又要求撤销离职协议并要求用人单位支付补偿等款项。虽然劳动合同与离职协议都属于民事合同,但在认定无效、可撤销方面还是有一定区别的。再直白点讲,同样是通过约定劳动者放弃部分权利,如果是劳动合同的约定,更容易被认定为无效,但如果是离职协议的约定则不容易被认定为无效。

从网络上一些关于大型企业裁员的信息可见,大部分知名大企业、外资企业裁减员工,双方往往是很平和地"分手",没有大吵大闹,没有对簿公堂。原因是双方达成了"解除或终止劳动合同协议",企业主动以支付 N,甚至是 N+2、N+3、N+5 等方式补偿员工,员工安静地从公司离职。在这种情况下,不用深究是谁先提出解除,法定的经济补偿金也没有 N+2、N+3、N+5 的说法,只要双方经平等协商达成了协议,都是可以的。如果一方不履行协议另一方向劳动仲裁机构申请仲裁或向法院起诉,裁判者一般还是会按协议内容裁判。可以说,通过协商达成解除劳动合同的协议,是双方劳动合同平和、完美的解除方式,也能为用人单位与劳动者的劳动关系画上圆满的句号。

其实,在解除劳动关系时产生劳动争议的,要么是用人单位一方"抠抠搜搜",连经济补偿金都不愿意付,总想用各种手段实现"无成本裁人"。结果在经历旷日持久的劳动仲裁、一审、二审之后,发现经济补偿金还是没省下,还付出违法解除劳动合同的赔偿金以及律师费若干。要么是劳动者一方,觉得用人单位仅支付经济补偿金不够,一门心思奔着赔偿金去,然后经过近两年的仲裁、一审、二审,最后发现要么还是仅支付经济补偿金,要么就算拿到赔偿金的胜诉判决,扣除律师费和十多次请假奔波于劳动仲裁机构以及一、二审法院的成本,还不如当初尽快拿到用人单位支付的经济补偿。再回想两年前启动劳动仲裁的"意气风发",发现自己有些"得不偿失"。

从实务经验来看,这种通过协商解除劳动合同的方式,对劳资双方至少有以下三个好处:

一是用人单位与员工之间的损失风险最小。

双方自己就解除劳动合同的时间、未结的劳动报酬、经济补偿金等事项进行协商并达成将所有事项"一揽子"全部解决的协议,意味着双方都能对解除劳动合同的事项进行有效掌控。劳动者一方可以清楚地看到自己究竟还应结算多少工资,应得多少离职补偿,**对自己的权益有预期**。用人单位一方可以清楚自己应支付多少离职补偿和支付期限,**对自己的成本有预期**。

反之,双方达不成协议,劳动者被迫通过劳动仲裁、一审、二审、强制执行等一系列流程进行维权,用人单位要不断应诉。双方都需要付出更多的时间成本、精力成本不说,劳动者对于自己最终能得到多少补偿或赔偿无法掌握,用人单位对于自身最终支出多少成本也无法掌控,最终结果均依赖裁判者的判断。同时,进入诉讼的劳动争议案件,其立案信息、裁判文书一般都要在互联网公示,对用人单位与劳动者都会有一定的影响。所以,双方只有在经历过劳动仲裁、一审、二审、强制执行,才知道能在离职时平和地达成解除劳动合同协议是多么"香"。

二是用人单位与员工之间的成本消耗最少。

仲裁、诉讼,在全世界都不是舒服的活动。毕竟诉讼是用来解决纠纷的,产生纠纷如同身体生病,无论医生有多好的服务态度,治病都不是一种享受,而是一种痛苦。而且,我国劳动争议的解决流程还是实行"一裁两审"制度,在一般民事案件二审终审的基础上,有劳动争议仲裁前置的程序,流程相对较长。对于劳动者而言，离职后也许另找工作，但因为劳动仲裁以及后续可能的诉讼，需要多次请假处理仲裁或诉讼事宜，当然可以聘请律师处理仲裁及诉讼事宜，但律师费也是需要自己承担的成本。对于用人单位而言，正常的经营之外，还要抽出人力成本处理仲裁、诉讼事宜，还可能最终该付的补偿、赔偿也省不了，还因诉讼中的财产保全或执行程序导致公司账户被冻结查封。

三是不会引发双方更多的矛盾纠纷和仇恨。

和气生财，道理大家都懂。但笔者一直难以理解，争议金额并不大的劳动争议，调解起来却相对较难，用人单位与劳动者之间"斗气"的情形为何如此之多。用人单位经营不就是为了盈利吗？员工离职了不就是想用人单位把法定的补偿和欠付的款项支付了吗？但双方在劳动仲裁时针锋相对，在劳动争议案件的诉讼中矛盾更加尖锐，相互之间进行各种报复的情形并不鲜见。用人单位在劳动者求职的背景调查中"使绊子"，劳动者对用人单位可能存在的违规问题进行"捕风捉影"式举报。双方都在互相较劲，较劲后矛盾又更深，最终两败俱伤。

所以，笔者真心建议劳资双方在解除劳动合同时，通过平等协商将双方劳动关系存续期间的未结事项全部打包解决，形成书面的离职协议。这对双方都是一件好事。

风险提示

如果在解除劳动合同时，双方都有协商达成协议的基础，那么用人单位在协商解除劳动合同时有哪些注意事项？笔者认为，应注意以下两点：

一是要注意离职协议内容的全面准确。

解除劳动合同时签订的协议，一般是将双方整个劳动关系存续期间的未结事宜打包处理完毕。所以协议结算内容要全面。经常涉及协议结算的内容包括：在职期间的工资（主要是最后一个月的未发工资）、经济补偿、未休年休假工资、提成工资、加班费、未报销的款项等。关于准确，主要是对结算款项的金额、支付期限一定要在协议里写明。

二是要注意在离职协议中加入"纠纷了结条款"。

既然双方要通过离职协议将在职期间的未结事宜全部结算清楚，必然涉及在离职协议中写明纠纷了结条款，内容如下：

双方确认：签署本协议后，甲、乙双方于劳动关系存续期间的所有未结事项全部了结，乙方不再以任何理由、任何形式向甲方主张任何权利。

甲方合计应向乙方支付人民币××××元（该款项包括但不限于未结清的工资、加班工资、未休年休假工资、经济补偿等应由用人单位承担的款项），乙方确认双方不再有未了结的事宜。

甲方向乙方支付上述款项后，双方劳动关系存续期间再无未了结事项，双方也再无任何劳动争议。乙方承诺不再以任何形式（包含但不限于投诉、申请仲裁及诉讼等方式）向甲方主张权利。

纠纷了结条款虽然写法不一，但都有一个目的，确认双方达成协议后，除协议已结算确认的事项外，再无其他任何争议。这样的条款在解除劳动合同协议中十分必要，因为双方之所以协商解除劳动关系，就是想将在职期间的未结款项、未了事宜全部一次性"打包"结算完毕，在协议内容全面准确的基础上，加入纠纷了结条款对双方的纠纷了结状态进行确认是应有之义。

第五节　劳动者与用人单位终止劳动合同的情形

> **关键法条**
>
> 《劳动合同法》
> 第四十四条　有下列情形之一的，劳动合同终止：
> （一）劳动合同期满的；
> （二）劳动者开始依法享受基本养老保险待遇的；
> （三）劳动者死亡，或者被人民法院宣告死亡或者宣告失踪的；
> （四）用人单位被依法宣告破产的；

(五)用人单位被吊销营业执照、责令关闭、撤销或者用人单位决定提前解散的;

(六)法律、行政法规规定的其他情形。

第四十五条 劳动合同期满,有本法第四十二条规定情形之一的,劳动合同应当续延至相应的情形消失时终止。但是,本法第四十二条第二项规定丧失或者部分丧失劳动能力劳动者的劳动合同的终止,按照国家有关工伤保险的规定执行。

第四十六条 有下列情形之一的,用人单位应当向劳动者支付经济补偿:

……

(五)除用人单位维持或者提高劳动合同约定条件续订劳动合同,劳动者不同意续订的情形外,依照本法第四十四条第一项规定终止固定期限劳动合同的;

(六)依照本法第四十四条第四项、第五项规定终止劳动合同的;

(七)法律、行政法规规定的其他情形。

关联法条

1.《劳动合同法实施条例》

第十三条 用人单位与劳动者不得在劳动合同法第四十四条规定的劳动合同终止情形之外约定其他的劳动合同终止条件。

第二十一条 劳动者达到法定退休年龄的,劳动合同终止。

第二十二条 以完成一定工作任务为期限的劳动合同因任务完成而终止的,用人单位应当依照劳动合同法第四十七条的规定向劳动者支付经济补偿。

第二十三条 用人单位依法终止工伤职工的劳动合同的,除依照劳动合同法第四十七条的规定支付经济补偿外,还应当依照国家有关工伤保险的规定支付一次性工伤医疗补助金和伤残就业补助金。

2. 最高人民法院《关于审理劳动争议案件适用法律问题的解释(一)》

第四十八条　劳动合同法施行后,因用人单位经营期限届满不再继续经营导致劳动合同不能继续履行,劳动者请求用人单位支付经济补偿的,人民法院应予支持。

《劳动合同法实施条例》第13条明确规定用人单位与劳动者不得在《劳动合同法》第44条规定的劳动合同终止情形之外约定其他的终止条件,所以劳动合同终止只能是法定的情形。劳动者与用人单位终止劳动合同的法定情形分为两大类:一类是用人单位无须支付终止劳动合同的经济补偿金;另一类是用人单位应当支付终止劳动合同的经济补偿金。

一、用人单位无须支付劳动者经济补偿金的情形

终止情形一:劳动合同期满,用人单位维持或提高劳动合同约定条件与劳动者续订劳动合同,劳动者不同意续订,而终止固定期限劳动合同的。

其实从此项终止情形就能看出经济补偿的本质是对劳动者在职期间的劳动贡献补偿,具有社会保障的性质。劳动者与用人单位签订了3年期的固定期限劳动合同,现在劳动合同到期终止,双方"一拍两散"很正常。在这种情况下,法律要求只有在用人单位一方愿意"维持或提高劳动合同约定条件与劳动者续订劳动合同"而劳动者不同意续订时,才能免除用人单位支付经济补偿金的责任。

再直白点说,其逻辑在于,经济补偿具有社会保障的性质。作为劳动者,因劳动合同期满而终止后,必然要重新应聘再入职下一用人单位,这期间肯定存在一定"空档期",经济补偿金就是来保障劳动者在失业与再次就业之间"空档期"的基本生活需求。但如果双方劳动合同期满后,用人单位一方愿意"维持或提高劳动合同约定条件"(也就是至少保持原岗位薪酬待遇)继续留用员工,员工自己不想干了,那说明是员工自己不想继续在该用人单位工作。为了员工不失业,用人单位已经尽到"挽留"责任了,是员工自己非要走,要另谋高就,那

用人单位就不再负有支付终止劳动合同的经济补偿金的责任。

🎯 实操建议

用人单位要注意,《劳动合同法》第46条第5项的"用人单位维持或者提高劳动合同约定条件"与劳动者续订劳动合同的"维持或者提高劳动合同约定条件"是指用人单位需维持实际的约定条件而非限于纸质劳动合同的约定条件。

举例说明: 张三通过了A公司的招聘程序,被A公司招用为软件工程师,A公司开出的薪酬待遇为18,000元/月。之后,张三按通知于2021年5月1日入职A公司,双方于入职时签订了固定期限自2021年5月1日至2024年4月30日的劳动合同。但该劳动合同却虚假载明张三的月工资为5000元/月。张三入职后,A公司也是按双方入职面谈时的真实工资标准18,000元/月发放工资。直至2024年4月,A公司告知张三,由于劳动合同即将到期,公司愿意与其续订劳动合同,但只能按原劳动合同约定的5000元/月的月工资标准续订,且续订后按这个标准计发工资。张三则提出,其真实的薪酬标准为18,000元/月,故要求A公司至少按维持原约定的真实薪酬标准续订劳动合同。A公司因此拒绝续订劳动合同,双方劳动合同因期满而终止。

此种情况下,是否可以认定A公司达到了"维持或者提高劳动合同约定条件"与劳动者续订劳动合同的要求?笔者认为是不可以的。本书"劳动报酬的规范管理"一章已论述,当前劳动用工的实际情况中,大量存在着劳动合同中约定一个较低且虚假的劳动报酬金额的情形。劳动报酬是双方约定的劳动条件中最重要的内容,如果原劳动合同约定的劳动报酬是虚假的,而《劳动合同法》要求用人单位"维持或者提高劳动合同约定条件"又允许用人单位按原合同中虚假的劳动报酬金额作为参照,只要保持原劳动合同中虚假的劳动报酬金额即可,这明显有违《劳动合同法》的立法本意,纵容用人单位弄虚作假,损害劳动者的合法权益。

笔者认为,面对书面劳动合同中大量约定较低且虚假的劳动报酬数额的实际情况,在认定用人单位是否达到"维持或提高劳动合同约定条件"的标准时,应以双方实际履行的劳动条件(包含劳动报酬)为准。其逻辑推理应是:双方于书面劳动合同中约定了较低且虚假的劳动报酬——双方实际发放了明显高于书面劳动合同约定的虚假劳动报酬金额的劳动报酬视为已变更了原书面劳动合同载明的劳动报酬金额——用人单位在劳动合同期满时要达到"维持或提高劳动合同约定条件"的标准应以双方以实际行动变更后的真实劳动报酬金额为参照。

当然,除了因固定劳动报酬金额产生是否可认定为"维持或提高"的争议,司法实务中,还有一些更加复杂的问题。比如:原劳动合同约定的工资标准是"基本工资3500元+提成",而其中的提成是按5%的比例计发。劳动合同期满后,用人单位提出续订劳动合同的工资标准是"基本工资5000元+提成",但其中的提成则按4%的比例计发。这种情况下,用人单位一方主张因基本工资增加了,故实际上是提高了劳动报酬。劳动者却主张提成工资才是工资的"大头","明升"基本工资,"暗降"提成工资比例实际上是降低了工资待遇。笔者认为,遇到这种情况,一方面只能通过详细的举证来证明并比较后一种计薪方式是否降低了原劳动合同约定的工资标准。另一方面,还有一种思维考量,既然用人单位认为"基本工资5000元+按4%提成"是高于"基本工资3500元+按5%提成"的,那么劳动者要求按原来"基本工资3500元+按5%提成"的标准续订劳动合同就是主动选择按更低的工资标准发放工资,对于用人单位而言,是节约了用工成本,用人单位为什么不同意?有句话叫"此地无银三百两",从常理上讲,用人单位不同意的态度就可以证明按"基本工资5000元+按4%提成"的标准计付工资确实低于按"基本工资3500元+按5%提成"的标准计付工资。所以,用人单位要注意,不要想着以"明升暗降"法来规避"维持或者提高劳动合同约定条件"的要求,有经验的裁判者其实很容易识别这种方法。

终止情形二:因劳动者开始依法享受基本养老保险待遇或达到法定退休年龄而终止劳动合同的。

如之前的章节所论述,"享受基本养老保险待遇"与"达到法定退休年龄"究竟哪一个是劳动关系终止的硬标准,存在一定的争议。当前的裁判观点是,劳动者无论是因"达到法定退休年龄"还是"开始依法享受基本养老保险待遇"

而终止劳动合同,用人单位均无须向劳动者支付终止劳动合同的经济补偿金。

> 终止情形三:因劳动者死亡而终止劳动合同的。
> 终止情形四:因劳动者被人民法院宣告死亡或者宣告失踪,而终止劳动合同的。

以上两种终止情形好理解,建立劳动关系的劳动者一方主体都不存在了,劳动合同自然要终止。这种情况下终止劳动合同,用人单位无须支付经济补偿金。

二、用人单位应当支付劳动者经济补偿金的情形

> 终止情形一:劳动合同期满,劳动者同意按原劳动条件续订劳动合同而用人单位不同意续订而终止原固定期限劳动合同的。

这种终止情形是指第一次固定期限劳动合同期满后,用人单位不同意续订的,应向劳动者支付终止劳动合同的经济补偿金。

> 终止情形二:因用人单位被依法宣告破产而终止劳动合同的。
> 终止情形三:因用人单位被吊销营业执照而终止劳动合同的。
> 终止情形四:因用人单位被责令关闭而终止劳动合同的。
> 终止情形五:因用人单位被撤销而终止劳动合同的。

以上四种终止劳动合同的法定情形,用一句话总结就是:**用人单位出问题了,没法再干了**。这四种情形也不存在什么争议,被宣告破产有人民法院出具的司法文书为证。被吊销营业执照有行政部门的文书为证且网上可查。被责令关闭或被撤销也有相应的文件为证。所以,用人单位出现上述情形而终止劳动合同,也没什么好争议的,依法支付终止劳动合同的经济补偿金即可。

> 终止情形六:因用人单位决定提前解散而终止劳动合同的。
> 终止情形七:因用人单位经营期限届满不再继续经营导致劳动合同不能继续履行的。

以上两种终止劳动合同的法定情形,用一句话总结就是:**用人单位自己不干了**。用人单位决定提前解散与用人单位决定裁员不同。裁员再怎么裁也是裁减部分人员,用人单位还是要继续经营的。用人单位决定提前解散那就是全员"散伙"了,这种情形下劳动者其实并无过错,用人单位依法应向劳动者支付经济补偿金。

终止情形八:用人单位终止以完成一定工作任务为期限的劳动合同的。

以完成一定工作任务为期限的劳动合同是指没有固定期限,将一项任务或项目的完成作为双方劳动合同终止的情形。比如:A 公司因承建一个名为"花果山"的建设项目,需要聘用 5 名施工安全监督员,双方就可以签订一个以"完成一定工作任务为期限"的劳动合同。双方可以在劳动合同中约定双方劳动合同的期限为:自用工之日至"花果山"项目竣工之日。这就是典型的以"完成一定工作任务为期限"的劳动合同。依据《劳动合同法实施条例》第 22 条的规定:"以完成一定工作任务为期限的劳动合同因任务完成而终止的,用人单位应当依照劳动合同法第四十七条的规定向劳动者支付经济补偿。"

第六节　用人单位易被认定为违法解除劳动合同的程序问题和认识误区

一、程序问题:提前将解除劳动合同的理由通知工会,没那么重要

关键法条

1.《劳动合同法》

第四十三条　用人单位单方解除劳动合同,应当事先将理由通知工会。用人单位违反法律、行政法规规定或者劳动合同约定的,工会有权要求用人单位纠正。用人单位应当研究工会的意见,并将处理结果书面通知工会。

2.《劳动法》

第三十条 用人单位解除劳动合同，工会认为不适当的，有权提出意见。如果用人单位违反法律、法规或者劳动合同，工会有权要求重新处理；劳动者申请仲裁或者提起诉讼的，工会应当依法给予支持和帮助。

3.最高人民法院《关于审理劳动争议案件适用法律问题的解释（一）》

第四十七条 建立了工会组织的用人单位解除劳动合同符合劳动合同法第三十九条、第四十条规定，但未按照劳动合同法第四十三条规定**事先通知工会**，劳动者以**用人单位违法解除劳动合同**为由请求用人单位支付**赔偿金**的，人民法院**应予支持**，但**起诉前**用人单位已经补正有关程序的除外。

依照《劳动合同法》第43条的规定，用人单位单方面解除劳动合同，除了有实体上的要求外，还有程序上的要求，即应当事先将解除劳动合同的理由通知工会。如果工会提出纠正意见，用人单位应当研究工会的意见，并将处理结果书面通知工会。否则，解除劳动合同的程序违反法律规定。

最高人民法院《关于审理劳动争议案件适用法律问题的解释（一）》第47条明确了上述问题，即"建立了工会组织"的用人单位解除劳动合同符合《劳动合同法》第39条、第40条的规定，但没有事先通知工会的，劳动者有权要求用人单位支付违法解除劳动合同的赔偿金。也就是说，解除劳动合同的程序出现问题也应认定为违法解除劳动合同。

用人单位在理解这条司法解释的规定时，要注意以下两点。

1."建立了工会组织的用人单位"如何理解

第一种裁判观点认为：司法解释明确了"建立了工会组织的用人单位"，此处的"建立了工会组织的用人单位"不能作扩大理解，即只有建立了工会组织的用人单位在单方面解除劳动合同时才需要将解除理由事先通知工会，而没有建立工会的用人单位则无须履行通知工会这个程序。该观点系当前的主流观点，体现了对用人单位不能苛责过重的通知义务。

第二种裁判观点认为：《劳动合同法》第43条规定的是"用人单位单方解除劳动合同，应当事先将理由通知工会"。即使用人单位未建立工会，但也有上级工会,比如社区、乡镇、街道的工会,区县的工会等。用人单位如果因自身未建立企业工会而无法履行通知义务,可以通知其所在地的上级工会。换言之,该裁判观点认为,通知工会的义务,不应因用人单位未建立工会而免除。如果未建立工会的企业不用履行通知义务,岂不是鼓励企业不建立工会?所以,在实务中,有些用人单位自身没有建立工会,但在单方面解除劳动合同时,会制作一份类似于"通知工会函"的书面文件,通过 EMS 向公司所在地的街道或区县工会邮寄送交。这也体现了用人单位在作出单方面辞退员工决定时强烈的"求生欲"。

笔者赞同第一种观点,即未建立工会的用人单位无须履行通知工会的程序。一方面,因为《关于审理劳动争议案件适用法律问题的解释(一)》明确了"建立了工会组织的用人单位",从字面理解可以得出此意。另一方面,未建立工会的用人单位一般都是用工人数少、公司规模小的中小微企业。建立工会需要一定的条件和程序,中小微企业在没有建立工会的情况下,因未通知上级工会解除劳动合同而被认定为违法解除,对中小微企业过于严苛,也与最高人民法院《关于审理劳动争议案件适用法律问题的解释(一)》第 47 条的规定不符。

2."但起诉前用人单位已经补正有关程序的除外"如何理解

用人单位在单方面解除劳动合同时通知工会,本质上是一种程序要求,而非实体条件的要求。直白点说,如果用人单位依据《劳动合同法》第 40 条对员工进行无过失性辞退的理由不成立或是员工并无《劳动合同法》第 39 条所规定的可以辞退的过失行为,用人单位单方面辞退员工本身就过不了实体审查那一关,即使通知工会也应被认定为违法解除,哪怕工会回复同意解除劳动合同,也应被认定为违法解除。

因此,通知工会是为了便于工会履行职责,是保护职工合法权益的一项程序性要求,并不直接决定用人单位单方面解除劳动合同的实体理由是否合法、是否成立。如果用人单位单方面解除行为符合劳动合同法规定的实体条件,只是没有事先通知工会,属于程序上有瑕疵,应赋予用人单位补正程序瑕疵的权利。最高人民法院《关于审理劳动争议案件适用法律问题的解释(一)》第 47 条就明确了,用人单位在起诉前补正了通知工会的程序的,可视为用人单位已履行了通知工会的程序。

《劳动合同法》涉及用人单位可以单方面解除劳动合同的条款为第 39 条（过失性辞退）、第 40 条（无过失性辞退）、第 41 条（裁员），为什么《关于审理劳动争议案件适用法律问题的解释(一)》只规定"建立了工会组织的用人单位解除劳动合同符合**劳动合同法第三十九条、第四十条规定**，但未按照劳动合同法第四十三条规定事先通知工会……"该解释没有规定用人单位解除劳动合同符合《劳动合同法》第 41 条（裁员）时应通知工会，否则应认定为违法解除。原因很简单，《劳动合同法》第 41 条已经明确规定了用人单位要进行裁员的，应"提前三十日向工会或者全体职工说明情况，听取工会或者职工的意见"。换言之，用人单位依据《劳动合同法》第 41 条的规定进行裁员，要向工会或者全体职工说明情况并听取工会或者职工的意见。如果用人单位没有履行上述裁员的必备程序，本身就构成违法解除劳动合同了，也就不需要再规定未通知工会属于违法解除劳动合同了。

实操建议

用人单位在作出解除劳动合同的决定之前一定要对解除的事实依据进行审核，即实体上是否具备可以单方面解除劳动合同的情形。

用人单位有工会，一定要在发出解除劳动合同通知前将拟解除劳动合同的理由通知工会，并听取工会的意见。

如果用人单位尚未建立工会，从谨慎的角度，可以在向员工作出解除劳动合同的通知之前，通过 **EMS** 向单位所在地的上级工会组织邮寄送达拟解除劳动合同的征求意见函，写明拟解除劳动合同的对象及理由，请工会若有意见在一定期限内回复，在回复期限届满后再向员工作出解除劳动合同的通知。

二、认识误区：坚持不出具书面解除劳动合同的通知

近年来，有些用人单位认为，自己辞退员工的理由确实"站不住脚"，一旦向拟辞退的员工出具书面解除劳动合同的通知，相当于给了员工最直接的证据证明用人单位是违法辞退。所以，部分用人单位在辞退员工时采取口头通知、

面谈告知等方式，不出具书面解除劳动合同的通知。部分劳动者确实在这方面吃了亏，本来是公司口头通知辞退的，结果劳动者去仲裁时，公司又辩称是劳动者主动离职的，双方对解除劳动合同的原因各执一词，而劳动者又难以举证证明系用人单位单方面解除了双方的劳动合同。

当然，也许是因为在这种情况下吃亏的劳动者多了，在各种短视频平台分享自己吃亏经历的劳动者多了，所以现在很多劳动者都学聪明了。在与公司主管、HR 面谈离职事宜时，劳动者从一进门就打开手机录音。用人单位不是只是口头通知吗，用人单位不是不出具书面解除劳动合同的通知吗，你不仁总不能怪我不义吧，我直接录音总行了吧。

因此，在现在涉及解除劳动合同的劳动争议案件中，提交录音证据的比例越来越高。以往有书面解除劳动合同通知，裁判者只要结合证据评判用人单位的解除依据是否合法。现在审理劳动争议时，裁判者动不动就要听公司管理人员与员工长达一小时甚至几小时的谈话，那些谈话内容又是"绕山绕水"，不知所云。用人单位一方想表达解除劳动合同的意思又"扭扭捏捏"，还时不时打点感情牌。员工也时不时咬着牙感谢公司的栽培又再三请用人单位明确是不是要单方面辞退本人。

用人单位要明白，经济补偿金，本就是一项很正常的用工成本。即使第一次劳动合同到期用人单位不想续签也是要支付终止劳动合同经济补偿金的。如果用人单位因经营困难有必要裁员，先可以与员工一对一协商解除，大大方方给经济补偿金，一般都能协商成功。真有员工谈不下来，那就按法定的裁员流程走，该开会就开会，该听取意见就听取，该向当地人力资源社会保障部门报告就报告，依法依规裁员，也只需要支付经济补偿金。

其实在实践中，大多数劳动合同的解除就是用人单位向员工承诺支付经济补偿金，双方坐下来协商的。这种协商解除的模式，既能方便快捷地解决问题，又不用钩心斗角，更不用进行后续的仲裁诉讼，妥妥的"双赢"之局。反之，用人单位最终赔偿了 2N 付出更多的**金钱成本**，劳动者进行旷日持久的仲裁、诉讼付出更长**时间成本**，裁判者吃力地审核双方厚厚的证据付出了**司法成本**，明显的"三输"之局，但这种情形愈演愈烈。

职场信任滑落至此，部分用人单位难辞其咎，总想着耍点小聪明，明明是违法解除劳动合同，还总想来一出"无成本解雇"。试想，用人单位知道在合同期限内单方面解除一般的商业合同要支付违约金，但怎么会想着在合同期限内单方面解除受到保护力度更大的劳动合同而不用支付任何补偿？

所以，笔者真心希望，用人单位与劳动者之间多一些信任与理解，大家好聚好散。用人单位呢，该给的经济补偿给得大方一点。劳动者呢，公司与你协商解除劳动合同，也给经济补偿了，甚至额外给到 N + × 了，就不要纠结了，毕竟"此处不留爷，自有留爷处"。劳动关系有时候像婚姻关系，双方中意才能和谐，一方想解除，强留也不自在。双方都想好了，才能平和协商解除，从此一别两宽，各自安好。

第七节　经济补偿金与赔偿金的计算方法和注意事项

关键法条

1.《劳动合同法》

第四十七条　经济补偿按劳动者在本单位工作的年限，每满一年支付一个月工资的标准向劳动者支付。六个月以上不满一年的，按一年计算；不满六个月的，向劳动者支付半个月工资的经济补偿。

劳动者月工资高于用人单位所在直辖市、设区的市级人民政府公布的本地区上年度职工月平均工资三倍的，向其支付经济补偿的标准**按职工月平均工资三倍的数额**支付，向其支付经济补偿的年限最高不超过十二年。

本条所称月工资是指劳动者在**劳动合同解除或者终止前十二个月**的平均工资。

第八十七条　用人单位违反本法规定解除或者终止劳动合同的，应当依照本法第四十七条规定的**经济补偿标准的二倍向劳动者支付赔偿金**。

2.《劳动合同法实施条例》

第十条 劳动者非因本人原因从原用人单位被安排到新用人单位工作的,劳动者在原用人单位的工作年限合并计算为新用人单位的工作年限。原用人单位已经向劳动者支付经济补偿的,新用人单位在依法解除、终止劳动合同计算支付经济补偿的工作年限时,不再计算劳动者在原用人单位的工作年限。

第二十五条 用人单位违反劳动合同法的规定解除或者终止劳动合同,依照劳动合同法第八十七条的规定支付了赔偿金的,不再支付经济补偿。赔偿金的计算年限**自用工之日起计算**。

第二十七条 劳动合同法第四十七条规定的经济补偿的月工资按照劳动者**应得工资**计算,包括计时工资或者计件工资以及**奖金、津贴和补贴等货币性收入**。劳动者在劳动合同解除或者终止前 12 个月的平均工资低于当地最低工资标准的,按照当地最低工资标准计算。**劳动者工作不满 12 个月的,按照实际工作的月数计算平均工资**。

3. 最高人民法院《关于审理劳动争议案件适用法律问题的解释(一)》

第四十六条 劳动者非因本人原因从原用人单位被安排到新用人单位工作,**原用人单位未支付经济补偿**,劳动者依据劳动合同法第三十八条规定与新用人单位解除劳动合同,或者新用人单位向劳动者提出解除、终止劳动合同,在计算支付经济补偿或赔偿金的工作年限时,劳动者请求把在原用人单位的工作年限合并计算为新用人单位工作年限的,人民法院应予支持。

用人单位符合下列情形之一的,应当认定属于"劳动者非因本人原因从原用人单位被安排到新用人单位工作":

(一)劳动者仍在原工作场所、工作岗位工作,劳动合同主体由原用人单位变更为新用人单位;

(二)用人单位以组织委派或任命形式对劳动者进行工作调动;

(三)因用人单位合并、分立等原因导致劳动者工作调动;

(四)**用人单位及其关联企业与劳动者轮流订立劳动合同**;

(五)其他合理情形。

一、经济补偿金的计算基数

经济补偿金的计算基数是员工本人于劳动合同解除或者终止前 12 个月的月平均工资。

上述月平均工资是按劳动者每月的税前工资(也称应得工资)计算。

工资常分为税前工资、税后工资,有时也称为应得工资、实得工资。所谓税前工资、应得工资,是指没有扣缴五险一金的个人缴纳部分以及个人所得税的工资。所谓税后工资、实得工资,是指扣缴"五险一金"的个人缴纳部分以及个人所得税后,实际发到员工银行卡上的工资。

《劳动合同法实施条例》第 27 条明确规定,用于计算经济补偿金的月工资应按劳动者的"应得工资"计算,并明确规定应包括计时工资或者计件工资以及奖金、津贴和补贴等货币性收入。特别注意其中几个关键字,包括"奖金、津贴和补贴"等"货币性收入"。笔者想说,劳动合同法在规定经济补偿金的计算基数问题上可谓用心良苦,可以看出相关法条在努力"托低限高",力求平衡。

这里可能有用人单位会想,既然工资组成中的奖金、津贴和补贴都要纳入经济补偿的基数,那不设定为奖金、津贴和补贴不就行了。比如,公司在劳动合同中与张三约定:工资组成为基本工资 2100 元 + 茶水费 500 元 + 忠诚金 400 元 + 月分红 200 元 + 日分利 300 元,这样除了与当地最低工资标准一样的基本工资,其余构成没带任何奖金、津贴和补贴的字样,这样就不用计入经济补偿的基数了吧。想想,何为"天网恢恢,疏而不漏"?看看,什么是货币性收入?不管是什么名目,甚至是名目都没有,只要是用人单位每月用货币发的工资组成项,都是货币性收入,都要作为月工资计入经济补偿金的计算基数。这就是用心良苦的"托低限高"中的"托低"。在计算基数上将每月的货币性收入均纳入计算基数,其实是以"应计入均计入"的方式对低薪劳动者进行"托底"。后面讲到的为高薪劳动者设置经济补偿金的上限,则是为了"限高"。

此外,确定经济补偿金的计算基数时还要注意以下几个细节:

1. 一般情况下,计算离职前的 12 个月平均工资应按整月计算

举例说明:张三于 2022 年 11 月 12 日入职,后于 2023 年 12 月 5 日离职。

张三离职前12个月的月平均工资应以2022年12月1日至2023年11月30日的月工资进行平均计算,即2022年12月至2023年11月的月平均工资。而不是2022年12月5日至2023年12月4日的月平均工资。换言之,如果用人单位是按自然月计薪,这样每月拆开工作日来计算麻烦且不容易算准。当然,如果用人单位的计薪方式是每月5日至下月4日,按自己的计薪方式和计薪周期去确认员工离职前12个月的月平均工资,也并无不妥。

2. 如果劳动者在公司工作的时间不足12个月,则按实际工作月份计算

举例说明:张三于2023年11月16日入职,后于2024年6月9日离职,那么用于计算张三离职经济补偿金的月平均工资的方法是将张三2023年12月1日至2024年5月31日期间的工资进行平均计算。因张三于11月16日才入职,2023年11月工资未足月,故不用该月工资进行平均计算。因2024年6月张三仅工作至6月9日便离职,也未足月故不纳入。

3. 加班费、年终奖是否计入经济补偿金的计算基数存在争议

当前主流裁判观点认为,虽然法条规定了每月的货币性收入均计入计算基数,但加班费仍不计入经济补偿金基数。理由在于:加班费并非正常工作时间内产生的工资收入,而经济补偿金的计算基数还是应按正常情况下的应得工资计算。

关于年终奖是否计入经济补偿金的计算基数,如前所述,法条规定的月应得工资进行平均计算,计算出的12个月的平均工资作为经济补偿金的计算基数。因此,一部分观点认为,年终奖并非每月发放的奖金,而是年度一次性发放的奖金,具有非常规性、风险性的特征,故不应纳入计算基数。另有一部分观点认为,年终奖也属于劳动报酬的范围,虽然是以年度一次性发放的方式支付,但可以将该年度年终奖平摊到12个月,即以年终奖金额除以12个月,再纳入每月的工资范围。

由于上述争议,各地的指导意见也不相同。

例如,北京市高级人民法院、北京市劳动人事争议仲裁委员发布的《关于审理劳动争议案件解答(一)》第55条规定:《劳动合同法》第47条规定的计算经济补偿的月工资标准应依照《劳动合同法实施条例》第27条规定予以确定;

《劳动合同法实施条例》第 27 条中的"应得工资"包含由个人缴纳的社会保险费和住房公积金以及所得税。在计算劳动者解除或终止劳动合同前 12 个月平均工资时，应当包括计时工资或者计件工资以及奖金、津贴和补贴等货币性收入。其中包括正常工作时间的工资，**还包括劳动者的加班费**。劳动者应得的**年终奖**或**年终双薪**，计入工资基数时**应按每年 12 个月平均分摊**。该观点就是加班费、年终奖都应计入经济补偿金的计算基数，只不过年终奖需要按每年 12 个月进行平均分摊。

又如，四川省高级人民法院民事审判第一庭《关于审理劳动争议案件若干疑难问题的解答》第 29 条规定："《劳动合同法》中规定的经济补偿金及二倍工资计算基数按照劳动者正常工作状态下十二个月的应得工资计算，即未扣除社会保险费、税费等之前的当月工资总额，**但不应包括：（一）加班工资；（二）非规性奖金、津补贴、福利**。"该观点是加班费与非常规性奖金不计入计算基数。

所以，如果用人单位涉及与劳动者协商解除劳动合同或裁员等需要确认经济补偿金的计算基数时，对是否将加班费、年终奖也一并计入的问题，要多关注当地发布的指导意见或裁判尺度，以当地统一的裁判尺度为准。当然，用人单位与劳动者协商确定经济补偿金时，也可以先按不计入的尺度来协商。

实操建议

1.用人单位面临劳动者申请仲裁，要求用人单位支付经济补偿金、赔偿金等款项时，都涉及劳动者月应发平均工资的认定。用人单位应主动向仲裁庭或法庭提交员工离职前 12 个月的工资表。以便裁判者迅速查明事实。

2.通过银行转账方式向员工发放工资的，建议员工的月工资与加班费分别转账支付，即分两次转账发放。比如每月 10 日前支付员工工资，可以在每月 8 日向员工转账发放上月工资，于每月 9 日转账发放加班费，且加班费的转账备注为"加班费"。这样既可以证明加班费的发放事实，也可以在之后确定经济补偿金的计算基数时予以区分。在实践中，本来用人单位可以通过工资表来区分员工月工资的构成，但用人单位的工资表难以做到每月都让所有员工签字确认。加之用人单位将加班费与月工资一并转账支付，在没有员工签字确认的工资表来印证月工资中包含有加班费的情况下,用人单位所发放的工资中有多少是加班费根本无法证明。如果员工坚持每月那一笔转账都不含加班费,而员工又举证证明其存在加班要求用人单位补发加班费,或者劳动者认为其每月转账工资就是不含加班费的工资,要求全部作为经补偿金计算基数,用人单位会处于难以证明的被动处境。

二、经济补偿金的计算方式

(一)一般情况

每满1年支付1个月工资。6个月以上不满1年的,按1年计算;不满6个月的,支付半个月工资。

(二)劳动者工资过高的情形

如果劳动者月工资高于用人单位所在直辖市、设区的市级人民政府公布的本地区上年度职工月平均工资(社平工资)3倍,经济补偿金的计算基数按前述职工月平均工资的3倍计算且向其支付经济补偿的年限最高不超过12年。前述规定是对高薪劳动者的经济补偿金的上限规定,可以总结为"计算基数以3倍社平工资为限"且"工作年限12年封顶"。

如前所述,经济补偿金具有社会保障的性质,用来满足劳动者在失业与再次就业之间"空档期"的基本生活需求。而在职期间工资收入越高的员工越可能有储蓄应对失业与再就业之间的"空档期",在职期间工资收入越低的员工应对该空档期的能力越弱。所以,劳动合同法规定这样的上限,也是对高薪劳动者经济补偿与用人单位用工成本的一种平衡。

(三)合并计算工作年限的情形

有的用人单位会有不少关联用人单位。比如,李某注册成立了A公司,又注册成立了B公司。A公司与B公司因股东或法定代表人重合属于关联公司,但A公司与B公司是独立的用人单位主体。之后,A公司招用了张三,签订了3年期劳动合同。合同期满后,A公司又安排张三与B公司签订了3年期劳动合同。此时,张三又与B公司建立了劳动关系。如果张三因B公司欠薪而与其解除了劳动合同,B公司依法应支付张三经济补偿金,那张三前后在李某控股的A公司、B公司共计干了5年,难道计算其经济补偿金的工作年限只算在B公司的2年?这对张三肯定不公平,所以,劳动合同法规定了合计计算工作年限的情形。用人单位要清楚,关联公司之间这样前后用工不能改变经济补偿金的支付年限。

当然,不是在任何情况下的关联公司前后用工都要合并计算工作年限,用人单位在认定应合并计算工作年限时还要注意以下两个前提:

一是劳动者系非因本人原因从原用人单位被安排到新用人单位工作。

即使原公司与现公司是关联公司,但员工从原公司到现公司工作并非员工本身的原因才能引发工作年限合并计算,如果系因员工自身的原因在关联公司之间轮流建立劳动关系也不能合并计算工作年限。比如,A公司、B公司都是国内某大型上市公司的子公司,张三在A公司工作了三年。后觉得B公司的薪酬待遇更高,且专业更对口,在B公司的邀请下,张三以个人原因向A公司提出了解除劳动合同,然后再应聘到B公司工作。这种情况下,A公司、B公司虽是关联公司,但张三从A公司到B公司工作是因为其个人发展的考虑进行"跳槽",并非因为原用人单位A公司的安排或A公司、B公司的上级集团公司的安排。故之后B公司要向张三支付经济补偿金,张三在A公司的工作年限也不能计入计算经济补偿金的工作年限。如果是A公司、B公司的上级集团公司发现A公司的张三业务能力强,将其调到B公司工作,由于张三从A公司到B公司工作是基于集团公司的安排,而非其本人的原因,则之后B公司要向张三支付经济补偿金时,应将张三在A公司的工作年限合并计入。

二是原用人单位未支付经济补偿。

即使员工应得到解除或终止劳动合同的经济补偿,也不应该重复得到。所以,即使员工在新用人单位计算经济补偿金时应将在原用人单位的工作年限合计计入,但如果原关联公司已经在员工离开时向其支付了经济补偿金,那么当前的公司也无须在计算经济补偿金时再计入员工在原关联公司的工作年限。

仍以前例说明:A公司、B公司的上级集团公司发现A公司的张三业务能力强,将其调到 B 公司工作,A 公司为张三办理了离职手续,并按张三在职工作年限向其计付了经济补偿。之后,张三持集团公司的调令到 B 公司办理了入职手续。3 年后,B 公司要向张三支付经济补偿金,虽然张三属于非因本人原因从 A 公司到 B 公司,但因 A 公司已按张三在 A 公司的工作年限在张三离开 A 公司时支付了经济补偿金,故 B 公司向张三计付经济补偿金时,无须再将张三在 A 公司的工作年限合并计入,仅须按张三在 B 公司的工作年限计付经济补偿金。

掌握了以上两个前提后,用人单位要熟知在支付经济补偿金时应将工作年限合并计算的以下几种常见情形:

1. 劳动者仍在原工作场所、工作岗位工作,劳动合同主体由原用人单位变更为新用人单位

如果劳动者一直在原工作场所、工作岗位上工作,只是劳动合同主体发生变化,实质上相当于"轮流用工",这种情况下不影响劳动者工作年限连续计算。

2. 用人单位以组织委派或任命形式对劳动者进行工作调动

这种情形很好理解。比如前述举例,A、B、C 公司的上级集团公司将张三从 A 公司调到 C 公司,几年后又将张三从 C 公司调到 B 公司,那最后向张三计付经济补偿金的工作年限应将其在 A、B、C 三公司的工作年限合并计算。

3. 因用人单位合并、分立等,劳动者工作调动

这种情形也很好理解。比如:A 公司被 B 公司收购了,A 公司成了 B 公司的下属子公司,或者 A 公司、B 公司合并成立了 C 公司。在 A 公司工作的张三无论被调到 B 公司工作还是调到合并后的新公司 C 公司工作,其在 A 公司的工作年限均应合并计算。同理,A 公司因业务拆分,拆出的业务分别设立了 B 公司和 C 公司,张三因业务板块因拆分至 C 公司,故调至 C 公司工作,但张三在 A 公司的工作年限应与在 C 公司的工作年限合并计算。

4. 用人单位及其关联企业与劳动者轮流订立劳动合同

实践中,这种情况最为常见,即关联公司轮流与员工签合同。这种情况的难点在于对关联企业的判断。人民法院对关联企业的认定一般从人事关联、财产关联、业务关联等方面具体把握。

所谓人事关联,主要体现在股东和高级管理人员出现重合。比如:两公司有共同的股东、法定代表人为同一人,或者两公司的董事长、总经理为同一人等情况。实践中,还有的裁判者将两公司的控股股东或法定代表人系夫妻的情形也认定为关联公司。

所谓财产关联,主要体现在财产混同上。在劳动争议中常见的情况有:A公司与张三签订劳动合同,B公司为张三发放工资,C公司为张三缴纳社会保险费。

所谓业务关联,主要体现为劳动管理的混同。比如,张三从事业务员工作,有时开的单是A公司的,有时开的单是B公司。B公司的李经理在给张三分派工作,A公司的伍经理也在给张三分派工作。相当于张三在业务上为A、B两公司均提供劳动,两公司的管理人员都安排过张三的工作。

实操建议

在管理关联公司之间的员工调动时,如果员工从前一关联公司离职系因个人原因而离职,那么要保管好个人提出离职的材料。如果是采取员工从前一公司离职再入职后一公司,且前一公司已经向员工支付了经济补偿金的,也要保管好能够证明经济补偿已支付完毕的证据,如解除劳动合同协议书、离职结算单、支付经济补偿金的转账记录等。

三、赔偿金的计算方式

关键法条

1.《劳动合同法》

第八十七条　用人单位违反本法规定解除或者终止劳动合同的,应当依照本法第四十七条规定的经济补偿标准的二倍向劳动者支付赔偿金。

2.《劳动合同法实施条例》

第二十五条　用人单位违反劳动合同法的规定解除或者终止劳动合同,依照劳动合同法第八十七条的规定支付了赔偿金的,不再支付经济补偿。赔偿金的计算年限自用工之日起计算。

违法解除或终止劳动合同的赔偿金其实很简单,就是经济补偿金的2倍。但要注意一点,主流裁判观点认为,由于赔偿金是对用人单位违法解除或终止劳动合同行为的惩罚性赔偿,且《劳动合同法实施条例》第25条规定了"赔偿金的计算年限自用工之日起计算",故赔偿金的计算年限不受12年封顶之限。换言之,劳动者如果在用人单位工作的时间超过12年,且其工资超过了当地社会平均工资3倍,即使在支付经济补偿金时应计算的年限最高不超过12年,但计算赔偿金时还是应自用工之日起计算,也就是可以超过12年。

四、经济补偿金与赔偿金于仲裁、诉讼中的变更规则

关键法条

1. 最高人民法院《关于审理劳动争议案件适用法律问题的解释(一)》

第十四条 人民法院受理劳动争议案件后,当事人增加诉讼请求的,如该诉讼请求与讼争的劳动争议具有不可分性,应当合并审理;如属独立的劳动争议,应当告知当事人向劳动争议仲裁机构申请仲裁。

2. 人力资源社会保障部与最高人民法院《关于劳动人事争议仲裁与诉讼衔接有关问题的意见(一)》

五、劳动者请求用人单位支付违法解除或者终止劳动合同**赔偿金**的,劳动人事争议仲裁委员会、人民法院经审查认为用人单位系合法解除劳动合同**应当支付经济补偿**的,可以依法**裁决**或者判决用人单位支付经济补偿。

劳动者基于同一事实在仲裁辩论终结前或者人民法院一审辩论终结前将仲裁请求、诉讼请求由要求用人单位支付**经济补偿**变更为支付**赔偿金**的,劳动人事争议仲裁委员会、人民法院应予准许。

一般而言,起诉到人民法院的劳动争议事项,均应该先经过劳动仲裁,未经过劳动争议仲裁前置程序的劳动争议事项,人民法院不应受理,而应告知当事人先向劳动仲裁机构申请仲裁。在实践中,有的劳动者在起诉后又增加一些未经过劳动仲裁机构审理的诉讼请求。比如,张三申请劳动仲裁,要求A公司支

付其欠付的工资和经济补偿金，劳动仲裁机构裁决 A 公司向张三支付欠付的工资，但驳回了张三关于经济补偿金的诉讼请求。张三不服，向法院提起诉讼，要求判决 A 公司支付其欠付的工资和经济补偿金。张三起诉后，突然想起在职期间还有年休假没有休完，又向法院提交了增加诉讼申请书，增加一项诉讼请求为：判决 A 公司支付其未休年休假工资××××元。这种情况下，用人单位可以向法院提出抗辩主张，因张三新增的关于未休年休假工资的事项与已经过劳动仲裁的工资、经济补偿金事项并非具有不可分性的事项，而是属于独立的劳动争议，故张三应先就未休年休假工资申请劳动仲裁。在这种情况下法院不会受理张三新增的未休年休假工资的诉讼请求，而是告知张三应先申请劳动仲裁。

换言之，劳动仲裁时的争议事项与诉讼中的争议事项须具有一致性。但也有一个例外，那就是经济补偿金与赔偿金之间的变更。劳动者申请仲裁或提起诉讼的事项是违法解除劳动合同的赔偿金的，劳动仲裁机构与法院查明应支付经济补偿金，是否可以直接裁判支付经济补偿金？或者劳动者申请仲裁或提起诉讼的事项是经济补偿金，是否可以在仲裁或诉讼阶段变更为赔偿金？直白点说，经济补偿金的诉求与赔偿金的诉求是否可以"互通"？以上问题最终通过人力资源社会保障部与最高院联合发布的文件予以明确。

违法解除、终止劳动合同的赔偿金在计算方式上看，实际就是解除、终止劳动合同的经济补偿金的 2 倍。但计算方式一样，就意味着两者之间可以"互通"？比如，劳动者申请仲裁或提起诉讼，要求用人单位支付赔偿金（2N），劳动仲裁机构或人民法院经审查发现用人单位并非违法解除劳动合同，而是属于合法解除劳动合同但应该支付经济补偿金（N）的情形。劳动仲裁机构或人民法院能不能视为劳动者起诉的是赔偿金（2N）相当于"经济补偿金 N + 经济补偿金 N"，现在经审查发现用人单位应该支付劳动者"经济补偿金 N"，那就视为劳动者所申请的相当于 2 倍经济补偿金的赔偿金中有一半是正确的，直接裁决用人单位支付劳动者"经济补偿金 N"不就行了？从常理上看，似乎可以这样裁判。但这样做不符合法理。

为什么不应该，因为有一个概念叫"请求权基础"，有一种原则叫"不告不理"。请求权基础简单说就是：谁基于什么法律条款的规定，可以向谁提出什么样的具体请求。因为本书力求通俗，力求能让未学过法律的读者通过此书理解劳动法规的规定以及形成当前裁判观点的原因，知其然也知其所以然，所以这样解释请求权基础，比如，因为用人单位未与员工签订书面劳动合同，员工要求用人单位支付2倍工资。用人单位质问员工，凭什么给员工2倍工资！而这个"凭什么"，就是问员工的请求权基础。而员工回答：依照《劳动合同法》第82条第1款之规定，用人单位自用工之日起超过1个月不满1年未与劳动者签订书面劳动合同的，应向劳动者每月支付2倍的工资。这时，员工依照《劳动合同法》第82条第1款向用人单位主张2倍工资就是员工的请求权基础。

从请求权基础上看，解除、终止劳动合同的经济补偿金与违法解除、终止劳动合同的赔偿金的请求权基础是不一样的。劳动者主张经济补偿金，可能依据《劳动合同法》第38条之规定，即用人单位存在过错而提出解除劳动合同的情形，用人单位应支付劳动者经济补偿金。也可能依据《劳动合同法》第40条、第41条之规定，即用人单位无过失性辞退、经济性裁员时应向劳动者支付经济补偿金。而劳动者主张赔偿金，肯定是依据《劳动合同法》第87条之规定。所以，劳动者提出的经济补偿金或赔偿金的请求权基础是不一样的。在请求权基础不一样的情况下，按常理来讲，劳动者申请仲裁或起诉要求用人单位支付赔偿金，劳动仲裁机构或人民法院就不能裁判用人单位支付经济补偿金。因为，无论是仲裁或诉讼，都要遵守"不告不理"的原则，即申请人或原告一方不提出这方面的主张，劳动仲裁机构与法院就不能审理裁判这方面的内容。但是，在经济补偿金与赔偿金的争议上，如果僵化地运用"请求权基础"来处理，会明显增加用人单位与劳动者双方的诉累，也造成司法资源的浪费。

例如，用人单位以劳动者"不能胜任工作，经过培训仍不能胜任工作"为由将劳动者辞退。劳动者认为其胜任工作，用人单位系违法解除劳动合同，故申请劳动仲裁，要求裁决用人单位支付其违法解除劳动合同的赔偿金。劳动仲裁机构经审理认为，劳动者确有不胜任工作的情形，用人单位以此为由辞退系合法解除劳动合同，但依据《劳动合同法》第40条、第46条之规定，即使用人单位无过失性辞退劳动者也应当向其支付经济补偿金。但劳动者却是依据《劳动合同法》第87条之规定申请仲裁的是赔偿金。严格将赔偿金与经济补偿金进行区分的话,应先驳回劳动者关于赔偿金的申请,让劳动者重新就经济补偿金申请仲裁,再让用人单位重新作为被申请人来开庭。这还是在仲裁阶段出现劳动者申请赔偿金却发现应裁判经济补偿金,如果在之后的诉讼中才发现,也许双方的争议都超过1年了,又让劳动者再回去重新申请仲裁会让双方矛盾升级,让双方诉累加重。

又如,用人单位依据《劳动合同法》第41条进行裁员,劳动者认为把经济补偿金给了就行。由于用人单位未及时支付裁员的经济补偿金,劳动者申请了劳动仲裁,要求裁决用人单位支付劳动者经济补偿金。但劳动仲裁机构在庭审中看了用人单位的证据才知道,该用人单位的裁员程序存在多处违法,连向当地劳动行政部门报告的程序也没有。劳动者此时才发现应该依据《劳动合同法》第87条以用人单位违法解除劳动合同要求用人单位支付赔偿金,但仲裁申请书上又写明的是依据《劳动合同法》第41条要求用人单位支付经济补偿金。怎么办?难道撤回仲裁申请再重新申请一遍?但好不容易排队等了好长一段时间,等到开庭,再重新申请仲裁是不是太麻烦,但想到赔偿金与经济补偿金差1倍,心里又不甘心,陷入两难境地。

很显然,双方解除劳动合同后,就经济补偿金或赔偿金的争议,劳动者提出仲裁申请事项所依据的事实和法律条款可能与经审理后发现的事实或应依据的法律条款不一致。如果"机械"地按请求权基础来处理,劳动者很麻烦,要从头再来,用人单位也很麻烦,要多次应诉。劳动仲裁机构或人民法院也麻烦,也要陪着双方重新受理、排期、开庭审理。怎么解决这个问题?前述人力资源社会保障部与最高人民法院发布的《关于劳动人事争议仲裁与诉讼衔接有关问题的意见(一)》第5条就解决了问题,该条确立的规则是:

(1)劳动者请求用人单位支付违法解除或者终止劳动合同**赔偿金**,劳动仲裁机构或人民法院**经审查认为**用人单位系合法解除劳动合同应当支付**经济补偿**的,可以依法裁判用人单位支付**经济补偿**。

**总结:劳动者诉讼请求赔偿金,经审理后认为应支付经济补偿金的,可以直接裁判经济补偿金。

（2）劳动者基于**同一事实**在仲裁或一审**辩论终结前**，劳动仲裁机构与人民法院应允许劳动者将诉讼请求的**经济补偿金变更为赔偿金**。

总结：劳动者诉讼请求经济补偿金，不能直接裁判赔偿金。但在仲裁及一审辩论终结前，允许劳动者直接将经济补偿金变更为赔偿金。

需要注意的是，实质上该规定给了劳动者二次将经济补偿金变更为赔偿金的机会，第一次是劳动仲裁辩论终结前，第二次是劳动者不服仲裁裁决起诉到基层人民法院后的法庭辩论终结前。这其实给了劳动者相当长的"反应"时间和"纠错"机会。比如 A 公司辞退了张三，张三也不太懂劳动法规，在网上搜索了一下，发现可以要求 A 公司支付经济补偿金，所以就申请了劳动仲裁，要求用人单位支付经济补偿金。但劳动仲裁机构发现 A 公司的辞退行为是违法解除劳动合同，由于张三没有在仲裁的辩论结束前将其仲裁申请所要求的经济补偿金变更为赔偿金，故驳回了张三关于经济补偿金的申请。张三一看仲裁裁决书，发现原来可以要求用人单位支付赔偿金，于是向当地人民法院提起诉讼，要求判决用人单位向其支付赔偿金。按常理，张三在申请劳动仲裁时没有提出赔偿金的主张，所以其关于赔偿金的主张未经过仲裁前置程序，但由于前述文件规定劳动者可以在一审法庭辩论终结前将经济补偿金变更为赔偿金。故人民法院可以将经济补偿金和赔偿金视为不可分之争议事项，允许张三的变更申请，并对张三提出的赔偿金主张进行裁判。按上述规则处理经济补偿金和赔偿金的争议，在实践中确实避免了程序的空转，减少双方的诉累，实现尽量一次性解决双方的争议。

用人单位要清楚，劳动者是有权在劳动仲裁或诉讼中将经济补偿金变更为赔偿金的。对于这种变更，用人单位不能以未经过仲裁前置程序为由，要求法院不准许劳动者在一审诉讼中变更的经济补偿金或赔偿金事项。

五、违法解除劳动合同的另一法律后果：继续履行劳动合同

关键法条

> 《劳动合同法》
> 第四十八条 用人单位违反本法规定解除或者终止劳动合同，劳动者要求继续履行劳动合同的，用人单位应当继续履行；劳动者不要求继续履行劳动合同或者劳动合同已经不能继续履行的，用人单位应当依照本法第八十七条规定支付赔偿金。
> 第八十七条 用人单位违反本法规定解除或者终止劳动合同的，应当依照本法第四十七条规定的经济补偿标准的二倍向劳动者支付赔偿金。

在实践中，大部分劳动者在用人单位违法解除劳动合同时，都会选择要求用人单位支付违法解除劳动合同的赔偿金。以至于用人单位对违法解除劳动合同容易产生一个错觉，即违法解除劳动合同嘛，大不了给员工赔了 2N 了事。

其实，对于用人单位违法解除劳动合同的，法律赋予了劳动者两种选择：一种是要求裁判用人单位继续履行劳动合同；另一种是要求裁判用人单位支付赔偿金。大部分劳动者选择要求用人单位支付赔偿金，主要有以下几个原因。

一是选择继续履行劳动合同需要内心强大。劳动者与用人单位因违法解除劳动合同发生争议时，往往双方的关系已经处于"互相看不惯"的状态。此时，如果劳动者被违法解除劳动合同后，不主张用人单位赔一笔钱（赔偿金），反而非要回去上班（继续履行劳动合同），想想回去上班双方互相看不惯的局面，真是要内心强大才能面对。所以大部分劳动者选择要求用人单位支付赔偿金。

二是即使选择了继续履行劳动合同，如果被认定为劳动合同不能继续履行，还是只能主张违法解除劳动合同的赔偿金。俗话说，强扭的瓜不甜，这句话在职场也是适用的。劳动者已经与公司发生矛盾了，还坚持不要赔偿金要回去工作，即使劳动仲裁机构或法院强行裁判公司与劳动者继续履行劳动合同，劳

动者回去上班后可能在之后的工作中与公司也会矛盾不断。而且，用人单位为了不想再与劳动者合作，也会找更多的理由和证据证明"劳动合同已经不能继续履行"。最常见的理由有"原岗位已经撤销、原岗位已由其他员工替代"等。在实践中，劳动仲裁机构与法院一般也倾向于对"劳动合同已经不能继续履行"进行从宽认定，而一旦认定双方"劳动合同已经不能继续履行"的，会向劳动者释明是否将仲裁请求/诉讼请求变更为主张违法解除劳动合同的赔偿金。劳动者如果坚持不变更，仍然要求继续履行，劳动仲裁机构或法院可以"劳动合同已经不能继续履行"为由驳回劳动者要求继续履行劳动合同的主张。

如果裁判用人单位继续履行劳动合同，用人单位违法辞退劳动者到判决双方继续履行劳动合同期间的劳动者工资如何计付？换言之，员工从被违法辞退起，就一直未实际工作，双方只在仲裁、诉讼开庭时才见面，那劳动仲裁机构或法院最终裁决双方继续履行劳动合同，用人单位还用不用支付这期间的工资？如果支付，那岂不是用人单位支付劳动者未上班期间的工资？被违法解除劳动合同的员工岂不是"带薪仲裁""带薪与公司诉讼"？是的，老板们没有猜错，一旦被裁决继续履行劳动合同，大概率是由用人单位按违法解除劳动合同前的正常工资标准向员工支付这期间的工资，典型的"赔了夫人又折兵"。

最高人民法院《关于审理劳动争议案件适用法律问题的解释（二）（征求意见稿）》第 25 条规定：用人单位作出解除、终止劳动合同决定被确认违法且**劳动合同可以继续履行**，劳动者请求用人单位支付上述决定作出后至仲裁或者诉讼期间工资的，用人单位应当按劳动者提供正常劳动时的工资标准向劳动者支付上述期间的工资。双方都有过错的，应当各自承担相应的责任。人民法院可以根据劳动者**怠于申请仲裁及提起诉讼**、劳动者**在争议期间向其他用人单位提供劳动**等因素综合确定用人单位、劳动者的过错程度。

从上述征求意见稿的条款内容来看，最高人民法院的裁判观点是，一般情况下，用人单位应当按劳动者提供正常劳动时的工资标准向劳动者支付用人单位作出解除、终止劳动合同之日至生效裁决双方继续履行劳动合同之日的工资。如果劳动者存在"**怠于申请仲裁及提起诉讼**"，也就是在用人单位违法解除劳动合同之后，等好几个月才申请仲裁。比如，劳动者在被用人单位违法辞退后，不是想着赶快申请仲裁要求裁决继续履行劳动合同，而是趁被辞退不用上班，先去旅行一段时间后再回来申请仲裁要求裁决双方继续履行劳动合同。这种就属于劳动者"**急于申请仲裁及提起诉讼**"。这种情况下还要用人单位支付其旅行期间的工资，明显有失公平。同时，如果劳动者一方面与原用人单位进行仲裁或诉讼，要求继续履行劳动合同，另一方面在被原用人单位辞退之后就又找了新的工作。这种情况下，劳动者在新的工作岗位获得了劳动报酬，又要原用人单位继续履行劳动合同并获得与原用人单位进行仲裁或诉讼期间的工资，明显不是想继续履行劳动合同，而是想要两份工资。所以，这种情况下劳动者要求原用人单位继续履行劳动合同的主张一般不会得到劳动仲裁机构与法院的支持。

用人单位要注意，虽然在实践中，主流裁判观点本着不激化矛盾的考量以及对双方是否还能实际继续履行劳动合同的评估，对劳动者关于继续履行劳动合同的要求，倾向于引导劳动者主张赔偿金或是作出双方无法继续履行劳动合同的判断。但在一些较为特殊的情形下，还是倾向于裁判为继续履行劳动合同。

一是"三期"女职工。有些用人单位辞退"三期"女职工的方式很决绝，也很过分，以为"三期"女职工也就来干了一两年的，强行违法辞退大不了给她2N，而如果让她把"三期"享受完，可能支付的产假工资等各种保障比2N更多。抱有这种想法的用人单位，一定不知道被违法解除劳动合同的"三期"女职工还有要求继续履行劳动合同的权利。一旦被违法解除劳动合同的"三期"女职工提出继续履行劳动合同，实践中很大可能会判决双方继续履行劳动合同。原因在于，"三期"女职工于仲裁、诉讼期间，一般处于产假或哺乳期间，在裁判双方继续履行劳动合同的判决生效后，如果"三期"女职工处于产假期间，应该继续休产假，但之前仲裁、诉讼期间以及产假期间的工资应当向其补发。换言之，无论产假期满后双方是否解除或终止劳动合同，"三期"女职工通过诉请继续履行劳动合同使自己因用人单位违法解除劳动合同而被剥夺的法定待遇得到了恢复与弥补。

二是明显可以继续履行劳动合同的岗位。一般而言，用人单位的工作岗位都不是重复的,即用人单位出于成本的考虑,不会一岗多人或多人一岗。一旦用人单位与劳动者解除劳动合同的事实形成,用人单位会安排新的工作人员补充到被解除劳动合同员工的原岗位上。被解除劳动合同员工在与用人单位仲裁、诉讼的过程中,原工作岗位也不可能一直空缺着等待仲裁或判决结果,即实际上已被其他在职员工填补。即使最终被认定为违法解除,因原工作岗位已无空缺,双方难以继续履行劳动合同,裁判者只能裁判用人单位向劳动者支付相当于2倍经济补偿金的赔偿金。但有一些技术性不强以及一岗多人的情形,实践中被裁判为继续履行劳动合同的比例较高。如一个公司有多名保安岗位,继续履行并无困难。又如一个公司的客服部有几十名的客服人员,客服人员的工作内容差不多,薪酬标准也差不多。公司违法解除了一个客服人员的劳动合同,裁判者裁判双方继续履行劳动合同,用人单位也能从如此多的客服岗位中重新为继续履行劳动合同的员工安排工作岗位。换言之,此类相同工作岗位较多的情况下,用人单位以"原岗位已经撤销、原岗位已由其他员工替代"等理由主张无法继续履行劳动合同,难以成立。

第八节　解除劳动合同后的附随义务

关键法条

1.《劳动合同法》

第五十条　用人单位应当在解除或者终止劳动合同时**出具解除或者终止劳动合同的证明**,并在十五日内为劳动者办理档案和社会保险关系转移手续。

劳动者应当按照双方约定,**办理工作交接**。用人单位依照本法有关规定应当向劳动者支付经济补偿的,在办结工作交接时支付。

用人单位对已经解除或者终止的劳动合同的文本,至少保存二年备查。

> 第八十九条　用人单位违反本法规定**未向劳动者出具解除或者终止劳动合同的书面证明**，由劳动行政部门责令改正；给劳动者造成损害的，应当承担赔偿责任。
>
> 第九十一条　用人单位招用与其他用人单位尚未解除或者终止劳动合同的劳动者，给其他用人单位造成损失的，应当承担连带赔偿责任。
>
> **2.《劳动合同法实施条例》**
>
> 第二十四条　用人单位出具的解除、终止劳动合同的证明，应当写明劳动合同期限、解除或者终止劳动合同的日期、工作岗位、在本单位的工作年限。

用人单位与劳动者在解除或终止劳动合同后都负有相应的附随义务，违反了该附随义务给对方造成损失的，要赔偿损失。

一、用人单位在解除或终止劳动合同后应承担的附随义务及法律责任

义务之一：用人单位应在解除或终止劳动合同时向劳动者出具解除或者终止劳动合同的证明。

个别用人单位的高级管理人员因与员工协商解除劳动关系或办理离职时产生不愉快，或者反感员工向用人单位提出维权的诉求，想着在出具离职证明时"收拾"一下劳动者，即使"收拾"不了，"恶心"一下劳动者也行。怎么"收拾"呢，拖着不出具离职证明。有的公司认为拖着不出具离职证明，让员工离职后找工作不方便，员工总会来求公司给出具离职证明的。

其实，这是用人单位的认识误区，错把义务当权利的误区！用人单位一定要注意，双方解除或终止劳动合同后，向劳动者出具离职证明**是义务**！不依法出具离职证明，用人单位很可能承担赔偿责任。

典型案例

蔡某龙诉南京金中建幕墙装饰有限公司劳动合同纠纷案[①]

裁判要旨:用人单位应依据《劳动合同法》的规定,在解除或终止劳动合同时出具解除或终止劳动合同的证明,在 15 日内为劳动者办理档案和社会保险关系转移手续,并在合理期限内为劳动者办理专业证件转移手续。用人单位不及时办理上述事项,致使劳动者在再次就业时无法办理相关入职手续,或者无法出示相关证件,严重影响新用人单位对劳动者工作态度和职业能力的判断,从而导致劳动者不能顺利就业,损害劳动者再就业权益的,应对劳动者的未就业损失进行赔偿。

张某诉德城区某幼儿园、德州某幼儿教育公司名誉权纠纷案——不当的职业道德评价构成名誉侵权[②]

裁判要旨:

1. 劳动者向人民法院起诉用人单位的理由系用人单位在解除劳动合同通知书中陈述的理由对其名誉权造成损害,而非对解除劳动关系的事实存在异议,不属于劳动争议,故案件符合平等民事主体之间因人身关系或财产关系产生的纠纷,属于民事案件的受理范围。

2. 用人单位在解除劳动合同通知书中陈述的解除劳动合同关系的理由是否构成对劳动者名誉权的侵害,应当审查用人单位是否确有名誉侵权行为、劳动者是否确有名誉被损害的事实、侵权行为与损害后果之间是否有因果关系、用人单位主观上是否存在过错。用人单位在向劳动者出具的解除劳动合同通知书中陈述的事实涉及对劳动者**存在严重不良职业行为的评价**,造成劳动者社会信用受损,信誉度降低,可能妨碍劳动者再就业顺利进行的,应当认定用人单位的行为造成劳动者的名誉被损害,构成对劳动者的名誉侵权。

---

① 最高人民法院公报案例,2020 年第 4 期。
② 人民法院案例库案例,入库编号:2024-07-2-006-002。

徐某诉上海宝钢冶金建设公司侵犯名誉权纠纷案①

裁判要旨：名誉是指根据公民的观点、行为、作用、表现等所形成的关于公民品德、才干及其他素质的总体社会评价，是对公民社会价值的一般认识。公民享有名誉权，法律禁止用侮辱、诽谤等方式损害公民的名誉。用工单位对劳动者的劳动、工作情况作出的评价是劳动者总体社会评价的重要组成部分。**用工单位对劳动者作出不实、不良的评价，足以影响到劳动者今后的就业求职和工作生活的，构成对劳动者名誉权的侵犯。**

另外，有的用人单位会向劳动者出具离职证明，但出具的是一份贬损劳动者的离职证明。比如，出具的离职证明中的内容为：张三于××××年××月××日入职本公司，该员工思想消极，对待工作极不负责且个人能力不足，在职期间因工作失职造成本公司重大损失，正在与公司进行仲裁或诉讼。本公司于××××年××月××日将其辞退，双方再无劳动关系。试想，劳动者拿到这样一份离职证明心里是什么滋味？又怎么另找工作？用人单位能不能出具这样的证明？答案是不能的。

首先，思想消极、极不负责、工作能力差，明显属于贬损性的词句。试问，不负责到什么程度是极不负责？工作能力差到什么程度是不足？不同的用人单位对同一员工可能都有不同的评价。此公司眼中工作能力不足的员工也许是其他公司的技术骨干。用人单位实际上也难以证明一个员工达到"思想消极、极不负责、工作能力不足"的标准。若不能证明，则涉及对离职员工人格名誉方面的不当贬损。

其次，《劳动合同法实施条例》第24条明确了用人单位出具的解除、终止劳动合同证明"应当写明劳动合同期限、解除或者终止劳动合同的日期、工作岗位、在本单位的工作年限"。由于该条实际上是对离职证明内容的细化，故应按该条规定的内容来出具离职证明。

---

① 最高人民法院公报案例，2006年第12期。

实操建议

用人单位尽量按《劳动合同法实施条例》第 24 条之规定向劳动者出具离职证明。标准的离职证明如下：

解除(终止)劳动合同证明

<u>张三</u>于<u>2021 年 5 月 1 日</u>入职本公司从事<u>软件开发</u>工作，与本公司签订了自<u>2021 年 5 月 1 日</u>起至<u>2025 年 4 月 30 日</u>止的劳动合同。双方于<u>2024 年 5 月 31 日</u>解除(终止)劳动合同。张三在本公司的工作年限为<u>3 年 1 个月</u>。

此证明。

ABCD 有限责任公司
2025 年 5 月 31 日

义务之二：用人单位应在解除或终止劳动合同后 15 日内为劳动者办理社会保险关系转移手续。这个好理解，实践中争议不多。用人单位应在终止或解除劳动合同之后，及时办理社会保险关系的转移或减员操作。

义务之三(少数用人单位涉及)：用人单位应在解除或终止劳动合同后 15 日内为劳动者办理档案关系转移手续。因为现在大量劳动者的人事档案都在当地人才中心，很少有用人单位保管劳动者档案的情形，所以这种情况极少。当然，企业保管劳动者档案的，需要在劳动者离职后及时办理档案转移手续。

二、劳动者在解除或终止劳动合同后应承担的附随义务及法律责任

在劳动关系解除或终止之后，劳动者也负有附随义务。劳动者应在解除或终止劳动合同后按照双方约定办理工作交接。劳动者在离职时未按双方的约定办理工作交接，造成用人单位损失的，应当承担赔偿责任。个别劳动者因为在职期间或离职之时认为自己受了委屈，一气之下离职，并且不办理工作交接，这是相当错误的。整个劳动法规体系中，规定由劳动者承担赔偿责任的情形不多，不办理离职工作交接就是其中之一。用人单位要清楚，因为法条规定"按照双方约定"办理离职工作交接，所以具体如何办理离职工作交接，需要交接

什么内容，最好通过劳动合同进行明确约定，这也是本书于"书面劳动合同的签订"一章中介绍"离职交接条款"的原因。

📋 典型案例

研发人员辞职后拒不交接工作给用人单位造成损失的，应承担赔偿责任——某公司与李某劳动争议案[①]

基本案情：2020年12月1日，某公司与李某订立劳动合同，约定李某从事研发岗位工作，合同期限为3年；离职应当办理工作交接手续，交还工具、技术资料等，造成损失据实赔偿等内容。2022年2月15日，李某向某公司提出辞职，随即离开且拒不办理工作交接手续。某公司通过启动备用方案、招聘人员、委托设计等措施补救研发项目，因研发设计进度延误、迟延交付样机承担了违约责任。某公司向某劳动争议仲裁委员会申请仲裁，提出李某赔偿损失等请求。某劳动争议仲裁委员会不予受理。某公司诉至人民法院。

裁判结果：审理法院认为，劳动合同解除或者终止后，劳动者应当按照双方约定，办理工作交接手续。劳动者未履行前述义务给用人单位造成损失的，应当承担赔偿责任。李某作为某公司的研发人员，**未提前30日通知某公司即自行离职且拒绝办理交接手续**，其行为违反了《劳动合同法》第37条规定的劳动者提前30日以书面形式通知用人单位可以解除劳动合同的规定，应当按照《劳动合同法》第90条有关劳动者赔偿责任的规定对某公司的损失承担赔偿责任。**法院综合考量李某参与研发的时间、离职的时间、本人工资水平等因素**，酌定李某赔偿某公司损失50,000元。

[①] 最高人民法院于2024年4月30日发布的劳动争议典型案例。

第十一章 劳动仲裁的应对与处理

关键法条

《劳动争议调解仲裁法》

第五条 发生劳动争议,当事人不愿协商、协商不成或者达成和解协议后不履行的,可以向调解组织申请调解;不愿调解、调解不成或者达成调解协议后不履行的,可以向劳动争议仲裁委员会申请仲裁;对仲裁裁决不服的,除本法另有规定的外,可以向人民法院提起诉讼。

我国对劳动争议的处理程序是"一裁二审"制度,即发生劳动争议后,不愿调解或调解不成的,应当先向劳动争议仲裁委员会申请仲裁。对劳动仲裁裁决不服的,除了一裁终局的仲裁裁决外,劳动者与用人单位都可以向基层人民法院起诉,从而进入民事诉讼的一审程序。基层人民法院对劳动争议案件作出一审判决后,除了适用小额诉讼程序作出的判决外,劳动者与用人单位均可以向对应的中级人民法院提起上诉。中级人民法院作出的二审判决是终审判决,一方不履行判决事项的,另一方可以向人民法院申请强制执行。当前,劳动争议的解决程序在实践中确实存在程序烦琐、耗时较长的问题,也受到一定的质疑。具体来讲,前述"一裁二审"的劳动争议解决程序主要有以下三点问题:

第一,劳动争议案件受理费低,滥用诉权的情形较多。

当前,我国实行的是劳动仲裁不收费,劳动争议案件的案件受理费按件收取,每件10元。而且劳动争议案件进入诉讼后,一审程序一般会适用简易程序,案件受理费减半收取,为5元/件。换言之,在当事人不聘请律师的情况下,劳动争议历经劳动仲裁、一审、二审,直到当地中级人民法院作出终审判决,总共的案件受理费也就 15 至 20 元,相当于一线城市的一碗面钱(而且不能加煎蛋)。所以,申请劳动仲裁以及提起劳动争议诉讼的成本极低。相对于这点聊胜于无的受理费,国家为解决劳动争议投入的资源却是相当多的。可以说,每件劳动争议案件的处理,都是国家在补贴争议解决费用。也正因如此,劳动争议中滥用诉权现象十分突出。

对于部分劳动者而言,反正劳动仲裁不收费,无论提出多高的金额,都不收费。即使把官司打到二审法院,也就按 10 元一件收费。那反正都花 10 元钱,那就提个痛快,想提多少提多少。即便不能赢用人单位一场,也要吓用人单位一跳。于是,劳动者一方动不动提出四五项、七八项诉讼请求。劳动者提出十几项、三十几项诉讼请求的案件,笔者也处理过。诉讼请求的金额也是往高了提,网络上时不时传出劳动争议案件中劳动者要求用人单位赔偿上千万元、上亿元。究其原因,还是因为劳动争议的案件受理费太低且不与诉讼请求的金额挂钩。其他民商事案件,就不会出现这种情况。比如买卖合同纠纷,如果进行诉讼,需要按诉讼请求金额的一定比例缴纳案件受理费,原告向被告提出支付货款 10 万元的诉讼请求,法院支持原告 10 万元,则原告不用支付案件受理费;但原告提出 100 万元的货款主张,最终法院判被告支付原告 10 万元。原告就要自行承担未支持的 90 万元所对应的 1 万多元的案件受理费。

对于部分用人单位而言,劳动者可以因劳动仲裁不收费而轻易申请劳动仲裁,那劳动争议诉讼那 10 元钱对用人单位来说跟免费有什么区别?无论劳动仲裁的裁决书是否正确,有的用人单位就是不服起诉到法院。无论法院的一审判决是否正确,用人单位就是要上诉到中级人民法院去进行二审。用人单位称之为"走程序"。在网络上也经常可以看到,员工与企业发生劳动纠纷,企业 HR 一般会以陪员工"走程序"的方法给维权员工施加压力。所以,从笔者在劳动争议实务中观察到的情况来看,当前这种案件受理费极低的模式,实际上无形间增加了劳动者与用人单位双方的成本,也消耗了国家大量的司法资源。

俗话说：免费的才是最贵的！这句话在我国的劳动争议解决程序中得到印证。

第二，"一裁二审"的争议解决程序太冗长，消耗大量资源。

相较而言，劳动争议标的额小，且涉及劳动者的民生需求，也涉及用人单位的常见纠纷，其纠纷解决程序应该更为简便快捷，应该更注重效率。而涉及几百万元、几千万元的商业纠纷的纠纷解决程序应该更严谨，更注重防止裁判结果错误。但事实却相反，一般的民商事案件只需二审终审，而劳动争议案件却在二审终审之前多了个"一裁"。也就是说，标的金额相对小的劳动争议案件，比标的金额相对大得多的商事案件的程序更复杂冗长，最终上诉到中级人民法院进行二审的情形也比商事纠纷更多。

第三，劳动仲裁机构与法院分属不同条线，裁判尺度、流程衔接有待统一。

有不少律师吐槽，说劳动争议的裁判尺度混乱，感觉各地方都有一部自己的劳动法。真有"千里不同风，百里不同俗"的感觉。仲裁裁决了，起诉到法院，又要重新提交证据，重新举证质证，为什么劳动仲裁机构与一审法院不能像一、二审法院一样可以移送卷宗，不用重新举证质证？

劳动仲裁机构与一审法院的衔接问题，确实是一个难点。由于劳动仲裁机构与一审法院分属不同的系统，双方不是一审法院与二审法院之间的关系。双方对劳动仲裁结果不服起诉到法院后，一审法院不能看到劳动仲裁的卷宗，不能查阅劳动仲裁的笔录。所以，当事人需要重新向一审法院提交证据，一审法院开庭审理后作出判决。但如果双方当事人不服一审判决上诉到二审法院，则已提交过的证据不用再提交，如果没有新的证据提交，二审法院很可能经过询问后，通过不开庭的书面审理即可作出二审判决。换言之，一、二审法院之间的衔接是相当通畅的，但对劳动仲裁裁决不服起诉到一审法院后，相当于"重新开始"。起诉、答辩、举证质证、法庭辩论，基本上都要再来一遍。之所以在此强调这个问题，是因为在实践中，有些用人单位的代理人因为缺乏处理劳动争议的实务经验，在一审开庭前没有提交证据，法官开庭询问证据在哪里，往往得到的回答是：我方在劳动仲裁的时候把证据提交了，难道还要向法院再提交一遍证据？其实，一审法院是看不到双方当事人向劳动仲裁机构提交的证据的,所以当事人不服劳动仲裁结果起诉到法院后,要向一审法院重新提交完整的证据。

以上是当前劳动争议仲裁方面的整体特点,下面分节讲解劳动仲裁的流程及注意事项。

第一节　劳动仲裁的受理范围

关键法条

1.《劳动争议调解仲裁法》

第二条　中华人民共和国境内的用人单位与劳动者发生的下列劳动争议,适用本法:

(一)因确认劳动关系发生的争议;

(二)因订立、履行、变更、解除和终止劳动合同发生的争议;

(三)因除名、辞退和辞职、离职发生的争议;

(四)因工作时间、休息休假、社会保险、福利、培训以及劳动保护发生的争议;

(五)因劳动报酬、工伤医疗费、经济补偿或者赔偿金等发生的争议;

(六)法律、法规规定的其他劳动争议。

2.最高人民法院《关于审理劳动争议案件适用法律问题的解释(一)》

第一条　劳动者与用人单位之间发生的下列纠纷,属于劳动争议,当事人不服劳动争议仲裁机构作出的裁决,依法提起诉讼的,人民法院应予受理:

(一)劳动者与用人单位在履行劳动合同过程中发生的纠纷;

(二)劳动者与用人单位之间没有订立书面劳动合同,但已形成劳动关系后发生的纠纷;

（三）劳动者与用人单位因劳动关系是否已经解除或者终止，以及应否支付解除或者终止劳动关系经济补偿金发生的纠纷；

（四）劳动者与用人单位解除或者终止劳动关系后，请求用人单位返还其收取的劳动合同定金、保证金、抵押金、抵押物发生的纠纷，或者办理劳动者的人事档案、社会保险关系等移转手续发生的纠纷；

（五）劳动者以用人单位未为其办理社会保险手续，且社会保险经办机构不能补办导致其无法享受社会保险待遇为由，要求用人单位赔偿损失发生的纠纷；

（六）劳动者退休后，与尚未参加社会保险统筹的原用人单位因追索养老金、医疗费、工伤保险待遇和其他社会保险待遇而发生的纠纷；

（七）劳动者因为工伤、职业病，请求用人单位依法给予工伤保险待遇发生的纠纷；

（八）劳动者依据**劳动合同法第八十五条**规定，要求用人单位支付**加付赔偿金**发生的纠纷；

（九）因**企业自主进行改制**发生的纠纷。

第二条　下列纠纷不属于劳动争议：

（一）劳动者请求社会保险经办机构发放社会保险金的纠纷；

（二）劳动者与用人单位因住房制度改革产生的公有住房转让纠纷；

（三）劳动者对劳动能力鉴定委员会的伤残等级鉴定结论或者对职业病诊断鉴定委员会的职业病诊断鉴定结论的异议纠纷；

（四）家庭或者个人与家政服务人员之间的纠纷；

（五）个体工匠与帮工、学徒之间的纠纷；

（六）农村承包经营户与受雇人之间的纠纷。

以上是规定劳动争议案件受理范围的法条，即明确了哪些争议通过劳动争议程序解决，哪些不属于劳动争议。大部分内容从字面意思就可以理解，笔者不再赘述。在实践中，用人单位对劳动争议受理有以下几个常见的误区。

一、用人单位未缴或少缴社会保险费,劳动者是否可以申请劳动仲裁或提起劳动争议诉讼要求裁判用人单位补缴

在办案实务中,经常见到劳动者在仲裁请求或诉讼请求中提出:裁决被申请人为申请人补缴20××年×月至20××年×月的社会保险费。其实,主流裁判观点为,劳动者通过劳动仲裁或民事诉讼要求裁决或判决用人单位补缴社会保险费的请求事项的,劳动仲裁机构或人民法院不予受理。理由在于:

有员工提出,最高人民法院《关于审理劳动争议案件适用法律问题的解释(一)》第1条规定:"劳动者与用人单位之间发生的下列纠纷,属于劳动争议,……:(五)劳动者以用人单位未为其办理社会保险手续,且社会保险经办机构不能补办导致其无法享受社会保险待遇为由,要求用人单位赔偿损失发生的纠纷……"员工觉得,用人单位没有给员工缴纳社会保险费,那社会保险中应由用人单位缴纳的部分就是员工的损失。员工起诉要求用人单位将其应承担的单位缴费部分折算成现金支付给本人,这样用人单位也不用再向社会保险部门补缴了。这样行不行?答案是不行!

对这种情形先不用法律知识来判断,要用反向思考法来判断。借此机会,笔者一定要向用人单位的管理人员,推荐劳动用工方面的反向思考法。笔者也常用此法来判断裁判结论是否符合社会大众心中最朴素的公平,是否经得起常识的考验。反向思考法很简单,就是:假设这个做法可以,且全国的用人单位都这样做,是否会导致整个劳动用工领域出现混乱或架空国家的某项制度。

比如前例,如果允许劳动者与用人单位自行协商不缴纳社会保险费,将用人单位应承担的社会保险费用折算成现金支付给劳动者即可,请问如果全国用人单位都这样做,那社会保险制度还存在吗?

又如,有的短视频向企业老板讲如何减少用工成本。竟然告诉企业,不要与劳动者签订劳动合同,而是签订劳务合同,还一本正经地告诉企业主,虽合同名称仅一字之差,但其和员工之间就不是劳动关系而是劳务关系了,就可以不用为员工缴纳社会保险费了,也不用支付加班费了,解雇员工也就不用支付经济补偿了。还别说,真有中小微企业的老板信了,与员工签订劳务合同,然后不

缴社会保险费还任意解除员工,在法庭上还振振有词,认为双方签了劳务合同就应该是劳务关系。当然,结果可想而知,本想节约用工成本,结果导致支付赔偿金,用工成本更高。

笔者听过中小微企业的老板吐槽,我们创业难,又不懂劳动法,我怎么知道签了劳务合同双方还是会认定为劳动关系呢。笔者告诉他一个简单的判断方法,就是反向思考法。你想想,你刷到一个小视频,几分钟教你把劳动合同的名称改一个字,就可以规避劳动关系,不再承担劳动法规中用人单位应承担的义务。如果可行,这种好事就你一个老板知道?人家大公司那么多法务人才会想不到?全国老板都去把劳动合同名称改成劳务合同,那全国的用人单位都成功规避劳动关系了?改一个字谁不会?改一个字就没有劳动关系了,那我国社会中还有劳动关系吗?全国上下都成劳务关系了,都不用缴纳社会保险费了,都可以随意解雇员工,你想想,这画面美不美?老板直点头。所以,有些劳动用工方面的"普法"真的是一个敢说,一个敢信。关键是说的一方,说就说了,也不用承担责任。信的一方,信了就用了,用了就赔了。

笔者理解,中小微企业在起步时,没法像步入正轨的中、大型企业一样有专业的法律顾问,甚至连专职的 HR 都没有。面对较为庞杂的劳动法规,劳动用工风险也逐步成为部分中小微企业创业失败的原因之一。笔者是在网络上看到一些劳动用工方面错误的知识普及,才想着写两本书。而且想用通俗直白的词句写两本书,让没有任何法律基础的劳动者或中小微企业主都能看懂。一本就是写给劳动者的《在职场,你得学点劳动法》,另一本是写给中小微企业主和 HR 的本书《劳动用工全流程 法律指导一本通》。

言归正传,作为用人单位要清楚,应缴纳的社会保险费用与劳动报酬不同,社会保险费用是基于国家的社会保险制度而向社会保险征缴机关缴纳的费用,其缴纳标准是法定的,双方不可以通过协议在法定标准上减少或一致决定折算成现金了事。如果用人单位未缴纳或未足额为劳动者缴纳社会保险费,一般而言,劳动仲裁机构与人民法院不会受理劳动者要求补缴的诉讼请求。但这并不意味着用人单位可以免除足额缴纳社会保险费的责任,劳动者向社会保险征缴机构投诉的,社会保险征缴机构仍会责令用人单位补缴社会保险费。

那么，前述最高人民法院《关于审理劳动争议案件适用法律问题的解释（一）》中"劳动者以用人单位未为其办理社会保险手续，且社会保险经办机构不能补办导致其无法享受社会保险待遇为由，要求用人单位赔偿损失发生的纠纷"究竟是指什么样的纠纷。其实，此规定的前提有3项：

(1)用人单位未为劳动者办理社会保险手续。比如，员工与公司建立了劳动关系，而该公司连社会保险都没给员工办理。注意，是缴都没缴，而非未足额缴。未足额缴纳社会保险费一般是通过向社会保险行政部门投诉解决。而如果社会保险直接都没有办理，那就只能看能不能补办，不能补办就只能说赔偿损失问题了。

(2)社会保险经办机构不能补办导致劳动者无法享受社会保险待遇。比如：员工于2023年3月入职，公司一直未为员工缴纳城镇职工基本医疗保险费，员工于2024年1月生病住院。而公司在员工出院后，于2024年2月才开始为员工缴纳医疗保险费，而医保局不能为员工补办2023年3月入职开始的医疗保险，导致员工无法享受医疗保险报销待遇。

(3)劳动者无法享受社会保险待遇，实际上造成了劳动者的损失。如上例，员工通过医院医疗保险部门核定，如果员工缴纳了医疗保险费，可以报销×××元，相当于因公司未为员工缴纳医疗保险费，员工未享受到本应可以享受的医疗费用报销×××元。这就是员工的损失，员工可以要求用人单位赔偿该损失。对于这种赔偿损失的案件，劳动仲裁机构与人民法院才应受理。

二、用人单位是否可以预先提起"确认与劳动者不存在劳动关系"的消极确认之诉

在实践中，劳动者申请确认其与用人单位存在劳动关系，仲裁裁决也确认了劳动者与用人单位于某段期间内存在劳动关系。这时用人单位对确认劳动关系的裁决事项不服，认为双方不存在劳动关系的，可以向人民法院起诉，要求确认其与劳动者不存在劳动关系。这种情形好理解，因为有确认了劳动关系的劳动仲裁裁决在前，用人单位基于其对仲裁裁决结论不服，起诉至人民法院很正常。但实践中还有一种情形，劳动者没提出任何要求确认劳动关系的主张，用人单位出于"先发制人"的想法，抢先申请劳动仲裁，要求确认其与某员工不存在劳动关系。这种确认申请在司法实践中被称为"消极确认之诉"。

最常见的原因是，该员工在工作中受了伤，还在工伤治疗或康复休息期，用人单位感觉员工肯定会在康复后申请工伤认定，之后再要求工伤赔偿。用人单位可能听从了"法律顾问"的建议，想来个"先下手为强"，先于劳动者提出劳动仲裁申请，要求确认双方不存在劳动关系。还有一种常见原因是，离职员工只是去社会保险行政部门投诉社会保险费用未缴纳或未足额缴纳，并没有申请劳动仲裁。用人单位也许是想把劳动者拉入劳动仲裁或诉讼中，直接申请仲裁要求确认双方不存在劳动关系。对于上述情况，主流裁判观点是，这种消极确认之诉，不具有诉的利益，劳动仲裁机构与人民法院不应受理。"不具有诉的利益"，直白地说，就是用人单位主动要求确认与员工不存在劳动关系没什么用。如果双方之间真没有劳动关系，用人单位在劳动者仲裁或起诉的时候提出双方不存在劳动关系的抗辩理由就可以了，没有必要先行来仲裁或起诉要求确认不存在劳动关系。

劳动仲裁或民事诉讼都是解决争议的方式，解决已产生的争议，不是用来给想象中可能出现的争议来打"预防针"的。试想一下，如果这种消极确认之诉可以在双方争议尚未产生之时提起。那理论上只要用人单位愿意，就可以提出14亿个仲裁申请，要求确认本公司与每个中国人都不存在劳动关系。因此，笔者认为，对用人单位在没有仲裁裁决确认了劳动关系的情况下，直接提起"确认不存在劳动关系"的消极确认之诉，不应受理。

三、确认劳动关系纠纷的具体范围

"因确认劳动关系发生的争议"的具体范围在实务中有以下几类：

1. 劳动者申请确认与用人单位存在劳动关系

例如劳动者张三申请仲裁，提出的申请事项是：**确认张三与 A 公司自 20××年×月×日起存在劳动关系**。这种情形主要适用于劳动者一方认为双方劳动关系尚未结束，所以提出的申请确认的是建立劳动关系的开始时间，无劳动关系结束时间。

又如劳动者张三申请仲裁,提出的申请事项是:**确认张三与 A 公司于 20××年×月×日至 20××年×月×日存在劳动关系**。这种情形主要适用于双方劳动关系事实上已解除或终止,但由于用人单位不认可双方存在过劳动关系,劳动者通过申请仲裁或提起诉讼来确认这一段时间内存在劳动关系。

2. 劳动者或用人单位申请确认双方的劳动关系已解除(或已终止)

这类申请事项或诉讼请求,在实务中经常出现,劳动仲裁机构与人民法院会受理并作出相应的确认。比如张三为了要求公司支付解除劳动合同的经济补偿金,在申请劳动仲裁时提出两项申请事项:(1)确认张三与公司的劳动合同已解除;(2)判决公司支付张三解除劳动合同的经济补偿金 19,000 元。最后,仲裁裁决确认双方的劳动关系已解除并裁决公司支付张三经济补偿金 19,000 元。

3. 劳动者或用人单位申请确认双方的劳动合同无效

《劳动合同法》第 26 规定:"下列劳动合同无效或者部分无效:(一)以欺诈、胁迫的手段或者乘人之危,使对方在违背真实意思的情况下订立或者变更劳动合同的;(二)用人单位免除自己的法定责任、排除劳动者权利的;(三)违反法律、行政法规强制性规定的。对劳动合同的无效或者部分无效有争议的,由劳动争议仲裁机构或者人民法院确认。"所以,劳动者或用人单位任何一方认为劳动合同存在无效情形的,都可以通过申请劳动仲裁或提起诉讼的方式,由劳动仲裁机构或人民法院进行确认。这种确认申请是法律明文规定的,并无争议。

第二节　劳动仲裁的申请与管辖

关键法条

《劳动争议调解仲裁法》

第二十一条　劳动争议仲裁委员会负责管辖本区域内发生的劳动争议。

劳动争议由**劳动合同履行地**或者**用人单位所在地**的劳动争议仲裁委员会管辖。双方当事人分别向劳动合同履行地和用人单位所在地的劳动争议仲裁委员会申请仲裁的,由**劳动合同履行地**的劳动争议仲裁委员会管辖。

第二十七条 劳动争议申请仲裁的时效期间为一年。仲裁时效期间从当事人知道或者应当知道其权利被侵害之日起计算。

前款规定的仲裁时效,因当事人一方向对方当事人主张权利,或者向有关部门请求权利救济,或者对方当事人同意履行义务而中断。从中断时起,仲裁时效期间重新计算。

因不可抗力或者有其他正当理由,当事人不能在本条第一款规定的仲裁时效期间申请仲裁的,仲裁时效中止。从中止时效的原因消除之日起,仲裁时效期间继续计算。

劳动关系存续期间因拖欠劳动报酬发生争议的,劳动者申请仲裁不受本条第一款规定的仲裁时效期间的限制;但是,劳动关系终止的,应当自劳动关系终止之日起一年内提出。

一、申请劳动仲裁的管辖原则

劳动仲裁案件的管辖原则可以概括为两句话:**劳动合同履行地**或**用人单位所在地**管辖,且**劳动合同履行地**优先。

劳动合同履行地,简单来讲,就是劳动者打卡上班的地方。用人单位所在地,就是用人单位注册登记的住所地或者主要经营机构所在地。一般情况下,用人单位的所在地与劳动合同的履行地是一致的。比如,公司登记的住所地位于×市×区×街×号的写字楼内,公司也在该地实际经营,员工也就肯定在这里上班。那么,该公司员工的劳动合同履行地与该公司的所在地是一致的,双方发生劳动争议后,员工向×市×区劳动人事争议仲裁委员会申请仲裁即可。

但也有特殊情况,就是用人单位所在地与劳动合同履行地不一致。比如上海××网络公司的公司登记地与总部均位于上海市浦东新区,但该公司将研发业务放到成都市高新区,在成都市高新区租赁了办公场所,设立了研发中心,而成都这边的研发中心招用了 36 名研发人员。这些研发人员与上海××网络公司签订劳动合同,但实际的上班地址是位于成都市高新区的研发中心。此时,对于这些研发人员而言,劳动合同履行地位于"成都市高新区",用人单位所在地位于"上海市浦东新区"。也就出现了劳动合同履行地与用人单位所在地不一致的情形。

如果研发人员张三与上海××网络公司因竞业限制纠纷产生争议,研发人员张三作为劳动者向劳动合同履行地(成都市高新区)的劳动人事争议仲裁委员会申请了仲裁,上海××网络公司作为用人单位向用人单位所在地(上海市浦东新区)的劳动人事争议仲裁委员会申请了仲裁。这时就触发了劳动仲裁管辖原则之"**劳动合同履行地优先**",即双方当事人分别向劳动合同履行地和用人单位所在地的劳动争议仲裁委员会申请仲裁的,由劳动合同履行地的劳动争议仲裁委员会管辖。

劳动争议仲裁的管辖原则为"劳动合同履行地或用人单位所在地管辖,且劳动合同履行地优先"。实际上该原则利于劳动者,方便劳动者。原因在于:一般而言,劳动者找工作上班的地方,就是劳动者的经常居住地,即劳动者经常居住地与劳动合同履行地一般是一致的。换言之,劳动者如果要申请劳动仲裁,肯定是希望在劳动合同履行地申请。而虽然规模较大的用人单位的工商注册地或总部所在地位于某一城市,但其下属员工的工作岗位却可能遍布全国。所以,劳动仲裁的争议由劳动合同履行地劳动仲裁机构优先管辖,实际上是方便了劳动者就近申请劳动仲裁。

用人单位要注意的是,劳动仲裁机构作出裁决之后,双方不服劳动仲裁裁决向人民法院起诉的,劳动争议诉讼案件的管辖原则与劳动仲裁案件的管辖原则有些许不同。最高人民法院《关于审理劳动争议案件适用法律问题的解释(一)》第 3 条规定:劳动争议案件由**用人单位所在地**或者**劳动合同履行地**的基层人民法院管辖。**劳动合同履行地不明确的,由用人单位所在地**的基层人民法院管辖。法律另有规定的,依照其规定。第 4 条规定:双方当事人就同一仲裁裁决**分别**向有管辖权的人民法院起诉的,**后受理**的人民法院应当将案件**移送**给**先受理**的人民法院。

该解释规定了法院对劳动争议案件的管辖原则是由**用人单位所在地**或者**劳动合同履行地**的基层人民法院管辖,劳动合同履行地不明确的由**用人单位所在地**的基层人民法院管辖。双方分别向有管辖权的法院起诉的,**先受理的法院**获得管辖权。

因为仲裁与诉讼的管辖优先情形存在不一致之处,所以实践中存在"抢管辖"的情形。用人单位在劳动争议的管辖方面要注意以下几点:

(1)由于大多数劳动仲裁是由劳动者一方提出申请,故用人单位作为被申请人,在劳动仲裁阶段并无选择管辖地的机会。而劳动者申请仲裁的地区,一般是劳动合同履行地,即劳动者实际上班的地方。

(2)"抢管辖"主要发生在劳动争议仲裁委员会作出仲裁裁决书后。此时,劳动者和用人单位任何一方不服非终局的仲裁裁决均可以**向基层人民法院提起诉讼**。用人单位不服仲裁裁决的,可以选择向劳动合同履行地法院起诉,也可以选择向其公司所在地(一般为工商营业执照登记的住所地)法院起诉。

(3)如果用人单位的所在地与劳动者的上班地不一致,就可能出现劳动者不服仲裁裁决向劳动合同履行地法院起诉,用人单位也不服仲裁裁决向其所在地法院起诉。此种情形下,后受理的法院就需要将案件移送至先受理的法院。

(4)最高人民法院《关于审理劳动争议案件适用法律问题的解释(一)》第 4 条规定的是"双方当事人就同一仲裁裁决分别向有管辖权的人民法院起诉的,**后受理的人民法院**应当将案件移送给**先受理的人民法院**"。注意,是以法院**受理先后**为准,不是以**起诉先后**为准。一般而言,谁不服仲裁裁决先提起诉讼,所在法院应是先受理。但是,由于法院受理的速度有快有慢,有的法院"案多人少"的矛盾十分突出,受理速度往往较慢。所以先起诉的不一定先受理,最终还是要以法院受理为准。

(5)用人单位收到仲裁裁决书之后要注意看仲裁裁决书尾部是否写明是"终局裁决"。如果是终局裁决,用人单位即使不服也不可以向基层人民法院起诉,但可以依法向作出该仲裁裁决的劳动争议仲裁机构所在地的中级人民法院申请撤销。

(6)劳动争议的仲裁与诉讼在管辖细节上的不一致,在实践中造成了一些矛盾。曾出现过劳动者与用人单位在不同省份的基层人民法院提起诉讼"抢"管辖，结果在同一天各自省份的法院立案受理。由于立案受理材料只显示了日期，没有具体时、分，无法判断哪个法院先受理，只能层层上报到最高人民法院，由最高人民法院指定哪个法院管辖。笔者认为，要结束这种"抢"管辖的乱象，可以通过立法规定劳动争议的仲裁管辖与司法管辖适用同一种标准。

二、劳动仲裁的仲裁时效问题

关于申请劳动仲裁时效，用人单位需要知晓并理解以下几个要点：

第一，申请劳动仲裁时效的期限是一年。

第二，除涉及劳动报酬的事项外，其他事项申请劳动仲裁的时效从知道或者应当知道其权利被侵害之日起计算。

第三，因法定原因，申请劳动仲裁时效可以中断。

申请劳动仲裁时效中断后，申请劳动仲裁的时效重新从头计算。所以仲裁时效中断可以很好地"保住"仲裁时效。用人单位要清楚，以下情形可引发申请劳动仲裁的仲裁时效中断：

1. 员工向用人单位主张权利可引发仲裁时效中断

比如，A公司欠付张三工资，张三离职后向A公司董事长或总经理等高级管理人员发微信、短信、电子邮件，要求A公司尽快支付工资。张三这种向A公司主张权利的行为，可引发仲裁时效中断。

2. 员工向有关部门请求权利救济可引发仲裁时效中断

比如，A公司欠付张三离职的经济补偿金。张三离职后因A公司迟迟不支付经济补偿金，便拨打了当地的"市长热线"对A公司欠付经济补偿金的行为进行投诉，或向当地市长信箱投诉，再或者到劳动监察部门投诉，要求A公司支付欠付款项。张三这种向有关部门投诉的行为，可引发仲裁时效中断。

3. 用人单位同意履行义务可引发仲裁时效中断

比如，A公司欠付张三绩效提成。张三离职时也知道A公司资金周转困难，无法立即支付，便没有主动催要。之后A公司财务向张三发送电子邮件，称公司资金周转依然困难，但公司会想办法，一定在3—6个月内向张三支付欠付的绩效提成。

第四,有不可抗力或者有其他正当理由,可以申请劳动仲裁时效中止。

引发劳动仲裁时效中止的情况有两类:**不可抗力与其他正当理由**。

所谓不可抗力,是指无法预见、无法预防、无法避免和无法控制的事件。如地震、台风、军事行动等。比如,张三在劳动仲裁时效快届满前准备申请劳动仲裁,结果当地发生地震,造成停水停电,道路交通损毁,全城都在救灾。这种情况下,张三可以申请劳动仲裁时效中止。

所谓其他正当理由,是指当事人无法在劳动仲裁时效内申请仲裁的正当理由。比如,张三在准备申请劳动仲裁前,突发疾病住院导致其无法在仲裁时效内申请劳动仲裁,故在其发病之日,劳动仲裁时效可以中止计算。

第五,用人单位拖欠劳动报酬引发争议,在职期间提起仲裁不受一年时效限制,离职后从离职之日起算一年时效。

此条体现了对劳动报酬的特殊保护。劳动报酬涉及劳动者最核心、最基本的权益,故因欠付劳动报酬引发的争议,其仲裁时间从劳动者离职时起算,相当于在职期间不受一年时效限制,离职后从离职之日起算一年时效。

三、劳动仲裁时效是否应当主动适用

所谓是否主动适用,是指劳动仲裁机构与人民法院在当事人没有提出时效抗辩的情况下,是否可以主张适用仲裁时效。比如,张三2023年5月6日因公司拖欠工资而离职,离职后张三忙于找工作,同时相信公司会把欠付的工资支付给他,所以没有及时向公司要求支付工资,也没有申请劳动仲裁。直到2024年8月9日,张三在新的公司工作稳定后,申请了劳动仲裁,要求裁决公司支付其欠付的工资及经济补偿金。这时,公司收到仲裁开庭通知后不到庭参加仲裁庭审,也未提出仲裁时效抗辩。此时,劳动仲裁机构经审查,发现张三的仲裁申请自离职时起算,已超过一年的仲裁时效,也没有仲裁时效中断、中止的情形。

这种情况下,如果劳动仲裁机构无须对方当事人提出时效抗辩而主动审查仲裁时效,那么张三的仲裁申请因超过了一年的仲裁时效,不应予以支持。如果劳动仲裁机构不主动审查时效,则张三的仲裁申请虽然超过了一年,但因公

司未提出时效抗辩且劳动仲裁机构不应主动审查,则劳动仲裁机构依法应裁决公司支付张三的工资及经济补偿金。因此,在已超过劳动仲裁时效的情形下,劳动仲裁机构是否主动审查时效,可能会出现完全不同的裁判结果。总体上讲,主动审查仲裁时效,利于用人单位一方。不主动审查仲裁时效,利于劳动者一方。那么,劳动仲裁机构对于劳动仲裁时效究竟应不应该主动审查呢?

截至本书写作之时,各方对此仍有一定的争议,但总体向"不主动审查仲裁时效"的方向明确。为什么说这还能有一定的争议呢?

首先,要先了解一下诉讼时效与仲裁时效的区别。除了劳动争议案件以外的其他民商事案件,其实都可能涉及诉讼时效的问题。而人民法院是不能主动适用诉讼时效的。《民法典》第 193 条规定:人民法院不得主动适用诉讼时效的规定。因此,在非劳动争议的民事诉讼中,被告一方没有提出诉讼时效的抗辩,人民法院不应主动审查原告的起诉是否超过诉讼时效,更不能以原告的起诉超过诉讼时效为由予以驳回。也就是说,是否适用诉讼时效,依赖于被告方是否提出诉讼时效的抗辩。

那劳动仲裁时效是否与诉讼时效是一回事呢?其实,劳动仲裁时效与诉讼时效很相似,但不能完全等同。《民法典》第 198 条规定:法律对仲裁时效有规定的,依照其规定;没有规定的,适用诉讼时效的规定。劳动仲裁时效与诉讼时效存在期间的长短不同、适用的案件领域不同,所以还是有明显的区别的。

其次,劳动仲裁的仲裁时效至今仍在经历一个从"应主动审查适用"到"不应主动审查适用"的过程。

先看劳动仲裁这边。2009 年 1 月 1 日施行的《劳动人事争议仲裁办案规则》(已失效)第 30 条规定:"仲裁委员会对符合下列条件的仲裁申请应当予以受理,并在收到仲裁之日起五日内向申请人出具受理通知书:(一)属于本规则第二条规定的争议范围;(二)有明确的仲裁请求的事实理由;(三)**在申请仲裁的法定时效期间内**;(四)属于仲裁委员会管辖范围。"从该规定来看,劳动仲裁机构在对仲裁申请进行是否受理的审查时,需要将仲裁申请是否在仲裁时效期间内作为立案时主动审查的内容,这明显是要求对劳动仲裁时效进行主动审查。试想,在劳动仲裁申请是否立案时就要审查仲裁时效,此时尚未立案,不存在另一方提出仲裁时效抗辩的问题,所以此时审查仲裁时效是最直接的主动审查。如果经主动审查仲裁时效后,发现已超过仲裁时效,直接不予受理。由此可见,仲裁时效不同于诉讼时效,是主动审查适用的。但之后,人力资源社会保障部对前述规则进行了修改。2017年7月1日起施行的《劳动人事争议仲裁办案规则》第30条修改后,删除了"(三)**在申请仲裁的法定时效期间内**"的内容,意味着劳动仲裁机构在立案时已不再对仲裁时效进行主动审查。

再看人民法院这边。于2001年4月30日起施行的最高人民法院《关于审理劳动争议案件适用法律若干问题的解释》[已失效,大部分司法解释条文内容已并入自2021年1月1日起施行的最高人民法院《关于审理劳动争议案件适用法律问题的解释(一)》的条文内容中]第3条规定:"劳动争议仲裁委员会根据《劳动法》第八十二条之规定,以当事人的仲裁申请超过六十日期限为由,作出不予受理的书面裁决、决定或者通知,当事人不服,依法向人民法院起诉的,人民法院应当受理;**对确已超过仲裁申请期限,又无不可抗力或者其他正当理由的,依法驳回其诉讼请求**。"从该条文表述可见,人民法院对确已超过仲裁申请期限(当时的劳动仲裁时效为60天)的,应主动适用劳动仲裁时效,经审查无不可抗力或者其他正当理由的,应以超过劳动仲裁时效为由驳回其诉讼请求。但该条文在最高人民法院将原《关于审理劳动争议案件适用法律若干问题的解释》《关于审理劳动争议案件适用法律若干问题的解释(二)》《关于审理劳动争议案件适用法律若干问题的解释(三)》《关于审理劳动争议案件适用法律若干问题的解释(四)》合并修订为《关于审理劳动争议案件适用法律问题的解释(一)》时删除。

综上,从人力资源社会保障部关于对劳动仲裁时效规定内容前后变化以及最高人民法院删除主动适用仲裁时效的司法解释条文来看,劳动仲裁时效从主动审查适用向不主动审查适用转变,即如诉讼时效一样,应由当事人提出时效抗辩后再审查。但也有部分地区的裁判观点仍在坚持主动适用仲裁时效。理由在于,诉讼时效之所以不能主动适用,那是因为《民法典》明确规定人民法院不得主动适用诉讼时效。而劳动仲裁时效是不同于诉讼时效的。即使人力资源社会保障部的规定与最高人民法院的司法解释有相应的删除,但也没有明确规定不得主动适用仲裁时效。《劳动争议调解仲裁法》作为劳动争议领域的程序性基本法，也没有明确规定仲裁时效不得主动审查适用，故劳动仲裁时效可以主动审查适用。

为何说总体向"不主动审查仲裁时效"的方向明确呢？因为最高人民法院于2023年12月12日发布的《关于审理劳动争议案件适用法律问题的解释（二）（征求意见稿）》第2条规定：当事人未提出仲裁时效抗辩，人民法院不应对仲裁时效问题进行释明。第3条第1款规定：当事人在仲裁期间未提出仲裁时效抗辩，在一审期间提出仲裁时效抗辩的，人民法院不予支持，但其基于新的证据能够证明对方当事人的请求权已超过仲裁时效期间的情形除外。该条司法解释就明确了人民法院不应对仲裁时效进行释明，也不应主动适用仲裁时效。但该司法解释截至笔者写至此章时已征求意见长达一年，也未正式定稿发布，可见相关条款的争议较大。所以，我国法律至今未明确规定"不主动审查仲裁时效"。

四、用人单位主动提起劳动仲裁的常见情形

一般而言，大多数劳动仲裁是由劳动者作为申请人向劳动仲裁机构申请仲裁，用人单位一般是作为被申请人参与到劳动仲裁中。因为大多数情况下是劳动者认为其合法权益受到损害，所以申请仲裁。但实际上用人单位的权益也可能受到损害，所以用人单位也是可以作为申请人申请劳动仲裁的，用人单位常见的作为申请人申请劳动仲裁的情形有以下几种：

（1）因劳动者违法解除劳动合同而要求劳动者赔偿损失。

（2）因劳动者不办理离职工作交接而要求劳动者赔偿损失。

（3）因劳动者违反竞业限制义务而要求劳动者支付违约金。

（4）因劳动者违反培训服务期协议而要求劳动者支付违约金。

（5）因劳动者重大过错造成用人单位直接损失，依照双方的约定要求劳动者赔偿一定的损失。

（6）因劳动者违反保密义务而要求劳动者赔偿因此造成的损失。

（7）因劳动者因执行公务借支了用人单位的款项未报销冲账。

（8）因劳动者投诉补缴社会保险费但于补缴时不支付自己应承担的个人

缴纳部分,用人单位垫付后要求劳动者支付。

第三节　劳动仲裁阶段的调解

> 关键法条

> **1.《劳动争议调解仲裁法》**
> 第十条　发生劳动争议,当事人可以到下列调解组织申请调解:
> (一)企业劳动争议调解委员会;
> (二)依法设立的基层人民调解组织;
> (三)在乡镇、街道设立的具有劳动争议调解职能的组织。
> ……
> 第十四条　经调解达成协议的,应当制作调解协议书。
> 调解协议书由双方当事人签名或者盖章,经调解员签名并加盖调解组织印章后生效,对双方当事人具有约束力,当事人应当履行。
> 自劳动争议调解组织收到调解申请之日起十五日内未达成调解协议的,当事人可以依法申请仲裁。
> 第十五条　达成调解协议后,一方当事人在协议约定期限内不履行调解协议的,另一方当事人可以依法申请仲裁。
> 第十六条　因支付拖欠**劳动报酬、工伤医疗费、经济补偿**或者赔偿金事项达成调解协议,用人单位在协议约定期限内不履行的,**劳动者可以持调解协议书依法向人民法院申请支付令**。人民法院应当依法发出支付令。
> **2.最高人民法院《关于审理劳动争议案件适用法律问题的解释(一)》**
> 第五十一条　当事人在调解仲裁法第十条规定的调解组织主持下达成的具有劳动权利义务内容的调解协议,具有**劳动合同的约束力**,可以作为人民法院裁判的根据。

当事人在调解仲裁法第十条规定的调解组织主持下**仅就劳动报酬争议**达成调解协议,用人单位不履行调解协议确定的给付义务,劳动者**直接提起诉讼的**,人民法院可以**按照普通民事纠纷受理**。

第五十二条 当事人在人民调解委员会主持下仅就给付义务达成的调解协议,双方认为有必要的,可以共同**向人民调解委员会所在地的基层人民法院申请司法确认**。

3.《民事诉讼法》

第二百零五条 经依法设立的调解组织调解达成调解协议,申请司法确认的,由双方当事人自调解协议生效之日起三十日内,共同向下列人民法院提出:

(一)人民法院邀请调解组织开展先行调解的,向作出邀请的人民法院提出;

(二)调解组织自行开展调解的,向当事人住所地、标的物所在地、**调解组织所在地**的基层人民法院提出;调解协议所涉纠纷应当由中级人民法院管辖的,向相应的中级人民法院提出。

4.人力资源社会保障部与最高人民法院《关于劳动人事争议仲裁与诉讼衔接有关问题的意见(一)》

一、劳动人事争议仲裁委员会对调解协议仲裁审查申请不予受理或者经仲裁审查决定不予制作调解书的,当事人可依法就协议内容中属于劳动人事争议仲裁受理范围的事项申请仲裁。当事人**直接向人民法院提起诉讼的,人民法院不予受理,但下列情形除外**:

(一)依据《中华人民共和国劳动争议调解仲裁法》第十六条规定**申请支付令被人民法院裁定终结督促程序后,劳动者依据调解协议直接提起诉讼的**;

……

劳动争议纠纷数量多,涉及劳动者的保障与用人单位的日常经营。劳动者与用人单位多是因为权益问题、经济问题发生争议,大多数情况下不涉及第三方,所以劳动争议纠纷是很适合调解解决的纠纷。

对于用人单位来讲,通过调解解决劳动争议既可以减少精力的投入,不激化劳资双方的矛盾,又可防止因为金额并不大的劳动争议案件导致企业产生涉诉记录以及可能出现的账户查封记录、强制执行记录。用人单位因劳资关系激化造成更大损失的新闻并不鲜见。企业因涉诉或涉查封保全而影响银行借贷、投标、上市等事宜的情形也经常出现。所以,用人单位应该重视劳动争议的调解程序,积极推动调解成功,力争将双方的劳动争议在仲裁之前、诉讼之外解决好。

用人单位在解决劳动争议的过程中需要掌握以下流程与要点。

一、发生劳动争议后,可以通过哪些调解组织进行调解

在实践中,主要分为以下三类调解组织:

一是企业劳动争议调解委员会。这种调解组织比较少见,一般大型企业才有。如果公司属于中大型公司,可以在企业内部建立劳动争议调解委员会,具体如何建立的可以咨询企业所在地的人力资源社会保障部门或当地工会。

二是依法设立的基层人民调解组织。这种调解组织属于官方的调解组织。在乡镇、街道、村、社区、工业园区都可能设立。这种调解组织除了调解劳动争议,还调解辖区内发生的其他纠纷,即不只调解劳动争议。如果要请求这类调解组织对劳动纠纷进行调解,一般咨询所在乡镇、街道的司法所或劳动与就业办公室即可。

三是在乡镇、街道设立的具有劳动争议调解职能的组织。这种调解组织一般也具有一定的行政属性。比如一些企业较多的乡镇、街道政府在劳动就业相关的办公室设立了从事劳动争议调解的工作室、工作站等。

二、调解组织调解后达成的协议有什么效力?如何防止双方反悔或不执行协议

依据《劳动争议调解仲裁法》第14条、第15条之规定,经以上三类调解组织进行调解,达成的调解协议对双方具有约束力,劳动者与用人单位都应当履

行。一方在协议约定期限内不履行调解协议的,另一方可以申请劳动仲裁。

依据最高人民法院《关于审理劳动争议案件适用法律问题的解释(一)》第51条第1款的规定,经以上三类调解组织调解达成的以劳动权利义务为内容的调解协议,具有劳动合同的约束力,可以作为人民法院裁判的根据。

因此,一般而言,劳动者与用人单位经调解组织进行调解达成的协议,相当于双方订立的协议,但尚不具有仲裁裁决或人民法院裁判文书一样的强制执行力。如果一方不履行调解协议,另一方需要启动劳动仲裁、申请支付令或提出诉讼的方式,要求违约方按协议履行。

用人单位会想,公司与员工发生纠纷后及时进行调解就是为了避免纠纷扩大化,如果协议达成后,员工又去申请劳动仲裁,那调解的意义岂不是大打折扣?

确实,经调解达成的协议与离职自行达成的协议,本质上都是劳动者与用人单位就涉及劳动权利义务的争议达成的协议,相当于双方为了解决劳动纠纷签署的一份合同。要想防止签署协议的双方反悔或不履行协议约定,只有一个办法,即赋予这个协议强制执行力,即让协议内容像法院出具的生效判决书一样,一方不履行的情况下,另一方可以申请法院强制执行。可以通过以下几种方式赋予调解协议强制执行力。

1. 申请劳动仲裁前,劳动者与用人单位经调解组织主持调解达成协议的,可以共同向调解组织所在地人民法院申请司法确认,也可以向有管辖权的劳动争议仲裁委员会提出仲裁审查申请

司法确认程序是指当事人之间产生矛盾纠纷后,经依法设立的调解组织调解,达成调解协议后,基于防止一方悔约或不履行协议的目的,自调解协议生效之日起30日内,共同向调解组织所在地的人民法院申请确认达成的调解协议效力的程序。

未经司法确认的调解协议只具有一般的民事合同性质,双方因该协议的履行发生纠纷或一方拒不履行调解协议的,另一方仍需要通过申请劳动仲裁或向人民法院提起诉讼的方式解决。已经过司法确认的调解协议则具有强制执行效力,双方不得反悔;一方不履行的,无须再申请劳动仲裁或进入诉讼程序,可以直接向人民法院申请强制执行。直白地说，经人民法院司法确认的协议，就相当于人民法院出具的民事调解书、生效民事判决书，是具有强制执行效力的。还有一点，很多劳动者与用人单位不知道的是，人民法院办理司法确认是不收取任何费用的，是免费的！

如何申请司法确认呢？可以在调解成功后咨询组织双方调解的组织，或者在调解前就问好是否可以申请司法确认。一般而言，劳动者或用人单位向法院申请司法确认应准备的材料有：

①调解协议书，即劳动者与用人单位的法定代表人或特别授权代理人签字盖章达成的解决双方劳动争议事项的书面协议。

②调解组织主持调解证明函。只有经依法成立的调解组织调解达成的协议，人民法院才受理司法确认事宜，所以申请司法确认的材料中需要有调解组织主持调解证明函。该函能够证明双方的调解协议是经调解组织主持调解达成的。这也是调解协议与双方离职达成的离职协议最根本的区别，劳动者与用人单位自己达成的离职协议，只相当于签署的一份合同，是无法申请人民法院进行司法确认的。

③司法确认申请书。调解组织一般有模板，也可以自行书写后提交。

④身份证明或授权材料。劳动者只须携带身份证原件和复印件一份，企业须携带营业执照复印件。如企业须授权工作人员办理，应提交对工作人员进行授权委托的授权委托书以及工作人员身份证原件和复印件一份。

当然，对于前述调解协议，双方也可以共同向有管辖权的劳动争议仲裁委员会提出仲裁审查申请。劳动仲裁机构经审查后出具调解书的，调解书经送达双方后生效。但要注意的是，对于双方达成确认劳动关系的事项，劳动仲裁机构经审查是不会出具调解书确认的。原因在于，《劳动人事争议仲裁办案规则》第75条规定："仲裁委员会收到当事人仲裁审查申请，应当及时决定是否受理。决定受理的，应当出具受理通知书。有下列情形之一的，仲裁委员会不予受理：……（四）确认劳动关系的；（五）调解协议已经人民法院司法确认的。"直白地说，劳动仲裁机构只确认由其管辖的且就劳动争议达成的给付协议。确认劳动关系本质上是对一种法律关系的确认，这个法律关系是否真实存在，光是凭双方自认可能会认定有误,进行审理后再进行确认更为稳妥。

2.在申请劳动仲裁后,劳动仲裁机构安排调解组织进行调解达成协议的,可以申请劳动仲裁机构出具仲裁调解书

一般而言,劳动者申请劳动仲裁后,劳动仲裁机构会安排调解组织或调解人员对劳动争议进行调解,经调解达成关于给付的协议后,劳动仲裁机构会按双方达成的给付协议内容出具仲裁调解书。该仲裁调解书送达双方后,若一方不履行协议给付义务,另一方可向人民法院申请强制执行。

第四节 应对劳动仲裁的举证责任

关键法条

1.《劳动争议调解仲裁法》

第六条 发生劳动争议,当事人对自己提出的主张,有责任提供证据。与争议事项有关的证据属于用人单位掌握管理的,用人单位应当提供;用人单位不提供的,应当承担不利后果。

2.《劳动人事争议仲裁办案规则》

第十三条 当事人对自己提出的主张有责任提供证据。与争议事项有关的证据属于用人单位掌握管理的,用人单位应当提供;用人单位不提供的,应当承担不利后果。

第十六条 当事人因客观原因不能自行收集的证据,仲裁委员会可以根据当事人的申请,参照民事诉讼有关规定予以收集;仲裁委员会认为有必要的,也可以决定参照民事诉讼有关规定予以收集。

无论是劳动仲裁还是劳动争议诉讼,都要坚持"以事实为依据,以法律为准绳"。而事实不是靠劳动者或用人单位单方的陈述来证明,光是单方陈述无证据证明,仲裁员与法官都不会轻易相信,所以证据才是赢得仲裁和诉讼的

基础。

一、劳动争议案件的举证责任分配原则

劳动争议与其他民事纠纷在举证方面的共同点一致,都是要求"谁主张,谁举证"。道理很简单,张三说李四欠他5万元,那肯定要提交证据来证明。如果张三凭一张嘴说李四欠钱就认定李四欠钱,那张三可以到大街上指认任何一个人欠他钱。所以,"谁主张,谁举证"是证明责任的最基本要求。

但劳动争议与其他民事纠纷在举证方面的不同点是,劳动争议中大量的举证责任分配给了用人单位。理由在于,在双方已建立劳动关系后,用人单位处于管理地位,会**主导形成**并**负责保管**涉及双方劳动关系和劳动管理的证据。如录用通知书、入职登记表、考勤记录、规章制度、调岗通知等证据。如果让劳动者来承担举证责任,对于有些书面证据劳动者实际上是无法取得的。所以,用人单位实际上在劳动争议仲裁与诉讼中须承担更多的举证责任。正因如此,用人单位在日常的劳动用工管理中,要有保存好证据的意识。

二、用人单位承担举证责任的主要内容及不能举证的后果

对于劳动者而言,在劳动争议仲裁与诉讼中,首要的举证责任就是证明双方存在劳动关系。一旦证明双方之间存在劳动关系,很多举证责任便"倒置"到用人单位一方。

📖 关键法条

1. 最高人民法院《关于审理劳动争议案件适用法律问题的解释(一)》

第四十二条 劳动者主张加班费的,应当就加班事实的存在承担举证责任。但劳动者有证据证明用人单位掌握加班事实存在的证据,用人单位不提供的,由用人单位承担不利后果。

第四十四条 因用人单位作出的开除、除名、辞退、解除劳动合同、减少**劳动报酬**、计算劳动者工作年限等决定而发生的劳动争议,用人单位负举证责任。

> **2.《工资支付暂行规定》**
>
> **第六条** 用人单位应将工资支付给劳动者本人。劳动者本人因故不能领取工资时,可由其亲属或委托他人代领。
>
> 用人单位可委托银行代发工资。
>
> **用人单位必须书面记录支付劳动者工资的数额、时间、领取者的姓名以及签字,并保存两年以上备查。用人单位在支付工资时应向劳动者提供一份其个人的工资清单。**

参照前述法律规定,在双方存在明确的劳动关系或劳动者的证据能够证明双方存在劳动关系的情况下,用人单位要注意以下几个方面的举证责任。

(1)用人单位对劳动者的入职时间、离职时间承担举证责任。

理由在于:最高人民法院《关于审理劳动争议案件适用法律问题的解释(一)》第44条规定用人单位对"计算劳动者工作年限"承担举证责任,而证明计算工作年限就是要证明劳动者入职时间与离职时间。

(2)用人单位对是否与劳动者签订了书面劳动合同承担举证责任。

理由在于:与劳动者签订书面劳动合同是用人单位的法定义务,且用人单位有义务妥善保管已签订的劳动合同。

(3)用人单位对劳动者的劳动报酬标准和是否发放了劳动报酬承担举证责任。

理由在于:《工资支付暂行规定》要求用人单位必须书面记录向劳动者发放工资的金额并让劳动者签字确认后,保存两年以上备查。

(4)用人单位对减发劳动报酬的合法事由承担举证责任。

理由在于:最高人民法院《关于审判劳动争议案件适用法律问题的解释(一)》第44条规定用人单位对"减少劳动报酬"承担举证责任。

(5)用人单位对是否安排了劳动者享受年休假承担举证责任。

理由在于:年休假是由用人单位统筹安排,且系由用人单位保管是否安排年休假的证据。

(6)用人单位对解除劳动合同的事由及合法性承担举证责任。

理由在于:最高人民法院《关于审判劳动争议案件适用法律问题的解释(一)》第44条规定用人单位对"开除、除名、辞退、解除劳动合同"承担举证责任。

(7)在劳动者初步证明用人单位掌握了加班事实的证据的情况下,用人单位对劳动者的加班时长承担举证责任。

三、如何整理劳动争议案件的证据目录

收集到证据只是举证的第一步,将证据整理好并制作证据目录是第二步。第二步很关键,可能影响仲裁结果。一份清晰明了的证据目录,可以让仲裁员或法官尽快查明事实,作出裁判。劳动争议的证据目录究竟怎么制作?怎样的证据目录既不会太复杂又能清晰地展示证据?说一千道一万,不如直接上模板。

> **实操建议**

以下证据目录模板供用人单位参考使用:

证 据 目 录

提交人:_____   提交时间:____年__月__日

序号	证据名称	页码	证明目的
1		P__—P__	
2		P__—P__	
3		P__—P__	
4		P__—P__	
5		P__—P__	
6		P__—P__	
7		P__—P__	
8		P__—P__	
9		P__—P__	
填写说明	1.在证据目录后附有证据的复印件,并于开庭审理时带上证据的原件供核对; 2.证据复印件按举证顺序放置,并于每页的右下角编写页码; 3."证据名称"需填写证据上载明的"全称",如"银行交易电子回单"		

以下证据目录(填写样表)供用人单位填写证据目录时参考：

证据目录(填写样表)

提交人：××××公司　　　　　　　　　　提交时间：202×年××月××日

序号	证据名称	页码	证明目的
1	入职通知书	P 01	证明申请人的入职时间
2	劳动合同	P 02—P 05	证明双方签订了书面劳动合同
3	工资表	P 06—P 10	证明申请人的月工资组成情况及金额
4	银行转账记录	P 11—P 15	证明被申请人向申请人实发工资的情况
5	员工手册 考勤记录	P 16—P 31 P 32—P 35	证明申请人存在迟到、旷工等严重违反规章制度的行为，被申请人系合法解除劳动合同
6	……	……	……

四、提交证据及证据目录的注意事项

(1)证据目录是证据的首页，即证据目录与证据是一体的。可以通过办公用的铁夹子夹好，也可以到复印店进行装订。

(2)提交证据要在举证期限内及时提交，不要拖延或晚交。有些用人单位举证不积极，或者等对方提交了证据自己才提交证据，甚至直至庭审时才提交证据。以上这种举证想法是错误的，尽快提交证据不会对自己不利。

(3)据及证据目录一式两份，一份在庭审中交给对方质证，另一份交给仲裁员审阅，有利于庭审质证，提高庭审效率。

(4)仲裁开庭时，所提交的证据中有原件或原始载体的，要带上证据原件或原始载体。在庭审质证时，对方当事人有权要求查看原件或原始载体。所以，当事人向仲裁庭提交证据及证据目录的复印件后，凡是有对应原件或原始载体的，记得在仲裁庭审时带上原件或原始载体，供质证用。例如，就工资欠条、劳动合同、离职证明等书面证据向仲裁庭提交了复印件，庭审时要带上原件，以便于核实书面证据的真实性。又如，提交了微信聊天记录、通话录音，记得带上保存有原始微信聊天记录和通话录音的手机，以便于在对方或仲裁员的要求下当庭查看记录或播放录音。

第五节　用人单位对劳动仲裁一裁终局的正确应对

关键法条

1.《劳动争议调解仲裁法》

第四十七条　下列劳动争议,除本法另有规定的外,仲裁裁决为**终局裁决**,裁决书自作出之日起发生法律效力:

(一)追索**劳动报酬、工伤医疗费、经济补偿**或者**赔偿金,不超过当地月最低工资标准十二个月金额**的争议;

(二)因执行国家的劳动标准在工作时间、休息休假、社会保险等方面发生的争议。

第四十八条　劳动者对本法第四十七条规定的仲裁裁决不服的,可以自收到仲裁裁决书之日起十五日内向人民法院提起诉讼。

第四十九条　用人单位有证据证明本法第四十七条规定的仲裁裁决有下列情形之一,可以**自收到仲裁裁决书之日起三十日内**向劳动争议仲裁委员会所在地的**中级人民法院**申请撤销裁决:

(一)适用法律、法规确有错误的;

(二)劳动争议仲裁委员会无管辖权的;

(三)违反法定程序的;

(四)裁决所根据的证据是伪造的;

(五)对方当事人隐瞒了足以影响公正裁决的证据的;

(六)仲裁员在仲裁该案时有索贿受贿、徇私舞弊、枉法裁决行为的。

人民法院经组成合议庭审查核实裁决有前款规定情形之一的,应当裁定撤销。

仲裁裁决被人民法院裁定撤销的,当事人可以自收到裁定书之日起十五日内就该劳动争议事项向人民法院提起诉讼。

2. 最高人民法院《关于审理劳动争议案件适用法律问题的解释(一)》

第十八条　仲裁裁决的类型以仲裁裁决书确定为准。仲裁裁决书未载明该裁决为终局裁决或者非终局裁决,用人单位不服该仲裁裁决向基层人民法院提起诉讼的,应当按照以下情形分别处理:

(一)经审查认为该仲裁裁决为非终局裁决的,基层人民法院应予受理;

(二)经审查认为该仲裁裁决为终局裁决的,基层人民法院不予受理,但应告知用人单位可以自收到不予受理裁定书之日起三十日内向劳动争议仲裁机构所在地的中级人民法院申请撤销该仲裁裁决;已经受理的,裁定驳回起诉。

第十九条　仲裁裁决书未载明该裁决为终局裁决或者非终局裁决,劳动者依据调解仲裁法第四十七条第一项规定,追索劳动报酬、工伤医疗费、经济补偿或者赔偿金,如果仲裁裁决涉及数项,每项确定的数额均不超过当地月最低工资标准十二个月金额的,应当按照终局裁决处理。

第二十条　劳动争议仲裁机构作出的同一仲裁裁决同时包含终局裁决事项和非终局裁决事项,当事人不服该仲裁裁决向人民法院提起诉讼的,应当按照非终局裁决处理。

3. 人力资源社会保障部与最高人民法院《关于劳动人事争议仲裁与诉讼衔接有关问题的意见(一)》

十、仲裁裁决涉及下列事项,对单项裁决金额不超过当地月最低工资标准十二个月金额的,劳动人事争议仲裁委员会应当适用终局裁决:

(一)劳动者在法定标准工作时间内**提供正常劳动的工资**;

(二)**停工留薪期工资**或者**病假工资**;

(三)用人单位**未提前通知劳动者解除劳动合同的一个月工资**;

(四)**工伤医疗费**;

（五）竞业限制的**经济补偿**；

（六）解除或者终止劳动合同的**经济补偿**；

（七）《中华人民共和国劳动合同法》第八十二条规定的**第二倍工资**；

（八）违法约定试用期的**赔偿金**；

（九）违法解除或者终止劳动合同的**赔偿金**；

（十）其他劳动报酬、经济补偿或者赔偿金。

十一、裁决事项**涉及**确认劳动关系的，劳动人事争议仲裁委员会就同一案件应当作出非终局裁决。

十三、劳动者不服终局裁决向基层人民法院提起诉讼，中级人民法院对用人单位撤销终局裁决的申请不予受理或者裁定驳回申请，用人单位主张终局裁决存在《中华人民共和国劳动争议调解仲裁法》第四十九条第一款规定情形的，基层人民法院应当一并审理。

劳动仲裁的终局裁决是指劳动仲裁机构对小额劳动争议案件作出一裁终局的仲裁裁决，用人单位不能就该终局裁决向基层人民法院起诉，只能在认为终局仲裁裁决存在《劳动争议调解仲裁法》第49条第1款的情形时向劳动争议仲裁委员会所在地的中级人民法院申请撤销裁决。

用人单位正确应对终局裁决，要清楚以下几点：

(1) 劳动争议仲裁委员会作出终局裁决，裁决书自作出之日起发生法律效力。

(2) 终局仲裁裁决实质上只对用人单位有一定的"终局"效果，对劳动者并不终局。劳动者收到终局仲裁裁决书后，若不服，仍可以在15日内向有管辖权的基层人民法院起诉。因此，终局仲裁裁决十分有利于劳动者维权。

(3) 用人单位收到终局仲裁裁决书后，只有在有证据证明该终局仲裁裁决存在"适用法律法规确有错误、劳动争议仲裁委员会无管辖权、仲裁违反法定程序、仲裁裁决所根据的证据是伪造的、对方当事人隐瞒了足以影响公正裁决的证据、仲裁员在仲裁该案时有索贿受贿、徇私舞弊、枉法裁决行为"等六种情形时，才可以自收到仲裁裁决书之日起30日内向**劳动争议仲裁委员会所在地**

的中级人民法院申请撤销。

（4）可以适用终局裁决的劳动争议事项很多，包括正常的月工资、停工留薪期工资、病假工资、代通知金、工伤医疗费、竞业限制补偿金、解除或终止劳动合同的经济补偿、未签订劳动合同的2倍工资、违法约定试用期的赔偿金、违法解除或终止劳动合同的赔偿金以及"其他劳动报酬、经济补偿或者赔偿金"等。

（5）以上事项适用终局裁决的条件是每一项裁决金额不超过当地月最低工资标准12个月的金额。注意，**是每一单项的裁决金额**，并非所有裁决事项合计不超过当地月最低工资标准12个月的金额。

（6）从前述可以适用终局仲裁裁决的争议事项范围来看，**确认劳动关系**、**用人单位要求劳动者支付违反竞业限制的违约金**、**用人单位要求劳动者支付违反培训服务期的违约金**等事项，不适用终局裁决。其中，"其他劳动报酬、经济补偿或者赔偿金"是各地劳动仲裁可以扩展适用终局裁决事项的内容。比如，加班工资是否属于"劳动报酬"，如认定属于，则加班工资也是其他劳动报酬的范围，可以纳入适用终局仲裁裁决事项的范围。

（7）对于终局裁决，如果劳动者一方已向基层人民法院提起了诉讼，则当地中级人民法院不再受理用人单位撤销终局裁决的申请。但用人单位主张终局裁决存在前述6种应予撤销情形的，可以在答辩时向已受理劳动者起诉的基层人民法院提出。在此情形下，基层人民法院应对用人单位提出的抗辩理由是否成立一并进行审理。

第六节　用人单位面对不同仲裁处理结果的正确应对

理论上讲，除法律另有规定外，所有劳动争议都应该先经过仲裁裁决，对仲裁裁决不服的才能起诉至法院。但在实践中，劳动者或用人单位就劳动争议事项申请劳动仲裁后，会出现三种结果。笔者称为"一树结三果"。这三种结果如下：

一、劳动仲裁机构决定不予受理或逾期未作出受理决定

关键法条

《劳动争议调解仲裁法》

第二十九条 劳动争议仲裁委员会**收到仲裁申请之日起五日内**,认为符合受理条件的,**应当受理**,并通知申请人;认为**不符合受理条件**的,应当书**面通知申请人不予受理,并说明理由**。对劳动争议仲裁委员会不予受理或者逾期未作出决定的,申请人可以就该劳动争议事项向人民法院提起诉讼。

从上述法律规定来看,劳动争议仲裁委员会自收到仲裁申请之日起 5 日内,对符合受理条件的劳动争议**应当受理**。即使劳动争议仲裁委员会认为仲裁申请不符合受理条件,也应当书面通知申请人不予受理并说明理由。但法条的后半部分又规定"对劳动争议仲裁委员会不予受理或者**逾期未作出决定的**,申请人可以就该劳动争议事项向人民法院提起诉讼"。

什么是"逾期未作出决定"?就是员工去申请劳动仲裁之后,劳动争议仲裁委员会既未作出受理决定,也未作出不予受理的决定,而是在法定的 5 天受理时限内"不理会"。这时,员工持劳动争议仲裁委员会出具的载明其逾期未受理的证明就可以到法院提起劳动争议诉讼了。在实践中,有些用人单位没有收到劳动仲裁机构的任何通知,直接就收到了法院的应诉通知书、开庭传票等诉讼文书。这些用人单位有时会质问法院:劳动争议不是应该劳动仲裁前置吗?这个劳动争议怎么没有经过劳动仲裁机构的开庭审理就直接起诉到法院的?法院还得向用人单位解释,因为劳动仲裁机构决定不受理或逾期未作出受理决定,所以你公司员工持劳动仲裁机构的相关书面证明材料向法院起诉了。

在实践中,这种不予受理的结果又有三种表现形式:

第一种是劳动争议仲裁委员会出具不予受理决定书,载明不予受理劳动争议仲裁申请的理由。当然,有的理由成立,有的理由并不成立。但无论劳动争

议仲裁委员会给出的不予受理的理由是否成立，申请人在劳动争议仲裁委员会决定不予受理之后就可以向人民法院起诉。

第二种是劳动争议仲裁委员会出具逾期未受理证明，载明申请人于××××年××月××日申请了仲裁，但如果其逾期未作出受理决定，申请人可以向人民法院提起诉讼。直白点说，相当于告知申请人，劳动争议仲裁委员会知道你来申请劳动仲裁了，但不想受理你的申请，不受理的理由也不用告知你了，反正逾期未作出受理决定，你去法院起诉就行了。

第三种是劳动争议仲裁委员会出具收件证明，载明××劳动争议仲裁委员会于××××年××月××日收到申请人的仲裁申请，但超过5日未作出受理决定的，申请人就可以直接去人民法院提起诉讼了。

因此，用人单位在劳动争议中若遇到未经过劳动争议仲裁委员会的实体审理就收到法院传票等诉讼文书，也属正常。用人单位如果怀疑员工的劳动争议诉讼请求确实未经过劳动仲裁，可以向承办法官核实或查看劳动争议仲裁委员会出具的未受理证明材料。当然，笔者不建议用人单位费心去查看，以当前法院"案多人少"的状态，但凡未经过劳动仲裁且可以不受理的劳动争议诉讼案件，法院是不会受理的。

二、劳动仲裁机构作出仲裁裁决书

关键法条

> 《劳动争议调解仲裁法》
> 第五十条 当事人对本法第四十七条规定以外的其他劳动争议案件的**仲裁裁决不服**的，可以自收到仲裁裁决书之日起十五日内向人民法院提起诉讼；期满不起诉的，裁决书发生法律效力。

劳动争议仲裁委员会受理仲裁事项后，最多也是最正常的情况就是作出仲裁裁决。仲裁裁决包括终局裁决和非终局裁决。对于非终局裁决，用人单位对仲裁裁决不服的，可以自收到仲裁裁决书之日起15日内向有管辖权的基层人民法院起诉。对于终局裁决,用人单位即使不服也不能向基层人民法院起诉,但可以在满足前述章节讲解的条件下向作出仲裁裁决的劳动争议仲裁委员会所在地的中级人民法院申请撤销。

实操建议

用人单位如何识别仲裁裁决是否系终局裁决?很简单,用人单位收到仲裁裁决书后,看仲裁裁决书尾部最后一段。

非终局裁决的仲裁裁决书尾部一般会写明:当事人对本裁决不服的,可以自收到仲裁裁决书之日起15日内向人民法院提起诉讼;期满不起诉的,裁决书发生法律效力。

终局裁决的仲裁裁决书尾部一般会写明:本裁决系终局裁决。劳动者对本裁决不服的,可以自收到仲裁裁决书之日起15日内向人民法院提起诉讼;用人单位有证据证明本仲裁裁决有《劳动争议调解仲裁法》第47条规定情形的,可以自收到仲裁裁决书之日起30日内向××市中级人民法院申请撤销裁决。

三、劳动仲裁机构逾期未作出仲裁裁决

关键法条

> 《劳动争议调解仲裁法》
>
> **第四十三条第一款** 仲裁庭裁决劳动争议案件,应当自劳动争议仲裁委员会受理仲裁申请之日起四十五日内结束。案情复杂需要延期的,经劳动争议仲裁委员会主任批准,可以延期并书面通知当事人,但是延长期限不得超过十五日。**逾期未作出仲裁裁决的,当事人可以就该劳动争议事项向人民法院提起诉讼。**

这条规定引申出了劳动仲裁的第三类结果,那就是逾期未作出仲裁裁决。在实践中,劳动争议仲裁委员会受理了劳动者的仲裁申请事项,甚至也开庭了,但这并不意味着双方就会收到仲裁裁决书,也许会收到一份劳动争议仲裁委员

会发出的逾期未审结证明、逾期未作出仲裁裁决证明等类似文件,告知双方其就该案逾期未作出仲裁裁决,申请人可以依据前述法条之规定,向人民法院提起诉讼。

在实践中,这种逾期未审结证明的出具又分为两种情况:一种是劳动争议仲裁委员会认为其超过 60 日的审结期限了,主动向申请人一方出具。还有一种是申请人一方想尽快进入诉讼程序,以仲裁期间已超过 60 日为由,申请劳动争议仲裁委员会出具。

法条为了发挥出劳动仲裁机构高效快捷处理劳动争议的优势,规定了 45 天审结期限,即使案情复杂也最多延长 15 天,也就是在 60 天内要审结。如果长时间不能审结,为了让申请人(多为劳动者一方)尽快维权,故允许其在劳动仲裁机构逾期未作出裁决时向人民法院提起诉讼。但从现实运行来看,我国当前的劳动争议解决程序很神奇的,**原则上是劳动争议必须劳动仲裁前置**。但是劳动仲裁机构可以不受理(包括逾期未受理)仲裁申请,申请人得去法院起诉。劳动仲裁机构受理了仲裁申请也可能逾期未作出仲裁裁决,申请人还得去法院起诉。

立法本意其实也是好的,但在实践中,确实变了味。由于现在劳动案件激增,特别是一、二线城市的劳动案件数量庞大,大城市主城区的劳动争议仲裁委员会早已不堪重负,实在难以在 45 天、60 天内审结劳动仲裁案件。有的大城市的劳动仲裁案件等待排期开庭的时间在半年以上。基本是全部属于逾期未能作出仲裁裁决,那是不是全部都到法院起诉?法院的现状呢?比劳动仲裁还惨,法院的"案多人少"矛盾更突出,大城市的城区基层法院排期时间也许更长。

用人单位可能面临的问题是:劳动争议案件进入诉讼程序后,立案信息、审判流程信息、裁判文书这些信息都要在互联网上公开。法院刚一立案,企查查、天眼查等 App 上很快就有公司的涉诉信息了。如果企业正处于融资、上市、收购等重大事项阶段,涉诉将会带来不必要的负担和风险,所以处于重大事项进程中的企业是不想因劳动争议进入诉讼程序的。

仲裁与诉讼衔接方面面临的争议是:虽然劳动仲裁机构与法院都面临案多

人少的情形,但劳动仲裁机构逾期未受理或逾期未作出仲裁裁决,申请人是不是都可以直接去法院提起诉讼呢?笔者认为是不可以的。换言之,实践中人民法院看到劳动仲裁机构出具的逾期未受理、逾期未作出仲裁裁决的书面证据材料就受理了申请人就劳动争议事项提起诉讼的做法有值得商榷之处。

先看关于这个问题的司法解释:

最高人民法院《关于审理劳动争议案件适用法律问题的解释(一)》第12条规定:"劳动争议仲裁机构逾期未作出受理决定或仲裁裁决,当事人直接提起诉讼的,人民法院应予受理,但申请仲裁的案件存在下列事由的**除外**:(一)移送管辖的;(二)正在送达或者送达延误的;(三)等待另案诉讼结果、评残结论的;(四)正在**等待劳动争议仲裁机构开庭**的;(五)启动鉴定程序或者委托其他部门调查取证的;(六)**其他正当事由**。当事人以劳动争议仲裁机构逾期未作出仲裁裁决为由提起诉讼的,应当提交该仲裁机构出具的受理通知书或者其他已接受仲裁申请的凭证、证明。"

从上述司法解释可见,如果劳动仲裁机构逾期未作出受理决定或者逾期未作出仲裁裁决的原因是"**处理管辖**、**送达延误**、**等待诉讼结果**、**等待评残结论**、**等待排期开庭**、**办理鉴定事宜或调查取证**等正当理由"的,当事人以劳动仲裁机构逾期未作出受理决定或逾期未作出仲裁裁决而直接提起诉讼的,人民法院**不予受理**。特别要注意的是,最高人民法院《关于审理劳动争议案件适用法律问题的解释(一)》还在应受理的除外情形中规定了"**其他正当事由**"。换言之,除了前述罗列的常见的正当事由外,只要劳动仲裁机构是因为"正当理由"而逾期未受理或逾期未作出仲裁裁决的,人民法院均不应受理。再直白点说,人民法院只有在劳动仲裁机构以不作为、不依法履行职责等"**非正当理由**"逾期未作出受理决定或逾期未作出仲裁裁决的,才予以受理申请人提起的劳动争议诉讼。

法条的逻辑很明确,为什么会在实践中变味了呢?原因在于,虽然法院知道劳动仲裁机构逾期未作出仲裁裁决的大多数原因是劳动仲裁的**案件太多在等待排期开庭**,但劳动仲裁机构出具的逾期未受理证明、逾期未审结证明从来不会写明是因为什么逾期未受理,是因为什么逾期未作出仲裁裁决。比如,如果劳动仲裁机构写明逾期未作出仲裁裁决的原因是"等待开庭",那依据最高人民法院《关于审理劳动争议案件适用法律问题的解释(一)》第12条之规定,申请人不能以劳动仲裁机构逾期未作出仲裁裁决向人民法院提起诉讼,应该继续等待劳动仲裁机构排期开庭。如果劳动仲裁机构写明逾期未作出仲裁裁决的原因是"案子太多,不想办了""这案子太难了,不想处理"等非正当事由,那申请人直接向人民法院起诉,人民法院就应该受理。但是,在劳动仲裁机构出具的逾期未受理证明、逾期未审结证明不写明逾期原因的情况下,法院无从判断劳动仲裁机构的逾期事由究竟是"正当事由"还是"非正当事由",本着化解纠纷的态度,也就受理了。

所以,在实践中会出现各地仲裁与诉讼衔接不畅的问题。部分地区劳动仲裁机构不会轻易出具逾期未受理证明、逾期未审结证明等逾期证明文件,即使耗时超过60天,也坚持作出仲裁裁决。双方不服实体仲裁裁决才能到法院起诉。而有的地区的劳动仲裁机构则较为随意地出具前述逾期未受理或逾期未作出裁决的证明,导致劳动争议事项在未经过劳动仲裁机构实际审理裁决的情况下,便进入诉讼程序。

实操建议

如果用人单位正处于重大事项阶段,贸然涉诉对重大事项的处理有一定的影响,这时又遇到员工申请劳动仲裁,而劳动仲裁机构又以出具逾期未受理或逾期未作出裁决的证明材料导致员工直接将劳动争议起诉至法院,用人单位可以"较真"一点,尝试以最高人民法院《关于审理劳动争议案件适用法律问题的解释(一)》的规定和法官解读的理由请求人民法院以该劳动争议直接向人民法院起诉是劳动仲裁机构因"正当事由"未受理或未作出裁决,依据上述司法解释的规定,属于人民法院应予受理的"除外"情形,即属于不予受理的情形,要求法院裁定不予受理,如果已受理,应裁定驳回起诉并告知申请人要求劳动仲裁机构继续进行仲裁。

第七节　劳动仲裁阶段的其他注意事项

> **关键法条**
>
> **1.《劳动争议调解仲裁法》**
>
> 第三十六条　申请人收到书面通知,无正当理由拒不到庭或者未经仲裁庭同意中途退庭的,可以视为撤回仲裁申请。
>
> 被申请人收到书面通知,无正当理由拒不到庭或者未经仲裁庭同意中途退庭的,可以缺席裁决。
>
> **2.人力资源社会保障部与最高人民法院《关于劳动人事争议仲裁与诉讼衔接有关问题的意见(一)》**
>
> 四、申请人撤回仲裁申请后向人民法院起诉的,人民法院应当裁定不予受理;已经受理的,应当裁定驳回起诉。
>
> 申请人再次申请仲裁的,劳动人事争议仲裁委员会应当受理。
>
> **3.《劳动人事争议仲裁办案规则》**
>
> 第三十九条　申请人收到书面开庭通知,无正当理由拒不到庭或者未经仲裁庭同意中途退庭的,可以按撤回仲裁申请处理;申请人重新申请仲裁的,仲裁委员会不予受理。被申请人收到书面开庭通知,无正当理由拒不到庭或者未经仲裁庭同意中途退庭的,仲裁庭可以继续开庭审理,并缺席裁决。

如果用人单位作为申请人申请了劳动仲裁,要注意:申请了劳动仲裁后又主动撤回了仲裁申请,视为其劳动争议未经过仲裁前置程序。如果撤回仲裁后向人民法院起诉,法院不予受理,只能再次申请劳动仲裁。如果撤回仲裁申请后再申请仲裁,劳动争议仲裁委员会应予受理。申请了劳动仲裁后,如果在仲裁开庭时无正当理由拒不到庭,或者开庭中途未经仲裁庭同意退庭,视为撤回仲裁申请。拒不到庭或中途退庭导致被视为撤回仲裁申请，再次申请仲裁的，劳动争议仲裁委员会不予受理。

如果用人单位作为被申请人申请了劳动仲裁，要注意：收到书面开庭通知，无正当理由拒不到庭或者未经仲裁庭同意中途退庭，劳动仲裁机构可以缺席裁决。简言之，用人单位面对劳动争议"躲起来"不应对，其实对自己是不利的，失去了举证和抗辩的权利。

第十二章

劳动争议诉讼的应对与处理

第一节　诉讼程序的启动与管辖

关键法条

1.《劳动争议调解仲裁法》

第二十一条　劳动争议仲裁委员会负责管辖本区域内发生的劳动争议。

劳动争议由**劳动合同履行地**或者用人单位所在地的劳动争议仲裁委员会管辖。双方当事人分别向**劳动合同履行地**和用人单位所在地的劳动争议仲裁委员会申请仲裁的，由**劳动合同履行地**的劳动争议仲裁委员会管辖。

第五十条　当事人对本法第四十七条规定以外的其他劳动争议案件的仲裁裁决不服的，可以自收到仲裁裁决书之日起**十五日内**向人民法院提起诉讼；期满不起诉的，裁决书发生法律效力。

2. 最高人民法院《关于审理劳动争议案件适用法律问题的解释（一）》

第三条　劳动争议案件由用人单位所在地或者劳动合同履行地的基层人民法院管辖。

劳动合同履行地不明确的，由用人单位所在地的基层人民法院管辖。

法律另有规定的，依照其规定。

第四条　……双方当事人就同一仲裁裁决**分别**向有管辖权的人民法院起诉的，后受理的人民法院应当将案件**移送**给**先受理**的人民法院。

第十六条 劳动争议仲裁机构作出仲裁裁决后,当事人对裁决中的部分事项不服,依法提起诉讼的,劳动争议仲裁裁决不发生法律效力。

3.人力资源社会保障部与最高人民法院《关于劳动人事争议仲裁与诉讼衔接有关问题的意见(一)》

十五、当事人就部分裁决事项向人民法院提起诉讼的,仲裁裁决不发生法律效力。当事人提起诉讼的裁决事项属于人民法院受理的案件范围的,人民法院应当进行审理。当事人未提起诉讼的裁决事项属于人民法院受理的案件范围的,人民法院应当在判决主文中予以确认。

用人单位不服仲裁裁决向人民法院提起诉讼的,要注意以下几点:

1.双方收到仲裁裁决书后,15日内均未提起诉讼的,仲裁裁决书发生法律效力,一方不履行的,另一方可以向人民法院申请强制执行

注意,这个收到仲裁裁决书15日内,是自收到仲裁裁决书第二天计算且双方各算各的。比如,张三于2024年6月1日收到仲裁裁决书,A公司于2024年6月5日收到仲裁裁决书。如果张三不服仲裁裁决书,最迟于2024年6月16日向人民法院提起诉讼,如果没有在此期间内提起诉讼,则超过15日法定的起诉期间,不能再向法院提起诉讼。如果A公司不服仲裁裁决书,则最迟于2024年6月20日向人民法院提起诉讼,如果超过此期间,也不能再向法院提起诉讼。

2.不服部分仲裁裁决提起诉讼后,整个仲裁裁决书不发生法律效力

即使用人单位仅对部分裁决事项不服提起诉讼,整份仲裁裁决书都不生效。举例说明:张三对A公司申请了劳动仲裁,要求A公司支付其拖欠的工资7000元、经济补偿金39,000元、加班费13,500元、未休年休假工资6600元。劳动争议仲裁委员会作出了仲裁裁决并向张三送达了仲裁裁决书,裁决A公司支付张三工资7000元、经济补偿金39,000元、加班费4655元、未休年休假工资3780元。此时A公司对其中仲裁裁决的经济补偿金事项不服,起诉至人民法院,要求判决A公司不支付张三经济补偿金39,000元。这种情况下,虽然A公司只对部分仲裁事项提起了诉讼,但该份仲裁裁决书整体不生效,张三也不能就 A 公司未起诉的"工资 7000 元、加班费 4655 元、未休年休假工资 3780 元"等仲裁事项申请强制执行。一审法院对 A 公司起诉的经济补偿金进行评判后,还要在判决主文中对双方均未提起诉讼的其他仲裁事项进行确认。

3. 在收到仲裁裁决书后决定是否提起诉讼时,要注意时限,要决策得失

为什么说要注意时限?因为不服劳动仲裁结果向法院提起诉讼的法定期间为 15 天,这个期间是不变期间。换言之,用人单位收到非终局仲裁裁决书后,有 15 天考虑认不认可这份仲裁裁决,对裁决结论服不服。有些老板拿到仲裁裁决书后对是否起诉很纠结,或是置之不理,结果好不容易下决心要起诉了,15 天起诉期限已过了,就无法再提起诉讼了。

为什么说要决策得失?有些用人单位其实是知道自己在劳动仲裁中为什么败诉,也知道劳动仲裁结论是正确的,但出于"泄愤"或"折腾"劳动者的心态,非到启动诉讼程序来拖延履行义务的时间,其实这是用人单位的管理层不理性的表现,也是典型的"未决策得失"。劳动用工不合规,在劳动仲裁中输了,正常的情况是总结经验,赶紧弥补用工风险之处或管理漏洞。如果在劳动仲裁结论正确的情况下还要通过诉讼拖延时间,时间成本不是成本?律师费不是成本?进入诉讼后公司的涉诉信息以及最终败诉的裁判文书在互联网上、信用网站以及各类信用查询类 App 上公示,对公司信誉的影响是不是损失?所以,用人单位在收到仲裁裁决之后是否启动诉讼程序的问题上要保持理性,要计算得失。

4. 不服劳动仲裁向人民法院提起诉讼所需的材料

一般而言,作为用人单位不服非终局劳动仲裁向基层人民法院提起诉讼需要以下材料。

(1)**民事起诉状**。用人单位一方作为原告在撰写民事起诉状的诉讼请求时要注意,如不服仲裁裁决的事项,诉讼请求要表述为"判决原告不支付被告×××××元"或"判决原告无须支付被告×××××元"。如"判决原告不支付被告加班费 5678 元""判决原告无须支付被告经济补偿金 98,000 元"。由于该非终局仲裁裁决在用人单位提起诉讼时并未生效,所以在民事起诉状中不应该有诸如"撤销××××号仲裁裁决书"的诉讼请求。况且,基层人民法院也不能对仲裁裁决书进行撤销。只有在劳动仲裁机构作出终局仲裁裁决时，因终局裁决作出即生效，且用人单位因法定理由向中级人民法院要求撤销终局仲裁裁决时，才能提出前述"撤销××××××号仲裁裁决书"的诉讼请求。

(2)用人单位的工商营业执照复印件、法定代表人身份证明书、劳动者的身份信息(如身份证复印件)。

(3)仲裁裁决书(交复印件，立案时带上原件供查验)。

(4)仲裁裁决书的送达证明。这个证明由劳动争议仲裁委员会开具。主要用于证明用人单位何时收到仲裁裁决书，供人民法院审查用人单位的起诉是否超过15天法定时限。

以上四类系必须提交的材料。如果用人单位已在起诉前准备好了证据材料和证据目录，可在起诉时一并提交。

向人民法院提起诉讼的方式：

(1)网上立案。将前述材料扫描或拍照，然后登录当地法院的网络立案端口，上传前述立案材料进行立案。

(2)邮寄立案。将上述材料邮寄给人民法院的立案庭进行立案。

(3)现场立案。准备好上述材料，到人民法院的立案大厅去立案。

第二节　劳动争议诉讼阶段的权利行使

一、依法委托诉讼代理人的权利

关键法条

1.《民事诉讼法》

第六十一条　当事人、法定代理人可以委托一至二人作为诉讼代理人。下列人员可以被委托为诉讼代理人：

(一)律师、基层法律服务工作者；

(二)当事人的近亲属或者工作人员;

(三)当事人所在社区、单位以及有关社会团体推荐的公民。

2. 最高人民法院《关于适用〈中华人民共和国民事诉讼法〉的解释》

第八十八条　诉讼代理人除根据民事诉讼法第六十二条规定提交授权委托书外,还应当按照下列规定向人民法院提交相关材料:

……

(三)当事人的近亲属应当提交身份证件和与委托人有近亲属关系的证明材料;

(四)当事人的工作人员应当提交身份证件和与当事人有合法劳动人事关系的证明材料;

(五)当事人所在社区、单位推荐的公民应当提交身份证件、推荐材料和当事人属于该社区、单位的证明材料;

……

无论是仲裁还是诉讼,用人单位的法定代表人可以代表用人单位办理立案、开庭、提交证据、领取文书等诉讼事宜,也可以委托诉讼代理人办理诉讼事宜。在实践中,用人单位可以委托两类人为自己办理诉讼事宜。

第一,用人单位可以委托律师、法律工作者代理劳动争议案件。

这是最常见的方式,律师或当地的基层法律工作者都是具有司法行政部门颁发相关执照的专业从事法律服务的人员,从专业性上讲,是最适合当代理人的。委托律师、法律工作者,都需要支付委托代理费用,而且律师代理费一般是"谁委托,谁承担"。

第二,用人单位可以委托自己的工作人员代理劳动争议案件。

按前述法条之规定,用人单位委托自己的工作人员代理诉讼事宜,应向法院提交工作人员的身份证件和工作人员与用人单位有合法劳动人事关系的证明材料。在实践中,前述"有合法劳动人事关系的证明材料"主要有劳动合同、社会保险费缴纳记录、劳动报酬发放记录等。所以用人单位安排自己的工作人员代理劳动争议诉讼案件时,要注意向法院提交前述可以印证双方劳动关系的材料。

二、依法增加诉讼请求的权利

> 📋 **关键法条**
>
> **1. 最高人民法院《关于审理劳动争议案件适用法律问题的解释(一)》**
>
> 第十四条 人民法院受理劳动争议案件后,当事人增加诉讼请求的,如该诉讼请求与讼争的劳动争议具有不可分性,应当合并审理;如属独立的劳动争议,应当告知当事人向劳动争议仲裁机构申请仲裁。
>
> **2. 人力资源社会保障部与最高人民法院《关于劳动人事争议仲裁与诉讼衔接有关问题的意见(一)》**
>
> 五、……
>
> 劳动者基于同一事实在仲裁辩论终结前或者人民法院一审辩论终结前将仲裁请求、诉讼请求由要求用人单位支付经济补偿变更为支付赔偿金的,劳动人事争议仲裁委员会、人民法院应予准许。

无论是劳动者还是用人单位,在法院受理案件后增加诉讼请求的,法院会审查新增的诉讼请求事项与原经过仲裁裁决的事项之间是否具有不可分性,如果具有不可分性,则一并审理判决。如新增的劳动争议事项相较于已经过劳动仲裁的事项而言,属于独立的争议事项,则不会受理,而是告知申请增加诉讼请求的一方重新到劳动争议仲裁委员会申请仲裁。那么,如何区分新增的诉讼请求是"具有不可分性"还是属于独立的劳动争议事项?主流裁判观点如下。

(1)同一劳动争议事项上金额的增加属于"具有不可分性"。比如,劳动者申请仲裁时少算了工资金额、经济补偿金金额,后来于诉讼中增加了工资金额、经济补偿金金额。此类对经过了劳动仲裁裁决的争议事项增加诉请金额的情形,属于"具有不可分性"。

(2)增加不同的劳动争议事项,一般认为属于独立劳动争议事项。劳动者在申请劳动仲裁时只申请了工资、加班工资,而在法院诉讼阶段又新增加涉及经济补偿金、未休年休假工资的事项。经济补偿金、未休年休假工资与工资、加班工资并非不可分,而是独立的劳动争议事项。所以法院对于这种新增的且分属不同项目的事项,应告知劳动者另行申请劳动仲裁。用人单位面对劳动者于诉讼中增加独立劳动争议事项的情形时,也可以要求法院不予受理。

(3)**法律直接规定为"具有不可分性"的事项**。人力资源社会保障部与最高人民法院《关于劳动人事争议仲裁与诉讼衔接有关问题的意见(一)》第5条第2款规定,劳动者基于同一事实在法院一审辩论终结前将诉讼请求由要求用人单位支付经济补偿变更为支付赔偿金的,人民法院应予准许。

三、依法申请调查取证的权利

关键法条

1.《民事诉讼法》

第六十七条第二款 当事人及其诉讼代理人因客观原因不能自行收集的证据,或者人民法院认为审理案件需要的证据,人民法院应当调查收集。

2.最高人民法院《关于适用〈中华人民共和国民事诉讼法〉的解释》

第九十四条 民事诉讼法第六十七条第二款规定的当事人及其诉讼代理人因客观原因不能自行收集的证据包括:

(一)证据由**国家有关部门保存**,当事人及其诉讼代理人无权查阅调取的;

(二)涉及国家秘密、商业秘密或者个人隐私的;

(三)当事人及其诉讼代理人因客观原因不能自行收集的其他证据。

当事人及其诉讼代理人因客观原因不能自行收集的证据,可以在**举证期限届满前书面申请人民法院调查收集**。

第九十五条 当事人**申请调查收集**的证据,与待证事实无关联、对证明待证事实无意义或者其他无调查收集必要的,人民法院**不予准许**。

第一百一十二条 书证在**对方当事人控制之下**的,承担举证证明责任的当事人可以在举证期限届满前**书面申请人民法院责令对方当事人提交**。

> 申请理由成立的,人民法院应当责令对方当事人提交,因提交书证所产生的费用,由申请人负担。对方当事人无正当理由拒不提交的,人民法院可以认定申请人所主张的书证内容为真实。

这个权利从法条内容就可以理解清楚。一方面,如果用人单位想提交的某些证据因客观原因不能自行收集,比如是由国家行政机关保存的证据,可以向人民法院申请由人民法院调查收集。另一方面,如果用人单位发现有些书证是由对方保管但对方拒绝提交,而这些书证与本案待查事实相关,也可以申请由人民法院责令对方提交,而对方经法院责令仍不提交,则由对方承担不利后果。

四、依法申请财产保全的权利

关键法条

> **1.《民事诉讼法》**
>
> 第一百零四条　利害关系人因情况紧急,不立即申请保全将会使其合法权益受到难以弥补的损害的,可以在**提起诉讼或者申请仲裁前**向**被保全财产所在地**、**被申请人住所地**或者对**案件有管辖权的人民法院**申请采取保全措施。申请人应当提供担保,**不提供担保的,裁定驳回申请**。
>
> 人民法院接受申请后,必须在四十八小时内作出裁定;裁定采取保全措施的,应当立即开始执行。
>
> 申请人在人民法院采取保全措施后三十日内不依法提起诉讼或者申请仲裁的,人民法院应当解除保全。
>
> 第一百零八条　申请有错误的,申请人应当赔偿被申请人因保全所遭受的损失。
>
> **2.最高人民法院《关于审理劳动争议案件适用法律问题的解释(一)》**
>
> 第四十九条　在诉讼过程中,劳动者向人民法院申请采取财产保全措施,人民法院经审查认为**申请人经济确有困难**,或者有证据证明用人单位存在欠薪逃匿可能的,应当减轻或者**免除劳动者提供担保的义务**,及时采取保全措施。

> 人民法院作出的财产保全裁定中,应当告知当事人在劳动争议仲裁机构的裁决书或者在人民法院的裁判文书生效后三个月内申请强制执行。逾期不申请的,人民法院应当裁定解除保全措施。

如果用人单位因劳动者的过错造成自身的损失而申请了仲裁,在申请劳动仲裁的阶段没有申请财产保全。到了诉讼阶段,用人单位也可以向法院申请财产保全,以便于胜诉后的执行。至于申请财产保全的流程与材料,当案件进入诉讼程序后,咨询法院工作人员即可。因为每个法院负责处理财产保全的部门可能会不一样。大多数法院安排执行部门处理财产保全,但有的法院安排审判部门或立案部门处理财产保全。

第三节　劳动争议诉讼阶段的证据提交

关键法条

1.《民事诉讼法》

第六十七条第一款　当事人对自己提出的主张,有责任提供证据。

2.人力资源社会保障部与最高人民法院《关于劳动人事争议仲裁与诉讼衔接有关问题的意见(一)》

六、当事人在仲裁程序中认可的证据,经审判人员在庭审中说明后,视为质证过的证据。

七、依法负有举证责任的当事人,在诉讼期间提交仲裁中未提交的证据的,人民法院应当要求其说明理由。

八、在仲裁或者诉讼程序中,一方当事人陈述的于己不利的事实,或者对于己不利的事实明确表示承认的,另一方当事人无需举证证明,但下列情形不适用有关自认的规定:

（一）涉及可能损害国家利益、社会公共利益的；

（二）涉及身份关系的；

（三）当事人有恶意串通损害他人合法权益可能的；

（四）涉及依职权追加当事人、中止仲裁或者诉讼、终结仲裁或者诉讼、回避等程序性事项的。

当事人自认的事实与已经查明的事实不符的，劳动人事争议仲裁委员会、人民法院不予确认。

九、当事人在诉讼程序中否认在仲裁程序中自认事实的，人民法院不予支持，但下列情形除外：

（一）经对方当事人同意的；

（二）自认是在受胁迫或者重大误解情况下作出的。

关于举证的要求，笔者在前述仲裁阶段进行了介绍，用人单位在诉讼阶段举证时要注意以下几点。

第一，提交给劳动争议仲裁委员会证据不等于向法院提交了证据。

劳动争议仲裁委员会与人民法院分属不同的系统，并不像一审法院与二审法院一样之间可相互移送卷宗材料。任何一方当事人不服劳动争议仲裁委员会的裁决，起诉至法院后，劳动争议仲裁委员会是不会将证据材料或案件卷宗移送至法院的。故劳动争议案件起诉至法院后，双方都需要重新向法院提交完整的证据。这一点务必记住。

第二，务必在法院指定的举证期限内尽快提交证据。

《民事诉讼法》第68条规定："当事人对自己提出的主张应当及时提供证据……当事人逾期提供证据的，人民法院应当责令其说明理由；拒不说明理由或者理由不成立的，人民法院根据不同情形可以不予采纳该证据，或者采纳该证据但予以训诫、罚款。"当事人按时提交证据的，法官可以在庭前进行阅卷，提高庭审效率，减少多次开庭的可能，从而避免当事人多次往返法院，大幅提高诉讼效率、缩短结案周期。当事人无正当理由逾期举证，一方面，会导致诉讼进程的拖延；另一方面，如果法院较真，轻则予以训诫，重则处以罚款。

第三,向法院提交证据要制作证据目录。

最高人民法院《关于民事诉讼证据的若干规定》第19条第1款规定:当事人应当对其提交的证据材料逐一分类编号,对证据材料的来源、证明对象和内容作简要说明,签名盖章,注明提交日期,并依照对方当事人人数提出副本。由于劳动案件的证据普遍较多,出于严密高效地组织庭审质证以及防止证据缺失的考虑,应将提交的证据按顺序制作好证据目录一并提交,这不仅是法定要求,也是提高庭审效率的办法。其实也很简单,如果证据与仲裁阶段提交的证据一致,直接把仲裁阶段制作的证据目录提交法庭即可。如果有新增加的证据,在原仲裁阶段的证据目录后面增加证据即可。

第四,建议向劳动争议仲裁委员会复印仲裁庭审笔录作为证据一并提交。

人力资源社会保障部、最高人民法院共同发布的《关于劳动人事争议仲裁与诉讼衔接有关问题的意见(一)》第6条规定:当事人在仲裁程序中认可的证据,经审判人员在庭审中说明后,视为质证过的证据。从劳动争议仲裁委员会复印出仲裁庭审笔录作为证据提交有两个好处:一是可以将对方已认可的证据视为已质证过的证据,不用再重复质证。二是防止对方对劳动仲裁庭审中认可的事项或作出的陈述进行"反言"。

第四节 劳动争议诉讼的特殊情形

一、双方均不服仲裁裁决提起诉讼的情形

📄 关键法条

1. 最高人民法院《关于审理劳动争议案件适用法律问题的解释(一)》

第四条 劳动者与用人单位均不服劳动争议仲裁机构的同一裁决,向同一人民法院起诉的,人民法院应当并案审理,双方当事人互为原告和被告,对双方的诉讼请求,人民法院应当一并作出裁决。在诉讼过程中,一方

当事人撤诉的,人民法院应当根据另一方当事人的诉讼请求继续审理。双方当事人就同一仲裁裁决分别向有管辖权的人民法院起诉的,后受理的人民法院应当将案件移送给先受理的人民法院。

第二十一条 劳动者依据调解仲裁法第四十八条规定向基层人民法院提起诉讼,用人单位依据调解仲裁法第四十九条规定向劳动争议仲裁机构所在地的中级人民法院申请撤销仲裁裁决的,中级人民法院应当不予受理;已经受理的,应当裁定驳回申请。

被人民法院驳回起诉或者劳动者撤诉的,用人单位可以自收到裁定书之日起三十日内,向劳动争议仲裁机构所在地的中级人民法院申请撤销仲裁裁决。

2. 人力资源社会保障部与最高人民法院《关于劳动人事争议仲裁与诉讼衔接有关问题的意见(一)》

十三、劳动者不服终局裁决向基层人民法院提起诉讼,中级人民法院对用人单位撤销终局裁决的申请不予受理或者裁定驳回申请,用人单位主张终局裁决存在《中华人民共和国劳动争议调解仲裁法》第四十九条第一款规定情形的,基层人民法院应当一并审理。

因为劳动争议有仲裁前置的制度,所以劳动争议诉讼有其独特的适用情形。《劳动争议调解仲裁法》规定,除了终局裁决,劳动者与用人单位不服劳动争议仲裁委员会作出的非终局裁决的,均可以向有管辖权的基层人民法院提起诉讼。终局裁决呢,则是劳动者可以向基层人民法院起诉,用人单位可以向劳动争议仲裁委员会所在地的中级人民法院申请撤销。那么如果双方都不服呢?都向人民法院提起诉讼怎么办?人力资源社会保障部、最高人民法院《关于劳动人事争议仲裁与诉讼衔接有关问题的意见(一)》就解决了双方都不服仲裁裁决向人民法院起诉(包括用人单位就终局裁决向中级人民法院申请撤销)后应该怎么办的问题。在实践中,分以下三种情况:

第一,劳动者与用人单位均不服同一份非终局裁决,向同一人民法院起诉。这种情况下,受理双方起诉的法院应该将劳动者与用人单位的起诉并案审理,劳动者与用人单位互为原告与被告。直白地说,就是劳动者不服仲裁裁决起诉用人单位的案件与用人单位不服同一仲裁裁决起诉劳动者的案件合并到一起审理。这样一来,劳动者既是原告也是被告,用人单位既是被告也是原告。法院的处理方式是出具民事裁定书将受理在后的案件并入受理在前的案件,然后在一个案件中对双方的诉讼请求进行审理评判。

第二,劳动者与用人单位均不服同一份非终局裁决,向不同的人民法院起诉。

如之前章节所述,劳动者不服仲裁裁决向劳动合同履行地的 A 法院起诉,用人单位也不服同一仲裁裁决向用人单位所在地的 B 法院提起诉讼。此时,两家法院要看是自己先受理还是对方先受理。后受理的法院会出具民事裁定书,裁定将后受理的案件移送给先受理的法院。先受理的法院收到后受理法院的卷宗后,再按上述第一种情况的方式处理,将两案合并审理裁判。

第三,劳动者不服终局裁决向基层人民法院起诉,用人单位不服终局裁决向中级人民法院申请撤销。

以上是劳动仲裁机构作出终局裁决之后,双方均不服终局裁决时出现的一种特殊情况。这种情况并不多,但用人单位有必要了解这种情况,而且随着劳动争议仲裁委员会加大终局裁决的力度,仲裁裁决中会出现更高比例的终局裁决,这种情况会增多。

这种情况是:劳动争议仲裁委员会作出了终局裁决,劳动者不服终局裁决向基层人民法院提起诉讼,基层人民法院受理了。用人单位也不服同一终局裁决向中级人民法院申请撤销终局裁决。中级人民法院如果在受理时就发现劳动者的起诉已经被基层人民法院受理了,则会裁定不予受理用人单位撤销仲裁裁决的申请;如果是受理后才发现基层人民法院已受理了劳动者的起诉,则会裁定驳回用人单位要求撤销终局仲裁裁决的申请。

那么问题来了,中级人民法院对用人单位要求撤销仲裁裁决的申请,裁定不予受理或驳回申请后,如果仲裁裁决真有《劳动争议调解仲裁法》第 49 条第 1 款所规定的适用法律法规确有错误、劳动争议仲裁委员会无管辖权、违反法定程序、裁决所根据的证据是伪造的等应该予以撤销的情形呢?用人单位的权利如何保障？人力资源社会保障部与最高人民法院《关于劳动人事争议仲裁与诉讼衔接有关问题的意见（一）》第13条明确规定：中级人民法院对用人单位撤销终局裁决的申请不予受理或者裁定驳回申请，用人单位主张终局裁决存在《中华人民共和国劳动争议调解仲裁法》第49条第1款规定情形的，**基层人民法院应当一并审理**。

所以，用人单位要清楚，如果不服终局裁决向中级人民法院申请撤销被裁定不予受理或驳回申请后，应该将中级人民法院的裁定书作为证据提交，证明主张终局裁决存在《劳动争议调解仲裁法》第49条第1款规定情形要求撤销，因中级人民法院未受理，所以可以要求基层人民法院在审理劳动者也对该终局裁决不服提起诉讼的案件中对该终局裁决是否存在《劳动争议调解仲裁法》第49条第1款的情形一并审理。如果基层人民法院发现终局裁决适用法律确有错误，可以直接在判决中支持用人单位的主张。换言之，在这种特殊情况下，用人单位未向基层人民法院提起诉讼，双方也没有互为原告与被告，但基层人民法院在审理此类案件时要将用人单位的抗辩主张一并审理。这类似于用人单位也提起诉讼，双方互为原告与被告的情形。

风险提示

用人单位在提起诉讼时要注意：是否起诉要想好，逾期不诉等于认可仲裁裁决。

《劳动争议调解仲裁法》第50条明确了双方不服仲裁裁决的，自收到仲裁裁决书之日起15日内向法院提起诉讼。如果用人单位超过15日未起诉，就视为认可仲裁裁决了。即使之后发现对方不服仲裁裁决起诉到法院，由于其从收到仲裁裁决书之日起已超过法定的15日起诉期限，就不能再就该仲裁裁决书提起诉讼了。这是实践中双方常见的误区，笔者在实务中时常遇到用人单位这种认识误区导致以下两种错误行为：

一是认为员工不服仲裁裁决起诉至法院了，公司可以等对方起诉了再决定是否起诉或者在答辩期间提出反诉。

例如，员工申请劳动仲裁要求用人单位支付欠付工资12,000元、经济补偿金49,000元、加班工资1500元。用人单位收到仲裁裁决后,发现仲裁裁决公司支付其工资12,000元、经济补偿金37,500元。用人单位感觉工资是裁决正确的,经济补偿金多了,但想了想,算了,经济补偿金多就多点吧,于是并未向法院起诉。结果员工依然坚持到法院提起诉讼,继续要求判决用人单位支付其工资12,000元、经济补偿金49,000元、加班工资1500元。用人单位一看就来气了,心想,仲裁裁决中的经济补偿金已经多了,自己都想着不计较了,没想到员工还要起诉要求判决劳动仲裁机构都不支持的加班费。自己突然对之前不起诉的决定相当后悔,觉得既然员工要较真,那我公司也奉陪到底,经济补偿金多一分都不行。公司去起诉时,法院立案工作人员查看其收到仲裁裁决书的时间,发现早已超过了15日的法定起诉期限,所以公司已无法就手里这份仲裁裁决书再提起诉讼。

又如,你或者你的律师收到法院送达的劳动者起诉的起诉状副本、举证通知书、应诉通知书、开庭传票时,你向你的律师表示你后悔不起诉了,也想起诉。你要求律师写一份反诉状提起反诉。结果,法院并不受理你的劳动争议反诉。为什么会这样?因为劳动仲裁阶段可以反请求,但是不服劳动仲裁机构作出仲裁裁决后起诉到法院,是没有反诉的!是没有反诉的!再直白点说,法院受理的劳动争议诉讼案件是不存在反诉的!只有双方不服仲裁裁决均在法定的15天起诉期限内提起诉讼!曾经有律师与笔者沟通,认为其他民商事案件都可以反诉,《民事诉讼法》也规定了当事人可以提出反诉,为什么劳动争议不可以反诉?因为《劳动争议调解仲裁法》第50条明确规定了,当事人对非终局仲裁裁决不服的,可以自收到仲裁裁决书之日起15日内向人民法院提起诉讼;期满不起诉的,裁决书发生法律效力。换言之,双方不服同一仲裁裁决均可以向人民法院起诉,而且是各起诉各的,诉到一个法院后再互为原告与被告。这种不服仲裁裁决各自起诉不是等对方起诉后再在对方的诉讼案件中提出反诉,而是各自在收到仲裁裁决书之日起15日内就不服仲裁裁决的事项提起诉讼。况且,双方都有15日的法定起诉期限,你等对方起诉后再在之后的答辩期内提出反诉,早已超过了15日法定起诉期间。再直白点说,当事人收到仲裁裁决书超过15日未起诉就视为认可了该仲裁裁决书,就不能以不服该仲裁裁决再起诉了。

所以法院受理的劳动争议诉讼案件实际上根本不可能出现一方起诉后，另一方超过15天起诉期限后再提出反诉。

二是觉得员工一方起诉了，反正仲裁裁决未生效，法院还要全面审理一遍，自己起不起诉无所谓。

还是那个逻辑，法律明确了"不服仲裁裁决事项的"向法院提起诉讼，虽然只有员工一方提起诉讼导致原仲裁裁决未生效，但用人单位没有提起诉讼的仲裁事项视为用人单位已认可。

如前例，如果劳动者收到仲裁裁决后认为仲裁裁决经济补偿金37,500元少了，不服仲裁裁决向法院起诉，要求判决用人单位支付经济补偿金49,000元。用人单位收到仲裁裁决后想着算了不折腾了而没有起诉。结果法院审理后发现仲裁裁决实际上裁判多了，用人单位应该只支付32,500元。但由于用人单位未起诉，法院也只能视为用人单位认可仲裁裁决的经济补偿金37,500元，从而在判决书中确认用人单位应支付劳动者经济补偿金37,500元。

以上是劳动仲裁机构作出非终局裁决后双方起诉的规则。那么劳动争议仲裁委员会作出不予受理、逾期未受理、逾期未作出仲裁裁决等时，双方并未收到作出实际裁决事项的仲裁裁决书，那有没有可能反诉？这是不可能的。原因很简单，劳动者去申请劳动仲裁，如果劳动争议仲裁委员会作出不予受理、逾期未受理、逾期未作出仲裁裁决等决定，作为仲裁申请人的劳动者确实可以向人民法院起诉，但劳动者也只能就提出过的仲裁申请事项向人民法院起诉。如果用人单位在诉讼中提出其他劳动争议事项的反诉，但用人单位直接提起的这些反诉请求是未经过劳动仲裁前置程序的。所以只能先就反诉的劳动争议事项去申请劳动仲裁。

比如，劳动者申请仲裁，要求用人单位支付经济补偿金，劳动仲裁机构不予受理，劳动者起诉至法院，仍然要求用人单位支付经济补偿金。用人单位心想你居然敢告我，那我也要告你，于是反诉劳动者违反竞业限制，要求劳动者赔偿违约金。因为用人单位关于竞业限制的主张属于劳动争议，所以用人单位要先申请劳动仲裁，不服劳动仲裁裁决或劳动仲裁机构不予受理才能起诉至法院。因此，法院不会受理用人单位要求劳动者支付违反竞业限制违约金的反诉，而是告知用人单位先申请劳动仲裁。用人单位一看,提出劳动争议事项的反诉不行是吧,那我就提非劳动争议事项的反诉,你法院不能让我这个非劳动争议事项先去劳动仲裁吧。总之,你诉我,我就要想办法反诉你,不能输了气势。所以,用人单位又提出一个反诉请求,认为劳动者借了公司股东的钱去买房,反诉要求判决劳动者归还借款及利息。在这种情况下,法院仍然不会受理反诉。因为本案是劳动争议,而借款合同纠纷是另外的法律关系引发的纠纷,借款人只能另案起诉。换言之,用人单位反诉劳动争议事项,要先去劳动仲裁。用人单位反诉非劳动争议事项,由于反诉事项与本案劳动争议分属不同的法律关系,只能另案起诉。总之,无法反诉。当然,用人单位因其仲裁申请被劳动争议仲裁委员会不予受理起诉到法院,劳动者也无法反诉。综上,基于以上仲裁与诉讼的衔接规则,用人单位要切记:

收到裁决认真看,服与不服要想好;若是想好要起诉,记得起诉要趁早。

二、起诉至人民法院后又撤诉或被按撤诉处理的情形

关键法条

1.《民事诉讼法》

第一百四十六条 原告经传票传唤,无正当理由拒不到庭的,或者未经法庭许可中途退庭的,**可以按撤诉处理**;被告反诉的,可以缺席判决。

第一百四十八条第一款 宣判前,原告**申请撤诉**的,是否准许,由人民法院裁定。

2.最高人民法院《关于适用〈中华人民共和国民事诉讼法〉的解释》

第二百一十三条 原告应当预交而未预交案件受理费,人民法院应当通知其预交,**通知后仍不预交**或者申请减、缓、免未获批准而仍不预交的,**裁定按撤诉处理**。

3. 最高人民法院《关于人民法院对经劳动争议仲裁裁决的纠纷准予撤诉或驳回起诉后劳动争议仲裁裁决从何时起生效的解释》

第一条 当事人不服劳动争议仲裁裁决向人民法院起诉后又申请撤诉，经人民法院审查准予撤诉的，原仲裁裁决自人民法院裁定送达当事人之日起发生法律效力。

以上法条可以作如下解读：

1. 用人单位不服仲裁裁决向法院起诉后，如果劳动者没有起诉，用人单位一旦撤诉或被按撤诉处理，原仲裁裁决自法院作出准予撤诉或按撤诉处理的民事裁定书送达当事人之日起发生法律效力

用人单位要注意，你是不服仲裁裁决起诉到法院的，一旦撤诉就等于你不服的那份仲裁裁决书生效，相当于你必须接受该仲裁裁决的结论了，不能再向法院起诉了。所以用人单位在撤诉前要想好，做好接受原仲裁裁决事项的准备才能去撤诉。

2. 用人单位不服仲裁裁决向法院起诉后，因未预交案件受理费或经传票传唤无正当理由未到庭，被法院裁定按撤诉处理的，原仲裁裁决自法院作出按撤诉处理的民事裁定书送达当事人之日起发生法律效力

其他民商事案件中的当事人因为自身过错（不缴纳案件受理费、经传唤不到庭）等法定原因被人民法院裁定按撤诉处理了，还可以再起诉，大不了损失一笔案件受理费作为对自身过错的惩罚。但经过仲裁裁决的劳动争议就不一样了，按撤诉处理的后果更为严重，即一旦按撤诉处理后，原仲裁裁决书生效了，就是无论当事人服不服这个仲裁裁决书，无论是劳动者认为仲裁裁决金额少了，还是用人单位认为仲裁裁决金额多了，都不能就该仲裁裁决提起诉讼了。所以，用人单位不服仲裁裁决起诉到法院后，一定要按时缴纳案件受理费，按传票的要求参加开庭，不然按撤诉处理后，就不能再向法院起诉，相当于只能接受仲裁裁决的结果了。

三、起诉至人民法院后被裁定不予受理或驳回起诉的情形

> **关键法条**
>
> **1. 最高人民法院《关于审理劳动争议案件适用法律问题的解释(一)》**
>
> 第九条 劳动争议仲裁机构仲裁的事项不属于人民法院受理的案件范围,当事人不服依法提起诉讼的,人民法院不予受理;已经受理的,裁定驳回起诉。
>
> **2. 最高人民法院《关于人民法院对经劳动争议仲裁裁决的纠纷准予撤诉或驳回起诉后劳动争议仲裁裁决从何时起生效的解释》**
>
> 第二条 当事人因**超过起诉期间**而被人民法院裁定驳回起诉的,原仲裁裁决自起诉期间届满之次日起恢复法律效力。
>
> 第三条 因仲裁裁决确定的**主体资格错误**或仲裁裁决事项**不属于劳动争议**,被人民法院**驳回起诉**的,原仲裁裁决不发生法律效力。

用人单位不服仲裁裁决向人民法院起诉,可能会因三种情况被驳回起诉。这三种驳回起诉的情况又有相应的法律后果。具体情况如下:

(1)如果用人单位超过法定的 15 天起诉期限向人民法院起诉,且人民法院的立案庭发现了,则会裁定不予受理。如果立案后才发现,则会裁定驳回起诉。这种情况下,无论裁定不予受理还是驳回起诉,原仲裁裁决书都是生效的。理由在于:当当事人收到仲裁裁决之日起满 15 天后,该仲裁裁决就已经生效了。在仲裁裁决生效后再来起诉本就不应该,所以仲裁裁决书还是在 15 天起诉期间届满之次日生效。

(2)如果用人单位不服仲裁裁决向法院提起诉讼,法院以劳动仲裁机构仲裁的事项不属于人民法院受理的案件范围而裁定不予受理或裁定驳回起诉,原仲裁裁决不发生法律效力。理由在于:该仲裁裁决的事项,不属于法院受理案件的范围,也不是劳动争议案件的范围。换言之,法院认为仲裁裁决的这个事项都不属于劳动争议事项,劳动仲裁机构根本就不应该受理,也不应该裁决这

个事项,所以才会以仲裁裁决事项不属于法院受理的劳动争议案件范围裁定驳回起诉。这种情况下,原仲裁裁决就不能发生法律效力,也意味着用人单位不用履行仲裁裁决的事项。

(3)如果用人单位不服仲裁裁决向法院提起诉讼,法院以仲裁裁决确定的主体资格错误而驳回起诉,原仲裁裁决也不发生法律效力。这个不用多解释,主体资格都错了,相当于法院裁定驳回起诉是指出仲裁裁决主体错误的事实,那该仲裁裁决肯定不能生效。

四、中级人民法院依用人单位的申请裁定撤销终局仲裁裁决的情形

> **关键法条**
>
> 《劳动争议调解仲裁法》
> 第四十九条第三款 仲裁裁决被人民法院裁定撤销的,当事人可以自收到裁定书之日起十五日内就该劳动争议事项向人民法院提起诉讼。

虽然用人单位向中级人民法院申请撤销终局仲裁裁决的标准很严格,最终撤销仲裁裁决的比例也不高,但还是有部分终局仲裁裁决被撤销的。如果终局仲裁裁决被撤销了,劳动者就无法持该终局仲裁裁决申请强制执行了,或者申请了强制执行也会被裁定终结执行。前述法条规定了,终局仲裁裁决被法院裁定撤销的,劳动者可以自收到中级人民法院送达的裁定书之日起15日内就终局仲裁裁决所涉及的劳动争议事项向基层人民法院提起诉讼。

直白点说,这份终局仲裁裁决对原来申请的劳动争议事项裁错了,中级人民法院已经裁定撤销了,劳动者也不用再回劳动争议仲裁委员会申请仲裁了,而是直接把原来申请仲裁的事项向基层人民法院提起诉讼,让人民法院重新来裁判。

第五节 劳动争议案件的庭前准备和庭审流程

当前,越来越多的劳动者自己申请仲裁,自己整理证据,自己向法院提起诉讼。越来越多的中小微企业老板也是自己应对仲裁,自己整理证据,自己向法院提起诉讼。其实,笔者作为法官,希望每个案件都有专业的律师代理,毕竟律师熟悉程序,有一定的专业法律知识,在办案过程中容易沟通。其对于相关的法律术语、权利义务,律师也都清楚,也不用法官去释明或引导。而没有律师代理的案件中,因当事人欠缺法律知识以及对诉讼程序不了解,法官需要耗费更多的时间与精力在证据提交、庭审组织方面对当事人进行释明或引导。但是,笔者也清楚,中小微企业不容易,律师费都可能是中小微企业难以支付的开支。笔者理解中小微企业经营者自己应对劳动争议的现实。因此,笔者就劳动争议进入诉讼程序后的两大环节应注意的事项作如下提示,希望中小微企业能了解基础诉讼程序,以便于自己处理诉讼事宜。

关于庭前准备。企业经营者需注意以下几点:

(1)如前所述,要及时、完整地向法庭提交证据。法院受理起诉后,会向当事人发送举证通知书。当事人收到举证通知书后要按通知书写明的举证时限,及时完整地向法庭提交证据。

(2)最好从劳动仲裁机构将劳动争议案件开庭时的仲裁庭审笔录复印出来作为证据提交法院,可以提高诉讼庭审的效率。

(3)法院会在收到不服劳动仲裁的起诉后安排调解员或调解组织对劳动争议案件进行诉前调解,不要排斥。调解如果成功能节约时间成本与诉累。

关于庭审流程。企业经营者需注意以下几点:

(1)开庭时,法庭会核对当事人身份,宣布法庭纪律,告知当事人诉讼权利义务(一般是庭前书面告知),询问当事人是否申请回避,按法庭的询问回答即可,这部分是固定程序。

(2)前述固定的庭审准备程序完成后,之后的庭审流程一般是先由原告宣读起诉状、被告进行答辩,然后举证质证、法庭询问问题(如有证人出庭,也在这个阶段让证人出庭陈述并接受双方询问),之后是法庭辩论。法庭辩论终结后,法庭会询问双方的最后陈述意见,也就是总结一下当事人的意见,然后休庭。最后,法庭作出判决。

(3)在开庭前,手机要关机或设成静音,不能在开庭时接听电话。

（4）对方如有不实的陈述，注意克制自己的情绪。仅是单方面陈述而无相应的证据证明，法庭一般是不会采信的。所以在法庭上不用激动，只须向法庭陈述对方的说法是不真实的即可，有相反证据可以印证的，向法庭提出。

（5）在庭审过程中或庭审结束后，法官可能会组织调解，经过双方将证据都看一遍，各自心中都更有数，调解也更容易。如果法官组织调解，尽量配合，如果能调解成功，也不用再有之后可能的二审程序。